Économétrie des données de panel

Rappels de cours et applications avec Stata

Collection « L'esprit économique »

fondée par Sophie Boutillier et Dimitri Uzunidis en 1996
dirigée par Sophie Boutillier, Blandine Laperche, Dimitri Uzunidis

Si l'apparence des choses se confondait avec leur réalité, toute réflexion, toute Science, toute recherche serait superflue. La collection « L'esprit économique » soulève le débat, textes et images à l'appui, sur la face cachée économique des faits sociaux : rapports de pouvoir, de production et d'échange, innovations organisationnelles, technologiques et financières, espaces globaux et microéconomiques de valorisation et de profit, pensées critiques et novatrices sur le monde en mouvement...
Ces ouvrages s'adressent aux étudiants, aux enseignants, aux chercheurs en sciences économiques, politiques, sociales, juridiques et de gestion, ainsi qu'aux experts d'entreprise et d'administration des institutions.

La collection est divisée en six séries :

Dans la série *Economie et Innovation* sont publiés des ouvrages d'économie industrielle, financière et du travail et de sociologie économique qui mettent l'accent sur les transformations économiques et sociales suite à l'introduction de nouvelles techniques et méthodes de production. L'innovation se confond avec la nouveauté marchande et touche le cœur même des rapports sociaux et de leurs représentations institutionnelles.

La série *Economie formelle* a pour objectif de promouvoir l'analyse des faits économiques contemporains en s'appuyant sur les approches critiques de l'économie telle qu'elle est enseignée et normalisée mondialement. Elle comprend des livres qui s'interrogent sur les choix des acteurs économiques dans une perspective macroéconomique, historique et prospective.

Dans la série *Le Monde en Question* sont publiés des ouvrages d'économie politique traitant des problèmes internationaux. Les économies nationales, le développement, les espaces élargis, ainsi que l'étude des ressorts fondamentaux de l'économie mondiale sont les sujets de prédilection dans le choix des publications.

La série *Krisis* a été créée pour faciliter la lecture historique des problèmes économiques et sociaux d'aujourd'hui liés aux métamorphoses de l'organisation industrielle et du travail. Elle comprend la réédition d'ouvrages anciens, de compilations de textes autour des mêmes questions et des ouvrages d'histoire de la pensée et des faits économiques.

La série *Clichés* a été créée pour fixer les impressions du monde économique. Les ouvrages contiennent photos et texte pour faire ressortir les caractéristiques d'une situation donnée. Le premier thème directeur est : mémoire et actualité du travail et de l'industrie ; le second : histoire et impacts économiques et sociaux des innovations.

La série *Cours Principaux* comprend des ouvrages simples, fondamentaux et/ou spécialisés qui s'adressent aux étudiants en licence et en master en économie, sociologie, droit, et gestion. Son principe de base est l'application du vieil adage chinois : « le plus long voyage commence par le premier pas ».

Yaya Keho & Fodiyé Bakary Doucouré

Économétrie des données de panel

Rappels de cours et applications avec Stata

Préface d'Eugène Kouassi

L'Harmattan

5-7, rue de l'École-Polytechnique ; 75005 Paris

http://www.editions-harmattan.fr/

ISBN : 978-2-336-51352-2
EAN : 9782336513522

Dédicace

-- A la mémoire de nos pères Cheikh Tahirou DOUCOURÉ et Doténémé KEHO qui nous ont donnés le goût de l'effort et du travail.

-- A la jeunesse d'Afrique, afin que son rêve d'un avenir meilleur ne soit pas une utopie.

« Les écrits restent, les paroles s'envolent »

« Verba volant, scripta manent »

Horace

Table des matières

Préface

L'économétrie, au sens large du terme, est la combinaison de la théorie économique, des probabilités et de la statistique mathématique. De nos jours, elle est aussi indispensable à la formation de base d'un économiste que la microéconomie ou la macroéconomie. À la limite, on peut percevoir les principes de l'économétrie comme une composante essentielle des principes de l'économie.

L'économétrie des séries temporelles et des coupes instantanées, les deux premiers types d'échantillons de données, ont, au fil du temps, montré leurs limites dans l'analyse des questions économiques. Des difficultés liées aux problèmes tels que l'autocorrélation, la non-stationnarité, les effets de saisonnalité, la colinéarité entre les variables et l'impossibilité d'apprécier l'évolution dans le temps des différences entre des individus, vont conduire vers l'utilisation d'un troisième type d'échantillons de données à savoir les données de panel.

Les données de panel combinent les dimensions temporelle et individuelle des données. L'utilisation des panels permet de contourner la difficulté liée au manque de données longues dans la dimension temporelle. Elle permet de rendre plus puissants les tests lorsqu'on augmente la dimension individuelle. Cependant, l'analyse des données de panel requiert des procédures d'estimation très précises et fait apparaître des difficultés quant au traitement de l'hétérogénéité individuelle et de la dépendance transversale. Elle constitue aujourd'hui une spécialité dans l'économétrie, qui a donné lieu à de nombreux développements.

C'est avec un immense plaisir que je préface ce manuel d'économétrie de mes collègues et amis **Yaya Keho** et **Fodiyé Bakary Doucouré**. Je m'y suis plongé et j'ai retrouvé – avec bonheur – les principes qui animent et structurent son contenu : travailler avec méthode, sans se laisser impressionner par la complexité apparente des modèles.

L'objectif principal de cet ouvrage est l'apprentissage de l'économétrie des données de panel par l'application. À cette fin, les auteurs adoptent une approche pédagogique très efficace qui accorde une priorité à la pratique. Avec très peu de présentation théorique, les auteurs exposent avec clarté et précision, les différents modèles de l'économétrie des données de panel. Ils mettent à la portée de tous, étudiants, enseignants, chercheurs et autres praticiens de la modélisation des données économiques, un manuel didactique, agréable à la lecture et bien structuré, qui permet au lecteur de bien comprendre les modèles et les méthodes d'estimation en économétrie des données de panel. Tous les modèles présentés sont illustrés avec le logiciel Stata. Le choix de ce logiciel se justifie par sa popularité, son abord aisé et convivial, mais surtout par sa capacité à estimer avec facilité et rapidité les modèles complexes de données de panel.

Le grand mérite des auteurs est d'avoir fait preuve d'une grande générosité intellectuelle en partageant leurs expertises et leurs riches expériences dans l'enseignement des méthodes statistiques. Le principal intérêt de ce livre est de faire gagner du temps à tous ceux qui abordent la pratique de l'économétrie des données de panel. Il leur permettra d'éviter de commettre les erreurs les plus fréquentes, sans toutefois les dispenser d'approfondir leurs connaissances dans un deuxième temps.

Merci à **Yaya Keho** et **Fodiyé Bakary Doucouré** pour ce manuel d'économétrie des données de panel, qui est très bien venu. Agréable lecture à tous !

Professeur Eugène KOUASSI
Université Félix Houphouët-Boigny, Abidjan, Côte d'Ivoire.

Avant-propos

« *Les machines un jour pourront résoudre tous les problèmes, mais jamais aucune d'entre elles ne pourra en poser un* ! »

Albert Einstein

Au fil des années, l'économétrie des données de panel s'est imposée comme un champ essentiel de l'économétrie. Parallèlement, elle est devenue un support prépondérant pour les analyses microéconomiques, mais également une approche pertinente pour répondre à des questions macroéconomiques.

De nos jours, l'économétrie des données de panel est indispensable à la formation des étudiants de Master et de Doctorat des Facultés de Sciences Economiques et de Gestion. De plus, les mémoires et thèses en font un usage intensif.

En rédigeant ce livre, nous avons voulu mettre à la disposition des utilisateurs de logiciels statistiques et économétriques un guide répondant à leurs besoins. Notre ambition est de présenter de façon claire et accessible au plus grand nombre, un ensemble de techniques dont l'usage est devenu courant dans les milieux universitaires et professionnels. Cet ouvrage privilégie les applications par rapport à la théorie. À cette fin, l'accent est mis sur les étapes et les commandes permettant d'estimer les modèles et de réaliser les tests économétriques sous le logiciel Stata. De cette façon, le lecteur est capable de reproduire l'ensemble des résultats obtenus, mais aussi d'appliquer les commandes à ses propres données.

Ce livre est, pour une large part, les fruits d'enseignements dispensés par les auteurs dans plusieurs Grandes Écoles et universités d'Afrique. Les praticiens de l'économétrie, qui sont confrontés à des problèmes d'estimation et de tests économétriques en données de panel, trouveront certainement les réponses pratiques aux questions qu'ils pourraient se poser.

Convaincus que l'apprentissage de l'économétrie s'effectue par la pratique, nous avons privilégié les applications immédiates du cours.

Rappelons cette maxime chinoise : « *j'entends et j'oublie. Je vois et je retiens. Je fais et je comprends.* » Les développements mathématiques ont été volontairement omis, ils ne sont pas indispensables pour la compréhension des modèles exposés. Le lecteur qui voudrait aller plus loin peut consulter les références indiquées dans le livre.

Nous remercions **Professeur Eugène KOUASSI** de l'Université Félix Houphouët-Boigny d'Abidjan en Côte d'Ivoire, qui a bien voulu préfacer ce livre.

Nos remerciements vont également à l'endroit de **Docteur Ibrahim N'gananga OUATTARA**, Maitre-Assistant à l'Université Alassane Ouattara de Bouaké en Côte d'Ivoire, pour son assistance dans la mise en forme et la publication de ce livre. Les erreurs et omissions qui pourraient subsister demeurent évidemment de nos propres responsabilités.

Les remarques, commentaires et critiques peuvent être envoyés aux adresses électroniques suivantes :

fodiyedoucoure@yahoo.fr **yayakeho@yahoo.fr**

Convention typographique

Cet ouvrage suit un certain nombre de conventions typographiques qui ont pour objectif de faciliter la lecture. Les commandes saisies sous Stata sont indiquées dans un encadré, elles sont validées par la touche « Entrée » du clavier.

Nous donnons un exemple de commande permettant de faire la régression d'une variable Y sur une variable X en données de panel.

Command

```
xtreg  Y X, fe
```

On valide par la touche « Entrée » du clavier.

Versions utilisées : Nous avons utilisé dans ce livre les versions Stata 14, Stata 16 et Stata 17.

La configuration des écrans, les commandes et les syntaxes peuvent ne pas être les mêmes sur des versions antérieures ou ultérieures du logiciel Stata.

Introduction

1. Définition d'une donnée de panel

Pour modéliser un phénomène, on a besoin de données statistiques. En économétrie, on utilise généralement quatre types d'échantillons de données. En premier lieu, les séries temporelles ou chronologiques sont des données qui sont observées sur un individu à des intervalles réguliers de temps (jour, semaine, mois, trimestre, semestre, année, etc.). Il s'agit par exemple du PIB d'un pays sur plusieurs années ou du chiffre d'affaires d'une entreprise sur plusieurs mois.

En deuxième lieu, on a les données en coupe instantanées où les données sont observées sur plusieurs individus à un instant donné. Il s'agit par exemple de données d'enquêtes ponctuelles réalisées auprès d'individus, de ménages ou d'entreprises.

En troisième lieu, on a les données de panel qui concernent des observations portant sur un ensemble d'individus observés sur plusieurs périodes. Les données de panel sont donc une combinaison de séries temporelles et de coupes instantanées. On dit aussi qu'elles sont des données à deux dimensions, individuelle et temporelle. Ainsi, une variable Y en donnée de panel comporte au moins deux indices, un premier indice i caractérise l'individu considéré, et un deuxième indice t, précise le moment dans le temps où l'observation a été réalisée. On la notera Y_{it}. Les données de panel sont constituées d'un ensemble de T observations temporelles sur n individus statistiques. L'individu statistique peut désigner une personne, une entreprise, un ménage, une collectivité locale, un pays, etc. La période peut désigner une année, un semestre, un trimestre, un mois, une semaine, un jour, une heure, une minute, etc.

En quatrième lieu, on a les données de cohorte qui sont très proches des données de panel. Les données de cohorte se distinguent des données de panel par la constance de l'échantillon, les individus sondés sont les mêmes d'une période à une l'autre. Une cohorte désigne un ensemble d'individus ayant vécu un même événement au cours d'une même période. On peut citer par exemple la cohorte des élèves africains ayant passé le baccalauréat en 2014.

Exemple de variable de panel :

La variable PIB de 3 pays sur la période 2019 à 2022 définit une variable en panel. Celle-ci se présente généralement sous la forme suivante :

Pays	Annee	pib
1	2019	...
1	2020	...
1	2021	...
1	2022	...
2	2019	...
2	2020	...
2	2021	...
2	2022	...
3	2019	...
3	2020	...
3	2021	...
3	2022	...

Avant d'exposer les modèles de panel, nous rappelons leurs avantages et inconvénients.

2. Avantages des données de panel

Relativement aux données en coupe transversale et en séries chronologiques, le fait de disposer d'informations dans les dimensions individuelle et temporelle présente plusieurs avantages. Les données de panel permettent notamment :

- d'obtenir des séries longues à moindre coût, car elles sont basées sur nT observations où n est le nombre d'individus et T le nombre de périodes;

- de capter les effets dynamiques dans le comportement des individus;
- de contrôler l'hétérogénéité individuelle et temporelle;
- d'avoir un gain d'efficacité dans les estimations. En effet, l'accroissement de la taille de l'échantillon conduit à l'augmentation du nombre de degrés de liberté et à une meilleure précision des estimateurs des paramètres ;
- d'avoir un faible niveau de multicolinéarité entre les variables explicatives en raison de la double dimension spatiale et temporelle (Hsiao, 1986). En effet, les différences individuelles étant importantes, il existera une moindre multicolinéarité entre les variables explicatives.

L'avantage fondamental des données de panel est de permettre au chercheur d'avoir une grande flexibilité dans la modélisation des différences entre les individus.

3. Inconvénients des données de panel

Il convient toutefois de relever que les données de panel présentent un certain nombre d'inconvénients et de difficultés :

- elles sont coûteuses à maintenir sur plusieurs périodes;
- elles captent difficilement les effets temporels lorsque la dimension temporelle est faible;
- elles nécessitent souvent des méthodes économétriques compliquées pour tester et corriger certains phénomènes;
- elles nécessitent l'utilisation de logiciels très performants.

En dépit de ces limites, les avantages des données de panel sont plus importants que les inconvénients. Il est préconisé, lorsque cela est possible, de privilégier une analyse en panel par rapport aux modèles en coupes instantanées ou en séries temporelles.

4. Contenu de l'ouvrage

Cet ouvrage est destiné à offrir au lecteur une initiation pratique à l'économétrie des données de panel. Il ne se substitue pas aux ouvrages spécialisés qui abordent les aspects théoriques des modèles de panel. L'ouvrage adopte volontairement une orientation pratique en illustrant les modèles ainsi que les méthodes d'estimation avec le logiciel Stata.

L'ouvrage comporte 10 chapitres qui couvrent divers thèmes et spécificités de l'économétrie des données de panel.

Le chapitre 1 présente le logiciel Stata. Cette présentation décrit les différentes fenêtres du logiciel, les différents types de fichiers, la recherche de commandes ainsi que les fonctions logiques et mathématiques usuelles. Il est évident que tout le long de ce livre, le lecteur découvrira les commandes et autres fonctionnalités du logiciel.

Le chapitre 2 décrit quelques manipulations préliminaires à la modélisation économétrique. Il traite notamment de l'importation des données, de la création de variables, de la production des statistiques descriptives, de l'élaboration de graphiques, des tests de corrélation et des tests de normalité.

Le chapitre 3 aborde les modèles classiques en données de panel notamment le modèle sans effets, le modèle à effets fixes, le modèle à effets aléatoires et le modèle à coefficients variables. Ce chapitre constitue le point de départ indispensable à la compréhension des modèles et méthodes d'estimation qui seront présentés dans la suite de l'ouvrage. La spécification des modèles, les méthodes d'estimation, les tests de spécification ainsi que les tests de restrictions sur les coefficients sont présentés et illustrés à partir de cas pratiques avec le logiciel Stata.

Le chapitre 4 traite des modèles dans lesquels l'hypothèse d'exogénéité des variables explicatives n'est pas vérifiée. Après avoir montré les problèmes posés par cette situation, nous présentons la méthode des variables instrumentales, la méthode des doubles moindres carrés et la méthode GMM. Ce chapitre aborde le test d'exogénéité de Hausman, les tests de validité des instruments de Sargan, de Basmann et de Hansen. Il illustre l'estimateur de Hausman-Taylor pour les modèles où les régresseurs sont invariants dans le temps.

Le chapitre 5 est consacré aux modèles dynamiques, qui autorisent la variable endogène retardée à figurer parmi les variables explicatives. Si plusieurs raisons économiques peuvent justifier ces modèles, ils posent cependant un certain nombre de problèmes économétriques qu'il convient de connaitre et de traiter. Les méthodes GMM en différence et en système sont illustrées par des cas pratiques.

Le chapitre 6 aborde la modélisation des données de panels non-stationnaires. Il présente les tests de stationnarité et de cointégration de première génération. Différentes méthodes d'estimation des équations de long terme et des modèles à correction d'erreur sont exposées et illustrées.

Le chapitre 7 traite de l'hétérogénéité et de la dépendance transversale dans les modèles en données de panel. L'hétérogénéité va au-delà des effets individuels pour prendre en compte la possibilité que chaque individu du panel ait son propre modèle. Ce chapitre présente les différents tests d'homogénéité : test de Swamy, test de Hsiao, test de Pesaran-Yamagata et test de Blomquist-Westerlund. De même, le chapitre illustre les tests de dépendance transversale de Pesaran ainsi que de Pesaran-Ullah-Yamagata. À la suite des tests d'homogénéité et de dépendance transversale, le chapitre présente les tests de racine unitaire et de cointégration de deuxième génération. Ces tests présentent l'avantage de prendre en compte la dépendance transversale dans les données et s'avèrent plus robustes que les tests de première génération. Les méthodes d'estimation prenant en compte l'hétérogénéité et la dépendance entre les individus sont également abordées. En particulier, les estimateurs *Pooled Mean Group* (PMG), *Mean Group* (MG), *Dynamic OLS, Fully Modified OLS, Common Correlated Effects Mean Group* (CCEMG) et *Augmented Mean Group* (AMG) sont illustrés.

Le chapitre 8 aborde les modèles vectoriels autorégressifs (VAR), qui généralisent les modèles dynamiques. Les modèles vectoriels autorégressifs sont des modèles à équations simultanées particuliers. Ces modèles permettent des analyses de causalité et des simulations de chocs de politique économique. Ce chapitre illustre l'estimation d'un modèle VAR standard stationnaire. En raison du caractère dynamique de ces modèles et de la présence d'effets fixes, l'estimation des modèles VAR stationnaires fait appel à la méthode GMM. Les tests de causalité de Granger ainsi que l'analyse impulsionnelle et la décomposition de la variance des erreurs de prévision sont également décrits et illustrés. Lorsque les variables sont cointégrées, le modèle VAR prend la forme d'un modèle vectoriel à correction d'erreur. Ce modèle permet de distinguer les effets de long terme et les effets de court terme. Nous illustrons la mise en œuvre des tests de causalité de Granger dans les cas où le modèle est homogène ou hétérogène, avec présence ou non de dépendance transversale. En particulier, nous illustrons les tests de causalité de Toda-Yamamoto, de Dumitrescu-Hurlin et de Juodis-Karavias-Sarafidis.

Le chapitre 9 est consacré aux modèles non-linéaires, notamment le modèle quadratique, le modèle à effet de seuil, le modèle ARDL non-linéaire, le modèle à interaction de variables et le modèle de régression quantile. Pour chaque type de modèle, nous rappelons la spécification théorique et la méthode d'estimation que nous illustrons par un cas pratique.

Enfin**, le chapitre 10** propose des études de cas et un exercice corrigé. Ces études de cas font appel à l'ensemble des connaissances abordées dans les chapitres précédents. Elles présentent des exemples d'application de l'économétrie des données de panel à des problèmes économiques concrets. Le lecteur pourra s'exercer à reproduire les résultats en mettant en œuvre les commandes appropriées pour chaque cas. Dans l'ensemble de l'ouvrage, l'accent est mis sur la pratique en insistant sur ce que signifient les choix de modélisation et les hypothèses sous-jacentes, sans rentrer dans les démonstrations mathématiques plus formelles. En effet, il existe de nombreux articles et ouvrages qui présentent ces aspects. Le lecteur pourra se référer aux références citées dans la bibliographie pour une présentation approfondie des aspects mathématiques des modèles utilisés dans ce livre.

CHAPITRE 1

Présentation générale du logiciel Stata

1.1 Introduction

Le logiciel Stata est spécialisé en analyses statistiques des données. Il offre des outils pertinents d'analyse des données comportant des variables qualitatives et quantitatives, observées en coupes instantanées, en séries temporelles, en panel et bien d'autres. Le logiciel Stata s'utilise facilement grâce à une ergonomie de type « Windows ». Dans le domaine de l'économétrie, Stata traite aussi bien de l'économétrie avancée que de l'analyse des séries temporelles.

Ce chapitre fait une présentation générale du logiciel Stata, en décrivant les différentes fenêtres du logiciel, les différents onglets de la barre d'outils, les différents types de fichiers ainsi que quelques fonctions et expressions usuelles. Bien entendu, cette présentation n'épuise pas l'ensemble des fonctionnalités du logiciel. Tout le long de cet ouvrage, le lecteur découvrira les commandes du logiciel Stata, en rapport avec l'économétrie des données de panel. Le lecteur pourra consulter les guides d'utilisation du logiciel pour approfondir certains aspects.

1.2 Différentes fenêtres du logiciel Stata

Une fois installé, le logiciel Stata est lancé comme tout autre logiciel en double-cliquant sur l'icône **Stata** qui est sur le bureau de votre ordinateur.

1.2.1 L'écran de Stata

Voici comment se présente Stata au lancement :

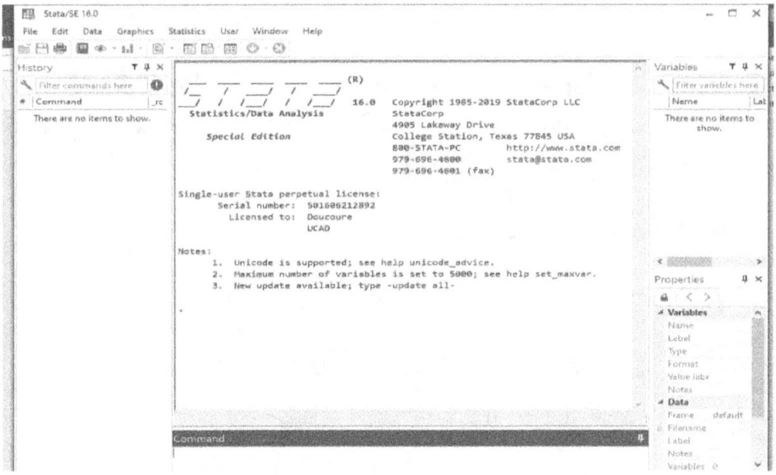

Figure 1.1 : L'écran de Stata

Stata se présente sous la forme de cinq fenêtres.

- La fenêtre « **Command** » (bandeau du bas) permet à l'utilisateur d'entrer les commandes qui peuvent être exécutées par la touche « Enter » du clavier. Cette fenêtre est utilisée pour exécuter les commandes, mais pas pour rédiger un programme.

- La fenêtre « **Results** » (plus grande fenêtre) est celle qu'utilise Stata pour afficher tous les résultats des commandes saisies par l'utilisateur.

- La fenêtre « **History** » (en haut à gauche) affiche l'ensemble des commandes effectuées. En rouge apparaissent celles qui n'ont pas pu s'exécuter. En cliquant sur un des éléments de la fenêtre, la commande est rappelée dans la fenêtre de commandes (attention, cela n'annule pas les éventuelles modifications de la base de données effectuées entretemps). On peut cliquer sur une commande listée dans cette fenêtre pour qu'elle apparaisse à nouveau dans la fenêtre « command ». Cela permet de gagner du temps.

- La fenêtre « **Variables** » (en haut à droite) détaille toutes les variables présentes dans la base de données actuellement ouverte dans Stata (Stata ne peut ouvrir qu'une seule base de données en même temps). On peut cliquer sur une variable listée dans cette fenêtre pour qu'elle apparaisse à nouveau dans la fenêtre « command ».

- La fenêtre « **Properties** » (en bas à droite) indique les propriétés des variables et de la base de données. En cliquant sur une variable de la fenêtre « Variables », on peut voir son nom, son libellé et son format.

1.2.2 La barre d'outils de Stata

La barre d'outils de Stata se présente comme suit :

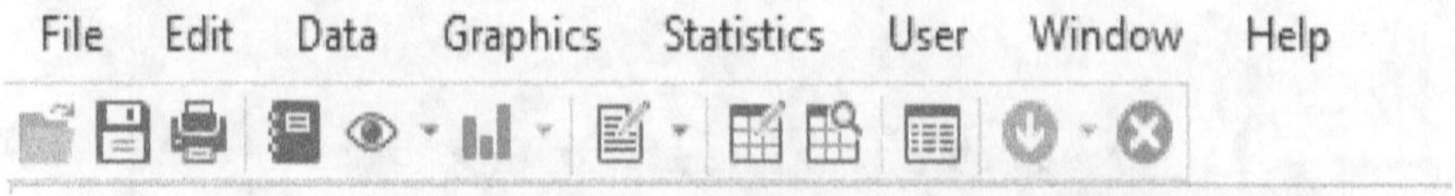

Figure 1.2 : La barre d'outils de Stata

La barre d'outils permet de gérer les actions de base. De gauche à droite, les objets permettent :

- d'ouvrir le fichier de données Stata ;
- de sauvegarder un fichier de données ; c'est l'équivalent de la commande « save ») ;
- d'imprimer les résultats tels qu'ils apparaissent dans la fenêtre des résultats ;
- de commencer un « *log* » qui est une procédure stockant dans un fichier « .log » les commandes et les résultats ;
- de faire apparaître la fenêtre « résultats » lorsqu'elle n'est pas présente ;
- un bouton (bring graph window to front);
- de créer un « *do file* ». Nous en parlerons dans la suite de ce chapitre ;
- à partir d'un éditeur de tableaux de données « *Data Editor (Edit)* », de rentrer dans les données et de les modifier ;
- à partir d'un éditeur de tableaux de données « *Data Editor (Browser)* », de visualiser les données ;
- d'arrêter la commande en cours si elle est longue ou si vous y avez aperçu une erreur par exemple.

1.3 Gestion de la mémoire

Il existe trois versions de Stata (Small, Intercooled et SE). La différence entre ces trois versions tient à la quantité de mémoire qui peut être allouée à différentes opérations. La mémoire allouée par défaut à une base de données peut varier selon la version. Dans certains cas, la mémoire vive dégagée par défaut par Stata est insuffisante. Dans ce cas, du rouge apparaît dans la fenêtre « **Results** ». Dans cette situation, il faut utiliser la commande « **set memory xxm** » pour indiquer le nombre de mégabytes que l'on souhaite allouer à Stata.

Par exemple, la commande :

```
set memory 100m
```

va allouer une mémoire de 100 Mo.

Cette commande est utile pour charger une grosse base de données.

La commande :

```
set maxvar nombre
```

permet d'augmenter le nombre de variables (max : 32 700 pour Stata SE).

Lorsque la limite de mémoire touche la taille des matrices, vous pouvez l'augmenter grâce à la commande : set matsize *nombre.*

1.4 Gestion de l'affichage

Pour supprimer l'affichage des résultats d'une commande, on saisit la commande suivante :

```
quietly commande
```

Par exemple, pour supprimer l'affichage des résultats d'une régression par les moindres carrés ordinaires, on entre la commande ci-après :

```
quietly regress  [endogène] [exogènes]
```

Pour que Stata ne s'arrête pas au cours de l'exécution d'un *do-file* lorsque l'affichage des résultats atteint le bas de la fenêtre, tapez : results, set more off.

1.5 Différents types de fichiers

Stata utilise plusieurs types de fichiers nommés d'après leurs extensions :

- dta : Base de données

Les bases de données sont des tableaux rectangulaires où les variables sont en colonne et les individus (entreprises, ménages, pays.) en ligne.

- do : Programme crée par l'utilisateur

Un fichier ayant pour extension « *do* » (fichier *do* ou *do file* en anglais) est un fichier contenant des instructions qui permettent d'exécuter un programme. Les fichiers de commandes sont lisibles dans n'importe quel éditeur de texte et bien entendu par le « *Do-file Editor* ». Ils permettent à l'utilisateur de lancer plusieurs commandes en une seule opération et de garder une trace des commandes exécutées.

Il est possible d'inscrire des commentaires dans le fichier *do*. En effet, il est très utile de commenter un programme afin qu'il soit compréhensible à un autre utilisateur et à soi-même si on s'en sert quelque temps après. Pour écrire un commentaire sans que Stata pense qu'il s'agit d'une commande, on peut utiliser le symbole (*) suivi du commentaire.

Pour créer un fichier *do*, il suffit de cliquer sur le « bouton avec enveloppe » symbolisé par l'icône ci-dessous :

Pour exécuter un *do file*, on clique sur le bouton « *Execute (do)* » symbolisé par l'icône ci-dessous :

On peut aussi utiliser la commande « *do* » pour exécuter les instructions présentes dans le fichier :

```
do nom du fichier
```

- log : journal

Ce fichier permet de sauvegarder tout ce qui a été fait, les commandes et les résultats. Il peut s'ouvrir en dehors de Stata avec le bloc-notes.

- help : Fichiers d'aide (avec les fichiers ado)

Stata permet d'accéder à des fichiers d'aide pour faire des recherches sur des commandes. Les fichiers d'aide sont appelés en tapant la commande « **help** » suivie de ce qu'on recherche. Par exemple, la commande :

```
help mean
```

ouvre un fichier expliquant comment calculer la moyenne d'une variable.

1.6 Chercher de l'aide

1.6.1 Dans les manuels

Il existe trois types de manuels Stata. Le plus simple est le « *User manual* » qui décrit sommairement les éléments de base. Ensuite, on a les volumes « *References* » qui sont un dictionnaire en six volumes, très documentés sur chaque commande. L'inconvénient majeur de ce dictionnaire est qu'il faut connaître la commande avant de le consulter. Enfin, il existe un volume séparé, appelé « *Graphics Manual* », qui permet de faire des graphiques.

1.6.2 Dans Stata

Le logiciel Stata dispose d'une version abrégée que l'utilisateur peut consulter en ligne. Pour y accéder, il suffit de cliquer sur *Help*. Dans la fenêtre « *Command* », vous saisissez le mot « help » suivi de la commande dont vous voulez connaître le mode d'utilisation. Par exemple, la commande :

```
help graph
```

renvoie une documentation sur la façon de faire un graphique à l'aide de la commande « **graph** ». La documentation vous indiquera la syntaxe ainsi que la signification des options possibles à y ajouter.

Si vous ne connaissez pas le nom de la commande, vous pouvez utiliser la commande « **search** » et préciser, en anglais, en quelques mots clés, ce que vous cherchez. Le logiciel d'aide vous fera des propositions pour votre demande.

1.6.3 Sur Internet

Il est pratique de faire des recherches sur Internet. Dans Stata, vous pouvez utiliser la commande « **net search** » suivie du mot clé, pour trouver des programmes. Il est possible d'installer de nouveaux modules dans Stata (fichiers ado et .hlp). À cet effet, la syntaxe générale est :

```
ssc install [nom_du_module], all
```

Par exemple, la commande ci-après :

```
ssc install  xtabond2, all
```

installe le module permettant d'estimer un panel dynamique par la méthode GMM.

Alternativement, vous pouvez faire comme suit :

```
findit [nom de la commande]
Suivre les instructions
```

Pour chercher une commande qui commence par la lettre « *h* », on saisit :

```
ssc describe  h
```

1.7 Fonctions et expressions

1.7.1 Opérateurs arithmétiques

Les opérateurs arithmétiques usuels sont indiqués dans le tableau ci-après :

Tableau 1.1 : Opérateurs arithmétiques

Opérateur	Symbole
Addition	+
Soustraction	-
Multiplication	*
Division	/
Exposant	^

1.7.2 Opérateurs de relation

Les différents opérateurs de relation sont indiqués dans le tableau ci-après :

Tableau 1.2 : Opérateurs de relation

Opérateur	Symbole
Supérieur	>
Supérieur ou égal	>=
Inférieur	<
Inférieur ou égal	<=
Egal	=
Différent de	!=

Remarque 1.1: Il existe une exception pour le signe d'égalité. En effet, lorsque la commande « **if** » précède une condition d'égalité, il convient d'utiliser le signe « == » au lieu du signe « = » pour exprimer cette égalité.

Par exemple :

list if x == 5 : liste les observations dont les valeurs de *x* sont égales à 5.

list if x >• : liste les observations dont les valeurs de *x* sont manquantes.

1.7.3 Opérateurs logiques

Les opérateurs logiques sont donnés dans le tableau ci-après :

Tableau 1.3 : Opérateurs logiques

Opérateur	Symbole
Et	&
Ou	|

Le signe « | » s'obtient en appuyant sur les touches « Ctrl », « Alt » et « 6 » du clavier de l'ordinateur.

Remarque 1.2: L'opérateur « & » est prioritaire sur l'opérateur « | ».

1.7.4 Fonctions mathématiques

Lors de la programmation, vous avez besoin de connaitre les commandes pour certaines opérations mathématiques courantes. Une liste non exhaustive des fonctions mathématiques disponibles sur Stata est donnée dans le tableau ci-après :

Tableau 1.4 : Fonctions mathématiques

Fonction mathématique	Signification
abs(x)	Valeur absolue de x
exp(x)	Exponentielle de x
log(x)	Logarithme népérien de x si $x > 0$
ln(x)	Logarithme à base 10 de x si $x > 0$
sqrt(x)	Racine carrée de x si $x > 0$
int(x)	Partie entière de x
sum(x)	Somme cumulative des observations de la variable x, traitant les valeurs manquantes comme des 0
max(x_1, x_2,…,x_n)	Maximum de $x_1, x_2, \ldots, x_n$
min(x_1, x_2,…,x_n)	Minimum de $x_1, x_2, \ldots, x_n$

1.7.5 Expressions by, if, in et sort

L'expression « **by** » permet de répéter une commande pour chaque valeur (ou modalité) d'une variable donnée. La syntaxe générale pour « by » est la suivante :

```
by [variable]: commande
```

Avant d'utiliser « **by** », les observations doivent préalablement être classées en fonction des valeurs de la variable à laquelle la commande « by » s'applique.

La commande « **sort** » permet de classer les observations par ordre croissant. Par exemple, la commande :

```
sort id
```

classe les observations par ordre croissant de la variable *id* (identifiant des pays prenant les valeurs de 1 à 7).

Il est aussi possible de trier les observations suivant deux ou plusieurs variables. Ainsi, la commande :

```
sort id annee
```

classe les données par ordre croissant de la variable *id* puis au sein de chaque identifiant par année.

La commande « **sort** » trie, par défaut, par ordre croissant, mais il est possible de trier par ordre décroissant. Pour cela, on remplace x par –x.

Pour classer et appliquer la commande « by » en même temps, on peut utiliser la commande « **bysort** » :

```
bysort [variable]: commande
```

La commande « if » permet de n'appliquer la commande qu'aux observations qui remplissent une condition spécifiée. La syntaxe générale pour « if » est la suivante :

```
commande variable if
```

Par exemple :

```
sum pibn if urb >20 & urb <=40
```

donne les statistiques descriptives de la variable « *pibn* » en considérant les observations pour lesquelles le taux d'urbanisation « *urb* » est compris entre 20 (exclu) et 40 (inclus).

1.8 Opérateurs de séries temporelles

Les principaux opérateurs de séries temporelles sont indiqués dans le tableau ci- ci-après :

Tableau 1.5 : Opérateurs de séries temporelles

Opérateur	Signification
L.X	Opérateur retard d'ordre 1 (X_{t-1})
L2.X	Opérateur retard d'ordre 2 (X_{t-2})
Ln.X	Opérateur retard d'ordre n (X_{t-n})
F.X	Opérateur avance d'ordre 1 (X_{t+1})
F2.X	Opérateur avance d'ordre 2 (X_{t+2})
Fn.X	Opérateur avance d'ordre n (X_{t+n})
D.X	Opérateur différence d'ordre 1 ($X_t - X_{t-1}$)
D2.X	Opérateur différence d'ordre 2 $[(X_t - X_{t-1}) - (X_{t-1} - X_{t-2})]$
S.X	Opérateur différence saisonnière d'ordre 1 ($X_t - X_{t-1}$)
S2.X	Opérateur différence saisonnière d'ordre 2 ($X_t - X_{t-2}$)
Sn.X	Opérateur différence saisonnière d'ordre n ($X_t - X_{t-n}$)

Nous utiliserons ces opérateurs dans l'estimation des modèles à décalages temporels.

CHAPITRE 2

Manipulations des données

2.1 Introduction

Ce chapitre aborde les manipulations préliminaires à l'étape de modélisation. Il s'agit de l'importation ou de la saisie des données, de la création de nouvelles variables, de la production des statistiques descriptives et de la réalisation de tests d'hypothèses. La maîtrise de ces exercices est indispensable pour la suite des applications.

Pour les applications, nous considérons les données d'un panel de sept (7) pays Africains couvrant la période 1993-2022 (T = 30 années). Les variables sont :

- consp : consommation privée, en milliards de FCFA ;
- pibn : produit intérieur brut (PIB) nominal, en milliards de FCFA ;
- pibnh : pib nominal par habitant, en FCFA ;
- consg : consommation publique, en milliards de FCFA ;
- fbcf_pib : formation brute de capital fixe (fbcf) en % du PIB ;
- fbcfpriv_pib : fbcf privée, en % du PIB ;
- fbcfpub_pib : fbcf publique, en % du PIB ;
- dep_pub : dépenses publiques totales, en milliards de FCFA ;
- dep_pub_pib : dépenses publiques totales, en % du PIB ;
- sav : épargne domestique, en milliards de FCFA ;
- cpi : indice des prix à la consommation ;
- cred : crédits des banques au secteur privé, en % du PIB ;
- rem : transferts reçus des migrants, en milliards de FCFA ;

- rem_pib : transferts reçus des migrants, en % du PIB ;
- export_pib : exportations totales, en % du PIB ;
- ide_pib : investissements directs étrangers (IDE), en % du PIB;
- urb : taux d'urbanisation, en % ;
- pop : population totale ;
- co2 : émissions de CO2 par tête.

Les données se trouvent dans le fichier Excel intitulé « **Keho_Doucoureland.xls** ». Elles sont disponibles sur les sites **www.kehoyaya.com** et **www.fbdoucoure.com** dans la rubrique Base de données.

2.2 Saisie directe des données

Stata offre la possibilité de saisir directement les données. Pour cela, suivez les étapes ci-après :

- Cliquez sur Data Editor (Edit) ;
- Saisissez les données ;
- Nommez les variables.

Pour nommer une variable :

- Double-cliquez sur la cellule « var » ;
- Saisissez le nom de la variable dans la fenêtre « name » ;
- Validez par la touche « Enter » du clavier.

2.3 Importation des données à partir d'un fichier

Il arrive que les données qu'on veut analyser soient déjà disponibles sous un fichier de type Excel ou autres. Dans ce cas, Stata offre la possibilité d'importer ces données et cela permet de gagner du temps. Dans le cas d'un fichier au format Excel, on clique sur **File/Import/ Excel spreadsheet.**

À la suite de cette opération, on obtient l'écran ci-après :

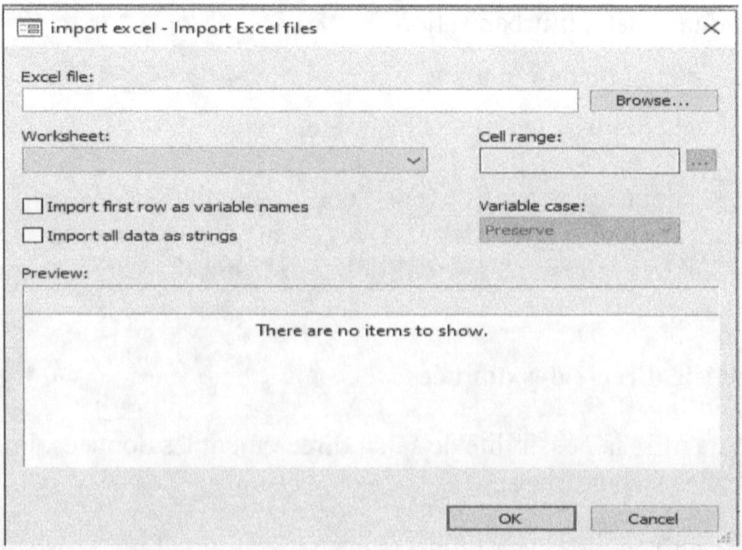

Cliquez sur « **Browse** » pour ouvrir le fichier Excel des données.

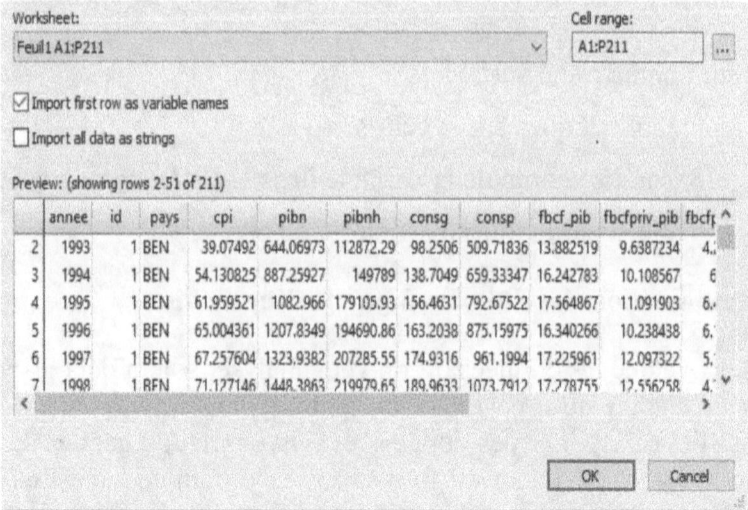

Worksheet : choisissez la feuille qui contient les données.

Cell range : Sélectionnez les cellules qui contiennent les données.

Sélectionnez l'option « **Import first row as variable names** » pour indiquer que la première ligne de la base de données contient les noms des variables. Cliquez sur « OK » pour terminer.

Bravo ! Vous venez d'importer les données dans Stata. Vous devez enregistrer les données afin de les sauvegarder. Pour enregistrer les données sous Stata, cliquez sur **File/Save as**, donnez un nom de votre choix et cliquez sur l'onglet « **Enregistrer** ».

Les données sont maintenant sauvegardées dans Stata au format **dta**. Vous pouvez maintenant procéder à l'analyse des données. Attention ! Vous devez régulièrement sauvegarder la base de données afin de conserver toutes les modifications ultérieures apportées à celle-ci.

Il est possible d'utiliser des logiciels de transfert comme ***Stat Transfer*** pour transférer des données dans Stata.

2.4 Description générale des données

- **Les commandes « xtset » et « tsset »**

Lorsque vous travaillez avec des données en panel, vous devez déclarer les dimensions individuelle et temporelle des données. Pour cela, saisissez la commande suivante :

```
xtset id annee
```

ou

```
tsset id annee
```

En validant, vous obtenez le rapport ci-après :

```
panel variable:  id (strongly balanced)
       time variable: annee, 1993 to 2022

               delta: 1 unit
```

Ce rapport indique que le panel est équilibré sur la période de 1993 à 2022.

Notons que la variable « id » doit être numérique. Si tel n'est pas le cas, vous devez la recoder numériquement en utilisant la commande « destring ».

- **La commande « browse »**

La commande « **browse** » ouvre la base de données, mais elle ne permet pas de la modifier « à la main ».

- **La commande « describe »**

La commande « **describe** » permet de décrire les données de façon très générale. Pour chaque variable, elle retourne le format dans lequel la variable est stockée (double, float, int), le format dans lequel la variable s'affiche (%9.0g, %9s, …), les étiquettes ou libellés des modalités de la variable et le libellé de la variable.

Si vous n'indiquez pas les variables à décrire, Stata décrit toute la base de données, en fournissant également le nombre d'observations, le nombre de variables, la taille de la base de données et la date. L'option « short » permet de n'obtenir que la description de la base.

- **La commande « list »**

La commande « **list** » indique la suite de toutes les observations pour la variable indiquée. Toutefois, il est possible de demander uniquement quelques observations. Par exemple :

list x in 1/10 : affiche les 10 premières observations de *x* ;
list x in -10/1 : affiche les 10 dernières observations de *x* ;
list x in 10/20 : affiche la dixième jusqu'à la vingtième observation de *x* ;
list x-y : affiche les variables *x* et *y* ainsi que celles se trouvant entre ces variables dans l'ordre d'apparition dans la base de données.

2.5 Manipulation des variables

- **La commande « replace »**

La commande « **replace** » permet de remplacer la valeur d'une variable déjà existante.

Par exemple :

gen pibn_plus7000 = 1 if pibn > 7000
replace pibn_plus7000 = 0 if pibn <=7 000

La première ligne de commande crée la variable « pibn_plus7000 » qui prend la valeur 1 pour les observations pour lesquelles la valeur de *pibn* est supérieure à 7000. Après cette étape, la variable « pib_plus7000 » est créée avec une valeur manquante pour les autres observations, c'est-à-dire celles pour lesquelles *pibn* est inférieur à 7000. La deuxième ligne de commande demande de remplacer les valeurs manquantes par zéro. Nous verrons par la suite le pourcentage des observations pour lesquelles la valeur de *pibn* est inférieure à 7000 ainsi que celles qui ont une valeur supérieure à 7000.

- **La commande « drop »**

Lorsque vous travaillez sur une base de données, vous pouvez supprimer les variables inutiles ou les observations non concernées par votre analyse. La commande « **drop** » permet de supprimer des variables ou des observations dans une base de données. Par exemple :

drop x : supprime la variable x ;

drop if pibn <7000 : supprime les observations pour lesquelles *pibn* est inférieur à 7000 ;

drop _all : supprime toutes les variables. Toutes vos données seront supprimées !

drop if pibn == 7000 | pibn == 10000 : supprime les observations pour lesquelles pibn = 7000 et pibn = 10000.

drop in 11/14 : supprime les observations entre 11 et 14.

- **La commande « keep »**

La commande « **keep** » permet de préciser les variables ou les observations que vous voulez conserver, au lieu de celles que vous souhaitez supprimer. Ainsi :

keep x : conserve la variable *x* ;

keep if pibn >= 7000 : garde les observations pour lesquelles *pibn* est égal ou supérieur à 7000.

- **La commande « rename »**

Le premier travail de l'économètre est souvent de nettoyer le fichier des données. Pour cela, il peut être nécessaire de renommer certaines variables sous des noms plus pratiques. La commande « **rename** » (abrégée en *ren*) permet de changer le nom d'une variable.

Par exemple, la commande :

```
rename ancien_nom  nouv_nom
```

renomme la variable « ancien_nom » en « nouv_nom ».

- **La commande « label var »**

La commande « **label** » attribue à une variable un libellé explicite ou une étiquette. Par exemple, la commande :

```
label var pibn "PIB nominal en monnaie locale"
```

précise que la variable *pibn* est le PIB nominal en monnaie du pays.

- **Les commandes « label value » et « label define »**

Ces commandes permettent d'étiqueter les modalités d'une variable nominale ou qualitative. Par exemple, on a une variable *X* qui prend les valeurs 0 et 1. On veut préciser que 0 représente les hommes et 1 les femmes. Pour cela, on saisit successivement les commandes suivantes :

```
label define X_dum 0 ”homme” 1 ”femme”

label value X X_dum
```

La première commande crée les étiquettes pour chaque modalité. Ces étiquettes sont enregistrées dans **X_dum**. La deuxième commande attribue ces étiquettes aux modalités de la variable *X*.

- **La commande « recode »**

Cette commande permet de remplacer une modalité d'une variable par une autre. Par exemple, dans l'exemple précédent où la variable X prend les valeurs 0 et 1, vous voulez remplacer la modalité 0 par 2. Dans ce cas, saisissez la commande ci-après :

```
recode X (0 = 2)
```

Si vous souhaitez remplacer 0 par 1 et 1 par 2, alors saisissez la commande :

```
recode X (0 = 1) (1 = 2)
```

Vous pouvez remplacer la valeur de X pour un individu donné et non pour tous les individus. Par exemple, vous voulez remplacer le code 1 par 3 uniquement pour l'individu 3. Dans ce cas, tapez la commande ci-après :

```
recode X (1 = 2) if id == 3
```

- **Les commandes « destring » et « encode »**

Il arrive que certaines variables numériques par nature soient stockées dans Stata sous un format caractère (*string*). Dans ces conditions, certaines opérations ne peuvent pas y être appliquées. En effet, pour une variable au format *string*, il n'est pas possible de calculer une moyenne, un écart-type ou une médiane. La commande « **destring** » permet alors de restaurer le format numérique de la variable :

```
destring X, replace
```

En revanche, pour une variable qualitative stockée au format *string* (comme pays, par exemple), on peut vouloir coder les modalités numériquement. Dans ce cas, l'utilisation de la commande « **encode** » est nécessaire.

```
encode pays, gen(pays_c)
```

Cette commande crée la variable « pays_c » qui va stocker les modalités de la variable « pays » au format numérique. Ses modalités seront codées automatiquement de 1 à 7.

2.6 Création de variables

Il existe deux commandes pour créer de nouvelles variables. La commande « **generate** (abrégée en **gen**) » permet de créer des variables qui nécessitent des calculs simples et la commande « **egenerate** (abrégée en **egen**) » lorsque les calculs sont complexes ou que l'utilisation de fonctions statistiques spécifiques est nécessaire. Par exemple :

gen lx = log(x) : crée une variable *lx* qui est le logarithme népérien de *x* ;

gen ex = exp(x) : crée une variable *ex* qui est l'exponentiel de *x* ;

egen x = sd(y) : crée une constante *x* égale à l'écart-type de *y* ;

egen x = pctile(y), p(50) : crée une variable *x* qui est égale au quantile d'ordre 50% de *y*.

Nous générerons le *log* des variables *consp* et *pibn*. Pour cela, nous saisissons les commandes ci-après :

```
gen lconsp = log(consp)
gen lpibn = log(pibn)
```

Les variables générées apparaissent dans la base des données. N'oubliez pas de sauvegarder les données. Dans la suite de l'ouvrage, nous utiliserons les variables en *log* pour illustrer certaines applications.

Pour créer la variable « *pibntotal* » correspondant à la somme des *pibn* des 7 pays, nous entrons la commande suivante :

```
egen pibntotal = sum(pibn), by(annee)
```

Les valeurs de la variable « *pibntotal* » sont identiques pour tous les pays.

Si vous omettez l'option « by(annee) » dans la commande précédente, vous obtiendrez une variable qui est constante pour tous les pays et toutes les années : elle est égale à la somme de la variable *pibn*.

Il est possible de générer la variable « *pibntotal* » en utilisant la commande « **bysort** » :

```
bysort annee: egen pibntotal = sum(pibn)
```

Création de variables indicatrices

Nous avons vu comment les commandes « **replace** » et « **gen** » permettent de créer des variables à deux modalités. Toutefois, lorsqu'il s'agit d'une variable indicatrice, vous pouvez gagner du temps en utilisant la seule commande « **gen** ». Par exemple, pour créer la variable « consp_plus5000 » à partir de la variable « *consp* », saisissez directement :

```
gen consp_plus5000 = (consp > 5000)
```

En validant, la variable « consp_plus5000 » apparaît dans la liste des variables. Elle prend la valeur 1 si consp > 5000 et la valeur 0 sinon.

Remarque 2.1: Lorsqu'il y a des valeurs manquantes, celles-ci sont considérées comme les plus grandes valeurs. Ainsi, consp_plus5000 = (consp > 5000) est vraie si *consp* est supérieur à 5000 ou manquante. Pour ne conserver que les valeurs supérieures à 5000 et non manquantes, tapez la commande :

```
gen consp_plus5000 = consp > 5000 & consp < .
```

Nous pouvons utiliser les commandes « **label value** » et « **label define** » pour étiqueter les modalités de cette variable de la façon suivante :

0 = « consommation de moins de 5000 Francs CFA »

1 = « consommation de plus de 5000 Francs CFA ».

A cet égard, nous saisissons les commandes ci-après :

```
label define x_dum 0 "consommation de moins de 5000 Francs CFA"
1 "consommation de plus de 5000 Francs CFA"
```

```
label value consp_plus5000 x_dum
```

Lorsque cette variable est utilisée dans un tableau, nous pouvons afficher soit les codes 0-1, soit les étiquettes. L'affichage des étiquettes permet de mieux comprendre les tableaux et les graphiques concernant la variable.

2.7 Représentations graphiques

« *Un bon croquis vaut mieux qu'un long discours* »

Napoléon

Nous présentons ici quelques commandes permettant de faire des graphiques sous Stata.

2.7.1 Représentations graphiques d'une variable

2.7.1.1 Graphique linéaire

Pour représenter l'évolution d'une variable quantitative continue, nous entrons la commande :

```
twoway(line X annee) ou tsline X
```

Nous obtenons un graphique linéaire de la variable *X* en fonction du temps.

Nous pouvons aussi représenter, dans le même graphique, l'évolution de deux variables X et Y.

Pour cela, nous entrons la commande :

```
twoway(line X Y annee) ou tsline X Y
```

Les graphiques linéaires des variables *consp* et *pibn* pour le pays 1 (Bénin) s'obtiennent à l'aide de la commande :

```
tsline consp pibn if id == 1, subtitle("Benin")
```

L'option « *subtitle("Benin")* » permet de donner un titre au graphique : il s'agit des données *consp* et *pibn* du Bénin.

En validant, nous obtenons le graphique ci-après :

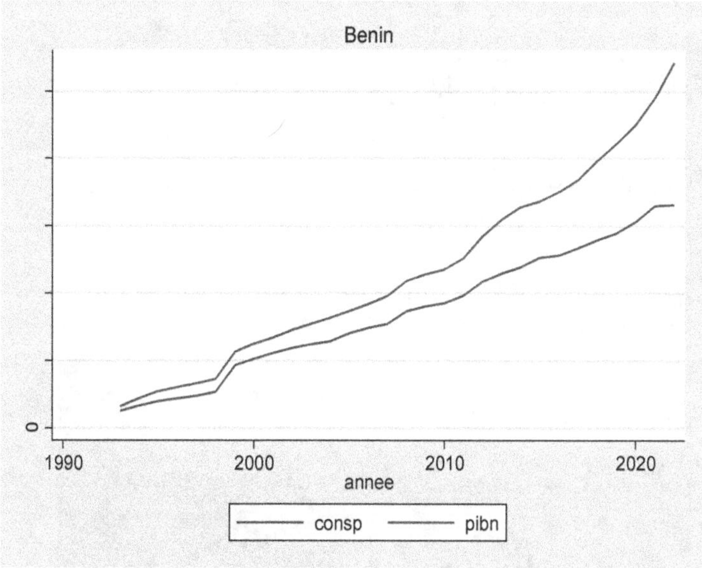

Dans le cas d'un panel, il est possible d'obtenir les courbes d'évolution pour chacun des individus :

```
tsline consp pibn, by(pays)
```

ou

```
xtsline consp pibn
```

2.7.1.2 Graphique en bandes

Pour obtenir le graphique en bandes d'une seule variable X, entrez la commande suivante :

```
twoway(bar X annee)
```

Ainsi, pour obtenir le graphique en bandes de la variable « *pibn* » pour le Bénin (id=1), entrez la ligne de commande suivante :

```
twoway(bar pibn annee) if id == 1, subtitle("Benin")
```

En validant, vous obtenez le graphique ci-après :

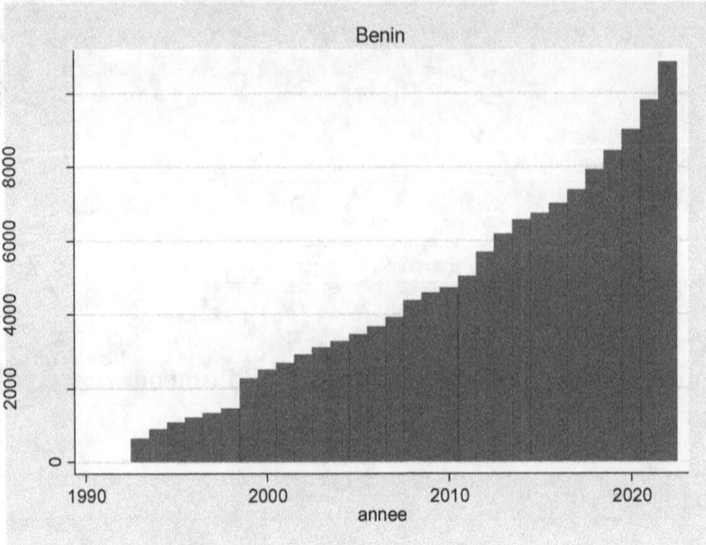

Pour obtenir sur le même graphique, la représentation en bandes des deux variables « *consp* » et « *pibn* », saisissez la commande ci-après :

```
twoway(bar pibn consp annee) if id == 1, subtitle("Benin")
```

Vous obtenez le graphique ci-après :

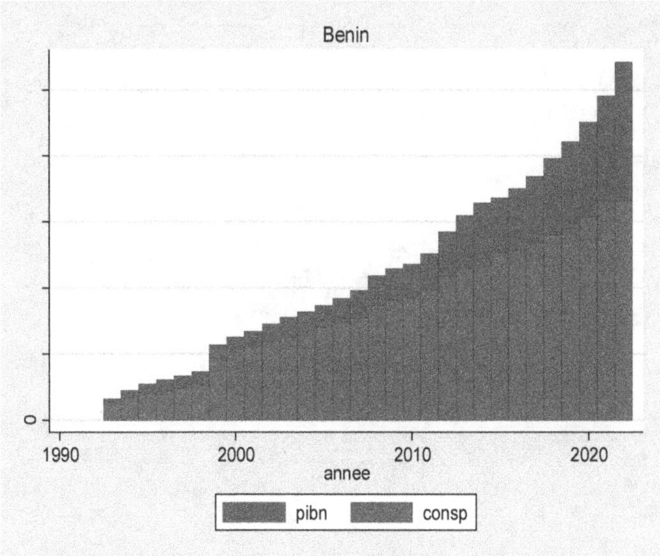

Remarque 2.2 : Pour des questions de couleur, il est possible qu'on ne voit qu'une seule couleur : la variable la plus grande pourrait cacher l'autre. C'est ce qui explique le choix ici de placer la variable *pibn* avant la variable *consp*.

Pour obtenir les courbes d'évolution de la variable « *consp* » pour chaque individu du panel, saisissez la commande suivante :

```
xtline consp
```

Vous obtenez le graphique ci-après :

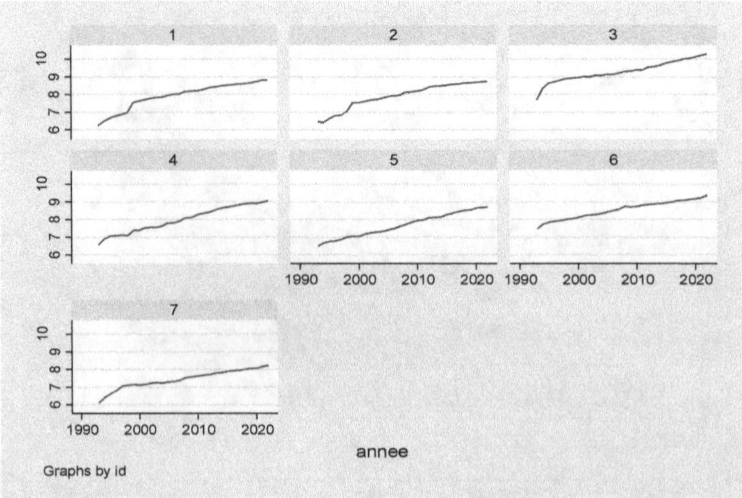

Pour obtenir ces courbes sur le même graphique, entrez la commande suivante :

```
xtline consp, overlay
```

Vous obtenez le graphique ci-après :

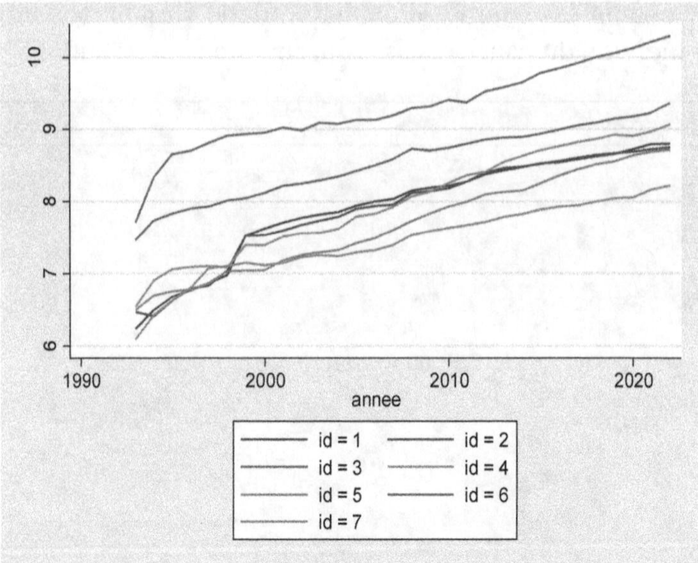

2.7.1.3 Diagramme en bâtons

Le diagramme en bâtons d'une variable s'obtient à l'aide de la commande **« spikeplot »**.

```
spikeplot X
```

2.7.1.4 Histogramme

L'histogramme d'une variable s'obtient à l'aide de la commande « **histogram** » ou « **hist** ». La syntaxe classique est :

```
histogram x
```

Toutefois, il est possible d'introduire des options plus personnelles comme par exemple le nombre de classes, la courbe normale et l'effectif des classes. Ainsi, dans la commande :

```
histogram x, normal bin(6) freq
```

- l'option « normal » affiche la courbe normale sur l'histogramme ;
- l'option « bin (6) » impose 6 classes pour l'histogramme ;
- l'option « freq » met l'effectif sur l'axe vertical.

Dans la commande :

```
histogram x, normal bin(6) percent
```

l'option « *percent* » met les fréquences relatives sur l'axe vertical.

Pour obtenir l'histogramme de la variable « *lconsp* » (log de *consp*), tapez la commande suivante :

```
histogram lconsp, normal bin(6) freq
```

Vous obtenez le graphique suivant :

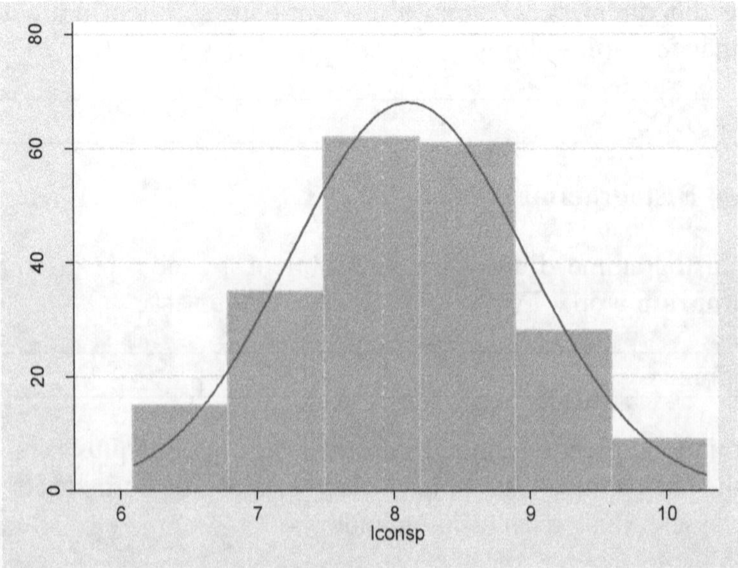

L'histogramme de la variable « *consp* » est :

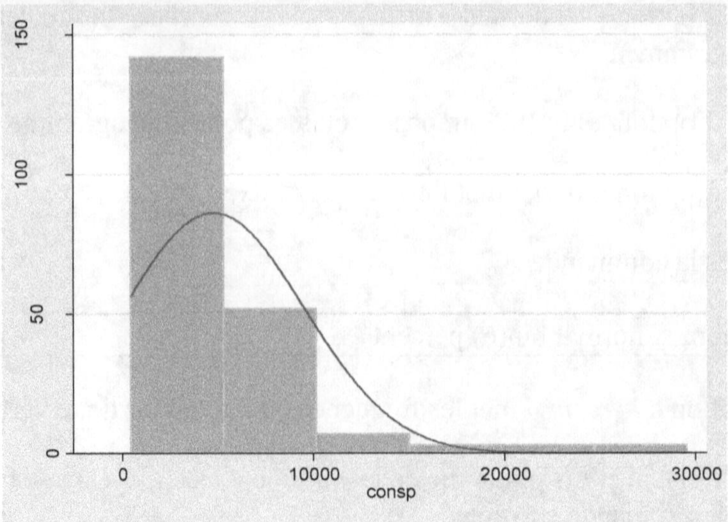

Nous constatons que le fait de *loguer* la variable modifie significativement sa distribution statistique. En effet, la variable loguée « *lconsp* » s'ajuste suivant une distribution normale contrairement à la série non loguée « *consp* » qui est concentrée à gauche.

C'est là un des avantages de la transformation logarithmique appliquée aux variables macroéconomiques.

Pour la variable « *lpibn* », tapez la commande :

```
histogram lpibn, normal bin(6) freq
```

Vous obtenez l'histogramme ci-après :

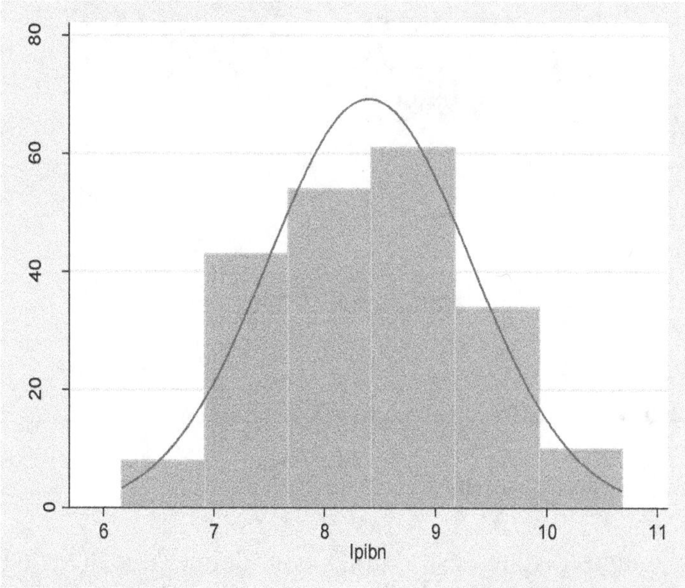

2.7.1.5 Boîte à moustache

Pour obtenir les boîtes à moustache des variables « *lconsp* » et « *lpibn* », entrez la commande :

```
graph box lconsp lpibn
```

Vous obtenez le graphique ci-après :

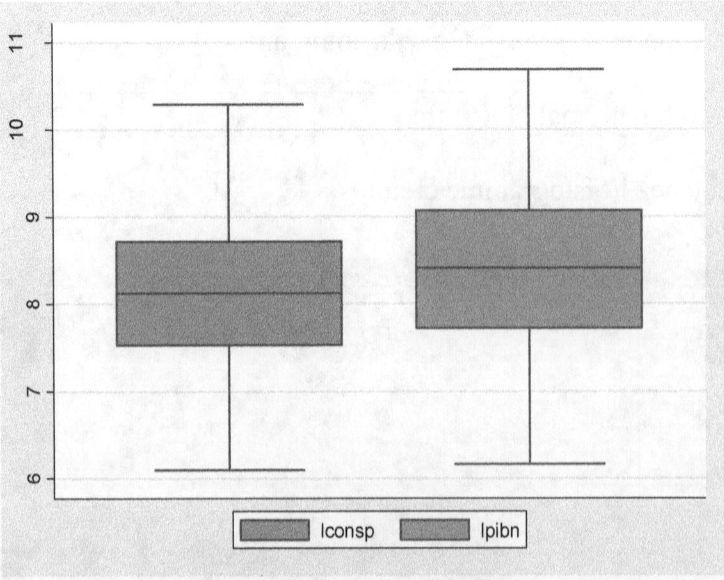

2.7.2 Représentations graphiques bivariées

2.7.2.1 Nuage de points

Les nuages de points sont utiles pour donner une idée de la nature de la relation entre deux variables quantitatives. En général, les modèles économétriques postulent une relation linéaire entre les variables, mais la relation peut être polynomiale de degré deux, trois ou plus. Il est possible que la relation que l'on cherche à estimer soit linéaire par morceaux. La représentation graphique peut guider à trouver la bonne spécification.

Pour tracer le nuage de points entre deux variables X et Y, entrez la commande suivante :

```
twoway(scatter Y X)
```

où X est la variable en abscisse et Y la variable en ordonnée.

Pour ajouter la droite de régression linéaire, tapez successivement les commandes ci-après :

```
reg Y  X
```

```
avplots
```

Par exemple, pour obtenir le nuage de points entre les variables « *lconsp* » et « *lpibn* », entrez la commande suivante :

```
twoway(scatter lconsp lpibn)
```

ou plus simplement :

```
scatter lconsp lpibn
```

En validant, vous obtenez le graphique ci-après :

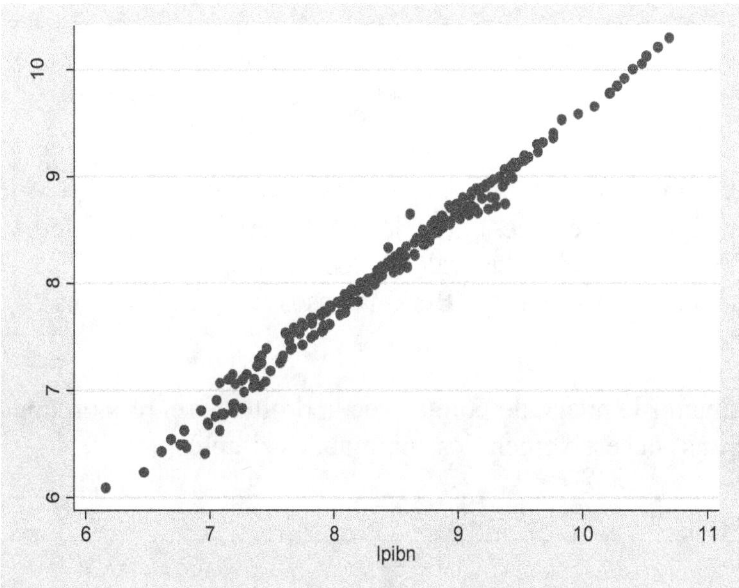

Pour afficher les « modalités » d'une variable pour chaque point du nuage, utilisez l'option « **label** ». Ici, nous affichons l'identifiant du pays (*id*) correspondant à chaque point du nuage.

Pour cela, nous entrons la commande suivante :

```
scatter lconsp lpibn, mlabel(id)
```

Nous obtenons le graphique ci-après :

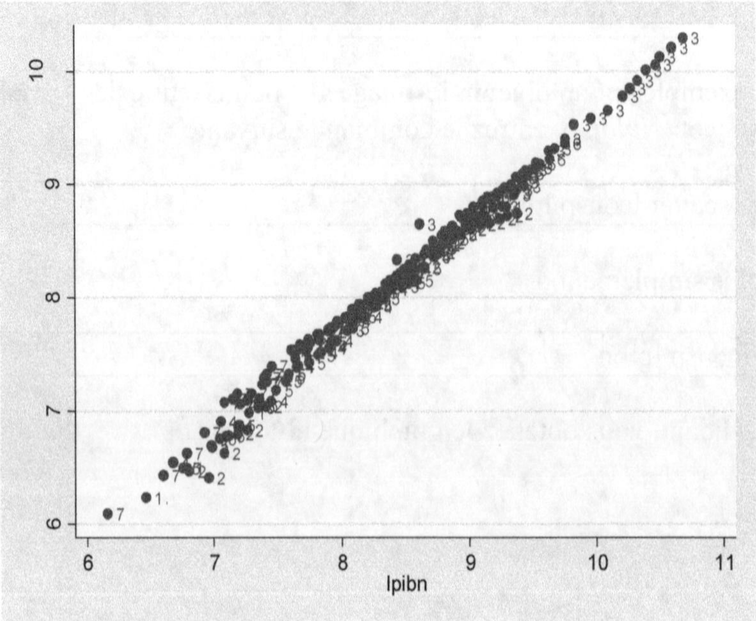

Ce graphique permet de voir les pays qui présentent les valeurs extrêmes (faibles et élevées) pour les deux variables. Ainsi, le pays 3 (Côte d'Ivoire) présente les valeurs les plus élevées pour les deux variables tandis que les pays 2 (Burkina Faso) et 7 (Togo) ont les valeurs les plus faibles.

Pour obtenir le nuage de points avec la droite de régression linéaire, nous entrons successivement les commandes ci-après :

```
reg lconsp lpibn
```

```
avplots
```

Nous obtenons le graphique ci-après :

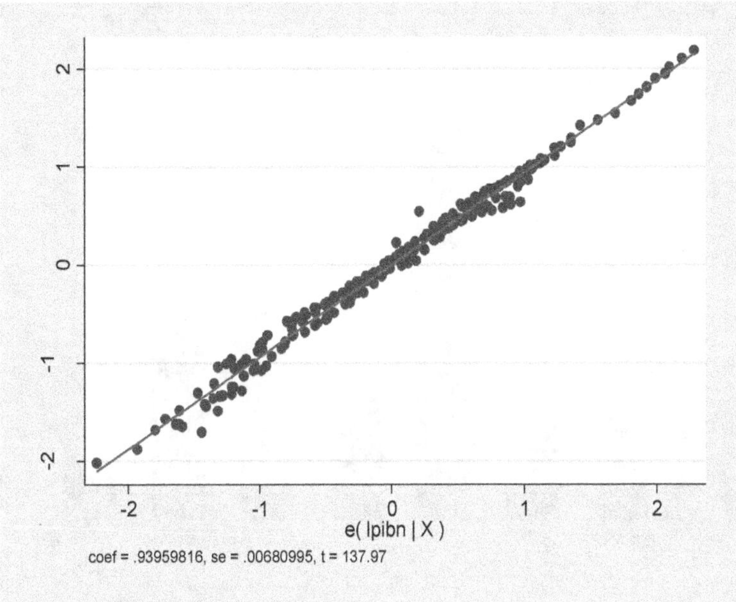

2.7.2.2 Caractéristiques de tendance centrale d'une variable en fonction d'une autre

On peut représenter certaines caractéristiques de tendance centrale d'une variable continue en fonction des modalités d'une autre variable. Par exemple, on cherche à représenter les consommations moyennes pour chaque pays. Dans ce cas, entrez la commande :

```
graph bar consp, over(pays) title("consommation moyenne par pays")
```

Vous obtenez le graphique ci-après :

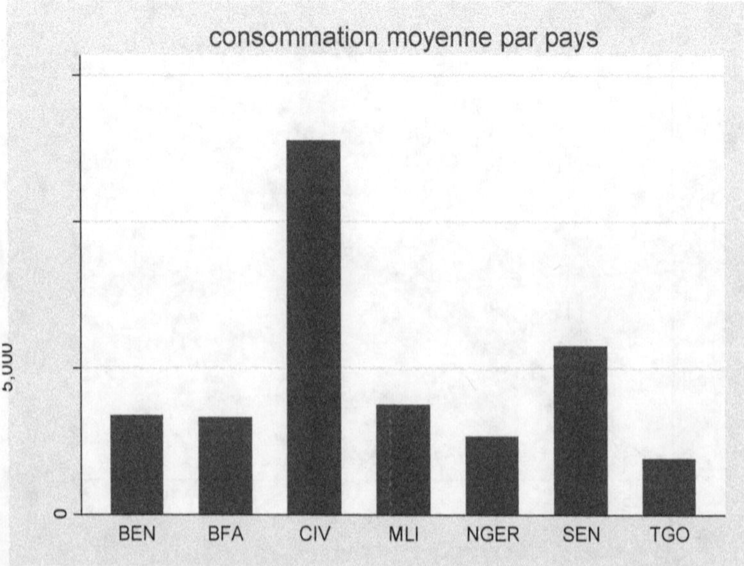

La Côte d'Ivoire présente une consommation moyenne plus élevée que les autres pays de l'échantillon. Un test de comparaison de moyennes permet de tester si les différences entre les consommations moyennes sont significatives.

2.8 Statistiques descriptives

2.8.1 Pour une variable

- **La commande « summarize »**

La commande « **summarize** » (abrégée en **sum** ou **su**) permet d'obtenir les statistiques de tendance centrale d'une variable quantitative. La syntaxe est la suivante :

```
sum X
```

Cette commande affiche le nombre d'observations, la moyenne, l'écart-type, le minimum et le maximum de la variable X.

Nous produisons ces statistiques pour les variables « *consp* » et « *pibn* ».

Pour cela, nous saisissons la commande ci-après :

```
sum consp pibn
```

En validant, nous obtenons le tableau ci-après :

Variable	Obs	Mean	Std. Dev.	Min	Max
consp	210	4800.832	4719.236	442.3006	29551.36
pibn	210	6726.257	7062.777	474.6444	43674.85

La colonne "*Obs*" indique qu'il y a 210 (30 x 7) observations par variable.

Il est possible de produire ces statistiques pour un pays donné. Par exemple, pour le pays 1 (Benin), nous utilisons la commande :

```
sum consp pibn if id == 1
```

Nous obtenons les résultats suivants :

Variable	Obs	Mean	Std. Dev.	Min	Max
consp	30	3400.459	1874.466	509.7184	6625.968
pibn	30	4621.331	2842.138	644.0697	10854.51

La colonne "Obs" indique qu'il y a 30 observations par variable.

Nous pouvons afficher ces statistiques pour chaque pays du panel ou plus généralement pour chaque modalité d'une variable qualitative. Cependant, lorsque le nombre de modalités est élevé, cela peut devenir un fastidieux. Dans ce cas, l'utilisation de la commande « **by** » est économique.

Par exemple:

```
sort id
by id: sum consp pibn
```

Ces commandes produisent sept tableaux de statistiques descriptives. Cela évite de saisir sept lignes de commandes.

Nous pouvons fusionner ces deux lignes de commandes en une seule ligne en saisissant :

```
bysort id : sum consp pibn
```

Si nous souhaitons plus de statistiques descriptives, alors il suffit d'ajouter l'option « *detail* ». Cette option donne en sus des statistiques descriptives classiques, neuf quantiles (1%, 5%, 10%, 25%, 50%, 75%, 90%, 95% et 99%), les quatre plus petites valeurs, les quatre plus grandes valeurs, la variance, le coefficient de dissymétrie et le coefficient d'aplatissement.

Par exemple, la commande suivante :

```
sum consp pibn, detail
```

donne les résultats ci-dessous :

```
                              consp
-------------------------------------------------------------
      Percentiles      Smallest
 1%      606.0563      442.3006
 5%      792.6752      509.7184
10%      1033.608      606.0563       Obs                 210
25%      1860.712      619.9456       Sum of Wgt.         210

50%      3394.858                     Mean           4800.832
                        Largest       Std. Dev.      4719.236
75%      6116.694      23296.98
90%      9196.565      24974.43       Variance       2.23e+07
95%      13729.67      27143.28       Skewness       2.609253
99%      24974.43      29551.36       Kurtosis       11.42454

                              pibn
-------------------------------------------------------------
    Percentiles        Smallest
 1%      741.3701      474.6444
 5%      1076.019      644.0697
10%      1323.547      741.3701       Obs                 210
25%      2263.338      798.0317       Sum of Wgt.         210

50%      4512.306                     Mean           6726.257
                        Largest       Std. Dev.      7062.777
75%      8713.677      35095.18
90%      13023.87         36252       Variance       4.99e+07
95%      18534.37      39821.44       Skewness       2.641339
99%         36252      43674.85       Kurtosis        11.4366
-------------------------------------------------------------
```

Pour obtenir ces statistiques descriptives détaillées pour le pays 1, nous entrons la commande suivante :

```
sum consp pibn if id ==1, detail
```

En validant, nous obtenons le tableau ci-après :

```
                              consp
-------------------------------------------------------------
      Percentiles      Smallest
 1%      509.7184       509.7184
 5%      659.3335       659.3335
10%      833.9175       792.6752       Obs                  30
25%      2051.153       875.1598       Sum of Wgt.          30

50%      3281.713                      Mean           3400.459
                        Largest        Std. Dev.      1874.466
75%      5061.202        5771.74
90%      5951.347       6130.954       Variance        3513624
95%      6601.008       6601.008       Skewness       .0895879
99%      6625.968       6625.968       Kurtosis       1.883899

                              pibn
-------------------------------------------------------------
      Percentiles      Smallest
 1%      644.0697       644.0697
 5%      887.2593       887.2593
10%        1145.4       1082.966       Obs                  30
25%      2499.926       1207.835       Sum of Wgt.          30

50%      4137.656                      Mean           4621.331
                        Largest        Std. Dev.      2842.138
75%      6732.814       8432.248
90%      8720.529        9008.81       Variance        8077751
95%      9809.694       9809.694       Skewness     .4632789
99%      10854.51       10854.51       Kurtosis       2.245557
-------------------------------------------------------------
```

- **Pour une variable en panel : la commande « xtsum »**

Dans le cas des données de panel, on peut utiliser la commande « **xtsum** » qui fournit un peu plus de statistiques que la commande « **sum** ». Nous appliquons cette commande aux variables « *consp* » et « *pibn* » :

```
xtsum consp pibn
```

Nous obtenons le tableau ci-dessous :

```
Variable         |      Mean   Std. Dev.       Min        Max |    Observations
-----------------+--------------------------------------------+----------------
consp    overall |  4800.832   4719.236   442.3006   29551.36 |     N =     210
         between |             3708.547   1921.756   12772.95 |     n =       7
         within  |             3228.966  -5745.279   21579.25 |     T =      30
pibn     overall |  6726.257   7062.777   474.6444   43674.85 |     N =     210
         between |             5515.305   2331.986    18676.1 |     n =       7
         within  |             4866.722  -8822.095   31725.01 |     T =      30
-----------------+--------------------------------------------+----------------
```

L'option « *detail* » n'est pas disponible avec la commande « **xtsum** ».

- **La commande « tabstat »**

Cette commande renvoie la moyenne et l'écart-type d'une variable. Par exemple, la commande :

```
tabstat consp pibn, stat(mean sd)
```

affiche la moyenne et l'écart-type des variables « *consp* » et « *pibn* ».

Si en sus de la moyenne et de l'écart-type, nous cherchons à calculer le coefficient de variation (*cv*), l'étendue (*range*) et les quartiles des variables (*q*), il suffit d'écrire :

```
tabstat consp pibn, stat(mean sd cv range q)
```

Nous obtenons les résultats ci-après :

```
   stats |     consp      pibn
---------+--------------------
    mean |  4800.832  6726.257
      sd |  4719.236  7062.777
      cv |  .9830037  1.050031
   range |  29109.06  43200.21
     p25 |  1860.712  2263.338
     p50 |  3394.858  4512.306
     p75 |  6116.694  8713.677
------------------------------
```

Si nous nous intéressons aux quartiles des variables « *consp* » et « *pibn* » pour le pays 1, alors nous entrons la commande :

```
tabstat consp if id == 1, stat(q)
```

Nous obtenons les résultats ci-après :

stats	consp	pibn
p25	2051.153	2499.926
p50	3281.713	4137.656
p75	5061.202	6732.814

- **La commande « tabulate »**

La commande « **tabulate** » (« **tab** » ou « **ta** ») permet de calculer les fréquences d'apparition des modalités ou des valeurs d'une variable. Lorsque cette commande est appliquée à une variable continue, elle peut donner un déroulement ennuyeux d'une succession de lignes. Pour interrompre le déroulement, tapez sur la touche « *q* » de votre clavier ou cliquez sur l'icône « **Break** » de la barre d'outils.

Lorsque la commande « **tab** » est appliquée à une variable qualitative ou nominale codée numériquement [exple : sex = 1 (homme), 2 (femme)], l'option « nolabel » permet d'afficher la valeur des modalités (ici 1 et 2) plutôt que leurs libellés (ici homme, femme). L'option *plot* représente la répartition des modalités avec des lignes d'étoiles.

Par exemple, la commande :

```
tab consp_plus5000, nolabel
```

donne le tableau de répartition suivant :

consp_plus5 000	Freq.	Percent	Cum.
0	136	64.76	64.76
1	74	35.24	100.00
Total	210	100.00	

La commande :

```
tab consp_plus5000
```

produit les résultats ci-après :

```
                consp_plus5000 |      Freq.     Percent        Cum.
-------------------------------+-----------------------------------
consommation de moins de 5000 |        136       64.76       64.76
 consommation de plus de 5000 |         74       35.24      100.00
-------------------------------+-----------------------------------
                         Total |        210      100.00
```

Au total, 74 observations ont une consommation supérieure à 5000 ; ce qui représente 35,24% de l'ensemble des observations.

La commande :

```
tab consp_plus5000, plot
```

donne les résultats ci-après :

```
consp_plus5000                |   Freq.
------------------------------+----------+-----------------------------------
 consommation de moins de 5000 |     136 |************************************
 consommation de plus de 5000 |      74 |*******************
------------------------------+----------+-----------------------------------
                        Total |     210
```

Création de variables indicatrices par la commande « tab »

La commande « **gen** » peut être utilisée en option dans la commande « **tab** » pour créer des variables indicatrices associées à chacune des modalités de la variable courante. Par exemple, la variable « pays » ayant 7 modalités, la commande :

```
tab pays, gen(pays)
```

crée 7 variables indicatrices nommées pays1, pays2, pays3, pays4, pays5, pays6 et pays7. Ces variables muettes peuvent intervenir dans un modèle économétrique pour capter les effets spécifiques.

2.8.2 Pour deux variables

Avant de commencer l'analyse économétrique, il peut être intéressant d'examiner la liaison entre les variables. Dans le cas de variables qualitatives, on peut analyser les tableaux de contingence et calculer les statistiques du Khi-deux. Dans le cas de variables quantitatives, on peut calculer la matrice des corrélations à l'effet d'identifier les variables qui présentent une très forte multicolinéarité.

- **Matrice des corrélations : la commande « cor »**

Pour obtenir la matrice des corrélations entre les variables *lconsp*, *lpibn*, *lcpi*, *lrem* et *lcred*, utilisez la commande suivante :

```
cor lconsp lpibn lcpi lrem lcred
```

Vous obtenez la matrice ci-après :

```
             |   lconsp    lpibn     lcpi     lrem    lcred
-------------+---------------------------------------------
      lconsp |   1.0000
       lpibn |   0.9946   1.0000
        lcpi |   0.7198   0.7209   1.0000
        lrem |   0.7051   0.6951   0.7083   1.0000
       lcred |   0.5300   0.5109   0.5259   0.7348   1.0000
-------------+---------------------------------------------
```

Il existe une corrélation positive entre les variables. Les variables évoluent toutes dans le même sens.

- **Tableau de contingence**

Nous avons vu que la commande « **tabulate** » permet d'obtenir les fréquences d'apparition des modalités ou des valeurs d'une variable qualitative ou quantitative. Cette commande peut aussi s'appliquer à deux variables. Lorsqu'elle est appliquée à deux variables qualitatives, la commande « **tabulate** » produit un tableau croisé ou tableau de contingence. Par exemple :

tab X Y : affiche le tableau croisé des variables X et Y ;

tab X Y, row : affiche le tableau croisé des variables X et Y ainsi que les fréquences en ligne ;

tab X Y, chi2 : affiche le tableau croisé des variables X et Y ainsi que le test d'indépendance du Khi-deux.

Nous construisons le tableau de contingence entre les variables « cons_plus5000 » et « pibn_plus7000 ». Nous entrons la commande ci-dessous :

```
tab consp_plus5000 pibn_plus7000
```

Nous obtenons les résultats ci-après :

```
consp_plus |      pibn_plus7000     |
      5000 |         0           1 |     Total
-----------+------------------------+----------
         0 |       135           1 |       136
         1 |         5          69 |        74
-----------+------------------------+----------
     Total |       140          70 |       210
```

Il y a 135 observations qui ont un *pibn* inférieur à 7000 et une consommation inférieure à 5000. Seulement 5 observations ont un *pibn* inférieur à 7000 et une consommation supérieure à 5000.

- **La commande « table »**

Lorsque nous analysons la relation entre une variable quantitative et une variable qualitative, nous pouvons comparer les moyennes de la première suivant les modalités de la deuxième. Par exemple, on peut calculer la consommation moyenne par pays. À cet effet, on utilise la commande suivante :

```
table pays, c(mean consp)
```

Nous obtenons le tableau ci-après :

```
----------------------
     pays | mean(consp)
----------+-----------
      BEN |   3400.4592
      BFA |   3323.7335
      CIV |   12772.946
      MLI |    3758.995
     NGER |   2671.3844
      SEN |   5756.5506
      TGO |   1921.7559
----------------------
```

La consommation moyenne est plus élevée en Côte d'Ivoire et au Sénégal que dans les autres pays. Il est possible de faire un test de comparaison de moyennes afin de savoir si les différences que nous observons sont significatives.

Il est possible d'afficher plusieurs statistiques pour plusieurs variables à la fois.

Par exemple, pour calculer la moyenne des variables *consp* et *pibn*, pour chaque pays, nous entrons la commande suivante :

```
table pays, c(mean consp mean pibn)
```

Nous obtenons les résultats suivants :

pays	mean(consp)	mean(pibn)
BEN	3400.4592	4621.3308
BFA	3323.7335	4865.5982
CIV	12772.946	18676.098
MLI	3758.995	5053.4461
NGER	2671.3844	3783.431
SEN	5756.5506	7751.9068
TGO	1921.7559	2331.986

La commande ci-après :

```
table pays, c(freq mean consp median consp mean pibn median pibn)
```

donne les résultats suivants :

pays	Freq.	mean(consp)	med(consp)	mean(pibn)	med(pibn)
BEN	30	3400.4592	3281.7135	4621.3308	4137.656
BFA	30	3323.7335	3105.542	4865.5982	3932.6343
CIV	30	12772.946	10365.845	18676.098	14482.223
MLI	30	3758.995	2980.204	5053.4461	4145.9446
NGER	30	2671.3844	2139.9505	3783.431	2999.006
SEN	30	5756.5506	5698.1962	7751.9068	7107.4924
TGO	30	1921.7559	1749.0163	2331.986	1873.1212

2.9 Tests d'hypothèses

« *The three golden rules of Econometrics are Test, Test, Test* »

David. F. Hendry

2.9.1 Problématique de l'inférence statistique

L'information du statisticien porte, en général, sur un nombre limité de valeurs qui composent un échantillon. Cependant, ce qui intéresse le statisticien, ce n'est pas l'échantillon lui-même, mais la population de laquelle il a été tiré. À partir des observations faites sur l'échantillon, le statisticien cherche à tirer des conclusions sur la population toute entière. C'est ce qu'on appelle l'inférence statistique : porter un jugement sur une population à partir d'un échantillon d'observations tiré de cette population.

Pour réaliser l'inférence statistique, le statisticien utilise un test statistique. Un test statistique est une procédure qui permet de rejeter ou de ne pas rejeter une hypothèse. Formellement, l'hypothèse à tester est énoncée sous la forme d'une hypothèse « nulle » contre une hypothèse « alternative », notée respectivement H_0 et H_1. Un test d'hypothèses est une démonstration par l'absurde. L'hypothèse de recherche correspond à l'hypothèse alternative. L'hypothèse de recherche est acceptée si les données de l'échantillon rejettent l'hypothèse nulle. Dans la pratique des tests, les hypothèses nulle et alternative sont formulées de manière à ce que le rejet de l'hypothèse nulle conduise à la conclusion souhaitée.

Par nature, l'inférence statistique à partir d'un échantillon ne permet pas de décider avec certitude. Nous ne pouvons pas dire avec assurance que l'hypothèse testée est vraie ou fausse, car nous n'avons pas examiné toute la population. C'est pour cette raison qu'on se fixe une probabilité d'erreur ou seuil de signification notée α, qui représente la probabilité de rejeter à tort l'hypothèse nulle. Dans la pratique, on choisit des seuils de signification de 1%, 5% et 10%.

Dans les logiciels d'économétrie, la plupart des statistiques des tests d'hypothèses sont assorties d'une probabilité critique ou *p-value*. Ce qui évite l'utilisation fastidieuse des tables statistiques. La *p-value* représente le seuil minimal pour lequel la statistique de test rejette l'hypothèse nulle.

La *p-value* a l'avantage d'être directement interprétable : nous rejetons l'hypothèse nulle lorsque la *p-value* est inférieure au seuil de signification statistique α.

Nous illustrons la pratique des tests à partir de deux exemples importants en économétrie : le test de significativité du coefficient de corrélation linéaire de Pearson et le test de normalité. Dans les prochains chapitres de cet ouvrage, nous utiliserons abondamment les tests statistiques pour tester de nombreuses hypothèses (tests de significativité des coefficients, tests d'homogénéité, tests d'hétéroscédasticité, tests d'autocorrélation, tests de racine unitaire, tests de cointégration, etc.).

2.9.2 Test du coefficient de corrélation linéaire

En guise d'analyse préliminaire des variables, nous calculons les coefficients de corrélation entre les variables que nous mettons sous la forme d'un tableau dit matrice des corrélations. Le problème c'est que nous ne pouvons pas toujours dire si les coefficients sont significatifs ou non. Pour cela, nous devons recourir à des tests d'hypothèses.

Les hypothèses nulle et alternative sont spécifiées comme suit :

H_0 : Les variables X et Y ne sont pas corrélées

H_1 : Les variables X et Y sont corrélées

Nous effectuons le test de corrélation linéaire entre les cinq variables précédentes au seuil de 1%. Pour cela, nous entrons la commande ci-après :

```
pwcorr  lconsp lpibn lcpi lrem lcred, obs sig star(.01) bonferroni
```

- L'option « obs » reporte le nombre d'observations utilisées pour calculer le coefficient de corrélation ;

- L'option « sig » donne la *p-value* ;

- En indiquant l'option « star (.01) », le coefficient de corrélation significatif au seuil de 1% est marqué d'une étoile (*).

En validant, nous obtenons le tableau ci-après :

	lconsp	lpibn	lcpi	lrem	lcred
lconsp	1.0000				
	210				
lpibn	0.9946*	1.0000			
	0.0000				
	210	210			
lcpi	0.7198*	0.7209*	1.0000		
	0.0000	0.0000			
	210	210	210		
lrem	0.7051*	0.6951*	0.7083*	1.0000	
	0.0000	0.0000	0.0000		
	210	210	210	210	
lcred	0.5300*	0.5109*	0.5259*	0.7348*	1.0000
	0.0000	0.0000	0.0000	0.0000	
	210	210	210	210	210

Le coefficient de corrélation entre les variables *lconsp* et *lpibn* est égal à 0,9946 avec une probabilité presque nulle. La probabilité étant inférieure à 1% (le seuil choisi ici), nous rejetons l'hypothèse nulle d'absence de corrélation linéaire. En d'autres termes, les variables *lconsp* et *lpibn* sont corrélées de façon significative. En suivant la même démarche, nous concluons que toutes les variables sont corrélées entre elles.

2.9.3 Liaison entre deux variables qualitatives : test du Khi-deux

Nous examinons la liaison entre les variables « cons_plus5000 » et « pibn_plus7000 ». Nous entrons la commande ci-après :

```
tab consp_plus5000 pibn_plus7000, chi2
```

Nous obtenons les résultats ci-après :

consp_plus 5000	pibn_plus7000 0	1	Total
0	135	1	136
1	5	69	74
Total	140	70	210

Pearson chi2(1) = 184.5534 Pr = 0.000

La statistique du Khi-deux affiche une probabilité égale à 0,000, qui est inférieure au seuil de 1%. Nous concluons qu'il existe une liaison significative entre les deux variables.

2.9.4 Tests de normalité

La normalité distributionnelle joue un rôle important dans la pratique des tests d'hypothèses. Nous verrons que les intervalles de confiance ainsi que les *p-values* de certains tests d'hypothèses sont calculés sous l'hypothèse de normalité. Lorsqu'on cherche à tester la normalité distributionnelle d'une variable X, les hypothèses nulle et alternative sont formulées comme suit:

H_0 : La variable X suit une distribution normale de moyenne m et d'écart-type σ.

H_1 : La variable Y ne suit pas une distribution normale de moyenne m et d'écart-type σ

Il existe plusieurs tests de normalité. Nous présentons ci-après quelques commandes permettant d'effectuer le test de normalité sous Stata :

swilk X : effectue le test de Shapiro-Wilk ;

sfrancia X : effectue le test de Shapiro-Francia ;

sktest X : effectue le test de dissymétrie et d'aplatissement ;

jb X : effectue le test de Jarque-Bera ;

ksmirnov X = normden(X, moyenne, écart-type) : effectue le test de Kolmogorov-Smirnov.

Pour effectuer le test de normalité de Shapiro-Wilk sur les variables *lconsp*, *lpibn*, *lcpi*, *lrem* et *lcred*, nous entrons la commande :

```
swilk lconsp lpibn lcpi lrem lcred
```

En validant, nous obtenons le tableau ci-après :

Shapiro-Wilk W test for normal data

Variable	Obs	W	V	z	Prob>z
lconsp	210	0.99227	1.203	0.426	0.33504
lpibn	210	0.99149	1.325	0.649	0.25824
lcpi	210	0.91877	12.645	5.852	0.00000
lrem	210	0.98247	2.728	2.315	0.01031
lcred	210	0.96031	6.179	4.200	0.00001

Pour les variables *lconsp* et *lpibn*, les probabilités critiques (Prob>z) sont supérieures aux seuils habituels (1%, 5%, 10%). Ainsi, nous ne rejetons pas l'hypothèse de normalité de ces deux variables. En revanche, pour les autres variables (*lcpi*, *lrem*, *lcred*), les probabilités critiques sont inférieures au seuil usuel de 5%. Par conséquent, nous rejetons l'hypothèse de normalité pour ces variables.

Dans la pratique, il est conseillé d'effectuer plusieurs tests de normalité avant de tirer une conclusion définitive.

CHAPITRE 3

Modèles de panel classiques

3.1 Introduction

Les données de panel, de par leur double dimension individuelle et temporelle, offrent de nombreuses perspectives en économie appliquée. En particulier, elles rendent possible une meilleure représentation des comportements des individus. Elles permettent de contourner la difficulté liée au manque de données longues dans la dimension temporelle ; ce qui permet de rendre plus puissants les tests économétriques lorsque la dimension individuelle du panel augmente.

Le modèle de panel s'écrit sous la forme suivante :

$$Y_{it} = \alpha_i + X_{it}b + \varepsilon_{it}, i = 1, \dots, n, \qquad t = 1, \dots, T \qquad (3.0)$$

Y est la variable endogène ou expliquée, X est la matrice des variables explicatives, b est le vecteur des paramètres et ε le terme d'erreur.

On suppose généralement que l'échantillon est cylindré, c'est-à-dire que toutes les observations pour tous les individus et toutes les périodes sont renseignées. En d'autres termes, le panel ne comporte pas de données manquantes. Cette hypothèse assez restrictive peut conduire à l'élimination de certaines informations utiles à l'estimation du modèle, ce qui pourrait nuire à la représentativité du panel. Il est possible d'utiliser un échantillon non cylindré pour estimer un modèle de panel.

Pour tirer avantage de la double dimension des données de panel, différents schémas de variation des paramètres sont proposés. D'une part, le coefficient α_i qui mesure l'effet des variables inobservables propres aux individus ou l'hétérogénéité individuelle, peut être fixe ou aléatoire. D'autre part, les coefficients b peuvent également être constants pour tous les individus ou être des réalisations de variables aléatoires.

L'analyse des données de panel requiert des procédures d'estimation très précises car elle fait apparaître des difficultés quant au traitement de l'hétérogénéité individuelle et de la dépendance transversale entre les individus. Elle constitue aujourd'hui une spécialité dans l'économétrie (économétrie des données de panel) qui donne lieu à de nombreux développements.

Dans ce chapitre, nous présentons les modèles classiques des données de panel. Il s'agit notamment du modèle sans effets, du modèle à effets fixes, du modèle à effets aléatoires et du modèle à coefficients variables. Nous présentons les spécifications de ces modèles à partir d'exemples pratiques. Pour chaque modèle, nous rappelons les hypothèses, les méthodes d'estimation ainsi que les tests à réaliser. Nous fournissons également les commandes Stata permettant de faire les estimations et les tests statistiques.

À la fin de ce chapitre, l'utilisateur sera capable : (i) de spécifier et estimer un modèle classique en panel ; (ii) d'utiliser les tests de spécification pour déterminer le modèle approprié aux données ; (iii) de tester les hypothèses sur le terme d'erreur (tests de normalité, tests d'hétéroscédasticité, tests d'autocorrélation) ; et (iv) d'utiliser un modèle de panel pour faire des prévisions.

3.2 Modèle à effets fixes

Nous cherchons à estimer une fonction de consommation pour les sept pays africains sur la période de 1993 à 2022. Nous commençons par le modèle à effets fixes qui s'écrit :

$$lconsp_{it} = \alpha_0 + \alpha_i + a_1 lpibn_{it} + a_2 lcpi_{it} + a_3 lrem_{it} + a_4 lcred_{it} + e_{it} \qquad (3.1)$$

où l'indice i est pour le pays et l'indice t pour l'année. Il existe n individus et T périodes, ce qui donne n x T observations pour estimer le modèle.

Le coefficient α_i est l'effet individuel, appelé « effet spécifique » de l'individu i. Il est constant dans le temps, mais propre à chaque individu (pays).

Ce coefficient permet de capter l'hétérogénéité individuelle inobservable. Par exemple, il peut rendre compte de l'influence des différences socio-culturelles ou religieuses, qui par essence, sont difficiles à mesurer, mais dont l'effet nous intéresse néanmoins. Dans un modèle à effets fixes, tous les régresseurs doivent varier dans le temps. Par conséquent, il est difficile d'identifier l'effet des variables qui, pour chaque individu, sont invariantes dans le temps, comme la superficie des pays.

On suppose que le terme d'erreur et les variables explicatives du modèle (3.1) vérifient les hypothèses suivantes :

- H_1: Les perturbations $\mathbf{e_{it}}$ sont indépendamment et identiquement distribuées suivant une loi d'espérance nulle et de variance $\boldsymbol{\sigma^2}$.

- H_2 : Les variables explicatives sont indépendantes du terme d'erreur $[\mathbf{E(X_{it}e_{it}) = 0}]$.

- H_3: Les variables explicatives sont non colinéaires[1].

Le modèle (3.1) contient 12 coefficients : $\alpha_0, \alpha_1, \ldots, \alpha_7, a_1, \ldots, a_4$.

Sous les hypothèses sus-indiquées, ce modèle est un modèle de régression multiple « presque » standard, dont l'estimation ne pose pas de problème particulier dès lors que la matrice des variables explicatives est de plein rang. L'estimateur défini sur le modèle à effets fixes est appelé estimateur « ***Within*** ».

Le modèle (3.1) a un seul effet spécifique. Toutefois, il est possible d'y inclure un effet temporel non aléatoire. Dans ce cas, le modèle devient :

$$lconsp_{it} = \alpha_0 + \alpha_i + \lambda_t + a_1 lpibn_{it} + a_2 lcpi_{it} + a_3 lrem_{it} + a_4 lcred_{it} + e_{it} \quad (3.2)$$

[1] Cette hypothèse implique que $nT \geq n + k$, où n est le nombre d'individus, T le nombre de périodes et k le nombre de variables explicatives.

Dans ce modèle, le coefficient λ_t mesure l'effet des variables inobservables supposées communes à tous les pays comme l'état de la conjoncture internationale.

Cet effet change dans le temps, mais reste constant pour tous les individus. Cela signifie que les pays ont partout le même comportement de consommation, mais dans certaines périodes ce comportement est globalement affecté par des évènements particuliers, comme la crise financière de 2008, la pandémie de la Covid 19 de 2021-2022 ou la guerre en Ukraine de 2022. L'effet de ces événements sur la consommation sera mesuré par les coefficients λ_{2008}, λ_{2021} et λ_{2022}.

L'estimateur défini sur le modèle à deux effets fixes est appelé estimateur « **Double Within** ».

Avant d'estimer un modèle de panel, on doit indiquer à Stata la nature des données. Pour cela, on utilise la commande suivante :

```
xtset id annee
```

où « id » est la variable qui identifie les individus (ici les pays) et « annee » la variable qui indique la période (ici les années).

En validant, Stata affiche le rapport suivant :

```
panel variable:  id (strongly balanced)
        time variable:  annee, 1993 to 2022
                delta:  1 unit
```

L'individu est le pays et l'année est la période. Le panel est cylindré (*strongly balanced*), car toutes les variables sont renseignées pour tous les individus et toutes les années. Le panel ne comporte pas de données manquantes.

Pour estimer le modèle à effets fixes, nous saisissons la commande :

```
xtreg lconsp lpibn lcpi lrem lcred, fe
```

En validant, nous obtenons les résultats ci-après :

```
------------------------------------------------------------------------------
Fixed-effects (within) regression               Number of obs      =       210
Group variable: id                              Number of groups   =         7
R-sq:  within  = 0.9864                         Obs per group: min =        30
       between = 0.9904                                        avg =      30.0
       overall = 0.9882                                        max =        30
                                                F(4,199)           =   3618.70
corr(u_i, Xb)  = 0.0684                         Prob > F           =    0.0000
------------------------------------------------------------------------------
      lconsp |      Coef.   Std. Err.      t    P>|t|     [95% Conf. Interval]
-------------+----------------------------------------------------------------
      lpibn  |   .9360851   .0327931    28.55   0.000     .8714185    1.000752
       lcpi  |   .0922171   .0827471     1.11   0.266    -.0709565    .2553907
       lrem  |  -.0189303   .0104599    -1.81   0.072    -.0395567    .0016961
      lcred  |   .0000914   .0216109     0.00   0.997    -.0425242    .0427071
      _cons  |  -.0807811   .1769685    -0.46   0.649    -.4297553     .268193
-------------+----------------------------------------------------------------
     sigma_u |  .06147307
     sigma_e |  .07624226
         rho |  .39397506   (fraction of variance due to u_i)
------------------------------------------------------------------------------
F test that all u_i=0:     F(6, 199) =    11.85              Prob > F = 0.0000
------------------------------------------------------------------------------
```

Dans le modèle à effets fixes, les effets fixes peuvent être corrélés avec les variables explicatives. Cela ne pose pas de problème dans le cadre de ce modèle, ce qui pose problème c'est lorsque les variables explicatives sont corrélées avec le terme d'erreur (non-orthogonalité des explicatives avec les erreurs). Il y aura problème si les effets individuels sont traités comme aléatoires et incorporés dans le terme d'erreur.

Le tableau des résultats n'affiche pas systématiquement les effets fixes individuels. Pour obtenir les valeurs estimées de ces effets, nous entrons la commande :

```
predict fixes, u
```

Cette commande va stocker les effets fixes dans la variable nommée « fixes ». Cette variable apparaît dans la base des données. On peut y trouver les valeurs associées aux effets fixes. Néanmoins, on peut vouloir afficher directement les effets fixes à l'écran.

À cet effet, il suffit d'exécuter successivement les commandes ci-après :

```
scalar  _1_c=fixes in 1
scalar  _2_c=fixes in 31
scalar  _3_c=fixes in 61
scalar  _4_c=fixes in 91
scalar  _5_c=fixes in 121
scalar  _6_c=fixes in 151
scalar  _7_c=fixes in 181
display  _1_c
-.00725405
…
display  _7_c
.07455572
```

Dans ces commandes, les 30 premières observations portent sur l'individu 1 ; l'individu 2 commence à la 31ème observation, l'individu 3 commence à la 61ème, etc.

Les effets fixes estimés sont synthétisés dans le tableau ci-après :

Tableau 3.1 : Effets fixes par pays

Pays	Effets fixes
Bénin	-.00725405
Burkina Faso	-.06371783
Côte d'Ivoire	.01060532
Mali	.00461823
Niger	-.08906495
Sénégal	.07025755
Togo	.07455572

Lorsque le modèle comporte une constante, on impose que la somme des effets fixes soit nulle afin d'assurer l'identification des paramètres.

Pour estimer le modèle à effets fixes, on peut aussi procéder à une régression par la méthode des MCO en incluant les variables indicatrices-pays.

La commande est :

```
reg lconsp lpibn lcpi lrem lcred i.id
```

Le fait d'indiquer « i.id » crée les variables indicatrices pour chaque pays et les ajoute au modèle comme des variables explicatives supplémentaires.

En validant, nous obtenons les résultats suivants :

```
------------------------------------------------------------------------------
    Source |       SS        df       MS              Number of obs =     210
-----------+----------------------------------         F(10,   199)  = 2648.62
     Model |  153.960888    10   15.3960888           Prob > F       =  0.0000
  Residual |  1.15676369   199   .005812883           R-squared      =  0.9925
-----------+----------------------------------        Adj R-squared  =  0.9922
     Total |  155.117651        209   .74218972       Root MSE       =  .07624
------------------------------------------------------------------------------
    lconsp |      Coef.    Std. Err.      t     P>|t|      [95% Conf. Interval]
-----------+------------------------------------------------------------------
     lpibn |   .9360851   .0327931     28.55   0.000       .8714185    1.000752
      lcpi |   .0922171   .0827471      1.11   0.266      -.0709565    .2553907
      lrem |  -.0189303   .0104599     -1.81   0.072      -.0395567    .0016961
     lcred |   .0000914   .0216109      0.00   0.997      -.0425242    .0427071
        id |
         2 |  -.0564638   .0207806     -2.72   0.007      -.0974422   -.0154854
         3 |   .0178594   .0471833      0.38   0.705       -.075184    .1109028
         4 |   .0118723   .0222063      0.53   0.593      -.0319176    .0556621
         5 |  -.0818109   .0222255     -3.68   0.000      -.1256387   -.0379831
         6 |   .0775116   .0252862      3.07   0.002       .0276483    .1273749
         7 |   .0818098   .0329571      2.48   0.014       .0168199    .1467997
     _cons |  -.0880352   .1794631     -0.49   0.624      -.4419286    .2658583
```

Nous avons les mêmes coefficients des variables explicatives. La variable muette pour le pays 1 a été exclue en raison de la multi-colinéarité parfaite entre les variables explicatives.

Et si on ajoute un effet temporel ?

Pour estimer le modèle à double effets spécifiques[2] (individuels et temporels), nous saisissons la commande suivante :

```
xtreg lconsp lpibn lcpi lrem lcred i.annee, fe
```

[2] Pour les modèles à deux effets, voir Honda (1991), Wu & Zhu (2011) et Wu & Li (2014).

Le fait d'indiquer « i.annee » crée les variables indicatrices pour chaque période et les ajoute au modèle comme des variables explicatives supplémentaires.

En validant, nous obtenons les résultats ci-après :

```
------------------------------------------------------------------------------
Fixed-effects (within) regression               Number of obs      =       210
Group variable: id                              Number of groups   =         7
R-sq:  within  = 0.9887                         Obs per group: min =        30
       between = 0.9937                                        avg =      30.0
       overall = 0.9905                                        max =        30
                                                F(33,170)          =    448.91
corr(u_i, Xb)  = -0.3375                        Prob > F           =    0.0000
------------------------------------------------------------------------------
lconsp |      Coef.   Std. Err.      t    P>|t|          [95% Conf. Interval]
-------------+----------------------------------------------------------------
   lpibn |   .9841971   .0458032    21.49   0.000          .8937809   1.074613
    lcpi |   .0482897   .1625447     0.30   0.767         -.2725762   .3691557
    lrem |  -.0159332   .0118361    -1.35   0.180         -.0392979   .0074315
   lcred |   .0446767   .0298458     1.50   0.136         -.0142394   .1035929
  annee |
   1994  |  -.0103786   .0614697    -0.17   0.866         -.1317208   .1109636
   1995  |   .0193624   .0763763     0.25   0.800         -.1314058   .1701305
   1996  |   -.039074   .0838879    -0.47   0.642         -.2046701   .1265221
   1997  |  -.0464607   .0893921    -0.52   0.604         -.2229222   .1300009
   1998  |  -.0522116   .0960184    -0.54   0.587         -.2417535   .1373304
   1999  |   .0226925   .0983067     0.23   0.818         -.1713665   .2167516
   2000  |   .0044986   .1012659     0.04   0.965          -.195402   .2043991
   2001  |   .0011539   .1089523     0.01   0.992         -.2139198   .2162275
   2002  |  -.0049053   .1140918    -0.04   0.966         -.2301244   .2203139
   2003  |  -.0012915   .1148803    -0.01   0.991         -.2280672   .2254842
   2004  |   .0024805   .1157115     0.02   0.983         -.2259359   .2308969
   2005  |    .013393    .125008     0.11   0.915          -.233375    .260161
   2006  |   .0022738   .1293888     0.02   0.986         -.2531418   .2576894
   2007  |  -.0024439   .1334534    -0.02   0.985         -.2658832   .2609954
   2008  |   .0014257   .1469698     0.01   0.992          -.288695   .2915465
   2009  |  -.0192647   .1500954    -0.13   0.898         -.3155556   .2770261
   2010  |  -.0319596   .1538586    -0.21   0.836          -.335679   .2717598
   2011  |  -.0528152   .1604282    -0.33   0.742         -.3695032   .2638728
   2012  |  -.0534988   .1668341    -0.32   0.749         -.3828321   .2758346
   2013  |  -.0548328   .1702848    -0.32   0.748         -.3909779   .2813122
   2014  |  -.0801374   .1721924    -0.47   0.642         -.4200481   .2597733
   2015  |  -.0766048   .1749463    -0.44   0.662         -.4219517   .2687421
   2016  |  -.0888491   .1770283    -0.50   0.616         -.4383059   .2606076
   2017  |  -.0948985    .180149    -0.53   0.599         -.4505156   .2607186
   2018  |  -.1049691   .1830472    -0.57   0.567         -.4663073   .2563692
   2019  |  -.1253479   .1837276    -0.68   0.496         -.4880293   .2373335
   2020  |  -.1265769   .1877896    -0.67   0.501         -.4972767   .2441229
   2021  |   -.136034   .1937289    -0.70   0.484         -.5184582   .2463901
  2022   |  -.1657921   .2040044    -0.81   0.418        -.5685002   .2369159
   _cons |  -.3741358   .6827722    -0.55   0.584          -1.72194   .9736681
-------------+----------------------------------------------------------------
sigma_u |   .05660021
sigma_e |   .07544843
rho |   .36011305   (fraction of variance due to u_i)
------------------------------------------------------------------------------
F test that all u_i=0:     F(6, 170) =     8.87              Prob > F = 0.0000
------------------------------------------------------------------------------
```

La variable muette pour l'année 1993 a été exclue pour éviter la multicolinéarité parfaite entre les variables explicatives.

Après avoir estimé le modèle, on peut se demander s'il est vraiment pertinent d'inclure des effets fixes temporels. Le modèle à deux effets est-il meilleur que celui à un seul effet ? Dans la suite de ce chapitre, nous verrons comment tester la significativité des effets spécifiques individuels et temporels.

3.3 Modèle à effets aléatoires

Dans le modèle à effets fixes, les effets individuels α_i sont déterministes. Ici, on suppose que ces effets fixes sont aléatoires et on les incorpore dans le terme d'erreur. On obtient alors le modèle à effets aléatoires qui s'écrit :

$$lconsp_{it} = \alpha_0 + a_1 lpibn_{it} + a_2 lcpi_{it} + a_3 lrem_{it} + a_4 lcred_{it} + e_{it} \quad (3.3)$$

avec :

$$e_{it} = \alpha_i + u_{it}$$

où α_i et u_{it} sont des perturbations (ou erreurs) aléatoires non corrélées.

En fait, l'erreur du modèle e_{it} est composée de deux parties: l'effet individuel mesuré par α_i et l'effet résiduel capté par u_{it}.

Le modèle à effets aléatoires est appelé modèle à erreurs composées. Il est possible d'inclure un effet temporel pour obtenir un modèle plus général à erreurs composées.

À l'instar du modèle à effets fixes, le modèle à effets aléatoires vérifie les hypothèses suivantes :

- H_1 : Les effets individuels $\boldsymbol{\alpha}_i$ sont indépendamment et identiquement distribués suivant une loi d'espérance nulle et de variance $\boldsymbol{\sigma_1^2}$.

- H_2 : Les perturbations $\boldsymbol{u_{it}}$ sont indépendamment et identiquement distribuées suivant une loi d'espérance nulle et de variance $\boldsymbol{\sigma_2^2}$.

- H_3 : Les effets individuels $\boldsymbol{\alpha}_i$ sont indépendants des perturbations $\boldsymbol{u_{it}}$ [$E(\alpha_i u_{it}) = 0$]. Cette hypothèse permet de séparer les effets individuels des autres sources d'hétérogénéité.

- H_4 : Les variables explicatives sont indépendantes des effets individuels α_i ainsi que des erreurs $[E(X_{it}u_{it}) = E(X_{it}\alpha_i) = 0]$.

- H_5 : Les variables explicatives ne sont pas colinéaires.

Sous ces hypothèses, le terme d'erreur e_{it} présente la structure suivante :

- Moyenne nulle : $E(e_{it}) = 0$;

- Homoscédasticité : $V(e_{it}) = \sigma_1^2 + \sigma_2^2$;

- Autocorrélation temporelle indépendante du temps :

$$E(e_{it}e_{is}) = \sigma_1^2, \text{ pour } t \neq s;$$

- Absence de corrélation contemporaine entre les individus[3]:

$$E(e_{it}e_{jt}) = 0, i \neq j$$

Le modèle (3.3) contient 5 coefficients : $\alpha_0, a_0, a_1, a_2, a_3, a_4$.

En raison de l'autocorrélation temporelle des erreurs propres à chaque individu[4], l'estimateur des moindres carrés ordinaires n'est pas efficace. L'estimateur approprié du modèle à effets aléatoires est celui des Moindres Carrés Généralisés (MCG).

Bien que le modèle à effets aléatoires réduit le nombre de paramètres à estimer, il produit des estimateurs biaisés et non convergents si les effets individuels α_i et les explicatives sont corrélés. En effet, cela impliquerait que les variables explicatives sont corrélées avec le terme d'erreur e_{it}. L'hypothèse d'absence de corrélation entre les effets individuels α_i et les variables explicatives est donc cruciale pour assurer les bonnes propriétés de l'estimateur MCG du modèle à effets aléatoires.

---

[3] Cette hypothèse peut être discutable lorsqu'on travaille sur des données où les individus sont des régions ou des pays. Dans ce cas, il peut exister des corrélations transversales entre les individus. Nous aborderons dans le chapitre 7 les modèles de panel avec dépendance transversale.

[4] L'autocorrélation temporelle est due à la présence d'un même individu sur plusieurs périodes : le même effet individuel influence les comportements d'un individu à *toutes* les dates. Le coefficient d'autocorrélation est : $corr(e_{it}, e_{is}) = \sigma_1^2/(\sigma_1^2 + \sigma_2^2)$ pour $t \neq s$.

Nous verrons comment tester cette hypothèse.

Pour estimer le modèle à effets aléatoires, nous entrons la commande suivante :

```
xtreg lconsp lpibn lcpi lrem lcred, re
```

Nous obtenons les résultats suivants :

```
------------------------------------------------------------------------------
Random-effects GLS regression                   Number of obs      =       210
Group variable: id                              Number of groups   =         7

R-sq:  within  = 0.9864                         Obs per group: min =        30
       between = 0.9915                                        avg =      30.0
       overall = 0.9887                                        max =        30

                                                Wald chi2(4)       =  15142.57
corr(u_i, X)   = 0 (assumed)                    Prob > chi2        =    0.0000
------------------------------------------------------------------------------
    lconsp |      Coef.   Std. Err.      z    P>|z|     [95% Conf. Interval]
-------------+----------------------------------------------------------------
     lpibn |   .9319411   .0246242    37.85   0.000     .8836785    .9802037
      lcpi |   .0807427   .0668753     1.21   0.227    -.0503305    .2118158
      lrem |  -.0148469   .0101591    -1.46   0.144    -.0347583    .0050645
     lcred |   .0067583   .0197097     0.34   0.732    -.0318721    .0453886
     _cons |  -.0307062   .1654574    -0.19   0.853    -.3549967    .2935844
-------------+----------------------------------------------------------------
   sigma_u |  .05527567
   sigma_e |  .07624226
       rho |  .34453113   (fraction of variance due to u_i)
------------------------------------------------------------------------------
```

3.4 Modèle sans effets

Le modèle sans effets suppose que les effets individuels α_i sont nuls. Dans notre exemple, le modèle s'écrit :

$$lconsp_{it} = \alpha_0 + a_1 lpibn_{it} + a_2 lcpi_{it} + a_3 lrem_{it} + a_4 lcred_{it} + e_{it} \quad (3.4)$$

Ce modèle contient 5 coefficients : $\alpha_0, a_0, \cdots, a_4$.

Le modèle sans effet est estimé par la méthode des Moindres Carrés Ordinaires (MCO).

Pour estimer le modèle de consommation sans effet, nous utilisons la commande suivante :

```
reg lconsp lpibn lcpi lrem lcred
```

Nous obtenons les résultats suivants :

```
------------------------------------------------------------------------------
      Source |       SS       df       MS              Number of obs =     210
-------------+------------------------------           F(  4,   205) = 5012.04
       Model |  153.547568     4  38.386892            Prob > F      =  0.0000
    Residual |  1.5700833    205  .007658943           R-squared     =  0.9899
-------------+------------------------------           Adj R-squared =  0.9897
       Total |  155.117651   209   .74218972           Root MSE      =  .08752
------------------------------------------------------------------------------
      lconsp |      Coef.   Std. Err.      t    P>|t|     [95% Conf. Interval]
-------------+----------------------------------------------------------------
       lpibn |   .9251402   .0103427    89.45   0.000     .9047486    .9455319
        lcpi |  -.0268725   .0423385    -0.63   0.526    -.1103473    .0566022
        lrem |    .007203   .0090719     0.79   0.428    -.0106832    .0250892
       lcred |    .042273   .0170105     2.49   0.014     .0087351     .075811
       _cons |    .315407   .1507567     2.09   0.038     .0181746    .6126393
------------------------------------------------------------------------------
```

3.5 Modèles à coefficients variables

Dans les trois modèles précédents, nous avons supposé que les coefficients des variables (a_1, a_2, a_3, a_4) sont constants. Nous avons fait l'hypothèse que l'hétérogénéité des comportements de consommation peut, de façon satisfaisante, être captée par des effets spécifiques individuels fixes ou aléatoires. Dans certains cas, cependant, cette façon de modéliser l'hétérogénéité des comportements peut être inappropriée. Nous pouvons relâcher cette restriction en introduisant une hétérogénéité à la fois dans la constante et dans les coefficients de pente. Tous les paramètres du modèle vont alors varier d'un individu à l'autre et d'une période à l'autre. Par exemple, dans le cas de la fonction de consommation, nous pouvons raisonnablement penser que les élasticités-revenu sont différentes d'un pays à l'autre.

Le modèle à coefficients variables s'écrit sous la forme générale suivante[5]:

$$lconsp_{it} = a_{0it} + a_{1it} lpibn_{it} + a_{2it} lcpi_{it} + a_{3it} lrem_{it}$$

$$+ a_{4it} lcred_{it} + e_{it} \qquad (3.5)$$

[5] Cette formulation a un but descriptif. En effet, lorsque les coefficients dépendent des individus et du temps, le modèle n'est pas estimable en raison du nombre trop élevé de paramètres à estimer par rapport au nombre d'observations disponibles (Balestra, 1996). Il s'avère alors nécessaire d'introduire des contraintes supplémentaires.

Les coefficients se décomposent en une partie fixe et une partie variable :

$$a_{it} = \bar{a} + u_i + \lambda_t \tag{3.6}$$

où $a_{it} = (a_{0it}, a_{1it}, \cdots, a_{4it})$ est le vecteur des coefficients, u_i est l'effet spécifique individuel et λ_t l'effet spécifique temporel.

Dans ce modèle, deux individus ayant les mêmes caractéristiques observables n'auront pas nécessairement la même consommation. On peut distinguer deux cas :

- Lorsque les effets u_i et λ_t sont fixes, on a un modèle à coefficients composés fixes.

- Lorsque les effets u_i et λ_t sont aléatoires, on a un modèle à coefficients aléatoires. L'effet spécifique individuel u_i représente la composante aléatoire de la constante.

Le modèle à coefficients variables est une généralisation du modèle à effets fixes et du modèle à effets aléatoires. Il comprend deux catégories de modèles à savoir le modèle à coefficients aléatoires et le modèle à coefficients composés fixes.

3.5.1 Modèle à coefficients aléatoires

Le modèle à coefficients aléatoires suppose que les composantes u_i et λ_t sont des variables aléatoires. Le modèle le plus célèbre est celui de Swamy (1970) dans lequel les coefficients varient avec les individus ($\lambda_t = 0$).

$$lconsp_{it} = a_{0i} + a_{1i}lpibn_{it} + a_{2i}lcpi_{it} + a_{3i}lrem_{it} + a_{4i}lcred_{it} + e_{it} \tag{3.7}$$

avec :

$$a_i = \bar{a} + u_i \tag{3.8}$$

Les composantes u_i sont des variables aléatoires d'espérance nulle, homoscédastiques et non autocorrélées. Par ailleurs, les variables explicatives sont exogènes : elles sont sans corrélation avec les coefficients aléatoires et le terme d'erreur. Ce modèle généralise le modèle à effets aléatoires.

Toutefois, le modèle de Swamy est un modèle à erreurs autocorrélées et hétéroscédastiques. Par conséquent, l'estimateur MCO n'est pas efficace.

L'estimateur des coefficients du modèle à coefficients aléatoires est appelé « **estimateur de Swamy** ». Il s'agit d'un estimateur MCG, qui s'écrit comme une somme pondérée des estimateurs MCO individuels. Une présentation théorique de ce modèle est faite par Sevestre (2002), Poi (2003) et Greene (2012).

De façon alternative, on peut supposer que les coefficients varient avec le temps suivant les réalisations d'un processus stationnaire ou non-stationnaire[6]:

$$a_{it} = a_t = Ha_{t-1} + \mu_t \tag{3.9}$$

où H est une matrice dont la structure dépend du processus générateur. Des techniques de type filtre de Kalman peuvent être employées pour estimer les paramètres (Hsiao, 2003).

Nous retenons ici le modèle de Swamy où les coefficients changent avec les individus. Pour estimer ce modèle, nous utilisons la commande « **xtrc** » :

```
xtrc lconsp lpibn lcpi lrem lcred
```

[6]Pour des exemples voir Hildreth & Houck (1968), Cooley & Prescott (1976) et Pagan (1980). Il est aussi possible de spécifier les coefficients a_{it} en fonction de caractéristiques individuelles ou temporelles (q_{it}) suivant une relation de type $a_{it}=\Gamma q_{it}+\mu_{it}$. Voir Amemiya (1978) et Hendricks, Koenker & Poirier (1979).

Nous obtenons les résultats suivants :

```
Random-coefficients regression                  Number of obs      =       210
Group variable: id                              Number of groups   =         7

                                                Obs per group: min =        30
                                                               avg =      30.0
                                                               max =        30
                                                Wald chi2(4)       =   2017.72
                                                Prob > chi2        =    0.0000
------------------------------------------------------------------------------
      lconsp |      Coef.   Std. Err.      z    P>|z|     [95% Conf. Interval]
-------------+----------------------------------------------------------------
       lpibn |   .8218204   .1073316     7.66   0.000      .6114544    1.032186
        lcpi |   .1573951    .160993     0.98   0.328     -.1581454    .4729356
        lrem |   .0211552   .0487495     0.43   0.664     -.0743922    .1167026
       lcred |   .0134126   .0301799     0.44   0.657     -.0457389    .0725641
       _cons |    .370634   .2517142     1.47   0.141     -.1227167    .8639847

   ------------------------------------------------------------------------------

Test of parameter constancy:    chi2(30) =   540.95       Prob > chi2 = 0.0000
```

La dernière ligne du tableau indique le test de la constance des coefficients. Il s'agit de tester si les sept coefficients de chaque variable explicative y compris la constante sont identiques. Ces contraintes définissent au total 30 restrictions d'égalité (5 coefficients fois (7-1)).

Il est possible d'utiliser la commande « **xtrchh2** » qui fournit les mêmes résultats avec en sus les résultats pour chaque individu du panel :

```
xtrchh2 lconsp lpibn lcpi lrem lcred
```

Nous obtenons les résultats suivants :

Swamy random-coefficients regression
Group variable: id

Number of obs	=	210
Number of groups	=	7
Obs per group: min	=	30
avg	=	30.0
max	=	30
Wald chi2(4)	=	2017.72
Prob > chi2	=	0.0000

	Coef.	Std. Err.	z	P>|z|	[95% Conf.	Interval]
lpibn	.8218204	.1073316	7.66	0.000	.6114544	1.032186
lcpi	.1573951	.160993	0.98	0.328	-.1581454	.4729356
lrem	.0211552	.0487495	0.43	0.664	-.0743922	.1167026
lcred	.0134126	.0301799	0.44	0.657	-.0457389	.0725641
_cons	.370634	.2517142	1.47	0.141	-.1227167	.8639847

Test of parameter constancy: chi2(30) = 540.95 Prob > chi2 = 0.0000

Group-specific coefficients

	Coef.	Std. Err.	z	P>|z|	[95% Conf.	Interval]
Group 1						
lpibn	.991423	.0558631	17.75	0.000	.8819333	1.100913
lcpi	.0359925	.1452363	0.25	0.804	-.2486654	.3206505
lrem	-.0618593	.0352892	-1.75	0.080	-.1310248	.0073062
lcred	-.0296864	.0171534	-1.73	0.084	-.0633065	.0039337
_cons	-.0332191	.2561791	-0.13	0.897	-.5353209	.4688827
Group 2						
lpibn	1.222386	.0778445	15.70	0.000	1.069813	1.374958
lcpi	-.2028235	.1354254	-1.50	0.134	-.4682524	.0626054
lrem	-.1840568	.0368662	-4.99	0.000	-.2563132	-.1118003
lcred	-.0762479	.0187757	-4.06	0.000	-.1130476	-.0394482
_cons	-.251419	.2538625	-0.99	0.322	-.7489804	.2461424
Group 3						
lpibn	.6856228	.0562776	12.18	0.000	.5753207	.7959249
lcpi	.3520737	.1496364	2.35	0.019	.0587917	.6453557
lrem	.1084706	.0448737	2.42	0.016	.0205196	.1964215
lcred	.1147722	.0290726	3.95	0.000	.057791	.1717535
_cons	.275306	.2932932	0.94	0.348	-.2995381	.8501502
Group 4						
lpibn	.8139705	.0617824	13.17	0.000	.6928792	.9350619
lcpi	-.1474827	.1067027	-1.38	0.167	-.3566161	.0616507
lrem	.1389542	.0354423	3.92	0.000	.0694886	.2084198
lcred	.0201198	.0150767	1.33	0.182	-.00943	.0496696
_cons	1.145777	.2858031	4.01	0.000	.5856135	1.705941
Group 5						
lpibn	.9160261	.04845	18.91	0.000	.8210657	1.010986
lcpi	-.0584313	.074419	-0.79	0.432	-.2042898	.0874273
lrem	.0341263	.0137213	2.49	0.013	.007233	.0610196
lcred	-.0030337	.0169888	-0.18	0.858	-.0363311	.0302637
_cons	.48564	.1770768	2.74	0.006	.1385759	.8327041
Group 6						
lpibn	.4466207	.0394306	11.33	0.000	.3693381	.5239033
lcpi	.6232286	.0697859	8.93	0.000	.4864508	.7600065
lrem	.1093611	.0114429	9.56	0.000	.0869335	.1317887
lcred	.0869088	.0140946	6.17	0.000	.0592838	.1145337
_cons	.8732112	.160069	5.46	0.000	.5594817	1.186941
Group 7						
lpibn	.6766939	.0588241	11.50	0.000	.5614007	.791987
lcpi	.4992083	.114033	4.38	0.000	.2757077	.7227089
lrem	.0030903	.0174103	0.18	0.859	-.0310333	.0372139
lcred	-.0189446	.0158097	-1.20	0.231	-.0499311	.0120419
_cons	.0991414	.2671455	0.37	0.711	-.4244541	.6227369

L'élasticité-revenu est plus élevée dans les pays 1 et 2 et plus faible dans les pays 6 et 7. Les différences sont-elles significatives ?

3.5.2 Modèle à coefficients composés fixes

Le modèle à coefficients composés fixes suppose que tous les coefficients sont fixes, c'est-à-dire non aléatoires. Nous sommes en présence d'un panel parfaitement hétérogène et le modèle peut être vu comme un système d'équations simultanées apparemment non liées. Sous les hypothèses habituelles, l'estimation de ce modèle consiste à estimer séparément le modèle individu par individu. Toutefois, cette méthode suppose que la dimension temporelle des données soit suffisante pour garantir de bonnes estimations individuelles ainsi qu'une estimation satisfaisante des effets moyens. Dans le cas où les coefficients varient non plus d'un individu à un autre, mais d'une période à une autre, l'estimation du modèle consiste à appliquer les MCO période par période. Cette approche n'est satisfaisante que si la dimension individuelle des données est suffisante. Nous aborderons au chapitre 7 l'estimation des modèles de panels hétérogènes.

3.6 Tests de spécification

Lorsqu'on estime un modèle en données de panel, les premières questions qu'on se pose sont relatives à la présence de l'hétérogénéité inobservée : existe-t-il des effets individuels ou temporels ? Ces effets sont-ils fixes ou aléatoires ? Ces questions sont importantes, car la qualité des estimateurs en dépend en partie. Par exemple, dans le modèle à effets aléatoires, nous avons fait l'hypothèse que les effets spécifiques sont indépendants des variables explicatives. Sous cette hypothèse (et bien d'autres), l'estimateur des MCG est efficace. Que se passe-t-il si les effets individuels sont corrélés avec les variables explicatives ? Il est clair que l'estimateur des MCG ne sera pas efficace, il est même biaisé et non convergent.

Le caractère aléatoire ou fixe des effets spécifiques doit être testé en amont du modèle, c'est-à-dire avant même toute tentative d'estimation des coefficients du modèle. Dans cette section, nous considérons trois tests de spécification classiques. Nous examinons la significativité des effets individuels et nous vérifions s'il existe une corrélation entre les effets individuels et les variables explicatives.

Trois cas peuvent se présenter : (1) S'il n'y a pas d'effet individuel significatif, alors les MCO sont appropriés ; (2) Si l'effet individuel est significatif et non corrélé avec les explicatives, alors il conviendra d'utiliser les moindres carrés quasi-généralisés ; et (3) Si l'effet est significatif et corrélé avec les explicatives, alors l'estimateur *within* est approprié.

3.6.1 Test des effets fixes : test de Fisher

Le test de Fisher permet de choisir entre le modèle sans effet et celui à effets fixes. Les hypothèses nulle et alternative sont :

H_0: Le modèle sans effet est approprié

H_1: Le modèle à effets fixes est approprié

Il s'agit d'un test de nullité des effets fixes. Un test de type Fisher peut être effectué.

Ce test est fait automatiquement après l'estimation du modèle à effets fixes. Les résultats apparaissent au bas du tableau des résultats. Il s'agit d'un test de significativité conjointe des effets fixes. Dans le cas de la fonction de consommation, nous obtenons les résultats ci-dessous :

```
F(6, 199) =     11.85                  Prob > F = 0.0000
```

La *p-value* est inférieure à 1% : on rejette l'hypothèse nulle d'absence d'effets dans la fonction de consommation. Le modèle à effets fixes est meilleur que le modèle sans effet. En d'autres termes, il y a de l'hétérogénéité individuelle dans le comportement de consommation. Nous devons privilégier un modèle tenant compte des spécificités individuelles.

3.6.2 Test des effets aléatoires : test de Breusch-Pagan

Dans le cas du modèle à effets aléatoires, le test d'absence d'effets spécifiques individuels consiste à tester la significativité de la variance des effets aléatoires. Plusieurs tests ont été proposés pour choisir entre le modèle sans effet et celui à effets aléatoires. Le test de Breusch & Pagan (1979), le plus couramment utilisé, est basé sur la statistique du multiplicateur de Lagrange.

Les hypothèses nulle et alternative du test sont :

H_0 : Le modèle sans effet est approprié

H_1 : Le modèle à effets aléatoires est approprié

Pour effectuer ce test, nous estimons d'abord le modèle à effets aléatoires puis nous utilisons la commande suivante :

```
xttest0
```

En validant, nous obtenons les résultats suivants :

```
   Breusch and Pagan Lagrangian multiplier test for random effects

lconsp[id,t] = Xb + u[id] + e[id,t]

        Estimated results:
                         |       Var     sd = sqrt(Var)
                ---------+-----------------------------
                  lconsp |   .7421897       .8615043
                       e |   .0058129       .0762423
                       u |   .0030554       .0552757

        Test:   Var(u) = 0
                              chibar2(01) =    90.63
                           Prob > chibar2 =   0.0000
```

La statistique de test affiche une valeur de 90,63 et une probabilité égale à 0,000. Nous rejetons l'hypothèse nulle d'absence d'effet dans la fonction de consommation. Les effets aléatoires sont globalement significatifs au seuil de 1%. Ainsi, le modèle à effets aléatoires est préférable à celui sans effet, ce qui implique que l'estimateur des MCG est plus performant que celui des MCO.

L'inconvénient majeur du test de Breusch-Pagan est que l'hypothèse alternative est bilatérale. Autrement dit, elle stipule que la variance de l'effet spécifique individuel peut être positive ou négative. Il est évident qu'une valeur négative n'a pas de sens pour une variance. Deux autres tests ont été proposés pour remédier à cet inconvénient :

- Le test de Honda (1985) s'appuie sur une hypothèse alternative unilatérale à droite. La statistique de test est la racine carrée de celle de Breusch-Pagan et suit une loi normale standard ;

- Le test de Moulton & Randolph (1989) est basé sur une statistique du multiplicateur de Lagrange standardisé ;

Dans l'exemple de la fonction de consommation, la statistique de test de Honda (1985) est :

$$\mathrm{H} = \sqrt{90{,}63} = 9{,}5199 \qquad (3.10)$$

Cette statistique suit une distribution normale standard. La probabilité associée est égale à 0,000. Nous rejetons l'hypothèse nulle d'absence d'effet dans le modèle.

3.6.3 Effets fixes ou effets aléatoires ? Test de Hausman

Les deux tests précédents (Fisher et Breusch-Pagan) rejettent l'hypothèse d'absence d'effet dans la fonction de consommation. Toutefois, ces tests n'indiquent pas si les effets spécifiques sont fixes ou aléatoires. D'un point de vue économétrique, le modèle à effets aléatoires présente l'avantage d'avoir des estimations plus efficientes, car il a moins de paramètres estimés (on gagne *n-1* degrés de liberté !) que le modèle à effets fixes. De plus, il offre la possibilité d'estimer l'effet de variables invariantes dans le temps (surface, distance, variables muettes, par exemple), contrairement au modèle à effets fixes. Cependant, l'hypothèse cruciale dans le modèle à effets aléatoires est l'absence de corrélation entre les effets spécifiques et les variables explicatives. Si cette hypothèse n'est pas vérifiée, l'estimateur MCG est biaisé et non convergent. Mundlak (1978) critique le modèle à effets aléatoires, car il néglige la corrélation potentielle entre les effets spécifiques et les variables explicatives.

Le test de Hausman (1978) permet de tester l'existence d'une corrélation entre les effets spécifiques et les variables explicatives. Ce test permet de discriminer entre le modèle à effets fixes et le modèle à effets aléatoires. Les hypothèses du test de Hausman sont :

H_0: Le modèle à effets aléatoires est approprié $[E(X_{it}\alpha_i) = 0,\ \forall i, t]$;

H_1: Le modèle à effets fixes est approprié $[E(X_{it}\alpha_i) = 0,\ \forall i, t]$

Le test de Hausman compare les estimateurs des coefficients sous les hypothèses nulle et alternative.

Si ceux-ci ne sont pas significativement différents alors on préfèrera le modèle à effets aléatoires. Dans le cas contraire, le modèle à effets fixes est approprié.

Le test de Hausman s'effectue en exécutant successivement les commandes suivantes :

```
quietly xtreg lconsp lpibn lcpi lrem lcred, fe
```

```
est store fixed
```

```
quietly xtreg lconsp lpibn lcpi lrem lcred, re
```

```
hausman fixed, sigmamore
```

L'option « *quietly* » permet de ne pas afficher les résultats de l'estimation du modèle (nous avons déjà estimé le modèle). Elle n'est cependant pas obligatoire.

Les résultats du test se présentent dans le tableau suivant :

```
                       ---- Coefficients ----
             |      (b)          (B)            (b-B)     sqrt(diag(V_b-V_B))
             |   eq1fixed      eq2rand       Difference          S.E.
-------------+----------------------------------------------------------------
       lpibn |    .9360851     .9319411         .004144        .0217259
        lcpi |    .0922171     .0807427        .0114744        .0489259
        lrem |   -.0189303    -.0148469       -.0040834        .0025505
       lcred |    .0000914     .0067583       -.0066668        .0089358
------------------------------------------------------------------------------
                           b = consistent under Ho and Ha; obtained from xtreg
            B = inconsistent under Ha, efficient under Ho; obtained from xtreg

    Test:  Ho:  difference in coefficients not systematic

                  chi2(4) = (b-B)'[(V_b-V_B)^(-1)](b-B)
                          =        4.56
                Prob>chi2 =      0.3360
```

La réalisation de la statistique du test de Hausman est de 4,56 avec une probabilité de 0,336. La probabilité étant supérieure à 5%, l'hypothèse nulle de présence d'effets aléatoires ne peut être rejetée. L'estimateur MCG du modèle à effets aléatoires est meilleur que l'estimateur *Within* du modèle à effets fixes.

Le test de Hausman n'est pas valide en présence d'hétéroscédasticité ou d'autocorrélation des erreurs car, dans ce cas, l'estimateur MCG du modèle à effets aléatoires n'est pas efficace. La commande « **rhausman** » offre une version robuste du test de Hausman. Ce test s'effectue comme suit :

```
quietly xtreg lconsp lpibn lcpi lrem lcred, fe
```

```
est store mef_fixe
```

```
quietly xtreg lconsp lpibn lcpi lrem lcred, re
```

```
est store mef_alea
```

```
rhausman mef_fixe mef_alea, cluster
```

La procédure est basée sur une réplication de type *bootstrap*. Il est possible d'indiquer, en option, le nombre de réplications (par exemple, reps(200) pour 200 réplications *bootstrap*). À défaut, ce nombre est fixé à 100.

Les résultats du test sont indiqués ci-dessous :

```
---------------------------------------------------------------------
Cluster-Robust Hausman Test
(based on 100 bootstrap repetitions)

b1: obtained from xtreg lconsp lpibn lcpi lrem lcred, fe
b2: obtained from xtreg lconsp lpibn lcpi lrem lcred, re

    Test:  Ho:  difference in coefficients not systematic

            chi2(4) = (b1-b2)' * [V_bootstrapped(b1-b2)]^(-1) * (b1-b2)
                    =          0.14
                Prob>chi2 =        0.9977
```

La *p-value* (0,9977) est supérieure à 5%. Par conséquent, l'hypothèse nulle d'effets aléatoires ne peut être rejetée. Le modèle à effets aléatoires est meilleur que le modèle à effets fixes.

Le récapitulatif des résultats des tests de spécification est indiqué dans le tableau ci-après :

Tableau 3.2 : Synthèse des tests de spécification

	Prob.	Conclusion
Fisher	0.000	Le modèle à effets fixes est meilleur que celui sans effets
Breusch-Pagan	0.000	Le modèle à effets aléatoires est meilleur que celui sans effets
Hausman	0.3360	Le modèle à effets aléatoires est meilleur que celui à effets fixes
Hausman-robuste	0.9977	Le modèle à effets aléatoires est meilleur que celui à effets fixes

Nous pouvons conclure que le modèle à effets aléatoires est approprié pour estimer les déterminants de la consommation dans les pays du panel.

Remarque 3.1: La version du test de Hausman réalisée ici n'est pas un test d'orthogonalité entre le terme d'erreur et les variables explicatives. La validité du test de Hausman effectué ici est donc tributaire de cette hypothèse d'orthogonalité. Nous verrons au chapitre 4 que le test de Hausman peut être utilisé pour tester l'endogénéité d'une ou de plusieurs variables explicatives.

Remarque 3.2: Il est possible de compléter la liste des tests de spécification par le test d'homogénéité de Hsiao (1986). Ce test propose une procédure emboitée permettant de vérifier des hypothèses particulières sur l'hétérogénéité ou l'homogénéité des coefficients du modèle. Nous en ferons une application dans le chapitre 7 relatif aux tests d'homogénéité.

3.7 Tests sur les termes d'erreur

Après avoir estimé le modèle approprié (modèles sans effet, à effets fixes ou à effets aléatoires), il convient de tester les hypothèses formulées *a priori,* et d'envisager, le cas échéant, les méthodes de correction appropriées. Il s'agit plus précisément des hypothèses de normalité du terme d'erreur, d'absence d'autocorrélation et d'homoscédasticité des erreurs. Les propriétés statistiques des estimateurs en dépendent.

3.7.1 Tests de moyenne nulle

Pour réaliser le test de moyenne nulle, nous estimons à nouveau le modèle, puis nous générons les résidus sur lesquels nous effectuons le test. Pour le modèle à effets fixes, nous entrons les commandes :

```
quietly xtreg lconsp lpibn lcpi lrem lcred, fe
```

L'option « *quietly* » n'affiche pas les résultats de l'estimation du modèle. Elle n'est pas obligatoire.

```
predict residu_fe, e
```

Cette commande génère les résidus du modèle à effets fixes.

Nous testons l'égalité de la moyenne des résidus à zéro. La commande s'écrit :

```
ttest residu_fe=0
```

Nous obtenons les résultats suivants :

```
One-sample t test
------------------------------------------------------------------------------
Variable |     Obs        Mean    Std. Err.   Std. Dev.   [95% Conf. Interval]
---------+--------------------------------------------------------------------
resid~fe |     210   -2.43e-10    .0051338    .0743959   -.0101207    .0101207
------------------------------------------------------------------------------
    mean = mean(residu_fe)                                        t =  -0.0000
Ho: mean = 0                                     degrees of freedom =      209

    Ha: mean < 0                 Ha: mean != 0                 Ha: mean > 0

 Pr(T < t) = 0.5000         Pr(|T| > |t|) = 1.0000          Pr(T > t) = 0.5000
```

Les statistiques de test se trouvent en bas du tableau. Quelle que soit l'hypothèse alternative, la statistique de test a une *p-value* supérieure à 5%. Par conséquent, l'hypothèse nulle ne peut être rejetée. La série des résidus du modèle à effets fixes est de moyenne nulle.

Dans le cas du modèle à effets aléatoires, nous saisissons les lignes de commandes suivantes :

```
quietly xtreg lconsp lpibn lcpi lrem lcred, re
```

```
predict residu_re, ue
```

Notons que dans le modèle à effets aléatoires, le résidu combiné généré est u[pays] + e[pays,t].

Pour tester la nullité de la moyenne, nous entrons la commande :

```
ttest residu_re = 0
```

Nous obtenons les résultats ci-après :

```
One-sample t test
------------------------------------------------------------------------------
Variable |     Obs        Mean     Std. Err.     Std. Dev.   [95% Conf. Interval]
---------+--------------------------------------------------------------------
resi~_re |     210   -2.92e-10    .0063387    .0918558   -.0124959    .0124959
------------------------------------------------------------------------------
mean = mean(residu_re)                                        t =  -0.0000
Ho: mean = 0                                 degrees of freedom =      209
  Ha: mean < 0                 Ha: mean! = 0                Ha: mean > 0
Pr(T < t) = 0.5000      Pr(|T| > |t|) = 1.0000          Pr(T > t) =   0.5000
```

Quelle que soit l'hypothèse alternative, la *p-value* est supérieure à 5%. On ne peut donc pas rejeter l'hypothèse de moyenne nulle de la série des résidus du modèle à effets aléatoires.

3.7.2 Tests de normalité des résidus

Pour réaliser le test de normalité des résidus, nous effectuons les tests présentés dans le chapitre 2. Ainsi, pour effectuer le test de normalité de Shapiro-Wilk sur les résidus du modèle à effets fixes, nous entrons la commande ci-après :

```
swilk residu_fe
```

Nous obtenons les résultats suivants :

```
                 Shapiro-Wilk W test for normal data

   Variable |    Obs       W           V         z       Prob>z
------------+-------------------------------------------------
  residu_fe |    210    0.96669      5.186     3.796    0.00007
```

La *p-value* du test (*p =0,00007*) est inférieure à 1%. Nous rejetons l'hypothèse nulle de normalité. En d'autres termes, les résidus du modèle à effets fixes ne suivent pas une distribution normale.

Dans le cas du modèle à effets aléatoires, nous utilisons la commande :

```
swilk residu_re
```

Nous obtenons les résultats suivants :

```
                   Shapiro-Wilk W test for normal data

    Variable |       Obs       W           V         z       Prob>z
-------------+--------------------------------------------------
   residu_re |       210    0.97591      3.750     3.048    0.00115
```

La *p-value* du test (*p = 0,00115*) est inférieure à 1%. Nous rejetons l'hypothèse nulle de normalité. En d'autres termes, les résidus du modèle à effets aléatoires ne suivent pas une distribution normale.

Nous pouvons appliquer tous les tests de normalité illustrés au chapitre 2. Les résultats sont synthétisés dans le tableau suivant :

Tableau 3.3 : Synthèse des tests de normalité

Test	Modèle à effets aléatoires		Modèle à effets fixes	
	Prob.	Décision	Prob.	Décision
Shapiro-Wilk	0.00115	On rejette H_0	0.00007	On rejette H_0
Shapiro-Francia	0.00055	On rejette H_0	0.00004	On rejette H_0
Sktest	0.00470	On rejette H_0	0.00010	On rejette H_0
Jarque-Bera	0.00000	On rejette H_0	0.00000	On rejette H_0
Kolmogorov-Smirnov	0.00000	On rejette H_0	0.00000	On rejette H_0

Tous les tests rejettent l'hypothèse nulle de normalité des résidus. Les résidus du modèle à effets fixes ainsi que celui à effets aléatoires ne suivent pas une distribution normale.

3.7.3 Tests d'hétéroscédasticité

Il existe plusieurs tests d'hétéroscédasticité en données de panel. Nous en présentons quelques-uns.

- **Le test de Breusch-Pagan**

Il est possible d'appliquer le test d'hétéroscédasticité de Breusch-Pagan en séries temporelles aux données de panel.

Le test consiste à régresser le carré des résidus du modèle sur les variables explicatives. Dans le cas du modèle à effets fixes, ce test se fait à partir des commandes ci-après :

```
quietly xtreg lconsp lpibn lcpi lrem lcred, fe
```

```
predict residu_fe, e
```

```
gen  rescarre = residu_fe^2
```

```
reg  rescarre  lpibn lcpi lrem lcred
```

En validant, nous obtenons les résultats ci-dessous :

```
      Source |       SS       df       MS              Number of obs =     210
-------------+------------------------------           F(  4,   205) =    2.48
       Model |  .001440007     4  .000360002           Prob > F      =  0.0455
    Residual |  .029817861   205  .000145453           R-squared     =  0.0461
-------------+------------------------------           Adj R-squared =  0.0275
       Total |  .031257868   209  .000149559           Root MSE      =  .01206

------------------------------------------------------------------------------
    rescarre |      Coef.   Std. Err.      t    P>|t|     [95% Conf. Interval]
-------------+----------------------------------------------------------------
       lpibn |   .0004323   .0014253     0.30   0.762    -.0023779    .0032424
        lcpi |  -.0137387   .0058346    -2.35   0.019    -.0252422   -.0022351
        lrem |   -.000349   .0012502    -0.28   0.780    -.0028139    .0021158
       lcred |   .0035113   .0023442     1.50   0.136    -.0011105    .0081331
       _cons |   .0561401   .0207756     2.70   0.007     .0151789    .0971014
------------------------------------------------------------------------------
```

La statistique de Fisher est égale à 2,48 avec une *p-value* de 0,0455. Nous rejetons l'hypothèse nulle au seuil de 5%. Les résidus du modèle à effets fixes sont hétéroscédastiques.

En réalité, la statistique du test de Breusch-Pagan ne suit pas une distribution de type Fisher, mais plutôt Khi-deux. Elle est égale à nR^2 où n est le nombre total d'observations et R^2 le coefficient de détermination de l'équation de test[7]. Ici, nous avons :

$$BP = nR^2 = 210 \times 0{,}0461 = 9{,}681 \qquad (3.11)$$

[7] Lorsque le nombre d'observations est élevé, le test du Khi-deux et le F test donnent des résultats similaires. Toutefois, sur des petits échantillons, la distribution de la première n'est pas connue.

Cette statistique suit une distribution du Khi-deux à 4 degrés de liberté (le nombre de variables explicatives hormis la constante). La *p-value* associée est égale à 0,0461. Nous rejetons de l'hypothèse nulle d'homoscédasticité des erreurs.

- **Test de White**

Il est possible d'appliquer le test d'hétéroscédasticité de White aux données de panel. Par rapport au test de Breusch-Pagan, la forme de l'hétéroscédasticité est plus générale, mais le principe du test est le même. On régresse le carré des résidus du modèle sur les variables explicatives et leurs carrés. Dans le cas du modèle à effets fixes, ce test se fait à partir des commandes ci-après :

```
quietly xtreg lconsp lpibn lcpi lrem lcred, fe
```

```
predict residu_fe, e
```

```
gen rescarre = residu_fe^2
```

```
gen lpibn2 = lpibn^2
```

```
gen lcpi2 = lcpi^2
```

```
gen lrem2= lrem^2
```

```
gen lcred= lcred^2
```

```
reg rescarre lpibn lcpi lrem lcred lpibn2 lcpi2 lrem2 lcred2
```

En validant, nous obtenons les résultats ci-dessous :

```
      Source |       SS       df       MS              Number of obs =     210
-------------+------------------------------           F(  8,   201) =    2.40
       Model |  .002722154     8  .000340269           Prob > F      =  0.0172
    Residual |  .028535714   201  .000141969           R-squared     =  0.0871
-------------+------------------------------           Adj R-squared =  0.0508
       Total |  .031257868   209  .000149559           Root MSE      =  .01192

------------------------------------------------------------------------------
    rescarre |      Coef.   Std. Err.      t    P>|t|     [95% Conf. Interval]
-------------+----------------------------------------------------------------
       lpibn |   .0150764   .0183226     0.82   0.412    -.0210526    .0512055
        lcpi |   .1238821   .1306221     0.95   0.344    -.1336833    .3814476
        lrem |   .0074491   .0043155     1.73   0.086    -.0010604    .0159587
       lcred |  -.0222202   .0137701    -1.61   0.108    -.0493726    .0049321
      lpibn2 |  -.0008018   .0010478    -0.77   0.445    -.0028679    .0012643
       lcpi2 |  -.0166104   .0149739    -1.11   0.269    -.0461366    .0129157
       lrem2 |   -.000954     .00046    -2.07   0.039    -.0018611   -.0000469
      lcred2 |   .0059212   .0029079     2.04   0.043     .0001872    .0116552
       _cons |  -.2806777   .2624333    -1.07   0.286    -.7981532    .2367979
------------------------------------------------------------------------------
```

La statistique de Fisher est égale à 2,40 avec une *p-value* de 0,0172. On rejette l'hypothèse nulle d'homoscédasticité. En d'autres termes, les résidus du modèle sont hétéroscédastiques. Il est possible d'inclure dans l'équation de test, les produits deux à deux des variables explicatives.

Comme dans le test de Breusch-Pagan, la statistique de White est égale à nR^2 où n est le nombre total d'observations et R^2 le coefficient de détermination de l'équation de test. Ici, nous avons :

$$W = nR^2 = 210 \times (0{,}0871) = 18{,}291 \qquad (3.12)$$

Cette statistique suit une distribution du Khi-deux à 8 degrés de liberté (le nombre de variables explicatives dans l'équation de test, hormis la constante). La probabilité critique associée est égale à 0,0191. Nous rejetons l'hypothèse nulle d'homoscédasticité des erreurs.

- **Test ARCH d'hétéroscédasticité conditionnelle**

Nous supposons que la variance conditionnelle du terme d'erreur n'est pas constante. Dans ce cas, l'hypothèse d'homoscédasticité conditionnelle est testée en régressant le carré des résidus sur ses valeurs passées.

Pour tester une hétéroscédasticité conditionnelle de type ARCH(1), nous estimons le modèle comme suit :

```
reg rescarre  L.rescarre
```

Nous obtenons les résultats ci-après :

```
      Source |       SS       df       MS              Number of obs =     203
-------------+------------------------------           F(  1,   201) =   42.47
       Model |  .005430512     1  .005430512           Prob > F      =  0.0000
    Residual |  .025698507   201  .000127853           R-squared     =  0.1745
-------------+------------------------------           Adj R-squared =  0.1703
       Total |  .031129019   202  .000154104           Root MSE      =  .01131

------------------------------------------------------------------------------
    rescarre |      Coef.   Std. Err.      t    P>|t|     [95% Conf. Interval]
-------------+----------------------------------------------------------------
    rescarre |
         L1. |   .4332838   .0664826     6.52   0.000      .302191    .5643766
             |
       _cons |   .0033735   .0008665     3.89   0.000     .0016648    .0050821
------------------------------------------------------------------------------
```

La statistique de Fisher est égale à 42,47 avec une probabilité de 0,000. Nous rejetons l'hypothèse nulle. Les résidus du modèle sont hétéroscédastiques.

La statistique de test HC est égale à nR^2 où n est le nombre total d'observations et R^2 le coefficient de détermination de l'équation de test. Ici, nous avons :

$$HC = nR^2 = 203 \times (0{,}1745) = 35{,}4235 \quad (3.13)$$

Cette statistique suit une distribution du Khi-deux à un degré de liberté (le nombre de retards dans l'équation de test ARCH(1)). La probabilité associée est égale à 0,000. Nous concluons qu'il y a hétéroscédasticité conditionnelle des erreurs.

Pour tester une hétéroscédasticité conditionnelle ARCH(2), nous estimons l'équation suivante :

```
reg rescarre L.rescarre L2.rescarre
```

Nous obtenons les résultats ci-après :

```
      Source |       SS       df       MS              Number of obs =     196
-------------+------------------------------           F(  2,   193) =   28.30
       Model |  .005632724     2  .002816362           Prob > F      =  0.0000
    Residual |  .019208362   193  .000099525           R-squared     =  0.2268
-------------+------------------------------           Adj R-squared =  0.2187
       Total |  .024841087   195   .00012739           Root MSE      =  .00998

------------------------------------------------------------------------------
    rescarre |      Coef.   Std. Err.      t    P>|t|     [95% Conf. Interval]
-------------+----------------------------------------------------------------
    rescarre |
         L1. |   .4288182   .0642002     6.68   0.000     .3021942    .5554422
         L2. |   .0311428   .0647394     0.48   0.631    -.0965447    .1588304
             |
       _cons |   .0026897   .0008032     3.35   0.001     .0011056    .0042739
------------------------------------------------------------------------------
```

La statistique de Fisher est égale à 28,30 avec une probabilité de 0,0000. Nous inférons que les résidus du modèle sont hétéroscédastiques.

La statistique de test HC est égale à :

$$HC = nR^2 = 196 \times (0{,}2268) = 44{,}4528 \qquad (3.14)$$

Cette statistique suit une distribution du Khi-deux à deux degrés de liberté (l'équation de test ARCH(2) a 2 retards). La *p-value* est égale à 0,000. Nous concluons qu'il y a hétéroscédasticité conditionnelle des erreurs.

Les hypothèses d'hétéroscédasticité conditionnelle d'ordres un et deux ne sont pas rejetées. Nous concluons que les résidus du modèle à effets fixes présentent une hétéroscédasticité conditionnelle.

- **Tests d'hétéroscédasticité en grappe**

  - **La commande « xttest3 »**

Cette commande réalise un test de Wald modifié dans le cas du modèle à effets fixes pour tester l'existence d'une hétéroscédasticité en grappe où la variance des erreurs est constante pour chaque individu, mais change d'un individu à l'autre.

Pour effectuer le test sur le modèle à effets fixes, nous utilisons les commandes ci-après :

```
quietly xtreg lconsp lpibn lcpi lrem lcred, fe
```

```
xttest3
```

Nous obtenons les résultats ci-après :

```
Modified Wald test for groupwise heteroskedasticity
in fixed effect regression model

H0: sigma(i)^2 = sigma^2 for all i

chi2 (7)  =      264.87
Prob>chi2 =      0.0000
```

La *p-value* est inférieure à 1%. Nous rejetons l'hypothèse nulle d'homoscédasticité. Le modèle à effets fixes souffre d'hétéroscédasticité des erreurs.

- **La commande « lmhlmxt »**

Cette commande réalise le test d'hétéroscédasticité en grappe de type Breusch-Pagan. Pour mettre en œuvre ce test, nous saisissons la commande suivante :

```
lmhlmxt  lconsp lpibn lcpi lrem lcred, id(7)
```

Nous obtenons les résultats ci-après :

```
==============================================================================
* Breusch-Pagan Lagrange Multiplier Panel Heteroscedasticity Test
==============================================================================
  Ho: Panel Homoscedasticity - Ha: Panel Heteroscedasticity

    Lagrange Multiplier LM Test     =   80.28135
    Degrees of Freedom              =        6.0
    P-Value > Chi2(6)               =    0.00000
==============================================================================
```

La *p-value* de la statistique de test est inférieure à 0,01. Nous rejetons l'hypothèse nulle d'homoscédasticité. Le modèle à effets fixes présente de l'hétéroscédasticité dans les résidus.

- **La commande « lmhlrxt »**

Cette commande réalise le test d'hétéroscédasticité de Greene.

Pour mettre en œuvre ce test, nous utilisons la commande :

```
lmhlrxt lconsp lpibn lcpi lrem lcred, id(7)
```

Nous obtenons les résultats ci-dessous :

```
==============================================================================
* Greene Likelihood Ratio Panel Heteroscedasticity Test
==============================================================================
  Ho: Panel Homoscedasticity - Ha: Panel Heteroscedasticity

    Likelihood Ratio LR Test        =   62.10694
    Degrees of Freedom              =        6.0
    P-Value > Chi2(6)               =    0.00000
==============================================================================
```

La *p-value* de la statistique de test est inférieure à 0,01. Nous rejetons l'hypothèse nulle d'homoscédasticité.

- **La commande « lmhwaldxt »**

Cette commande réalise le test d'hétéroscédasticité de type Wald. Pour réaliser ce test, nous saisissons la commande :

```
lmhwaldxt lconsp lpibn lcpi lrem lcred, id(id) it(annee)
```

Nous obtenons les résultats ci-après :

```
==============================================================================
* Ordinary Least Squares (OLS) Regression
==============================================================================
  lconsp = lpibn + lcpi + lrem + lcred
------------------------------------------------------------------------------
  Sample Size        =         210   |   Cross Sections Number    =          7
 Wald Test           =  20048.1411   |   P-Value > Chi2(4)        =     0.0000
 F-Test              =   5012.0353   |   P-Value > F(4 , 205)     =     0.0000
 (Buse 1973) R2      =      0.9899   |   Raw Moments R2           =     0.9999
 (Buse 1973) R2 Adj  =      0.9897   |   Raw Moments R2 Adj       =     0.9999
  Root MSE (Sigma)   =      0.0875   |   Log Likelihood Function  =   216.1007
------------------------------------------------------------------------------
- R2h= 0.9899   R2h Adj= 0.9897  F-Test = 5012.03 P-Value > F(4 , 205) 0.0000
- R2v= 0.9899   R2v Adj= 0.9897  F-Test = 5012.04 P-Value > F(4 , 205) 0.0000
------------------------------------------------------------------------------
      lconsp |      Coef.   Std. Err.      t    P>|t|     [95% Conf. Interval]
-------------+----------------------------------------------------------------
       lpibn |   .9251402   .0103427    89.45   0.000     .9047486    .9455319
        lcpi |  -.0268725   .0423385    -0.63   0.526    -.1103473    .0566022
        lrem |    .007203   .0090719     0.79   0.428    -.0106832    .0250892
       lcred |    .042273   .0170105     2.49   0.014     .0087351     .075811
       _cons |    .315407   .1507567     2.09   0.038     .0181746    .6126393
------------------------------------------------------------------------------
==============================================================================
*** Panel Data Heteroscedasticity Wald Test
==============================================================================
  Ho: Panel Homoscedasticity - Ha: Panel Heteroscedasticity

- Wald Test:           LogE2 = X              =  47.1976   P-Value > Chi2(1)  0.0000
------------------------------------------------------------------------------
```

La *p-value* de la statistique de test est inférieure à 0,01. Nous rejetons l'hypothèse nulle d'homoscédasticité.

- **La commande « lmhhpxt »**

Cette commande réalise le test d'hétéroscédasticité de Hall-Pagan. Pour effectuer ce test, nous entrons la commande :

```
lmhhpxt lconsp lpibn lcpi lrem lcred, id(id) it(annee)
```

Nous obtenons les résultats ci-après :

```
==============================================================================
* Ordinary Least Squares (OLS) Regression
==============================================================================
  lconsp = lpibn + lcpi + lrem + lcred
------------------------------------------------------------------------------
  Sample Size          =         210   |   Cross Sections Number    =          7
 Wald Test             =  20048.1411   |   P-Value > Chi2(4)        =     0.0000
 F-Test                =   5012.0353   |   P-Value > F(4 , 205)     =     0.0000
 (Buse 1973) R2        =      0.9899   |   Raw Moments R2           =     0.9999
 (Buse 1973) R2 Adj    =      0.9897   |   Raw Moments R2 Adj       =     0.9999
  Root MSE (Sigma)     =      0.0875   |   Log Likelihood Function =   216.1007
------------------------------------------------------------------------------
- R2h= 0.9899   R2h Adj= 0.9897   F-Test = 5012.03 P-Value > F(4 , 205) 0.0000
- R2v= 0.9899   R2v Adj= 0.9897   F-Test = 5012.04 P-Value > F(4 , 205) 0.0000
------------------------------------------------------------------------------
      lconsp |      Coef.   Std. Err.      t    P>|t|     [95% Conf. Interval]
-------------+----------------------------------------------------------------
       lpibn |   .9251402   .0103427    89.45   0.000     .9047486    .9455319
        lcpi |  -.0268725   .0423385    -0.63   0.526    -.1103473    .0566022
        lrem |    .007203   .0090719     0.79   0.428    -.0106832    .0250892
       lcred |    .042273   .0170105     2.49   0.014     .0087351     .075811
       _cons |    .315407   .1507567     2.09   0.038     .0181746    .6126393
------------------------------------------------------------------------------

==============================================================================
*** Panel Data Heteroscedasticity Hall-Pagan Test
==============================================================================
  Ho: Panel Homoscedasticity - Ha: Panel Heteroscedasticity

- Hall-Pagan LM Test:    E2 = Yh         =   5.2772    P-Value > Chi2(1)   0.0216
- Hall-Pagan LM Test:    E2 = Yh2        =   4.9785    P-Value > Chi2(1)   0.0257
- Hall-Pagan LM Test:    E2 = LYh2       =   5.5467    P-Value > Chi2(1)   0.0185
------------------------------------------------------------------------------
```

Les *p-values* des statistiques de test sont inférieures à 0,05. Nous rejetons l'hypothèse nulle d'homoscédasticité.

- **La commande « lmhcwxt »**

Cette commande réalise le test d'hétéroscédasticité de Cook-Weisberg. Pour réaliser ce test, nous saisissons la ligne de commande suivante :

```
lmhcwxt lconsp lpibn lcpi lrem lcred, id(id) it(annee)
```

Nous obtenons les résultats ci-après :

```
==============================================================================
* Ordinary Least Squares (OLS) Regression
==============================================================================
  lconsp = lpibn + lcpi + lrem + lcred
------------------------------------------------------------------------------
 Sample Size        =          210   |   Cross Sections Number   =          7
 Wald Test          =   20048.1411   |   P-Value > Chi2(4)       =     0.0000
 F-Test             =    5012.0353   |   P-Value > F(4 , 205)    =     0.0000
 R2  (R-Squared)    =       0.9899   |   Raw Moments R2          =     0.9999
 R2a (Adjusted R2)  =       0.9897   |   Raw Moments R2 Adj      =     0.9999
 Root MSE (Sigma)   =       0.0875   |   Log Likelihood Function =   216.1007
------------------------------------------------------------------------------
- R2h= 0.9899   R2h Adj= 0.9897  F-Test = 5012.03 P-Value > F(4 , 205) 0.0000
- R2v= 0.9899   R2v Adj= 0.9897  F-Test = 5012.04 P-Value > F(4 , 205) 0.0000
------------------------------------------------------------------------------
      lconsp |      Coef.   Std. Err.      t    P>|t|     [95% Conf. Interval]
-------------+----------------------------------------------------------------
       lpibn |   .9251402   .0103427    89.45   0.000     .9047486    .9455319
        lcpi |  -.0268725   .0423385    -0.63   0.526    -.1103473    .0566022
        lrem |    .007203   .0090719     0.79   0.428    -.0106832    .0250892
       lcred |    .042273   .0170105     2.49   0.014     .0087351     .075811
       _cons |    .315407   .1507567     2.09   0.038     .0181746    .6126393
------------------------------------------------------------------------------
==============================================================================
*** Panel Data Heteroscedasticity Cook-Weisberg Test
==============================================================================
  Ho: Panel Homoscedasticity - Ha: Panel Heteroscedasticity

- Cook-Weisberg LM Test: E2/S2n = Yh   =  11.0009   P-Value > Chi2(1)  0.0009
- Cook-Weisberg LM Test: E2/S2n = X    =  24.2512   P-Value > Chi2(4)  0.0001
------------------------------------------------------------------------------
*** Single Variable Tests (E2/Sig2):
- Cook-Weisberg LM Test: lpibn               =  11.4537 P-Value > Chi2(1) 0.0007
- Cook-Weisberg LM Test: lcpi                =  15.0792 P-Value > Chi2(1) 0.0001
- Cook-Weisberg LM Test: lrem                =   3.1062 P-Value > Chi2(1) 0.0780
- Cook-Weisberg LM Test: lcred               =   0.0404 P-Value > Chi2(1) 0.8406
------------------------------------------------------------------------------
*** Single Variable Tests:
- King LM Test: lpibn                        =  10.3044 P-Value > Chi2(1) 0.0013
- King LM Test: lcpi                         =  15.2031 P-Value > Chi2(1) 0.0001
- King LM Test: lrem                         =   5.6562 P-Value > Chi2(1) 0.0174
- King LM Test: lcred                        =   0.0201 P-Value > Chi2(1) 0.8872
------------------------------------------------------------------------------
```

Les *p-values* des statistiques de test sont inférieures à 0,01. Nous rejetons l'hypothèse nulle d'homoscédasticité.

3.7.4 Tests d'autocorrélation

3.7.4.1 Tests d'absence de corrélation contemporaine

L'absence de corrélation transversale [*i.e.*, $E(e_{it}e_{jt}) = 0, \ \forall i \neq j$] est une hypothèse importante des modèles de données de panel. Plusieurs tests ont été proposés pour tester cette hypothèse.

Les propriétés statistiques de ces tests dépendent des dimensions temporelle et individuelle du panel[8].

- **Test de Breusch-Pagan**

Pour effectuer le test de Breusch & Pagan (1980), vous devez télécharger le package « **xttest2** » disponible sur les versions récentes de Stata. Pour cela, tapez dans la barre de commande :

```
ssc install xttest2, all
```

Pour effectuer le test sur le modèle à effets fixes, entrez les commandes ci-après :

```
quietly xtreg lconsp lpibn lcpi lrem lcred, fe
```

```
xttest2
```

Vous obtenez les résultats ci-après :

```
Correlation matrix of residuals:

             |       __e1        __e2        __e3        __e4        __e5        __e6        __e7
-------------+-----------------------------------------------------------------------------------
        __e1 |   .1172236
        __e2 |   .2138481    .4651811
        __e3 |  -.0454397    -.146855     .237684
        __e4 |  -.0617478   -.1287362    .0548981     .132314
        __e5 |  -.0040612   -.0177239    .0104948    .0075241    .0518456
        __e6 |   .0472335    .0705745     .000766   -.0318853   -.0141707     .046615
        __e7 |   .0559659    .1085496   -.0614671   -.0778029   -.0274732    .0445148    .1059004

         __e1      __e2      __e3      __e4      __e5      __e6      __e7
__e1   1.0000
__e2   0.9158    1.0000
__e3  -0.2722   -0.4416    1.0000
__e4  -0.4958   -0.5189    0.3096    1.0000
__e5  -0.0521   -0.1141    0.0945    0.0908    1.0000
__e6   0.6390    0.4793    0.0073   -0.4060   -0.2883    1.0000
__e7   0.5023    0.4891   -0.3874   -0.6573   -0.3708    0.6336    1.0000

Breusch-Pagan LM test of independence: chi2(21) =   127.502, Pr = 0.0000
Based on 30 complete observations over panel units
```

La *p-value* de la statistique de test est inférieure à 0,01. Nous rejetons l'hypothèse nulle d'absence de corrélation transversale dans le modèle à effets fixes. Les erreurs sont corrélées de manière contemporaine. On dit aussi qu'il y a dépendance transversale dans les résidus du modèle.

[8] Voir De Hoyos & Sarafidis (2006).

Pour le modèle à effets aléatoires, tapez les commandes suivantes :

```
quietly xtreg lconsp lpibn lcpi lrem lcred, re
```

```
xttest2
```

Vous obtenez les résultats ci-dessous :

```
Correlation matrix of residuals:

             |      __e1        __e2        __e3        __e4        __e5        __e6        __e7
-------------+------------------------------------------------------------------------
        __e1 |  .1207492
        __e2 |  .2224139    .4786685
        __e3 |  -.045376   -.1403042    .2299085
        __e4 | -.0627226   -.1297818    .0528219    .1279516
        __e5 | -.0023603   -.0159241    .0109734    .0028257    .0445316
        __e6 |  .0461654    .0734409    .0012116   -.0338585   -.0157011    .0471528
        __e7 |   .056377    .1140613   -.0611521   -.0793451   -.0259932    .0465476    .1099279

          __e1      __e2      __e3      __e4      __e5      __e6      __e7
__e1    1.0000
__e2    0.9251    1.0000
__e3   -0.2723   -0.4229    1.0000
__e4   -0.5046   -0.5244    0.3080    1.0000
__e5   -0.0322   -0.1091    0.1084    0.0374    1.0000
__e6    0.6118    0.4888    0.0116   -0.4359   -0.3426    1.0000
__e7    0.4893    0.4972   -0.3847   -0.6690   -0.3715    0.6465    1.0000

Breusch-Pagan LM test of independence: chi2(21) =   129.558, Pr = 0.0000
Based on 30 complete observations over panel units
```

La probabilité de la statistique de test est inférieure à 0,01. Nous rejetons l'hypothèse nulle d'absence de corrélation contemporaine. Les erreurs sont corrélées de manière contemporaine.

- **Test de Pesaran**

Pour effectuer le test de Pesaran (2004), vous devez télécharger le package « **xtcsd** » disponible sur les versions récentes de Stata. Pour cela, tapez dans la barre de commande :

```
ssc install xtcsd, all
```

Après avoir estimé le modèle effets fixes, saisissez la commande suivante :

```
xtcsd, pesaran abs
```

Vous obtenez les résultats ci-après :

```
Pesaran's test of cross-sectional independence =     0.187, Pr = 0.8515

Average absolute value of the off-diagonal elements =     0.389
En moyenne, la corrélation entre les résidus de deux pays est égale à 0,389.
```

Pour le modèle à effets aléatoires, nous obtenons les résultats ci-dessous :

```
Pesaran's test of cross-sectional independence =     0.066, Pr = 0.9475
Average absolute value of the off-diagonal elements =     0.390
En moyenne, la corrélation entre les résidus de deux pays est égale à 0,390.
```

Dans les deux modèles, la *p-value* du test est supérieure à 5%, ce qui suggère qu'on ne peut pas rejeter l'hypothèse nulle. Les résidus des modèles à effets fixes et à effets aléatoires ne sont pas corrélés de façon contemporaine.

En plus du test de Pesaran, la commande « **xtcsd** » permet de réaliser les tests de Friedman (1937) et de Frees (1995). Pour cela, il suffit de remplacer l'option « *pesaran* » par « *friedman* » ou « *frees* ». Une revue complète de ces tests se trouve dans De Hoyos & Sarafidis (2006). Nous reviendrons sur les tests de dépendance transversale dans le chapitre 7.

Le tableau suivant synthétise les résultats des tests de Breush-Pagan, de Pesaran, de Friedman et de Frees :

Tableau 3.4 : Synthèse des tests de corrélation transversale

Modèle	Breush-Pagan	Pesaran	Friedman	Frees
Effets fixes				
Stat.	127.502*	0.187	34.712*	1.047*
Prob.	0.0000	0.8515	0.0000	-
Effets aléatoires				
Stat.	129.558*	0.066	34.665*	1.095*
Prob.	0.0000	0.9475	0.0000	-

Note : Le test de Frees ne fournit pas de probabilité, mais des valeurs critiques. Au seuil de 5%, la valeur critique est égale à 0.1119. L'astérisque * indique le rejet de l'hypothèse nulle d'absence de corrélation transversale.

Trois tests sur les quatre rejettent l'hypothèse nulle d'absence de corrélation transversale dans les résidus. En adoptant la règle de la majorité, nous concluons que les résidus des modèles sans effet, à effets fixes et à effets aléatoires sont corrélés de façon transversale. Nous verrons dans le chapitre 7, les méthodes d'estimation des modèles de panel en présence de dépendance transversale.

3.7.4.2 Tests d'autocorrélation temporelle d'ordre un

La deuxième forme d'autocorrélation dans les données de panel est l'autocorrélation sérielle ou temporelle. Celle-ci implique que, pour un même individu, les erreurs courantes sont corrélées aux erreurs passées : $E(e_{it}e_{it'}) \neq 0$, $\forall t \neq t'$. Lorsque $t' = t - 1$, on parle d'autocorrélation d'ordre un. Lorsque $t' = t - p$, on parle d'autocorrélation d'ordre p.

- **La commande « xthrtest »**

Born & Breitung (2016) proposent un test d'autocorrélation d'ordre un dans le modèle à effets fixes. Les hypothèses nulle et alternative sont spécifiées comme suit :

H_0 : Les résidus du modèle à effets fixes ne sont pas autocorrélés à l'ordre un

H_1 : Les résidus du modèle à effets fixes sont autocorrélés à l'ordre un.

Pour effectuer ce test, vous devez télécharger le package « **xthrtest** » qui est disponible sur les versions récentes de Stata. Pour cela, saisissez la commande ci-après :

```
ssc install  xthrtest, all
```

Pour effectuer le test d'autocorrélation d'ordre un, tapez les commandes ci-après :

```
quietly xtreg lconsp lpibn lcpi lrem lcred, fe
```

```
xthrtest
```

Vous obtenez les résultats ci-après :

```
Heteroskedasticity-robust Born and Breitung (2016) HR-test as postestimation

Panelvar: id

Timevar: annee
----------------------------------------------------------------------------------
Variable              | HR-stat    p-value    | N     maxT | balance?   |
----------------------------+----------------------+------------+
Post Estimation     +    2.89        0.004    + 7      30 + balanced    |
----------------------------------------------------------------------------------
 Notes: Under H0, HR ~ N(0,1)
     H0: No first-order serial correlation.
     Ha: Some first order serial correlation.
```

La statistique de test HR de Born-Breitung est robuste à l'hétéroscédasticité. La *p-value* du test est égale à 0,004, ce qui suggère le rejet de l'hypothèse nulle d'absence d'autocorrélation d'ordre un des résidus.

- **La commande « *pantest2* »**

La commande « **pantest2** » permet de tester une autocorrélation d'ordre un dans le modèle à effets fixes. En plus du test d'autocorrélation, cette commande fait le test de Fisher de significativité des effets fixes ainsi que le test de normalité des résidus.

On procède comme suit :

```
quietly xtreg lconsp lpibn lcpi lrem lcred, fe
```

```
pantest2 année
```

où « *annee* » est la variable indiquant la dimension temporelle du panel.

Nous obtenons les résultats ci-après :

```
Test for serial correlation in residuals
Null hypothesis is either that rho=0 if residuals are AR(1)
or that lamda=0 if residuals are MA(1)
LM= 95.689263
which is asy. distributed as chisq(1) under null, so:
Probability of value greater than LM is 1.344e-22
LM5= 9.7820889
which is asy. distributed as N(0,1) under null, so:
Probability of value greater than abs(LM5) is 0

Test for significance of fixed effects
F= 11.850678
Probability>F= 2.350e-11

Test for normality of residuals

                    Skewness/Kurtosis tests for Normality
                                                     ------- joint ------
    Variable |    Obs   Pr(Skewness)   Pr(Kurtosis)  adj chi2(2)    Prob>chi2
-------------+-------------------------------------------------------------
    __00000B |    210      0.0736         0.0000         18.41         0.0001
```

Le test affiche une *p-value* inférieure à 1%, indiquant le rejet de l'hypothèse nulle d'absence d'autocorrélation d'ordre un des résidus. En outre, l'hypothèse nulle de normalité des résidus est rejetée.

- **La commande « xtserial »**

Cette commande effectue le test autocorrélation de Wooldrigde-Drukker (Wooldrigde, 2002 ; Drukker, 2003). L'hypothèse nulle est l'absence d'autocorrélation d'ordre un. Pour effectuer ce test, nous entrons la ligne de commande :

```
xtserial lconsp lpibn lcpi lrem lcred
```

Nous obtenons les résultats ci-après :

```
Wooldridge test for autocorrelation in panel data
H0: no first-order autocorrelation
    F(  1,        6) =      86.180
           Prob > F =       0.0001
```

Le test affiche une probabilité inférieure à 1%. Nous rejetons l'hypothèse nulle d'absence d'autocorrélation d'ordre un des erreurs du modèle.

- **La commande « lmabxt »**

Cette commande réalise le test autocorrélation de Baltagi dans le cas du modèle à effets aléatoires (Baltagi & Li, 1991, 1995). L'hypothèse nulle est l'absence d'autocorrélation d'ordre un. Pour effectuer ce test, tapez la commande :

```
lmabxt   lconsp lpibn lcpi lrem lcred, id(id) it(annee)
```

Vous obtenez les résultats ci-dessous :

```
==============================================================================
* Ordinary Least Squares (OLS) Regression
==============================================================================
  lconsp = lpibn + lcpi + lrem + lcred
------------------------------------------------------------------------------
  Sample Size          =         210   |   Cross Sections Number   =         7
  Wald Test            =  20145.9369   |   P-Value > Chi2(4)       =    0.0000
  F-Test               =   5036.4842   |   P-Value > F(4 , 206)    =    0.0000
 (Buse 1973) R2        =      0.9899   |   Raw Moments R2          =    0.9999
 (Buse 1973) R2 Adj    =      0.9897   |   Raw Moments R2 Adj      =    0.9999
  Root MSE (Sigma)     =      0.0873   |   Log Likelihood Function =  216.1007
------------------------------------------------------------------------------
- R2h= 0.9899   R2h Adj= 0.9897  F-Test = 5012.03 P-Value > F(4 , 206) 0.0000
- R2v= 0.9899   R2v Adj= 0.9897  F-Test = 5012.04 P-Value > F(4 , 206) 0.0000
------------------------------------------------------------------------------
      lconsp |      Coef.   Std. Err.      t    P>|t|     [95% Conf. Interval]
-------------+----------------------------------------------------------------
       lpibn |   .9251402   .0103175    89.67   0.000     .9047987    .9454817
        lcpi |  -.0268725   .0422356    -0.64   0.525     -.110142     .056397
        lrem |    .007203   .0090499     0.80   0.427    -.0106393    .0250452
       lcred |    .042273   .0169692     2.49   0.014     .0088175    .0757285
       _cons |    .315407   .1503903     2.10   0.037     .0189054    .6119085
------------------------------------------------------------------------------
```

Le test a une *p-value* inférieure à 5%. Nous rejetons l'hypothèse nulle d'absence d'autocorrélation d'ordre un. En d'autres termes, il y a autocorrélation d'ordre un des erreurs du modèle à effets aléatoires.

- **La commande « lmabgxt »**

Cette commande réalise le test d'autocorrélation de Breusch-Godfrey dans le cas du modèle à effets fixes. L'hypothèse nulle est l'absence d'autocorrélation d'ordre un. Pour effectuer ce test, entrez la commande :

```
lmabgxt lconsp lpibn lcpi lrem lcred, id(id) it(annee)
```

En validant, vous obtenez les résultats suivants :

```
==============================================================================
* Ordinary Least Squares (OLS) Regression
==============================================================================
  lconsp = lpibn + lcpi + lrem + lcred
------------------------------------------------------------------------------
 Sample Size         =         210   |   Cross Sections Number   =          7
 Wald Test           =  20145.9369   |   P-Value > Chi2(4)       =     0.0000
 F-Test              =   5036.4842   |   P-Value > F(4 , 206)    =     0.0000
 (Buse 1973) R2      =      0.9899   |   Raw Moments R2          =     0.9999
 (Buse 1973) R2 Adj  =      0.9897   |   Raw Moments R2 Adj      =     0.9999
 Root MSE (Sigma)    =      0.0873   |   Log Likelihood Function =   216.1007
------------------------------------------------------------------------------
- R2h= 0.9899   R2h Adj= 0.9897  F-Test = 5012.03 P-Value > F(4 , 206) 0.0000
- R2v= 0.9899   R2v Adj= 0.9897  F-Test = 5012.04 P-Value > F(4 , 206) 0.0000
------------------------------------------------------------------------------
      lconsp |      Coef.   Std. Err.      t    P>|t|     [95% Conf. Interval]
-------------+----------------------------------------------------------------
       lpibn |   .9251402   .0103175    89.67   0.000     .9047987    .9454817
        lcpi |  -.0268725   .0422356    -0.64   0.525     -.110142     .056397
        lrem |    .007203   .0090499     0.80   0.427    -.0106393    .0250452
       lcred |    .042273   .0169692     2.49   0.014     .0088175    .0757285
       _cons |    .315407   .1503903     2.10   0.037     .0189054    .6119085
------------------------------------------------------------------------------
```

Le test affiche une *p-value* inférieure à 1%. Nous rejetons l'hypothèse nulle d'absence d'autocorrélation d'ordre un.

- **La commande « lmabpxt »**

Cette commande effectue le test autocorrélation de Box-Pierce. L'hypothèse nulle est l'absence d'autocorrélation d'ordre un. Pour effectuer ce test, tapez la commande :

```
lmabpxt lconsp lpibn lcpi lrem lcred, id(id) it(annee)
```

Vous obtenez les résultats ci-après :

```
==============================================================================
* Ordinary Least Squares (OLS) Regression
==============================================================================
  lconsp = lpibn + lcpi + lrem + lcred
------------------------------------------------------------------------------
 Sample Size          =         210   |   Cross Sections Number   =          7
 Wald Test            =  20145.9369   |   P-Value > Chi2(4)       =     0.0000
 F-Test               =   5036.4842   |   P-Value > F(4 , 206)    =     0.0000
 R2  (R-Squared)      =      0.9899   |   Raw Moments R2          =     0.9999
 R2a (Adjusted R2)    =      0.9897   |   Raw Moments R2 Adj      =     0.9999
 Root MSE (Sigma)     =      0.0873   |   Log Likelihood Function =   216.1007
------------------------------------------------------------------------------
- R2h= 0.9899   R2h Adj= 0.9897  F-Test = 5012.03 P-Value > F(4 , 206) 0.0000
- R2v= 0.9899   R2v Adj= 0.9897  F-Test = 5012.04 P-Value > F(4 , 206) 0.0000
------------------------------------------------------------------------------
      lconsp |      Coef.   Std. Err.      t    P>|t|     [95% Conf. Interval]
-------------+----------------------------------------------------------------
       lpibn |   .9251402   .0103175    89.67   0.000     .9047987    .9454817
        lcpi |  -.0268725   .0422356    -0.64   0.525     -.110142     .056397
        lrem |    .007203   .0090499     0.80   0.427    -.0106393    .0250452
       lcred |    .042273   .0169692     2.49   0.014     .0088175    .0757285
       _cons |    .315407   .1503903     2.10   0.037     .0189054    .6119085
------------------------------------------------------------------------------
==============================================================================
*** Panel Data Autocorrelation Box-Pierce Test
==============================================================================
  Ho: No AR(1) Panel AutoCorrelation - Ha: AR(1) Panel AutoCorrelation

- Panel Rho Value                     =   0.7360
- Box-Pierce LM Test                  = 113.7548      P-Value > Chi2(1)  0.0000
------------------------------------------------------------------------------
```

Le test reporte une *p-value* inférieure à 1%. Nous rejetons l'hypothèse nulle d'absence d'autocorrélation d'ordre un.

- **La commande « lmabpgxt »**

Cette commande fait le test d'autocorrélation de Breusch-Pagan-Godfrey. L'hypothèse nulle est l'absence d'autocorrélation d'ordre un. Pour effectuer ce test, tapez la commande :

```
lmabpgxt lconsp lpibn lcpi lrem lcred, id(id) it(annee)
```

Vous obtenez les résultats ci-après :

```
==============================================================================
* Ordinary Least Squares (OLS) Regression
==============================================================================
  lconsp = lpibn + lcpi + lrem + lcred
------------------------------------------------------------------------------
 Sample Size          =        210   |   Cross Sections Number    =          7
 Wald Test            =   20145.9369   |   P-Value > Chi2(4)        =     0.0000
 F-Test               =    5036.4842   |   P-Value > F(4 , 206)     =     0.0000
 R2  (R-Squared)      =       0.9899   |   Raw Moments R2           =     0.9999
 R2a (Adjusted R2)    =       0.9897   |   Raw Moments R2 Adj       =     0.9999
 Root MSE (Sigma)     =       0.0873   |   Log Likelihood Function  =   216.1007
------------------------------------------------------------------------------
- R2h= 0.9899   R2h Adj= 0.9897   F-Test = 5012.03 P-Value > F(4 , 206) 0.0000
- R2v= 0.9899   R2v Adj= 0.9897   F-Test = 5012.04 P-Value > F(4 , 206) 0.0000
------------------------------------------------------------------------------
      lconsp |      Coef.   Std. Err.      t    P>|t|     [95% Conf. Interval]
-------------+----------------------------------------------------------------
       lpibn |   .9251402   .0103175    89.67   0.000     .9047987    .9454817
        lcpi |  -.0268725   .0422356    -0.64   0.525     -.110142     .056397
        lrem |    .007203   .0090499     0.80   0.427    -.0106393    .0250452
       lcred |    .042273   .0169692     2.49   0.014     .0088175    .0757285
       _cons |    .315407   .1503903     2.10   0.037     .0189054    .6119085
------------------------------------------------------------------------------
```

Le test affiche une *p-value* inférieure à 1%. Nous rejetons l'hypothèse nulle d'absence d'autocorrélation d'ordre un.

3.7.4.3 Tests d'autocorrélation d'ordre *p*

- **La commande « xtqptest »**

Born & Breitung (2016) proposent un test d'autocorrélation d'ordre quelconque dans le cadre du modèle à effets fixes. Les auteurs développent deux statistiques de test, notées $Q(p)$ et $LM(p)$. La première teste une autocorrélation jusqu'à l'ordre *p,* tandis que la seconde teste une autocorrélation d'ordre *p*. Dans les deux cas, les résidus incluent les effets fixes[9].

---

[9] Après l'estimation du modèle à effets fixes, on génère les résidus combinés par la commande : *predict residu_fe, ue*. L'option « *ue* » indique que les résidus incluent les effets fixes. En revanche, pour obtenir les résidus standards, on saisit plutôt : *predict residu_fe, e*. La procédure du test procèdera à un contrôle des résidus pour vérifier s'ils incluent les effets fixes. Toutefois, il est possible de forcer le test pour outrepasser cette vérification. Lorsque la dimension temporelle du panel augmente, la différence entre les résultats obtenus avec les deux types de résidus converge vers zéro (Wursten, 2018).

Pour effectuer ces tests, on utilise le package « **xtqptest** » disponible sur les versions récentes de Stata. Pour télécharger ce module, tapez la commande suivante :

```
ssc   install   xtqptest, all
```

Pour tester une autocorrélation d'ordre *p*, nous estimons le modèle puis nous saisissons la commande :

```
xtqptest, order(p)
```

Pour tester une autocorrélation *jusqu'à* l'ordre *p*, entrez la commande :

```
xtqptest, lags(p)
```

La différence entre les options « order(p) » et « lags(p) » est que le premier teste la significativité d'un coefficient [AR(p)] tandis que le second teste la significativité globale de *p* coefficients $[AR(1), AR(2), \dots, AR(p)]$.

Pour tester une autocorrélation jusqu'à l'ordre 1, tapez les commandes suivantes[10] :

```
quietly xtreg lconsp lpibn lcpi lrem lcred, fe
```

```
xtqptest, lags(1)
```

En validant, vous obtenez les résultats ci-après :

```
Bias-corrected Born and Breitung (2016) Q(p)-test as postestimation
Panelvar: id
Timevar: annee
p (lags): 1
-------------------------------------------------------------------------------------+
         Variable           | Q(p)-stat    p-value    |       N    maxT |   balance?  |
----------------------------+-----------------------+----------------+--------------|
      Post Estimation       +    8.08        0.004    +       7      30 +   balanced  |
-------------------------------------------------------------------------------------+
 Notes: Under H0, Q(p) ~ chi2(p)
    H0: No serial correlation up to order p.
    Ha: Some serial correlation up to order p.
```

[10] Il est possible de générer les résidus et d'y appliquer le test en tapant : xtqptest residu_fe, lags(1).

Pour tester une autocorrélation jusqu'à l'ordre 2, tapez la commande :

```
xtqptest, lags(2)
```

Vous obtenez les résultats ci-dessous :

```
Bias-corrected Born and Breitung (2016) Q(p)-test as postestimation
Panelvar: id
Timevar: annee
p (lags): 2
--------------------------------------------------------------------------------+
        Variable          | Q(p)-stat   p-value    |        N     maxT |  balance?  |
--------------------------+----------------------+-----------------+------------|
      Post Estimation     +    9.40      0.009     +        7       30 +  balanced   |
--------------------------------------------------------------------------------+
 Notes: Under H0, Q(p) ~ chi2(p)
    H0: No serial correlation up to order p.
    Ha: Some serial correlation up to order p.
```

Dans les deux cas, la probabilité de la statistique de test est inférieure à 0,01. Le test rejette l'hypothèse nulle d'absence d'autocorrélation des résidus aux ordres un et deux.

- **La commande « xtistest »**

La commande « **xtistest** » permet de faire le test de *portmanteau* développé par Inoue & Solon (2006). La syntaxe de la commande est :

```
xtistest, lags(p)
```

où *p* est l'ordre de l'autocorrélation. Le test examine la nullité de tous les coefficients d'autocorrélation jusqu'à *p*.

Le test nécessite que la dimension individuelle du panel (*n*) excède largement la dimension temporelle pondérée (pT) pour permettre un certain nombre de degrés de liberté. Certes, notre panel ne remplit pas cette condition. Néanmoins, nous appliquons ce test à titre d'illustration. Pour tester l'absence d'autocorrélation à l'ordre un, nous saisissons la commande :

```
quietly xtreg lconsp lpibn lcpi lrem lcred, fe
```

```
xtistest, lags(1)
```

En validant, nous obtenons les résultats ci-après :

```
Inoue and Solo (2006) LM-test as postestimation
Panelvar: id
Timevar: annee
p (lags): 1
------------------------------------------------------------------------------------+
          Variable           | IS-stat    p-value   |      N    maxT |  balance?   |
-----------------------------+----------------------+----------------+--------------|
       Post Estimation       +   7.00       1.000   +      7      30 +  balanced    |
 Post Estimation: N(7) is smaller than the dimension of H0(29), results unreliable. Consider
xtqptest.
------------------------------------------------------------------------------------+
 Notes: Under H0, LM ~ chi2(p*T-p(p+1)/2)
    H0: No auto-correlation of any order.
    Ha: Auto-correlation up to order 1.
```

Le message en rouge indique que les résultats ne sont pas fiables en raison notamment de la dimension individuelle relativement faible par rapport à la dimension temporelle. Nous l'avons déjà fait remarquer.

- **La commande « xtserialpm »**

La commande « **xtserialpm** » permet de faire le test du *portmanteau* développé par Jochmans (2019). Pour faire ce test, nous saisissons les commandes ci-après :

```
quietly xtreg lconsp lpibn lcpi lrem lcred, fe
```

```
xtserialpm lconsp lpibn lcpi lrem lcred, center
```

En validant, nous obtenons les résultats ci-après :

```
Jochmans portmanteau test for within-group correlation in panel data.
H0: no within-group correlation
    Chi-sq(434)    =      31.819
    Prob > Chi-sq =       1.0000
```

La *p-value* du test est supérieure à 0,05. L'hypothèse nulle d'absence d'autocorrélation des résidus ne peut être rejetée.

Le tableau ci-après synthétise les résultats des tests d'autocorrélation des erreurs du modèle à effets fixes.

Tableau 3.5 : Synthèse des tests d'autocorrélation temporelle

Tests	*p = 1*		*p = 2*	
	Stat.	Prob.	Stat.	Prob.
HR	2.89*	0.004	-	-
Q(p)	8.08*	0.004	9.40*	0.009
LM(p)	2.85*	0.004	2.18*	0.029
IS(p)	7.00	1.000	7.00	1.000

Note : * indique le rejet de l'hypothèse nulle au seuil de 5%.

À partir de simulations Monte Carlo, Wursten (2018) montre que le test *Q(p)* est approprié lorsque les dimensions du panel sont faibles. En outre, ce test présenterait une meilleure performance relativement aux autres statistiques de tests. Globalement, les résultats du tableau ci-dessus suggèrent la présence d'une autocorrélation des erreurs.

Le modèle à effets aléatoires suppose que les erreurs sont homoscédastiques et présentent une autocorrélation sérielle constante indépendante du temps. Plusieurs tests ont été proposés pour tester ces deux hypothèses[11]. Cependant, dans ces tests, les deux hypothèses ne sont pas testées simultanément. Lorsque l'hypothèse d'hétéroscédasticité est testée, on suppose l'absence d'autocorrélation (Holly & Gardiol, 2000 ; Roy, 2002 ; Baltagi *et al.*, 2006).

Lorsque l'autocorrélation est testée, l'hétéroscédasticité est ignorée (Baltagi & Li, 1995 ; Bera *et al.*, 2001 ; Hong & Kao, 2004). Baltagi *et al.* (2008) proposent un test joint d'homoscédasticité et d'absence d'autocorrélation sérielle d'ordre un dans un panel à effets aléatoires. Pour des tests d'hétéroscédasticité dans le cadre du modèle à un seul effet, on pourra voir également Li & Stengos (1994), Baltagi, Bresson & Pirotte (2006), Baltagi, Jung & Song (2010), ainsi que Montes-Rojas & Sosa-Escudero (2011). Kouassi *et al.* (2014a, b) et Fenge *et al.* (2020) proposent des tests d'hétéroscédasticité dans le cas du modèle à deux effets aléatoires.

[11] Pour une revue, voir Hsiao (2003) et Baltagi (2005).

3.8 Estimation en présence d'autocorrélation et d'hétéroscédasticité

En présence d'autocorrélation ou d'hétéroscédasticité des erreurs, les estimateurs des coefficients ne sont pas efficaces, ce qui biaise les tests de restrictions sur les coefficients. Il convient alors d'utiliser les procédures d'estimation qui corrigent les écarts-types des coefficients. Nous avons vu que les résidus des modèles estimés présentent de l'autocorrélation ainsi que de l'hétéroscédasticité. Dans cette section, nous présentons des commandes permettant de corriger ces problèmes économétriques. Bien entendu, ces corrections ne sont pas nécessaires lorsque les résidus du modèle ne présentent ni de l'autocorrélation ni de l'hétéroscédasticité.

3.8.1 Correction de l'autocorrélation : la commande « xtregar »

La commande **« xtregar »** permet d'estimer un modèle à effets fixes ou aléatoires avec des erreurs autocorrélées d'ordre un (Baltagi & Wu, 1999). Dans le cas du modèle à effets fixes, la commande standard est :

```
xtregar lconsp lpibn lcpi lrem lcred, fe
```

En validant, nous obtenons les résultats suivants :

```
FE (within) regression with AR(1) disturbances  Number of obs      =       203
Group variable: id                              Number of groups   =         7

R-sq:  within  = 0.8777                         Obs per group: min =        29
       between = 0.9961                                        avg =      29.0
       overall = 0.9888                                        max =        29

                                                F(4,192)           =    344.56
corr(u_i, Xb)  = 0.5404                         Prob > F           =    0.0000

------------------------------------------------------------------------------
      lconsp |      Coef.   Std. Err.      t    P>|t|     [95% Conf. Interval]
-------------+----------------------------------------------------------------
       lpibn |   .8525736   .0433973    19.65   0.000     .7669769    .9381702
        lcpi |  -.0136337   .1143141    -0.12   0.905    -.2391064     .211839
        lrem |   .0184914   .0163231     1.13   0.259    -.0137042     .050687
       lcred |   .0378353   .0264237     1.43   0.154    -.0142827    .0899533
       _cons |   .8403806   .1076138     7.81   0.000     .6281235    1.052638
-------------+----------------------------------------------------------------
      rho_ar |  .73229623
     sigma_u |   .0629967
     sigma_e |  .05399505
     rho_fov |   .5764898   (fraction of variance because of u_i)
------------------------------------------------------------------------------
F test that all u_i=0:     F(6,192) =      1.81             Prob > F = 0.0994
```

3.8.2 Correction par l'option « robust »

Dans les modèles à effets fixes et à effets aléatoires, l'option « robust » permet de corriger l'autocorrélation et l'hétéroscédasticité des erreurs[12]. Il existe trois façons de saisir la commande :

```
xtreg lconsp lpibn lcpi lrem lcred, fe robust
```

ou

```
xtreg lconsp lpibn lcpi lrem lcred, fe cluster(id)
```

ou

```
xtreg lconsp lpibn lcpi lrem lcred, fe vce(r)
```

L'option « *vce* » indique la méthode d'estimation de la matrice de variance-covariance des erreurs. Elle permet d'ajouter une réplication *bootstrap* ou *Jackknife* et d'indiquer la méthode de calcul des variances (divisées par *n* ou par *n-k*).

En validant, nous obtenons les résultats suivants :

```
Fixed-effects (within) regression               Number of obs      =       210
Group variable: id                              Number of groups   =         7
R-sq:  within  = 0.9864                         Obs per group: min =        30
       between = 0.9904                                        avg =      30.0
       overall = 0.9882                                        max =        30
                                                F(4,6)             =  26604.62
corr(u_i, Xb)  = 0.0684                         Prob > F           =    0.0000
                                     (Std. Err. adjusted for 7 clusters in id)
------------------------------------------------------------------------------
             |               Robust
      lconsp |      Coef.   Std. Err.      t    P>|t|     [95% Conf. Interval]
-------------+----------------------------------------------------------------
       lpibn |   .9360851   .0778068    12.03   0.000     .7456986    1.126472
        lcpi |   .0922171    .155962     0.59   0.576    -.2894082    .4738424
        lrem |  -.0189303   .0277455    -0.68   0.521    -.0868212    .0489605
       lcred |   .0000914   .0492267     0.00   0.999    -.1203618    .1205447
       _cons |  -.0807811   .2859181    -0.28   0.787    -.7803976    .6188353
-------------+----------------------------------------------------------------
     sigma_u |  .06147307
     sigma_e |  .07624226
         rho |  .39397506   (fraction of variance due to u_i)
------------------------------------------------------------------------------
```

---

12 Voir Arellano (2003), Stock & Watson (2008) et Wooldridge (2009) pour une discussion des estimateurs robustes dans les modèles à effets fixes et à effets aléatoires.

Dans le cas du modèle à effets aléatoires, nous utilisons la commande suivante :

```
xtreg lconsp lpibn lcpi lrem lcred, re r
```

Nous obtenons les résultats ci-après :

```
Random-effects GLS regression                   Number of obs      =       210
Group variable: id                              Number of groups   =         7
R-sq:  within  = 0.9864                         Obs per group: min =        30
       between = 0.9915                                        avg =      30.0
       overall = 0.9887                                        max =        30
                                                Wald chi2(4)       = 122430.08
corr(u_i, X)   = 0 (assumed)                    Prob > chi2        =    0.0000
                                     (Std. Err. adjusted for 7 clusters in id)
------------------------------------------------------------------------------
             |               Robust
      lconsp |      Coef.   Std. Err.      z    P>|z|     [95% Conf. Interval]
-------------+----------------------------------------------------------------
       lpibn |   .9319411   .0405307    22.99   0.000      .8525024     1.01138
        lcpi |   .0807427   .0906172     0.89   0.373     -.0968637    .2583491
        lrem |  -.0148469   .0259053    -0.57   0.567     -.0656203    .0359266
       lcred |   .0067583   .0321258     0.21   0.833     -.0562072    .0697237
       _cons |  -.0307062   .2531923    -0.12   0.903     -.5269539    .4655416
-------------+----------------------------------------------------------------
     sigma_u |  .05527567
     sigma_e |  .07624226
         rho |  .34453113   (fraction of variance due to u_i)
------------------------------------------------------------------------------
```

3.8.3 Correction par la commande « xtgls »

La commande « **xtgls** » permet d'estimer un modèle par la méthode MCG, en corrigeant l'hétéroscédasticité ainsi que l'autocorrélation sérielle et transversale[13]. L'avantage de cette commande est qu'elle distingue les deux formes d'autocorrélation, à savoir l'autocorrélation sérielle et l'autocorrélation transversale. Ces deux formes d'autocorrélation impliquent des méthodes de correction différentes. La syntaxe de la commande est :

```
xtgls y x, [options]
```

avec les options suivantes :

- *panels(iid)* indique que les erreurs sont homoscédastiques mais pas d'autocorrélation transversale ;

[13] Voir Davidson & MacKinnon (1993), Baum (2001), Blackwell (2005), Maddala & Lahiri (2006), Hoechle (2007) et Greene (2012).

- *panels(heteroskedastic)* indique que les erreurs sont hétéroscédastiques mais pas d'autocorrélation transversale ;

- *panels(correlated)* indique que les erreurs sont hétéroscédastiques avec autocorrélation transversale ;

- *corr(independent)* indique l'absence d'autocorrélation sérielle ;

- *corr(ar1)* indique que les erreurs suivent un processus $AR(1)$ identique pour tous les individus ;

- *corr(psar1)* indique que les erreurs suivent un processus $AR(1)$ et que le coefficient AR(1) change selon les individus ;

- *rhotype()* indique la méthode utilisée pour estimer le paramètre d'autocorrélation (Kmenta, 1986) :

  - *regress* : régression de e_{it} sur e_{it-1} (méthode par défaut)

  - *dw* : méthode de Durbin–Watson

  - *nagar* : formule de calcul de Nagar

  - *theil* : formule de calcul de Theil

  - *tscorr* : calcul statistique classique du coefficient de corrélation ;

- *nmk* précise que les écarts-types des coefficients doivent être normalisés par *n-k*, avec *k* le nombre de paramètres estimés et *n* le nombre d'observations.

En présence d'autocorrélation sérielle hétérogène d'ordre un, d'autocorrélation transversale et d'hétéroscédasticité dans la fonction de consommation, nous corrigeons le modèle (sans effet) par la commande :

```
xtgls lconsp lpibn lcpi lrem lcred, corr(psar1) panels(correlated) nmk
```

Nous obtenons les résultats ci-dessous :

```
Cross-sectional time-series FGLS regression

Coefficients:  generalized least squares
Panels:        heteroskedastic with cross-sectional correlation
Correlation:   panel-specific AR(1)

Estimated covariances      =        28      Number of obs      =       210
Estimated autocorrelations =         7      Number of groups   =         7
Estimated coefficients     =         5      Time periods       =        30
                                            Wald chi2(4)       =  13948.03
                                            Prob > chi2        =    0.0000
------------------------------------------------------------------------------
      lconsp |      Coef.   Std. Err.      z    P>|z|     [95% Conf. Interval]
-------------+----------------------------------------------------------------
       lpibn |   .9396325   .0120703    77.85   0.000     .9159751    .9632898
        lcpi |  -.0293893   .0328136    -0.90   0.370    -.0937027    .0349241
        lrem |    .008419    .007165     1.18   0.240    -.0056242    .0224622
       lcred |   .0194156   .0117283     1.66   0.098    -.0035716    .0424027
       _cons |   .2473819   .1176954     2.10   0.036     .0167032    .4780606
------------------------------------------------------------------------------
```

La régression ci-après :

```
xtgls lconsp lpibn lcpi lrem lcred, corr(ind) panels(iid) nmk
```

est équivalente à la régression par MCO avec la commande « **regress** ».

3.8.4 Méthode de Prais-Winsten: la commande « xtpcse »

La commande « **xtpcse** » offre une approche alternative à la méthode GLS appliquée par la commande « **xtgls** ». Elle permet d'estimer un modèle de panel dans lequel les erreurs sont hétéroscédastiques (chaque individu a sa propre variance) et corrélées de façon transversale (Beck & Katz, 1995). Les erreurs peuvent être autocorrélées et le paramètre d'autocorrélation peut être constant ou différent pour chaque individu du panel.

La syntaxe de la commande est :

```
xtpcse depvar indepvars, [options]
```

où :

- *depvar* représente la variable dépendante ;

- *indepvars* désigne les variables explicatives ;

- Les options sont :

  - *corr(independent):* absence d'autocorrélation ;

  - *corr(ar1) :* les erreurs suivent un processus $AR(1)$ identique pour tous les individus ;

  - *corr(psar1) :* les erreurs suivent un processus $AR(1)$ et le coefficient $AR(1)$ diffère suivant les individus ;

  - *rhotype()* : indique la méthode utilisée pour estimer le paramètre d'autocorrélation:

    - *regress* : régression utilisant les retards des résidus (méthode par défaut)

    - freg : régression utilisant les avances leads des résidus

    - *tscorr* : calcul statistique du coefficient de corrélation classique

    - *dw* : méthode de Durbin–Watson

  - *hetonly* : les erreurs sont hétéroscédastiques ;

  - *independent*: absence d'autocorrélation transversale;

  - *nmk* : précise que les écarts-types des coefficients doivent être normalisés par $n - k$, avec k le nombre de paramètres estimés et n le nombre d'observations.

Lorsque les options « *hetonly* » et « *independent* » ne sont pas précisées, les erreurs sont supposées hétéroscédastiques et corrélées de façon transversale.

En présence d'autocorrélation sérielle hétérogène d'ordre un, de dépendance transversale et d'hétéroscédasticité hétérogène, nous corrigeons le modèle à l'aide de la commande suivante :

```
xtpcse lconsp lpibn lcpi lrem lcred, corr(psar1) nmk
```

Nous obtenons les résultats ci-après :

```
Prais-Winsten regression, correlated panels corrected standard errors (PCSEs)

Group variable:   id                          Number of obs      =       210
Time variable:    annee                       Number of groups   =         7
Panels:           correlated (balanced)       Obs per group:
Autocorrelation:  panel-specific AR(1)                     min   =        30
                                                           avg   =        30
                                                           max   =        30
Estimated covariances      =        28        R-squared          =    0.9995
Estimated autocorrelations =         7        Wald chi2(4)       =   5680.89
Estimated coefficients     =         5        Prob > chi2        =    0.0000
------------------------------------------------------------------------------
             |           Panel-corrected
      lconsp |      Coef.   Std. Err.      z    P>|z|     [95% Conf. Interval]
-------------+----------------------------------------------------------------
       lpibn |   .9435871   .0171551    55.00   0.000      .9099637    .9772105
        lcpi |  -.0418593    .061655    -0.68   0.497     -.1627009    .0789822
        lrem |   .0091822   .0117209     0.78   0.433     -.0137904    .0321548
       lcred |    .031903   .0215974     1.48   0.140     -.0104271    .0742331
       _cons |   .2385736   .2294035     1.04   0.298     -.2110491    .6881963
------------------------------------------------------------------------------
        rhos =   .906464  .9135765  .2558623  .7167068  .8113788 ...   .9483413
------------------------------------------------------------------------------
```

3.8.5 Méthode de Driscoll-Kraay : la commande « xtscc »

Driscoll & Kraay (1998) proposent un estimateur non-paramétrique de la matrice de variance, qui est robuste à l'hétéroscédasticité ainsi qu'à l'autocorrélation temporelle et transversale. Les propriétés à distance finie de cet estimateur semblent meilleures que celles des estimateurs alternatifs, en présence de dépendance transversale.

Hoechle (2007) propose la commande « **xtscc** » pour corriger les écarts-types des estimateurs MCO et *Within*. Cette commande peut s'appliquer aussi bien aux panels cylindrés qu'aux panels non-cylindrés. La syntaxe de la commande est :

```
xtscc depvar varlist , lag(#) fe pooled
```

où :

- *depvar* représente la variable dépendante ;
- *varlist* désigne les variables explicatives ;
- *lag(#)* indique le nombre maximum de retards pour l'autocorrélation. Si cette option est omise alors le nombre de retards est déterminé par la formule de Newey & West (1994) ;

- *fe* indique que le modèle est à effets fixes et estimé par l'estimateur *Within* ;
- *pooled* applique l'estimateur MCO. C'est l'option par défaut.

Nous corrigeons le modèle à effets fixes en saisissant la commande suivante :

```
xtscc lconsp lpibn lcpi lrem lcred, fe
```

Nous obtenons les résultats ci-après :

```
Regression with Driscoll-Kraay standard errors   Number of obs      =       210
Method: Fixed-effects regression                 Number of groups   =         7
Group variable (i): id                           F(  4,       6)    =   5372.77
maximum lag: 3                                   Prob > F           =    0.0000
                                                 within R-squared   =    0.9864

------------------------------------------------------------------------------
             |             Drisc/Kraay
      lconsp |      Coef.   Std. Err.      t    P>|t|     [95% Conf. Interval]
-------------+----------------------------------------------------------------
       lpibn |   .9360851   .0392656    23.84   0.000     .8400057    1.032164
        lcpi |   .0922171   .0844279     1.09   0.317    -.1143704    .2988046
        lrem |  -.0189303   .0060551    -3.13   0.020    -.0337466   -.0041141
       lcred |   .0000914   .0392016     0.00   0.998    -.0958314    .0960143
       _cons |  -.0807811   .1653208    -0.49   0.642    -.4853066    .3237443
------------------------------------------------------------------------------
```

3.9 Interprétation du coefficient de détermination

En économétrie des séries temporelles ou en coupe instantanée, le coefficient de détermination (R^2) permet d'apprécier le pouvoir explicatif du modèle, c'est-à-dire la proportion de la variance de la variable dépendante expliquée par les variables explicatives. Rappelons cependant que cette interprétation en termes de variance n'est possible que lorsque le modèle comporte une constante.

Dans les modèles de panel, ce coefficient est désagrégé suivant les dimensions inter et intra des données. En fonction du modèle estimé, on privilégiera l'un ou l'autre des R^2.

Dans le modèle à effets fixes, le R^2 le plus pertinent est le R^2 *within*, car il donne une idée de la part de la variabilité intra-individuelle de la variable dépendante expliquée par celles des variables explicatives. Le R^2 *between*, quant à lui, donne une idée de la contribution des effets fixes.

R-sq: *within* = 0.9864 = 98,64%

La valeur du R^2*within* indique que 98,64% des fluctuations de la consommation des 7 pays sont expliqués par le revenu, le prix, les transferts et le crédit.

Dans le modèle à effets aléatoires, le R^2 le plus pertinent est le R^2 *between*, c'est la mesure de la variabilité inter-individuelle ou intergroupe de la variable dépendante expliquée par celles des variables explicatives. Le R^2 *within*, quant à lui, donne une idée de la contribution des effets aléatoires.

R-sq: *between* = 0.9915 = 99,15%

La valeur du R^2 *between* indique que 99,15% des variations de la consommation sont expliquées par les variables.

3.10. Tests de significativité des coefficients

Les tests de significativité des coefficients peuvent concerner tous les coefficients à la fois ou les coefficients pris individuellement. Dans le premier cas, on parle de test de significativité globale des coefficients.

3.10.1 Test de significativité globale

Le test de significativité globale des coefficients teste si les variables explicatives, prises ensemble, ont une influence significative sur la variable dépendante. En d'autres termes, on cherche à savoir s'il existe au moins un coefficient parmi tous les coefficients estimés, à l'exception de la constante, qui est significativement différent de zéro.

L'hypothèse nulle du test est donc que tous les coefficients, sauf la constante, sont nuls. On réalise ce test à partir de la statistique de Fisher. Celle-ci apparait automatiquement dans le tableau des résultats de l'estimation.

Revenons aux résultats du modèle à effets fixes :

```
Fixed-effects (within) regression               Number of obs      =       210
Group variable: id                              Number of groups   =         7

R-sq:  within  = 0.9864                         Obs per group: min =        30
       between = 0.9904                                        avg =      30.0
       overall = 0.9882                                        max =        30

                                                F(4,199)           =   3618.70
corr(u_i, Xb)  = 0.0684                         Prob > F           =    0.0000

------------------------------------------------------------------------------
      lconsp |      Coef.   Std. Err.      t    P>|t|     [95% Conf. Interval]
-------------+----------------------------------------------------------------
       lpibn |   .9360851   .0327931    28.55   0.000     .8714185    1.000752
        lcpi |   .0922171   .0827471     1.11   0.266    -.0709565    .2553907
        lrem |  -.0189303   .0104599    -1.81   0.072    -.0395567    .0016961
       lcred |   .0000914   .0216109     0.00   0.997    -.0425242    .0427071
       _cons |  -.0807811   .1769685    -0.46   0.649    -.4297553     .268193
-------------+----------------------------------------------------------------
     sigma_u |  .06147307
     sigma_e |  .07624226
         rho |  .39397506   (fraction of variance due to u_i)
------------------------------------------------------------------------------
F test that all u_i=0:     F(6, 199) =    11.85              Prob > F = 0.0000
```

La statistique de Fisher, indiquée en haut et à droite du tableau, a une valeur de 3618,7 et une probabilité de 0,000. Nous rejetons l'hypothèse nulle selon laquelle tous les coefficients de pente sont nuls. En d'autres termes, les coefficients de pente sont globalement significatifs au seuil de 1%.

Rappelons que lorsque les hypothèses habituelles sur les termes d'erreurs ne sont pas satisfaites, les tests sur les coefficients sont biaisés. Il convient de réaliser les tests de significativité après avoir corrigé le modèle. Le tableau ci-dessous reprend les résultats des tests de significativité dans les modèles sans effet, à effets fixes et à effets aléatoires, en comparant les coefficients non corrigés avec ceux obtenus après correction de l'autocorrélation et de l'hétéroscédasticité.

Tableau 3.6 : Test de significativité globale dans les trois modèles

Modèle	Sans correction		Correction robuste	
	F-stat.	Prob.	F-stat.	Prob.
Sans effets	5012.04	0.0000	15732.36	0.0000
Effets fixes	3618.70	0.0000	26604.62	0.0000
Effets aléatoires	15142.57	0.0000	122430.08	0.0000

Les probabilités sont toutes inférieures à 1%. Les coefficients sont globalement significatifs, c'est-à-dire que les variables explicatives, prises ensemble, influencent de façon significative la consommation. Il s'agit bien d'une significativité globale ou collective et non d'une significativité individuelle des coefficients.

3.10.2 Test de significativité individuelle

Après avoir testé la significativité globale des coefficients, il convient d'examiner la significativité de chaque coefficient. Dire qu'un coefficient est significatif signifie que la variable explicative correspondante exerce un effet significatif sur la variable dépendante. La significativité des coefficients est testée à partir des *t*-statistiques ou de leurs probabilités. Ces statistiques sont reportées dans le tableau des résultats. On teste l'hypothèse nulle d'un coefficient égal à zéro contre l'hypothèse alternative d'un coefficient différent de zéro. Le test est bilatéral. Un coefficient est significatif dès lors que la probabilité associée à sa *t*-statistique est inférieure au seuil fixé (1%, 5% ou 10%).

Le tableau suivant récapitule les coefficients des modèles sans effet, à effets fixes et à effets aléatoires.

Tableau 3.7 : Synthèse des estimations des coefficients des trois modèles

Modèle	Sans correction			Correction robuste		
	Coef.	Std.err.	Prob.	Coef.	Std.err.	Prob.
Sans effets						
Lpibn	.925140*	.0103427	0.000	.8917915*	.0201753	0.000
Lcpi	-.026872	.0423385	0.526	.0447941	.0387247	0.247
Lrem	.007203	0090719	0.428	.0141672*	.007236	0.050
Lcred	.042273*	0170105	0.014	.0274794*	.0117465	0.019
Effets fixes						
Lpibn	.9360851*	.0327931	0.000	.9360851*	.0778068	0.000
Lcpi	.0922171	.0827471	0.266	.0922171	.155962	0.576
Lrem	-.0189303**	.0104599	0.072	-.0189303	.0277455	0.521
Lcred	.0000914	.0216109	0.997	.0000914	.0492267	0.999
Effets aléatoires						
Lpibn	.9319411*	.0246242	0.000	.9319411*	.0405307	0.000
Lcpi	.0807427	.0668753	0.227	.0807427	.0906172	0.373
Lrem	-.0148469	.0101591	0.144	-.0148469	.0259053	0.567
Lcred	.0067583	.0197097	0.732	.0067583	.0321258	0.833

Note : * indique une significativité au seuil de 5%.

Sur la base des probabilités des *t*-statistiques, le revenu (*lpibn*) a un coefficient positif et significatif à 5%, confirmant ainsi la théorie économique. Ce résultat est confirmé par tous les modèles estimés. Une augmentation du revenu de 10% induit une hausse de la consommation de l'ordre de 9,3%. Les résultats des modèles à effets fixes et à effets aléatoires indiquent que les effets des autres variables explicatives ne sont pas significatifs au seuil de 5%.

Il arrive que les coefficients soient globalement significatifs sans qu'aucun coefficient ne le soit. Cette situation est, en général, symptomatique d'une forte multicolinéarité entre les variables explicatives. Dans la pratique, on contrôle l'existence de la multicolinéarité entre les variables explicatives à l'aide de la statistique VIF (Variance Inflation Factor)[14] et bien d'autres tests statistiques.

Nous notons des différences dans certains coefficients. Si toutes les hypothèses du modèle à effets aléatoires étaient vérifiées, tous les estimateurs seraient convergents et devraient conduire à des valeurs très voisines.

---

[14] Voir Daoud (2017) et Shrestha (2020).

Nous pouvons en déduire que l'une au moins des hypothèses n'est pas satisfaite. Nous savons qu'une erreur de spécification portant sur la structure d'autocorrélation ou d'hétéroscédasticité des erreurs n'entraine pas, *a priori*, de biais ou de non-convergence des estimateurs des pentes. Par conséquent, la non-validité de ces hypothèses ne peut expliquer les différences constatées.

Nous pouvons en déduire que l'erreur de spécification porte sur l'hypothèse d'exogénéité des variables explicatives. En outre, comme nous le verrons dans les prochains chapitres, les méthodes d'estimation corrigeant le problème d'endogénéité peuvent, dans le même temps, corriger l'autocorrélation et l'hétéroscédasticité des erreurs. Il est aussi possible d'améliorer les propriétés des estimateurs en ajoutant des variables explicatives comme les valeurs passées de la variable expliquée. En enrichissant la dynamique du modèle de cette façon, les problèmes d'autocorrélation et d'hétéroscédasticité peuvent être corrigés. Mais l'estimation d'un modèle dynamique en panel soulève d'autres types de problèmes que nous aborderons également dans le prochain chapitre.

3.10.3 Test de significativité des effets temporels

Le test de significativité des effets temporels admet comme hypothèse nulle et alternative :

$H_0: \lambda_1 = \lambda_2 = \cdots = \lambda_{T-1} = 0$

H_1 : Au moins un des coefficients λ_t est non nul.

Pour tester cette hypothèse, on effectue un test de Fisher ou de Wald. Pour cela, nous estimons d'abord le modèle (effets fixes ou effets aléatoires) et nous testons les coefficients temporels. Dans le cas du modèle à effets fixes, nous saisissons les commandes ci-après :

```
xtreg lconsp lpibn lcpi lrem lcred i.annee, fe
```

```
testparm i.annee
```

En validant, nous obtenons les résultats ci-après :

```
F( 29,    170) =     1.15
      Prob > F =    0.2911
```

La statistique de Fisher est égale à 1,15 avec une probabilité de 0,2911. Comme la probabilité est supérieure à 5%, nous ne pouvons pas rejeter l'hypothèse de nullité des effets temporels. Les effets temporels ne sont pas significatifs. Nous rejetons le modèle à deux effets fixes individuels. Nous aboutissons à la même conclusion avec le modèle à effets aléatoires.

3.11 Prévision dans un modèle de panel

Il est possible d'utiliser le modèle de panel afin de prévoir la variable dépendante. Le terme prévision a ici un sens différent de celui qu'il reçoit dans le langage courant. Il ne s'agit pas de prévision du futur. Nous cherchons plutôt à caractériser les simulations de politiques économiques que les estimations économétriques rendent possibles. Par souci de parcimonie, nous effectuons les prévisions en ne conservant dans le modèle que les variables explicatives significatives au seuil statistique de 5%. Le modèle à effets aléatoires retenu s'écrit :

$$lconsp_{it} = a_0 + a_1 lpibn_{it} + \varepsilon_{it} \tag{3.15}$$

Nous utilisons la variable $pibn$ pour prévoir la consommation $lconsp$.

3.11.1 Trajectoires du produit intérieur brut

Les PIB des sept pays du panel sont représentés dans les graphiques suivants :

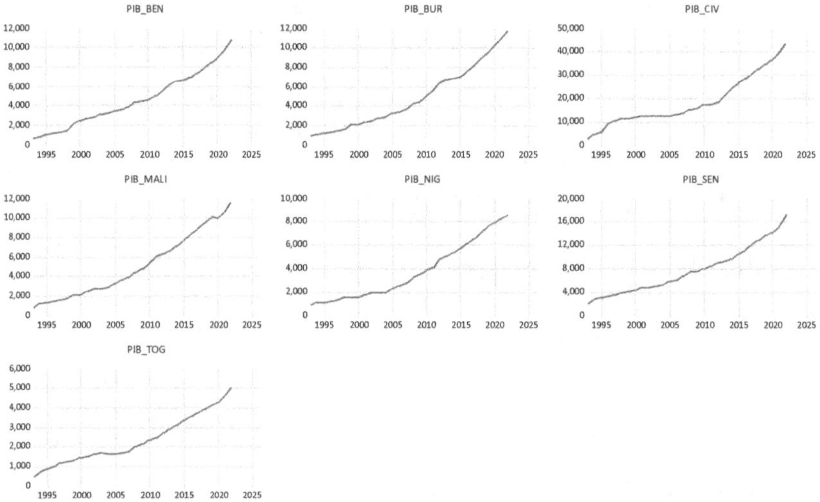

Ces graphiques sont obtenus en utilisant les commandes vues dans le chapitre 2.

3.11.2 Extrapolation de la variable explicative

Pour obtenir les niveaux de consommation sur la période 2023-2026, nous devons projeter les valeurs de la variable pibn sur cette période. Ces extrapolations peuvent se faire en utilisant les méthodes de prévision des séries temporelles. Ici, les valeurs de *pibn* sont obtenues par la méthode de Holt-Winters non saisonnière. Ces valeurs sont reportées dans le tableau ci-après :

Tableau 3.8 : Extrapolation des valeurs de pibn de 2023 à 2026

annees	prev_ben	prev_bur	prev_civ	prev_mali	prev_nig	prev_sen	prev_tog
2023	11708.39	12510.53	46905.62	12252.58	9113.47	18648.40	5448.19
2024	12562.29	13241.55	50136.34	12832.84	9510.38	20028.41	5827.44
2025	13416.18	13972.58	53367.06	13413.10	9907.29	21408.41	6206.68
2026	14270.08	14703.60	56597.78	13993.36	10304.20	22788.42	6585.93

À partir de ces valeurs, nous utilisons le modèle pour calculer la consommation pour chaque pays sur la période 2023-2026.

3.11.3 Prévision de la consommation

Le modèle à effets fixes ne permet pas de faire des prévisions pour des individus ne faisant pas partie de l'échantillon. En effet, dans le modèle à effets fixes, l'effet fixe est propre à chaque individu du panel. Dès lors, il devient difficile d'extrapoler ces effets à l'ensemble de la population. Cet inconvénient n'est pas gênant si l'on veut faire des prévisions uniquement pour les individus du panel. Mais quand il s'agit d'appliquer les résultats à des individus hors échantillon (comme d'autres pays d'Afrique différents des pays du panel), on privilégiera le modèle à effets aléatoires.

Dans cette section, nous retenons le modèle à effets aléatoires, la procédure de prévision étant la même dans le modèle à effets fixes. Pour obtenir les prévisions de la consommation, nous estimons le modèle parcimonieux à partir duquel nous prédisons les niveaux de la consommation de 2023 à 2026. Pour cela, nous saisissons les commandes ci-après :

```
xtreg lconsp lpibn, re
```

```
predict lcons_prev
```

lcons_prev est le nom de la variable prévue, ici le log de la consommation. Nous déduisons les niveaux absolus de la consommation en appliquant la fonction exponentielle :

```
gen cons_prev =  exp(lcons_prev)
```

Pour afficher à l'écran les valeurs prévues, nous entrons la commande ci-après :

```
list pays annee cons_prev if consp ==.
```

Nous obtenons le tableau ci-après :

	pays	annee	prev
31.	1	2023	8266.749
32.	1	2024	8832.733
33.	1	2025	9396.452
34.	1	2026	9958.032
65.	2	2023	8798.499
66.	2	2024	9281.341
67.	2	2025	9762.614
68.	2	2026	10242.39
99.	3	2023	30504.2
100.	3	2024	32476.82
101.	3	2025	34441.96
102.	3	2026	36400.04
133.	4	2023	8627.729
134.	4	2024	9011.583
135.	4	2025	9394.419
136.	4	2026	9776.264
167.	5	2023	6530.805
168.	5	2024	6798.045
169.	5	2025	7064.63
170.	5	2026	7330.58
201.	6	2023	12808.7
202.	6	2024	13698.51
203.	6	2025	14584.69
204.	6	2026	15467.49
235.	7	2023	4025.04
236.	7	2024	4288.099
237.	7	2025	4550.137
238.	7	2026	4811.236

Le tableau ci-après reprend les prévisions de la consommation sur la période 2023-2026.

Tableau 3.9 : Prévisions de la consommation de 2023 à 2026

Années	Bénin	Burkina	Côte d'Ivoire	Mali	Niger	Sénégal	Togo
2023	8266.75	8798.50	30504.20	8627.73	530.81	12808.70	4025.04
2024	8832.73	9281.34	32476.82	9011.58	6798.05	13698.51	4288.10
2025	9396.45	9762.61	34441.96	9394.42	7064.63	14584.69	4550.14
2026	9958.03	10242.39	36400.04	9776.26	7330.58	15467.49	4811.24

Il est possible de représenter graphiquement ces prévisions pour chaque pays. Ainsi, pour le pays 1 (Bénin), nous entrons la commande ci-après :

```
tsline  consp  prev  if  pays==1 , subtitle("Bénin")
```

En validant, nous obtenons le graphique ci-après :

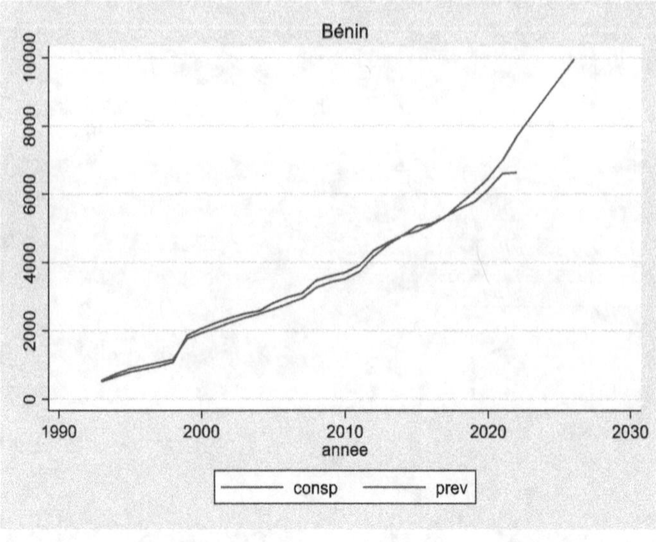

En procédant de la même façon, nous obtenons les graphiques pour les autres pays.

CHAPITRE 4

Méthodes des variables instrumentales

4.1 Introduction

Dans les modèles de panel que nous avons estimés dans le chapitre 3, nous avons fait l'hypothèse que les variables explicatives étaient exogènes, c'est-à-dire non corrélées avec le terme d'erreur. Cette hypothèse assure de bonnes propriétés statistiques aux différents estimateurs (estimateurs within, between, MCG). Si dans la pratique, les variables explicatives peuvent être identifiées à partir de la théorie économique, l'exogénéité de celles-ci, quant à elle, ne peut pas être postulée ; elle doit être testée pour s'assurer que les estimateurs utilisés sont appropriés. Dans le modèle à effets aléatoires, on fait l'hypothèse que les explicatives sont doublement exogènes, c'est-à-dire qu'elles sont orthogonales aux effets individuels et aux termes d'erreur idiosyncratiques.

Cette hypothèse d'exogénéité des régresseurs par rapport aux effets individuels a été largement critiquée par de nombreux auteurs dont Mundlak (1978). Si les effets individuels sont non-corrélés avec les variables explicatives, l'estimateur MCG est meilleur que l'estimateur Within du modèle à effets fixes. Cependant, si les effets individuels sont corrélés avec les variables explicatives, il y a une corrélation entre ces dernières avec les erreurs combinées, faisant que l'estimateur du modèle à effets aléatoires n'est plus convergent. L'estimateur du modèle à effets fixes n'est pas affecté par une éventuelle corrélation entre les effets fixes et les variables explicatives. Toutefois, l'utilisation du modèle à effets fixes rend impossible l'estimation des coefficients de variables invariantes dans le temps.

Dans ce chapitre, nous abordons les méthodes d'estimation permettant de traiter le problème d'endogénéité des variables explicatives dans un modèle statique. Les tests d'exogénéité et de validité des instruments seront également décrits. Nous présentons un modèle avec des régresseurs invariants dans le temps et décrivons la méthode d'estimation appropriée. Toutes les méthodes exposées sont illustrées par des applications.

À la fin de ce chapitre, l'utilisateur sera capable : i) d'estimer un modèle de panel par la méthode des variables instrumentales ; ii) de tester l'exogénéité des variables explicatives ; iii) de tester la validité des variables instrumentales ; et iv) d'estimer un modèle de panel avec des variables explicatives invariantes dans le temps.

4.2 Estimation en présence de régresseurs endogènes

Les variables instrumentales sont utilisées lorsque l'hypothèse d'exogénéité de certains régresseurs n'est pas vérifiée. Il y a plusieurs sources d'endogénéité des variables explicatives : les erreurs de mesure sur les régresseurs, la double causalité entre les régresseurs et la variable dépendante, l'omission de variables explicatives corrélées avec les régresseurs et l'autocorrélation des erreurs dans un modèle autorégressif. La méthode d'estimation repose alors sur l'utilisation de variables dites instrumentales qui sont fortement corrélées avec les variables explicatives, mais non corrélées avec le terme d'erreur. Dans la pratique, on se sert du raisonnement économique pour guider le choix des variables instrumentales.

Les variables instrumentales peuvent comprendre toutes les variables explicatives qui ne sont pas corrélées avec le terme d'erreur. Toutefois, à la fin de l'estimation, la validité des instruments doit être testée à l'aide d'un test statistique approprié[15]. Le choix des instruments est quelque fois difficile, car les variables qui affectent les régresseurs endogènes exercent également des effets sur la variable dépendante. Toutefois, les instruments ne doivent influencer la variable dépendante que via les variables explicatives et non directement. L'estimateur à variables instrumentales n'a pas de bonnes propriétés sur de petits échantillons.

Dans la fonction de consommation, nous avons supposé que le revenu (pibn), les transferts (*rem*) et les crédits bancaires (cred) sont exogènes. Toutefois, dans un modèle macroéconomique, l'exogénéité du PIB peut être questionnée. En effet, les différentes optiques de calcul

---

[15]Voir Baltagi (2008) pour une introduction aux modèles de données de panel avec régresseurs endogènes.

de cet agrégat macroéconomique en comptabilité nationale montrent qu'il est plutôt endogène. De même, l'exogénéité de la variable *rem* peut être discutée. En effet, certes les transferts provenant des migrants à l'extérieur peuvent être considérés comme exogènes. Toutefois, ils dépendent des conditions économiques à la fois dans les pays bénéficiaires et dans les pays d'origine. Dans la littérature économique sur les transferts entre vivants, le revenu du bénéficiaire est une variable déterminante du niveau des transferts. En fait, les transferts de fonds permettent de desserrer les contraintes de liquidité et de faire face aux dépenses des ménages bénéficiaires (consommation, scolarité, santé, habitat).

Nous appliquerons la méthode des variables instrumentales à la fonction de consommation en supposant que le revenu et les transferts sont endogènes. Nous utilisons comme instruments, l'épargne, les dépenses publiques de consommation et d'investissement (sav, lconsg, lfbcf_pub). Les variables *lcpi* et *lcred* seront supposées exogènes et seront des instruments pour elles-mêmes.

4.2.1 Modèle sans effets

Il existe plusieurs méthodes d'estimation utilisant les variables instrumentales : les doubles moindres carrés (2SLS), la méthode du maximum de vraisemblance à information limitée (LIML) et la méthode des moments généralisés (GMM)[16]. Dans le cas des modèles sans effets ou des données à une dimension (séries temporelles ou coupes instantanées), la commande « ivregress » permet d'appliquer la méthode des variables instrumentales. La syntaxe générale de la commande est :

```
ivregress estimateur var_dep var_exog (var_endo=instrum), options
```

où :

- *estimateur* désigne la méthode d'estimation utilisée (2SLS, LIML, GMM),
- *var_dep* est la variable dépendante ;

---

[16] Pour une présentation détaillée de la méthode GMM, on pourra voir Hansen (1982), Greene (2000), Hayashi (2000) et Wooldridge (2002).

- *var_exog* est la liste des régresseurs supposés exogènes ;
- *var_endo* est la liste des régresseurs supposés endogènes ;
- *instrum* est la liste des variables utilisées comme instruments (en dehors des régresseurs exogènes). On les appelle des instruments externes.

Les variables *var_exog* et *instrum* constituent les variables instrumentales du modèle, les variables exogènes étant leurs propres instruments.

Pour assurer l'identification des coefficients du modèle, le nombre de variables instrumentales (*var_exog* et *instrum*) doit être égal ou supérieur au nombre de variables explicatives (*var_exog* et *var_endo*). En d'autres termes, le nombre d'instruments externes contenus dans « *instrum* » doit être égal ou supérieur au nombre de régresseurs endogènes contenues dans « *var_endo* ».

Pour estimer la fonction de consommation sans effets fixes, on tape les commandes ci-après, selon l'estimateur utilisé :

- **Par les doubles moindres carrés (2SLS)**

```
ivregress 2sls lconsp lcpi lcred (lpibn lrem = sav lfbcfpub  lconsg)
```

En validant, nous obtenons les résultats suivants :

```
Instrumental variables (2SLS) regression          Number of obs =      210
                                                  Wald chi2(4)  =12397.24
                                                  Prob > chi2   =   0.0000
                                                  R-squared     =   0.9847
                                                  Root MSE      =   .10636

------------------------------------------------------------------------------
      lconsp |      Coef.   Std. Err.      z    P>|z|     [95% Conf. Interval]
-------------+----------------------------------------------------------------
       lpibn |   .9180502   .0157704    58.21   0.000     .8871408    .9489596
        lrem |  -.0790601   .0307297    -2.57   0.010    -.1392893   -.0188309
        lcpi |   .2019842   .0722366     2.80   0.005     .0604031    .3435652
       lcred |   .1472467   .0377343     3.90   0.000     .0732888    .2212046
       _cons |  -.5265981   .3026887    -1.74   0.082    -1.119857    .0666608
------------------------------------------------------------------------------
Instrumented: lpibn lrem
Instruments: lcpi lcred sav lfbcfpub lconsg
```

Les deux dernières lignes du tableau indiquent que les variables *lpibn* et *lrem* ont été instrumentées.

L'ensemble des variables instrumentales du modèle est constitué des variables *lcpi*, *lcred*, *sav*, *lfbcfpub* et *lconsg*. Il y a donc 5 variables instrumentales pour 4 variables explicatives. La condition d'identification est donc vérifiée.

- **Par le maximum de vraisemblance à information limitée (LIML)**

Sous l'hypothèse de normalité des erreurs, on peut utiliser la méthode du maximum de vraisemblance. Pour cela, on saisit la commande comme suit :

```
ivregress liml lconsp lcpi lrem lcred (lpibn = sav lfbcfpub  lconsg)
```

En validant, nous obtenons les résultats suivants :

```
Instrumental variables (LIML) regression              Number of obs =      210
                                                      Wald chi2(4)  =17627.12
                                                      Prob > chi2   =  0.0000
                                                      R-squared     =  0.9892
                                                      Root MSE      =  .08917

------------------------------------------------------------------------------
      lconsp |      Coef.   Std. Err.      z    P>|z|     [95% Conf. Interval]
-------------+----------------------------------------------------------------
       lpibn |   .8878324   .0114401    77.61   0.000      .8654101    .9102546
        lcpi |   .0419158   .0439128     0.95   0.340     -.0441517    .1279833
        lrem |   .0174038   .0093232     1.87   0.062     -.0008692    .0356769
       lcred |   .0419326    .017332     2.42   0.016      .0079625    .0759027
       _cons |   .2729744    .153689     1.78   0.076     -.0282505    .5741993
------------------------------------------------------------------------------
Instrumented:  lpibn
Instruments:   lcpi lrem lcred sav lfbcfpub lconsg
```

- **Par la méthode GMM**

Lorsque les erreurs sont *iid*, on peut appliquer les doubles moindres carrés. Cependant, en cas d'hétéroscédasticité, il convient d'améliorer les estimations en appliquant la méthode GMM. Pour appliquer cette méthode, on saisit la commande :

```
ivregress gmm lconsp lcpi lrem lcred (lpibn = sav lfbcfpub  lconsg)
```

Nous obtenons les résultats suivants :

```
Instrumental variables (GMM) regression               Number of obs =      210
                                                      Wald chi2(4)  = [illegible]
                                                      Prob > chi2   =   0.0000
                                                      R-squared     =   0.9895
GMM weight matrix: Robust                             Root MSE      =   .08826
------------------------------------------------------------------------------
             |               Robust
      lconsp |      Coef.   Std. Err.      z    P>|z|     [95% Conf. Interval]
-------------+----------------------------------------------------------------
       lpibn |   .8967318   .0107031    83.78   0.000      .875754    .9177095
        lcpi |  -.0070917   .0516918    -0.14   0.891    -.1084058    .0942225
        lrem |   .0196159   .0084776     2.31   0.021         .003    .0362317
       lcred |   .0399914   .0158264     2.53   0.012     .0089722    .0710105
       _cons |   .4167068   .1930347     2.16   0.031     .0383657     .795048
------------------------------------------------------------------------------
Instrumented:  lpibn
Instruments:   lcpi lrem lcred sav lfbcfpub lconsg
```

Le tableau ci-dessous synthétise les résultats des trois méthodes d'estimation :

Tableau 4.1 : Résultats des estimations par variables instrumentales

	2SLS		LIML		GMM	
	Coef.	Prob.	Coef.	Prob.	Coef.	Prob.
Lpibn	0.91805*	0.000	0.88783*	0.000	0.89673*	0.000
Lrem	- 0.07906*	0.010	0.01740**	0.062	0.01961*	0.021
Lcpi	0.20198*	0.005	0.04191	0.340	-0.00709	0.891
Lcred	0.14724*	0.000	0.04193*	0.016	0.03999*	0.012
_cons	-0.52659**	0.082	0.27297**	0.076	0.41670*	0.031

Note : *(**) indique une significativité au seuil de 5% (10%).

Les estimateurs restent tributaires des hypothèses d'homoscédasticité, d'absence d'autocorrélation des erreurs et d'indépendance transversale des erreurs. Si ces hypothèses ne sont pas vérifiées, les estimateurs des écarts-types des coefficients ne sont pas appropriés, ce qui peut fausser les tests sur les coefficients. Par conséquent, ces modèles peuvent être soumis aux mêmes tests sur les résidus (normalité, homoscédasticité, non-autocorrélation, indépendance transversale). En cas de violation de certaines hypothèses, il est possible d'utiliser les options *robust*, *cluster* et *bootstrap* pour corriger les écarts-types.

Toutefois, il convient d'indiquer que dans les modèles estimés par la méthode des variables instrumentales, les tests classiques d'homoscédasticité et d'absence d'autocorrélation des erreurs ne sont pas, en général, valides (Pagan & Hall, 1983 ; Cumby & Huizinga, 1992). En présence d'hétéroscédasticité, l'estimateur GMM est préférable à l'estimateur 2SLS.

Kripfganz & Sarafidis (2021) proposent la commande « **xtivdfreg** » qui applique la méthode des variables instrumentales en présence de dépendance transversale suivant l'approche suggérée par Norkute *et al.* (2021) et Cui *et al.* (2022). La commande s'applique tant aux panels homogènes qu'aux panels hétérogènes. Elle s'applique également aux panels non-cylindrés. La commande offre une généralisation intéressante et flexible de la commande « **ivregress** ».

4.2.2 Modèles à effets fixes

La commande « **xtivreg** » est la version panel de la commande « **ivregress** ». La syntaxe générale de la commande est :

```
xtivreg var_dep var_exog (var_endo=instrum), options
```

Pour estimer le modèle à effets fixes avec des variables instrumentales, nous utilisons la commande :

```
xtivreg lconsp lcpi lcred (lpibn lrem =  sav lfbcfpub  lconsg), fe
```

En validant, nous obtenons les résultats suivants :

```
Fixed-effects (within) IV regression         Number of obs      =       210
Group variable: id                           Number of groups   =         7
R-sq:  within  = 0.9812                      Obs per group: min =        30
       between = 0.9940                                     avg =      30.0
       overall = 0.9624                                     max =        30
                                             Wald chi2(4)       =  1.72e+06
corr(u_i, Xb)  = 0.5293                      Prob > chi2        =    0.0000
------------------------------------------------------------------------------
      lconsp |      Coef.   Std. Err.      z    P>|z|     [95% Conf. Interval]
-------------+----------------------------------------------------------------
       lpibn |   .6480269   .0723383     8.96   0.000     .5062466    .7898073
        lrem |  -.0000598   .0313154    -0.00   0.998    -.0614369    .0613173
        lcpi |   .7175519   .1371795     5.23   0.000     .4486851    .9864186
       lcred |   .1012832   .0298769     3.39   0.001     .0427256    .1598407
       _cons |  -.8240536   .2859187    -2.88   0.004    -1.384444   -.2636633
-------------+----------------------------------------------------------------
     sigma_u |   .1860998
     sigma_e |  .08981981
         rho |   .8110665   (fraction of variance due to u_i)
------------------------------------------------------------------------------
F  test that all u_i=0:     F(6,199) =    12.04          Prob > F    = 0.0000
------------------------------------------------------------------------------
Instrumented:   lpibn lrem
Instruments:    lcpi lcred sav lfbcfpub lconsg
------------------------------------------------------------------------------
```

L'application de la méthode des variables instrumentales permet d'améliorer les estimations. En effet, sur les cinq coefficients estimés, quatre sont significatifs contre une seule dans le modèle à effets fixes sans variables instrumentales. Toutefois, il convient de tester si les instruments utilisés sont valides.

4.2.3 Modèles à effets aléatoires

Le modèle à effets fixes admet une corrélation entre les effets fixes et les variables explicatives. Si nous supposons une absence de corrélation entre les effets fixes et les régresseurs, nous devons estimer un modèle à effets aléatoires. Pour estimer ce modèle avec des variables instrumentales, nous entrons la commande suivante :

```
xtivreg lconsp lcpi lcred (lpibn lrem =  sav lfbcfpub  lconsg), re
```

En validant, nous obtenons les résultats suivants :

```
G2SLS random-effects IV regression              Number of obs      =       210
Group variable: id                              Number of groups   =         7
R-sq:  within  = 0.9851                         Obs per group: min =        30
       between = 0.9953                                        avg =      30.0
       overall = 0.9835                                        max =        30
                                                Wald chi2(4)       =  12019.15
corr(u_i, X)       = 0 (assumed)                Prob > chi2        =    0.0000
------------------------------------------------------------------------------
      lconsp |      Coef.   Std. Err.      z    P>|z|     [95% Conf. Interval]
-------------+----------------------------------------------------------------
       lpibn |   .7877414   .0380174    20.72   0.000     .7132286    .8622542
        lrem |  -.0038321   .0299971    -0.13   0.898    -.0626253    .0549611
        lcpi |   .3896771   .0869557     4.48   0.000     .2192471    .5601071
       lcred |   .0563561   .0257789     2.19   0.029     .0058304    .1068817
       _cons |  -.3888646   .2845837    -1.37   0.172    -.9466384    .1689091
-------------+----------------------------------------------------------------
     sigma_u |  .05498191
     sigma_e |  .08981981
         rho |   .2725739   (fraction of variance due to u_i)
------------------------------------------------------------------------------
Instrumented:   lpibn lrem
Instruments:    lcpi lcred sav lfbcfpub lconsg
------------------------------------------------------------------------------
```

En corrigeant le problème d'endogénéité des variables $lpibn$ et $lrem$, les résultats du modèle à effets aléatoires s'améliorent, notamment au niveau des effets de l'indice des prix ($lcpi$) et du crédit ($lcred$), dont les coefficients deviennent significatifs. Toutefois, il convient d'effectuer le test de Hausman afin de valider l'hypothèse nulle d'absence de corrélation entre l'effet individuel et les régresseurs.

4.3 Modèles à régresseurs invariants dans le temps : estimateur de Hausman-Taylor

Dans un modèle à effets fixes, il n'est pas possible d'identifier l'effet des régresseurs invariables dans le temps. Cela s'explique par le fait que l'estimateur *Whithin* s'applique au modèle en écart à la moyenne individuelle. Cette transformation élimine les effets fixes ainsi que toutes variables invariantes dans le temps.

Lorsque de telles variables interviennent dans le modèle, il convient plutôt d'estimer un modèle à effets aléatoires avec des variables instrumentales, car le modèle à effets aléatoires classique fait l'hypothèse que les régresseurs ne sont pas corrélés avec les effets individuels.

Or cette hypothèse peut être violée dans un modèle avec des régresseurs susceptibles de varier d'un individu à l'autre, mais réputés constants dans le temps pour un même individu. La méthode de Hausman-Taylor considère ce genre de modèle où on a des régresseurs variables dans la dimension temporelle et des régresseurs invariants dans le temps dont certains présentent un problème d'endogénéité avec les effets spécifiques. Suivant Hausman & Taylor (1981), nous considérons le modèle suivant[17]:

$$lconsp_{it} = \alpha_0 + x_{it}a + z_i\gamma + \alpha_i + e_{it} \qquad (4.1)$$

où le terme d'erreur e_{it} est supposé non corrélé avec x_{it}, z_i et α_i tandis que les effets α_i pourraient être corrélés avec certaines variables de x_{it} ou de z_i. Hausman & Taylor (1981) distinguent dans les variables x_{it} et z_i, les variables notées x_1 et z_1 qui ne sont pas corrélées avec α_i et les variables notées x_2 et z_2 qui le sont. On suppose que le nombre de variables x_1 est supérieur ou égal au nombre de variables z_2. Sous ces hypothèses, les variables non corrélées avec α_i ou leurs transformations peuvent être utilisées comme des instruments dans une perspective d'estimation par variables instrumentales. Ces variables sont doublement exogènes, c'est-à-dire ne sont corrélées ni avec les effets individuels ni avec le terme d'erreur. Les variables x_2 ne sont endogènes que par leur corrélation avec les effets individuels α_i. Par conséquent, leurs écarts aux moyennes individuelles sont elles aussi doublement exogènes.

Plusieurs auteurs (e.g., Amemiya & MaCurdy, 1986 ; Breusch, Mizon & Schmidt, 1989) ont développé des améliorations de l'estimateur de Hausman-Taylor en proposant plusieurs jeux de variables instrumentales.

---

[17] Il est possible d'introduire des variables invariantes dans la dimension individuelle, mais variables dans le temps : $y_{it} = \alpha_0 + x_{it}a + z_i\gamma + w_t\delta + \alpha_i + \lambda_t + e_{it}$. À cet égard, on pourra consulter un exemple d'application dans Boumahdi & Thomas (1997).

Par exemple, Amemiya & MaCurdy (1986) suggèrent un estimateur potentiellement plus efficace en supposant que les observations des variables x_1 sont non corrélées avec l'effet individuel α_i à chaque période du temps t. Sous cette hypothèse, toutes les observations de x_{1it} pour $t=1,...,T$, peuvent être utilisées comme instruments. Cornwell & Rupert (1988) trouvent que le gain d'efficacité est limité aux coefficients des variables invariantes endogènes z_2.

Pour estimer le modèle de Hausman-Taylor, la syntaxe générale de la commande est :

```
xthtaylor var_dep var_explicatives, endo (liste1) cons(liste2) small
am
```

où :

- *liste1* est la liste des régresseurs endogènes, y compris les variables endogènes invariantes dans le temps. Ici, le terme endogène désigne une corrélation uniquement avec l'effet spécifique et non avec le terme d'erreur $\boldsymbol{e_{it}}$;

- *liste2* est la liste des régresseurs invariants dans le temps. Cette option est facultative dans la mesure où la commande détecte automatiquement les variables constantes dans le temps et celles qui varient selon les individus et le temps ;

- *small* permet de reporter les *t* de Student au lieu des statistiques *z* de la loi normale centrée réduite, ainsi que la statistique *F* de Fisher au lieu de la statistique de Khi-deux. On utilise cette option dans le cas des panels de petite taille ;

- *am* permet d'estimer le modèle en utilisant l'estimateur d'Amemiya–MaCurdy.

Nous allons illustrer cette méthode à partir de l'estimation de la fonction de consommation. Nous générons une variable supplémentaire invariante dans le temps exogène, notée *mer*, égale à 1 pour les pays ayant une façade maritime et 0 sinon. Nous considérons que la variable *lpib* est endogène, les spécificités individuelles en matière de consommation sont corrélées au niveau de revenu du pays.

Sous ces hypothèses, la commande devient :

```
xthtaylor lconsp lpibn lcpi lrem lcred mer, endo(lpibn) small
```

Nous obtenons les résultats ci-après :

```
Hausman-Taylor estimation                       Number of obs      =       210
Group variable: id                              Number of groups   =         7
                                                Obs per group:
                                                               min =        30
                                                               avg =        30
                                                               max =        30

Random effects u_i ~ i.i.d.                     Wald chi2(5)       =  15101.18
                                                Prob > chi2        =    0.0000
------------------------------------------------------------------------------
      lconsp |      Coef.   Std. Err.      t    P>|t|     [95% Conf. Interval]
-------------+----------------------------------------------------------------
TVexogenous  |
        lcpi |   .0857572   .0719282     1.19   0.235    -.0560608    .2275751
        lrem |  -.0138562   .0100506    -1.38   0.170    -.0336725    .0059602
       lcred |   .0106305   .0193058     0.55   0.582     -.027434    .0486951
TVendogenous |
       lpibn |   .9273954   .0277076    33.47   0.000     .8727654    .9820253
TIexogenous  |
         mer |   .0849365   .0305474     2.78   0.006     .0247074    .1451655
             |
       _cons |  -.0782892   .1698219    -0.46   0.645    -.4131204    .2565419
-------------+----------------------------------------------------------------
     sigma_u |  .03492493
     sigma_e |  .07548737
         rho |  .17631311   (fraction of variance due to u_i)
------------------------------------------------------------------------------
Note: TV refers to time varying; TI refers to time invariant.
```

Les résultats confirment la significativité du revenu. L'introduction du facteur invariant dans le temps (*mer*) fournit un coefficient positif et significatif. Cela signifie que les pays ayant une façade maritime ont, en moyenne, une consommation plus élevée que ceux n'ayant pas un accès à la mer.

À la suite de cette estimation, nous réalisons le test de validité des instruments en saisissant la commande :

```
xtoverid
```

Nous obtenons les résultats suivants :

```
Test of overidentifying restrictions:
Cross-section time-series model: xthtaylor htaylor
Sargan-Hansen statistic   3.985  Chi-sq(3)    P-value = 0.2631
```

Le test de Sargan-Hansen (*p = 0,2631*) indique que les instruments utilisés sont admissibles.

Pour appliquer l'estimateur d'Amemiya–MaCurdy, nous utilisons la commande suivante :

```
xthtaylor lconsp lpibn lcpi lrem lcred mer, endo(lpibn) small am
```

Nous obtenons les résultats ci-dessous :

```
Amemiya-MaCurdy estimation                     Number of obs      =       210
Group variable: id                             Number of groups   =         7
Time variable: annee                           Obs per group:
                                                            min =        30
                                                            avg =        30
                                                            max =        30

Random effects u_i ~ i.i.d.                    Wald chi2(5)       =  16059.47
                                               Prob > chi2        =    0.0000
------------------------------------------------------------------------------
      lconsp |      Coef.   Std. Err.      t    P>|t|     [95% Conf. Interval]
-------------+----------------------------------------------------------------
TVexogenous  |
        lcpi |   .1057818   .0594327     1.78   0.077    -.0113993    .2229629
        lrem |  -.0129164   .0098643    -1.31   0.192    -.0323654    .0065327
       lcred |   .0132196   .0185735     0.71   0.477    -.0234011    .0498402
TVendogenous |
       lpibn |   .9180208   .0202076    45.43   0.000     .8781782    .9578633
TIexogenous  |
         mer |   .0877041   .0300151     2.92   0.004     .0285244    .1468837
             |
       _cons |  -.1022722   .1626727    -0.63   0.530    -.4230076    .2184631
-------------+----------------------------------------------------------------
     sigma_u |  .03492493
     sigma_e |  .07548737
         rho |  .17631311   (fraction of variance due to u_i)
------------------------------------------------------------------------------
Note: TV refers to time varying; TI refers to time invariant.
```

Le coefficient de l'indice des prix devient significatif au seuil de 10%, mais avec un coefficient positif. Globalement, les coefficients estimés sont similaires à ceux du modèle à effets aléatoires. Nous verrons dans les chapitres suivants que le signe de certains coefficients peut être affecté par une erreur de spécification omettant des variables explicatives pertinentes, comme les valeurs retardées de certaines variables.

4.4 Tests de spécification

Dans les modèles estimés par la méthode des variables instrumentales, il est important de tester la validité des hypothèses qui assurent la convergence de l'estimateur. Ces tests sont au nombre de trois : (1) le test d'exogénéité de Durbin-Wu-Hausman qui permet de choisir entre les modèles MCO/FE/RE et les variables instrumentales ; (2) le test de Sargan-Hansen qui permet de tester la validité des instruments, et (3) le test de Hausman-Taylor qui indique si l'on peut augmenter le nombre des instruments.

4.4.1 Test d'exogénéité de Durbin-Wu-Hausman

La théorie économique peut suggérer que certains régresseurs sont endogènes, mais elle ne peut dire précisément si elles sont corrélées avec le terme d'erreur ou si leur corrélation avec ce terme introduit des biais substantiels dans l'estimation. Après avoir estimé le modèle par la méthode des variables instrumentales, il importe de tester si l'utilisation de cette méthode est vraiment justifiée. En effet, si les régresseurs sont exogènes, les estimateurs classiques sont plus efficaces que les estimateurs à variables instrumentales. On ne gagne rien à instrumenter, bien au contraire on dégrade la qualité des estimations en utilisant les variables instrumentales surtout lorsque ces dernières sont faibles. Le remède est pire que le mal.

4.4.1.1 Dans le modèle sans effets

Pour estimer le modèle sans effets, nous saisissons les commandes ci-après :

```
quietly ivregress 2sls lconsp lcpi lcred (lpibn lrem = sav lfbcfpub lconsg)
```

```
estat endogenous
```

Nous obtenons les résultats suivants :

```
Tests of endogeneity

  Ho: variables are exogenous

  Durbin (score) chi2(2)          =  84.8407  (p = 0.0000)

  Wu-Hausman F(2,203)             =  68.8029  (p = 0.0000)
```

Les tests de Durbin et de Wu-Hausman ont des *p-values* toutes inférieures à 0,05. Nous rejetons l'hypothèse nulle d'exogénéité des régresseurs *lpibn* et *lrem*.

Il est possible d'appliquer la méthode GMM et de tester l'exogénéité des variables explicatives. Pour cela, nous entrons les commandes comme suit :

```
quietly ivregress gmm lconsp lcpi lcred (lpibn lrem = sav lfbcfpub lconsg)
```

```
estat endogenous
```

Nous obtenons les résultats suivants :

```
Test of endogeneity (orthogonality conditions)

  Ho: variables are exogenous

  GMM C statistic chi2(2) =    35.372  (p = 0.0000)
```

La statistique de test reporte une probabilité de 0,0000. Par conséquent, nous rejetons l'hypothèse nulle d'exogénéité des régresseurs *lpibn* et *lrem*.

La commande « **estat endogenous** » n'est pas applicable après la méthode « LMIL ».

- **La commande « ivreg2 »**

La commande « **ivreg2** » généralise la commande « **ivreg** » et offre plus de flexibilité dans l'estimation par la méthode des variables instrumentales[18]. En sus des estimateurs 2SLS, LIML et GMM, cette commande corrige l'hétéroscédasticité ainsi que l'autocorrélation des erreurs et donne les résultats des tests d'exogénéité et de validité des instruments. La commande permet également de tester l'exogénéité d'un sous-ensemble de variables instrumentales (option « *orthog* ») ainsi que la redondance des instruments (option « *redundant* »). Il est possible d'y ajouter les options « *robust* », « *cluster* » et « *bw* » pour corriger l'hétéroscédasticité et l'autocorrélation des erreurs.

---

[18] Pour plus de détails sur cette commande, le lecteur peut consulter Baum *et al.* (2003).

L'estimation par la méthode 2SLS se fait comme suit :

```
ivreg2 lconsp lcpi lcred (lpibn lrem =  sav lfbcfpub  lconsg
```

Nous obtenons les résultats suivants :

```
IV (2SLS) estimation
--------------------

Estimates efficient for homoskedasticity only
Statistics consistent for homoskedasticity only

                                                      Number of obs =       210
                                                      F( 4,    205) =   3025.52
                                                      Prob > F      =    0.0000
Total (centered) SS     =  155.1176514                Centered R2   =    0.9847
Total (uncentered) SS   =  13970.72558                Uncentered R2 =    0.9998
Residual SS             =  2.375581324                Root MSE      =     .1064
------------------------------------------------------------------------------
      lconsp |      Coef.   Std. Err.      z    P>|z|     [95% Conf. Interval]
-------------+----------------------------------------------------------------
       lpibn |   .9180502   .0157704    58.21   0.000     .8871408    .9489596
        lrem |  -.0790601   .0307297    -2.57   0.010    -.1392893   -.0188309
        lcpi |   .2019842   .0722366     2.80   0.005     .0604031    .3435652
       lcred |   .1472467   .0377343     3.90   0.000     .0732888    .2212046
       _cons |  -.5265981   .3026887    -1.74   0.082    -1.119857    .0666608
------------------------------------------------------------------------------
Underidentification test (Anderson canon. corr. LM statistic):          26.943
                                                   Chi-sq(2) P-val =    0.0000
------------------------------------------------------------------------------
Weak identification test (Cragg-Donald Wald F statistic):               10.008
Stock-Yogo weak ID test critical values: 10% maximal IV size             13.43
                                         15% maximal IV size              8.18
                                         20% maximal IV size              6.40
                                         25% maximal IV size              5.45
Source: Stock-Yogo (2005).  Reproduced by permission.
------------------------------------------------------------------------------
Sargan statistic (overidentification test of all instruments):           0.131
                                                   Chi-sq(1) P-val =    0.7178
------------------------------------------------------------------------------
Instrumented:         lpibn lrem
Included instruments: lcpi lcred
Excluded instruments: sav lfbcfpub lconsg
------------------------------------------------------------------------------
```

Pour tester l'exogénéité des variables *lpibn* et *lrem*, entrez la commande ci-après :

```
ivendog lpibn lrem
```

Nous obtenons les résultats suivants :

```
Tests of endogeneity of: lpibn lrem

H0: Regressors are exogenous

    Wu-Hausman F test:              68.80294  F(2,203)     P-value = 0.00000

    Durbin-Wu-Hausman chi-sq test:      84.84068  Chi-sq(2)    P-value = 0.00000
```

Les tests ont des *p-values* de 0,0000. Nous rejetons l'hypothèse nulle d'exogénéité des régresseurs *lpibn* et *lrem*.

Pour obtenir les résultats par la méthode GMM, nous entrons la ligne de commande suivante :

```
ivreg2 lconsp lcpi lcred (lpibn lrem = sav lfbcfpub  lconsg), gmm
```

Nous obtenons les résultats suivants :

```
-gmm- is no longer a supported option; use -gmm2s- with the appropriate option
      gmm              =  gmm2s robust
      gmm robust       =  gmm2s robust
      gmm bw()         =  gmm2s bw()
      gmm robust bw()  =  gmm2s robust bw()
      gmm cluster()    =  gmm2s cluster()

2-Step GMM estimation
---------------------

Estimates efficient for arbitrary heteroskedasticity
Statistics robust to heteroskedasticity

                                                      Number of obs =       210
                                                      F(  4,    205) =   6218.22
                                                      Prob > F      =    0.0000
Total (centered) SS     =  155.1176514                Centered R2   =    0.9849
Total (uncentered) SS   =  13970.72558                Uncentered R2 =    0.9998
Residual SS             =   2.34543772                Root MSE      =     .1057

------------------------------------------------------------------------------
             |               Robust
      lconsp |      Coef.   Std. Err.      z    P>|z|     [95% Conf. Interval]
-------------+----------------------------------------------------------------
       lpibn |   .9164937   .0080196   114.28   0.000     .9007757    .9322118
        lrem |  -.0768452   .0256053    -3.00   0.003    -.1270306   -.0266598
        lcpi |   .2042266   .0799583     2.55   0.011     .0475112     .360942
       lcred |   .1425539    .031252     4.56   0.000      .081301    .2038067
       _cons |  -.5220825   .3007034    -1.74   0.083     -1.11145    .0672852
------------------------------------------------------------------------------
Underidentification test (Kleibergen-Paap rk LM statistic):             17.847
                                                   Chi-sq(2) P-val =    0.0001
------------------------------------------------------------------------------
Weak identification test (Kleibergen-Paap rk Wald F statistic):         10.914
Stock-Yogo weak ID test critical values: 10% maximal IV size             13.43
                                         15% maximal IV size              8.18
                                         20% maximal IV size              6.40
                                         25% maximal IV size              5.45
Source: Stock-Yogo (2005).  Reproduced by permission.
NB: Critical values are for Cragg-Donald F statistic and i.i.d. errors.
------------------------------------------------------------------------------
Hansen J statistic (overidentification test of all instruments):         0.136
                                                   Chi-sq(1) P-val =    0.7126
------------------------------------------------------------------------------
Instrumented:         lpibn lrem
Included instruments: lcpi lcred
Excluded instruments: sav lfbcfpub lconsg
------------------------------------------------------------------------------
```

4.4.1.2 Dans le modèle à effets fixes

Le test de Hausman peut être utilisé pour tester l'endogénéité d'une ou de plusieurs régresseurs dans les modèles à effets fixes et à effets aléatoires. Dans un modèle à effets fixes, nous utilisons les commandes ci-après :

```
xtivreg lconsp lcpi lcred (lpibn lrem =  sav lfbcfpub  lconsg), fe
```

```
est store fixed_vi
```

```
xtreg lconsp lcpi lcred lpibn lrem, fe
```

```
hausman fixed_vi
```

En validant, nous obtenons les résultats suivants :

```
                 ---- Coefficients ----
             |      (b)          (B)            (b-B)     sqrt(diag(V_b-V_B))
             |    fixed_vi        .           Difference          S.E.
-------------+----------------------------------------------------------------
       lpibn |    .6480269     .9360851      -.2880582        .0644782
        lrem |   -.0000598    -.0189303       .0188705        .0295169
        lcpi |    .7175519     .0922171       .6253347        .1094126
       lcred |    .1012832     .0000914       .1011917          .02063
------------------------------------------------------------------------------
                 b = consistent under Ho and Ha; obtained from xtivreg
       B = inconsistent under Ha, efficient under Ho; obtained from xtreg

   Test:  Ho:  difference in coefficients not systematic

                 chi2(4) = (b-B)'[(V_b-V_B)^(-1)](b-B)
                         =       34.09
               Prob>chi2 =      0.0000
```

La probabilité du test est inférieure à 1%, ce qui suggère le rejet de l'hypothèse nulle d'exogénéité des variables explicatives. Le modèle à effets fixes avec variables instrumentales est préférable au modèle sans variables instrumentales.

4.4.1.3 Dans le modèle à effets aléatoires

Dans le cas du modèle à effets aléatoires, en suivant la même procédure, nous obtenons les résultats ci-après :

```
          ---- Coefficients ----
             |      (b)          (B)            (b-B)     sqrt(diag(V_b-V_B))
             |   random_vi        .           Difference          S.E.
-------------+----------------------------------------------------------------
       lpibn |    .7877414     .9319411      -.1441997         .028965
        lrem |   -.0038321    -.0148469       .0110148        .0282244
        lcpi |    .3896771     .0807427       .3089345        .0555787
       lcred |    .0563561     .0067583       .0495978        .0166156
------------------------------------------------------------------------------
                      b = consistent under Ho and Ha; obtained from xtivreg
       B = inconsistent under Ha, efficient under Ho; obtained from xtreg

   Test:  Ho:  difference in coefficients not systematic

                 chi2(4) = (b-B)'[(V_b-V_B)^(-1)](b-B)
                         =       51.12
               Prob>chi2 =      0.0000
```

La probabilité du test est inférieure à 1%, ce qui suggère le rejet de l'hypothèse nulle d'exogénéité des régresseurs. Le modèle à effets aléatoires avec variables instrumentales est préférable au modèle sans variables instrumentales.

4.4.2 Test de validité des instruments

Lorsque le modèle est sur-identifié, on peut procéder aux tests de Sargan (1958), de Basmann (1960) et de Hansen (1982). Le test de validité des instruments consiste à régresser les résidus issus de l'estimateur à variables instrumentales sur les instruments et à tester la significativité globale des coefficients. Si les coefficients sont significatifs, on rejette l'hypothèse d'exogénéité des instruments. On peut procéder par élimination successive : si certains seulement des coefficients sont significatifs, on les rejette et on recommence la procédure.

4.4.2.1 Dans le modèle sans effets

Pour effectuer le test de validité des instruments dans le modèle sans effet, nous utilisons la commande :

```
estat overid
```

Cette commande doit être saisie après avoir estimé le modèle par la commande « **ivregress** ». Cette commande donne les résultats de plusieurs tests de validité des instruments, notamment :

- Pour 2sls : elle affiche le test de Sargan (1958) et de Basmann (1960) ;
- Pour liml : les tests d'Anderson & Rubin (1950) et de Basmann (1960) ;
- Pour gmm : le J test de Hansen (1982).

Pour réaliser le test de validité des instruments avec la méthode des doubles moindres carrés (2SLS), nous saisissons les commandes ci-après :

```
quietly ivregress 2sls lconsp lcpi lcred (lpibn lrem = sav lfbcfpub
lconsg)
```

```
estat overid
```

Nous obtenons les résultats ci-dessous :

```
Tests of overidentifying restrictions:

Sargan (score) chi2(1) =  .130565  (p = 0.7178)

Basmann chi2(1)        =  .126913  (p = 0.7217)
```

Les probabilités des tests de Sargan et de Basman sont supérieures à 0,05. Par conséquent, nous ne pouvons pas rejeter l'hypothèse nulle de validité des instruments. La statistique du Khi-deux a un degré de liberté (5 instruments moins 4 régresseurs). Les instruments utilisés vérifient la condition d'orthogonalité avec le terme d'erreur.

Nous pouvons également utiliser la commande « **ivreg2** », en entrant la ligne de commande ci-après :

```
ivreg2 lconsp lcpi lcred (lpibn lrem = sav lfbcfpub lconsg)
```

Cette commande donne directement les résultats du test de Sargan :

```
IV (2SLS) estimation
--------------------
Estimates efficient for homoskedasticity only
Statistics consistent for homoskedasticity only
                                                     Number of obs =      210
                                                     F(  4,   205) =  3025.52
                                                     Prob > F      =   0.0000
Total (centered) SS     =  155.1176514               Centered R2   =   0.9847
Total (uncentered) SS   =  13970.72558               Uncentered R2 =   0.9998
Residual SS             =  2.375581324               Root MSE      =    .1064
------------------------------------------------------------------------------
      lconsp |      Coef.   Std. Err.      z    P>|z|     [95% Conf. Interval]
-------------+----------------------------------------------------------------
       lpibn |   .9180502   .0157704    58.21   0.000     .8871408    .9489596
        lrem |  -.0790601   .0307297    -2.57   0.010    -.1392893   -.0188309
        lcpi |   .2019842   .0722366     2.80   0.005     .0604031    .3435652
       lcred |   .1472467   .0377343     3.90   0.000     .0732888    .2212046
       _cons |  -.5265981   .3026887    -1.74   0.082    -1.119857    .0666608
------------------------------------------------------------------------------
Underidentification test (Anderson canon. corr. LM statistic):          26.943
                                                   Chi-sq(2) P-val =    0.0000
------------------------------------------------------------------------------
Weak identification test (Cragg-Donald Wald F statistic):               10.008
Stock-Yogo weak ID test critical values: 10% maximal IV size             13.43
                                         15% maximal IV size              8.18
                                         20% maximal IV size              6.40
                                         25% maximal IV size              5.45
Source: Stock-Yogo (2005).  Reproduced by permission.
------------------------------------------------------------------------------
Sargan statistic (overidentification test of all instruments):           0.131
                                                   Chi-sq(1) P-val =    0.7178
------------------------------------------------------------------------------
Instrumented:         lpibn lrem
Included instruments: lcpi lcred
Excluded instruments: sav lfbcfpub lconsg
------------------------------------------------------------------------------
```

Nous obtenons la même statistique de test de Sargan que précédemment. La commande « **overid** » permet d'obtenir plusieurs statistiques ajustées de Sargan et de Basman. Cette commande s'exécute après la régression par « ivreg2 » :

```
quietly ivreg2 lconsp lcpi lcred (lpibn lrem =  sav lfbcfpub  lconsg)
```

```
overid, all
```

En validant, vous obtenez les résultats suivants :

```
Tests of overidentifying restrictions:
Sargan N*R-sq test          0.131  Chi-sq(1)     P-value = 0.7178
Sargan (N-L)*R-sq test      0.127  Chi-sq(1)     P-value = 0.7211
Basmann test                0.127  Chi-sq(1)     P-value = 0.7217
Sargan pseudo-F test        0.127  F(1,205)      P-value = 0.7215
Basmann pseudo-F test       0.127  F(1,204)      P-value = 0.7220
```

Les probabilités des tests de Sargan et de Basman sont toutes supérieures à 5%. Sur la base de ces probabilités, nous ne pouvons pas rejeter l'hypothèse nulle de validité des instruments.

Pour réaliser le test de validité des instruments avec la méthode GMM, nous utilisons les commandes ci-après :

```
quietly ivregress gmm lconsp lcpi lcred (lpibn lrem = sav lfbcfpub
lconsg)
```

```
estat overid
```

Nous obtenons les résultats ci-dessous :

```
Test of overidentifying restriction:

Hansen's J chi2(1) = .135679 (p = 0.7126)
```

Le test *J* de Hansen affiche une probabilité de 0,7126. Sur la base de cette probabilité, nous ne pouvons pas rejeter l'hypothèse nulle de suridentification. Notons que le test de Hansen est robuste à l'hétéroscédasticité.

Il est possible de faire le test en une seule étape en utilisant la commande « **ivreg2** » :

```
ivreg2 lconsp lcpi lcred (lpibn lrem = sav lfbcfpub lconsg), gmm
```

En validant, nous obtenons les résultats ci-dessous :

```
-gmm- is no longer a supported option; use -gmm2s- with the appropriate option
      gmm              =  gmm2s robust
      gmm robust       =  gmm2s robust
      gmm bw()         =  gmm2s bw()
      gmm robust bw()  =  gmm2s robust bw()
      gmm cluster()    =  gmm2s cluster()

2-Step GMM estimation
---------------------

Estimates efficient for arbitrary heteroskedasticity
Statistics robust to heteroskedasticity

                                                      Number of obs =      210
                                                      F(  4,    205) =  6218.22
                                                      Prob > F      =   0.0000
Total (centered) SS     =  155.1176514                Centered R2   =   0.9849
Total (uncentered) SS   =  13970.72558                Uncentered R2 =   0.9998
Residual SS             =   2.34543772                Root MSE      =    .1057
------------------------------------------------------------------------------
             |               Robust
      lconsp |      Coef.   Std. Err.      z    P>|z|     [95% Conf. Interval]
-------------+----------------------------------------------------------------
       lpibn |   .9164937   .0080196   114.28   0.000     .9007757    .9322118
        lrem |  -.0768452   .0256053    -3.00   0.003    -.1270306   -.0266598
        lcpi |   .2042266   .0799583     2.55   0.011     .0475112     .360942
       lcred |   .1425539    .031252     4.56   0.000      .081301    .2038067
       _cons |  -.5220825   .3007034    -1.74   0.083     -1.11145    .0672852
------------------------------------------------------------------------------
Underidentification test (Kleibergen-Paap rk LM statistic):             17.847
                                                   Chi-sq(2) P-val =    0.0001
------------------------------------------------------------------------------
Weak identification test (Kleibergen-Paap rk Wald F statistic):         10.914
Stock-Yogo weak ID test critical values: 10% maximal IV size             13.43
                                         15% maximal IV size              8.18
                                         20% maximal IV size              6.40
                                         25% maximal IV size              5.45
Source: Stock-Yogo (2005).  Reproduced by permission.
NB: Critical values are for Cragg-Donald F statistic and i.i.d. errors.
------------------------------------------------------------------------------
Hansen J statistic (overidentification test of all instruments):         0.136
                                                   Chi-sq(1) P-val =    0.7126
------------------------------------------------------------------------------
Instrumented:         lpibn lrem
Included instruments: lcpi lcred
Excluded instruments: sav lfbcfpub lconsg
------------------------------------------------------------------------------
```

La probabilité du test *J* de Hansen a une probabilité de 0,7126. Nous ne pouvons pas rejeter l'hypothèse nulle d'exogénéité des instruments au seuil de 5%.

Rappelons que pour être valides, les instruments doivent vérifier trois conditions, à savoir qu'ils doivent être non colinéaires et corrélés avec les variables explicatives, mais non corrélés avec le terme d'erreur.

Si la troisième condition semble vérifiée d'après les résultats des tests précédents (Sargan, Hansen), il convient de vérifier la validité de la deuxième condition (forte corrélation avec les explicatives). Pour tester cette condition, on régresse chaque variable explicative endogène sur l'ensemble des variables instrumentales (y compris les régresseurs exogènes) et on teste la significativité globale des coefficients des instruments autres que les exogènes (Bound *et al.,* 1995 ; Shea, 1997). Les instruments qui ne seront pas significativement corrélés avec les endogènes seront dits faibles. Plusieurs auteurs ont montré que les instruments faibles ont des effets délétères sur les estimateurs (Blundell & Bond, 1998 ; Wang & Zivot, 1998 ; Woglom, 2001 ; Hahn & Hausman, 2002).

En estimant le modèle avec des variables instrumentales par la commande « *ivreg2* », les régressions auxiliaires des variables endogènes sur l'ensemble des variables instrumentales sont faites, mais ne sont pas affichées par défaut. Pour afficher les résultats de ces régressions intermédiaires, vous devez préciser l'option « *first* » :

```
ivreg2 lconsp lcpi lcred (lpibn lrem =  sav lfbcfpub  lconsg), first
```

Vous obtenez les résultats suivants :

```
First-stage regressions
-----------------------

First-stage regression of lpibn:

OLS estimation
--------------

Estimates efficient for homoskedasticity only
Statistics consistent for homoskedasticity only
                                                      Number of obs =      210
                                                      F(  5,    204) =   620.55
                                                      Prob > F      =   0.0000
Total (centered) SS     =  173.8030839                Centered R2   =   0.9383
Total (uncentered) SS   =  14997.92491                Uncentered R2 =   0.9993
Residual SS             =  10.72230871                Root MSE      =    .2293
------------------------------------------------------------------------------
       lpibn |      Coef.   Std. Err.      t    P>|t|     [95% Conf. Interval]
-------------+----------------------------------------------------------------
        lcpi |   .3103566   .1108318     2.80   0.006     .0918339    .5288793
       lcred |   .0760856   .0369601     2.06   0.041     .0032128    .1489584
         sav |   .0001251   .0000137     9.12   0.000      .000098    .0001521
    lfbcfpub |  -.0052541   .0405281    -0.13   0.897    -.0851617    .0746535
      lconsg |   .7461582   .0559106    13.35   0.000     .6359215    .8563949
       _cons |   1.951778   .4049324     4.82   0.000     1.153388    2.750167
------------------------------------------------------------------------------
Included instruments: lcpi lcred sav lfbcfpub lconsg
------------------------------------------------------------------------------
Partial R-squared of excluded instruments:   0.8648
Test of excluded instruments:
  F(  3,   204) =   434.94
  Prob > F      =   0.0000

First-stage regression of lrem:

OLS estimation
--------------
Estimates efficient for homoskedasticity only
Statistics consistent for homoskedasticity only
                                                      Number of obs =      210
                                                      F(  5,    204) =   115.33
                                                      Prob > F      =   0.0000
Total (centered) SS     =  325.3304312                Centered R2   =   0.7387
Total (uncentered) SS   =  4863.519363                Uncentered R2 =   0.9825
Residual SS             =  85.01533901                Root MSE      =    .6456
------------------------------------------------------------------------------
        lrem |      Coef.   Std. Err.      t    P>|t|     [95% Conf. Interval]
-------------+----------------------------------------------------------------
        lcpi |   1.154318   .3120821     3.70   0.000     .5389976    1.769638
       lcred |   1.015649   .1040729     9.76   0.000      .810452    1.220845
         sav |  -.0001521   .0000386    -3.94   0.000    -.0002283    -.000076
    lfbcfpub |   .2384154   .1141196     2.09   0.038     .0134102    .4634207
      lconsg |   .3573704    .157434     2.27   0.024     .0469639    .6677768
       _cons |   -6.60289   1.140216    -5.79   0.000    -8.851008   -4.354772
------------------------------------------------------------------------------
Included instruments: lcpi lcred sav lfbcfpub lconsg
------------------------------------------------------------------------------
Partial R-squared of excluded instruments:   0.1752
Test of excluded instruments:
  F(  3,   204) =    14.45
  Prob > F      =   0.0000

Summary results for first-stage regressions
-------------------------------------------
Variable     | Shea Partial R2 |   Partial R2    |  F(  3,   204)    P-value
lpibn        |     0.6353      |     0.8648      |       434.94      0.0000
lrem         |     0.1287      |     0.1752      |        14.45      0.0000

Underidentification tests
Ho: matrix of reduced form coefficients has rank=K1-1 (underidentified)
Ha: matrix has rank=K1 (identified)
Anderson canon. corr. N*CCEV LM statistic    Chi-sq(2)=26.94     P-val=0.0000
Cragg-Donald N*CDEV Wald statistic           Chi-sq(2)=30.91     P-val=0.0000

Weak identification test
Ho: equation is weakly identified
Cragg-Donald Wald F-statistic                          10.01
```

```
See main output for Cragg-Donald weak id test critical values

Weak-instrument-robust inference
Tests of joint significance of endogenous regressors B1 in main equation
Ho: B1=0 and overidentifying restrictions are valid
Anderson-Rubin Wald test     F(3,204)= 251.21     P-val=0.0000
Anderson-Rubin Wald test     Chi-sq(3)=775.79     P-val=0.0000
Stock-Wright LM S statistic  Chi-sq(3)=165.26     P-val=0.0000

Number of observations              N  =        210
Number of regressors                K  =          5
Number of instruments               L  =          6
Number of excluded instruments      L1 =          3
IV (2SLS) estimation
--------------------
Estimates efficient for homoskedasticity only
Statistics consistent for homoskedasticity only
                                                      Number of obs =      210
                                                      F(  4,    205) =  3025.52
                                                      Prob > F      =   0.0000
Total (centered) SS     =  155.1176514                Centered R2   =   0.9847
Total (uncentered) SS   =  13970.72558                Uncentered R2 =   0.9998
Residual SS             =  2.375581324                Root MSE      =    .1064
------------------------------------------------------------------------------
      lconsp |      Coef.   Std. Err.      z    P>|z|     [95% Conf. Interval]
-------------+----------------------------------------------------------------
       lpibn |   .9180502   .0157704    58.21   0.000     .8871408    .9489596
        lrem |  -.0790601   .0307297    -2.57   0.010    -.1392893   -.0188309
        lcpi |   .2019842   .0722366     2.80   0.005     .0604031    .3435652
       lcred |   .1472467   .0377343     3.90   0.000     .0732888    .2212046
       _cons |  -.5265981   .3026887    -1.74   0.082    -1.119857    .0666608
------------------------------------------------------------------------------
Underidentification test (Anderson canon. corr. LM statistic):          26.943
                                                   Chi-sq(2) P-val =    0.0000
------------------------------------------------------------------------------
Weak identification test (Cragg-Donald Wald F statistic):               10.008
Stock-Yogo weak ID test critical values: 10% maximal IV size             13.43
                                         15% maximal IV size              8.18
                                         20% maximal IV size              6.40
                                         25% maximal IV size              5.45
Source: Stock-Yogo (2005).  Reproduced by permission.
------------------------------------------------------------------------------
Sargan statistic (overidentification test of all instruments):           0.131
                                                   Chi-sq(1) P-val =    0.7178
------------------------------------------------------------------------------
Instrumented:         lpibn lrem
Included instruments: lcpi lcred
Excluded instruments: sav lfbcfpub lconsg
------------------------------------------------------------------------------
```

Comme nous avons deux variables endogènes (*lpibn* et *lrem*), nous estimons chacune de ces variables sur les cinq variables instrumentales (*lcpi*, *lcred*, *sav*, *lfbcfpub*, *lconsg*). La première régression montre que les trois instruments externes (*sav*, *lfbcfpub* et *lconsg*) sont globalement corrélés avec *lpib*. En effet, la statistique de Fisher a une probabilité égale à 0,000. Concernant la deuxième régression, le test de Fisher indique également une corrélation significative entre les instruments externes et *lrem*. Les résultats des deux tests de Fisher sont repris dans le tableau intitulé « ***Summary results for first-stage regressions*** », qui suit la deuxième régression.

Il est possible d'obtenir ce tableau de synthèse sans afficher les régressions auxiliaires.

Pour cela, il suffit de remplacer l'option « *first* » par « *ffirst* » comme indiqué ci-après :

```
ivreg2 lconsp lcpi lcred (lpibn lrem =  sav lfbcfpub  lconsg), ffirst
```

4.4.2.2 Dans le modèle à effets fixes

La commande « **xtoverid** » permet de faire le test de sur-identification des instruments dans le cadre des modèles à effets fixes et à effets aléatoires. Pour le modèle à effets fixes, nous saisissons les commandes ci-après :

```
quietly xtivreg lconsp lcpi lcred (lpibn lrem = sav lfbcfpub lconsg), fe
```

```
xtoverid
```

Nous obtenons les résultats ci-dessous :

```
Test of overidentifying restrictions:
Cross-section time-series model: xtivreg fe
Sargan-Hansen statistic   1.059 Chi-sq(1)    P-value = 0.3034
```

Le test de Sargan-Hansen ne permet pas de rejeter l'hypothèse nulle d'exogénéité des instruments. Les instruments utilisés sont valides ou admissibles.

Nous pouvons obtenir les mêmes résultats en utilisant la commande « **xtivreg2** » qui fournit plus de statistiques que la commande « **xtivreg** ». Dans le cas du modèle à effets fixes, nous saisissons la commande :

```
xtivreg2 lconsp lcpi lcred (lpibn lrem = sav lfbcfpub  lconsg), fe
```

Nous obtenons les résultats ci-après :

```
FIXED EFFECTS ESTIMATION
------------------------
Number of groups =         7                    Obs per group: min =        30
                                                               avg =      30.0
                                                               max =        30

IV (2SLS) estimation
--------------------

Estimates efficient for homoskedasticity only
Statistics consistent for homoskedasticity only

                                                      Number of obs =      210
                                                      F(  4,    199) =  2490.71
                                                      Prob > F      =   0.0000
Total (centered) SS     =  85.29701352                Centered R2   =   0.9812
Total (uncentered) SS   =  85.29701352                Uncentered R2 =   0.9812
Residual SS             =  1.605452233                Root MSE      =   .08893

------------------------------------------------------------------------------
      lconsp |      Coef.   Std. Err.      z    P>|z|     [95% Conf. Interval]
-------------+----------------------------------------------------------------
       lpibn |   .6480269    .071622     9.05   0.000     .5076504    .7884035
        lrem |  -.0000598   .0310054    -0.00   0.998    -.0608292    .0607096
        lcpi |   .7175519   .1358212     5.28   0.000     .4513472    .9837565
       lcred |   .1012832    .029581     3.42   0.001     .0433054    .1592609
------------------------------------------------------------------------------
Underidentification test (Anderson canon. corr. LM statistic):          28.727
                                                   Chi-sq(2) P-val =    0.0000
------------------------------------------------------------------------------
Weak identification test (Cragg-Donald Wald F statistic):               10.879
Stock-Yogo weak ID test critical values: 10% maximal IV size             13.43
                                         15% maximal IV size              8.18
                                         20% maximal IV size              6.40
                                         25% maximal IV size              5.45
Source: Stock-Yogo (2005).  Reproduced by permission.
------------------------------------------------------------------------------
Sargan statistic (overidentification test of all instruments):           1.059
                                                   Chi-sq(1) P-val =    0.3034
------------------------------------------------------------------------------
Instrumented:         lpibn lrem
Included instruments: lcpi lcred
Excluded instruments: sav lfbcfpub lconsg
------------------------------------------------------------------------------
```

En plus des résultats de la régression, cette commande donne ceux du test de Sargan. Ces résultats sont indiqués dans le dernier tableau de l'écran. La statistique de Sargan est égale à 1,059 avec une probabilité de 0,3034. Nous acceptons l'hypothèse que les instruments sont admissibles.

Nous allons vérifier si les instruments sont corrélés avec les régresseurs endogènes *lpibn* et *lrem*. Pour cela, nous demandons à la commande « **xtivreg2** » d'afficher les résultats des régressions auxiliaires :

```
xtivreg2 lconsp lcpi lcred (lpibn lrem = sav lfbcfpub lconsg), fe first
```

Nous obtenons les résultats ci-après :

```
FIXED EFFECTS ESTIMATION
------------------------
Number of groups =         7                 Obs per group: min =        30
                                                            avg =      30.0
                                                            max =        30
First-stage regressions
-----------------------
First-stage regression of lpibn:

FIXED EFFECTS ESTIMATION
------------------------
Number of groups =         7                 Obs per group: min =        30
                                                            avg =      30.0
                                                            max =        30
OLS estimation
--------------
Estimates efficient for homoskedasticity only
Statistics consistent for homoskedasticity only
                                                      Number of obs =       210
                                                      F(  5,   198) =   1186.57
                                                      Prob > F      =    0.0000
Total (centered) SS     =  95.01332992                Centered R2   =    0.9677
Total (uncentered) SS   =  95.01332992                Uncentered R2 =    0.9677
Residual SS             =  3.068517634                Root MSE      =     .1245
------------------------------------------------------------------------------
       lpibn |      Coef.   Std. Err.      t    P>|t|     [95% Conf. Interval]
-------------+----------------------------------------------------------------
        lcpi |   1.081381   .1182406     9.15   0.000      .848208    1.314553
       lcred |   .0501876   .0397517     1.26   0.208    -.0282034    .1285786
         sav |   .0000151   9.86e-06     1.53   0.127    -4.34e-06    .0000345
    lfbcfpub |   .0174581   .0263383     0.66   0.508    -.0344813    .0693976
      lconsg |   .5684059    .048909    11.62   0.000     .4719565    .6648553
------------------------------------------------------------------------------
Included instruments: lcpi lcred sav lfbcfpub lconsg
------------------------------------------------------------------------------
Partial R-squared of excluded instruments:   0.4608
Test of excluded instruments:
  F(  3,   198) =    56.40
  Prob > F      =   0.0000

First-stage regression of lrem:

FIXED EFFECTS ESTIMATION
------------------------
Number of groups =         7                 Obs per group: min =        30
                                                            avg =      30.0
                                                            max =        30


OLS estimation
--------------

Estimates efficient for homoskedasticity only
Statistics consistent for homoskedasticity only

                                                      Number of obs =       210
                                                      F(  5,   198) =    166.00
                                                      Prob > F      =    0.0000
Total (centered) SS     =  217.7646326                Centered R2   =    0.8074
Total (uncentered) SS   =  217.7646326                Uncentered R2 =    0.8074
Residual SS             =  41.94299347                Root MSE      =     .4603

------------------------------------------------------------------------------
        lrem |      Coef.   Std. Err.      t    P>|t|     [95% Conf. Interval]
-------------+----------------------------------------------------------------
        lcpi |   .2109277   .4371516     0.48   0.630    -.6511429    1.072998
       lcred |  -.0563004   .1469674    -0.38   0.702    -.3461227    .2335218
         sav |  -.0001572   .0000364    -4.31   0.000    -.0002291   -.0000853
    lfbcfpub |   .4795679   .0973761     4.92   0.000     .2875406    .6715953
      lconsg |   .8150794   .1808232     4.51   0.000     .4584929    1.171666
------------------------------------------------------------------------------
Included instruments: lcpi lcred sav lfbcfpub lconsg
------------------------------------------------------------------------------
Partial R-squared of excluded instruments:   0.2502
Test of excluded instruments:
  F(  3,   198) =    22.02
  Prob > F      =   0.0000
```

```
Summary results for first-stage regressions
-------------------------------------------

Variable     | Shea Partial R2 |   Partial R2    |  F(  3,    198)    P-value
lpibn        |     0.2852      |    0.4608       |       56.40        0.0000
lrem         |     0.1548      |    0.2502       |       22.02        0.0000
```

Nous utilisons le test de Fisher pour tester la significativité globale des coefficients des instruments. La statistique de Fisher est égale à 56,40 et 22,02, respectivement pour les variables *lpibn* et *lrem*. Les probabilités associées à ces statistiques de test sont toutes inférieures à 0,01. Ainsi, nous rejetons l'hypothèse nulle. Les instruments utilisés sont significativement corrélés avec les variables explicatives endogènes.

4.4.2.3 Dans le modèle à effets aléatoires

La commande « **xtivreg2** » ne fonctionne pas avec le modèle à effets aléatoires. Nous utilisons la commande « **xtoverid** » après avoir estimé le modèle par la commande « **xtivreg** » :

```
quietly xtivreg lconsp lcpi lcred (lpibn lrem = sav lfbcfpub lconsg), re
```

```
xtoverid
```

Nous obtenons les résultats suivants :

```
Test of overidentifying restrictions:
Cross-section time-series model: xtivreg g2sls
Sargan-Hansen statistic   0.126  Chi-sq(1)     P-value = 0.7231
```

La statistique de Sargan-Hansen est égale à 0,126 avec une probabilité de 0,7231. Nous ne pouvons pas rejeter l'hypothèse de validité (ou d'admissibilité) des instruments.

Pour afficher les résultats des régressions auxiliaires, nous entrons la commande :

```
xtivreg lconsp lcpi lcred (lpibn lrem =  sav lfbcfpub  lconsg), re first
```

Nous obtenons les résultats ci-dessous :

First-stage G2SLS regression

Number of obs = 210
Wald chi(5) = 4606
Prob > chi2 = 0.0000

lpibn	Coef.	Std. Err.	z	P>|z|	[95% Conf.	Interval]
lcpi	.7383116	.1111757	6.64	0.000	.5204113	.9562119
lcred	-.0113724	.0386009	-0.29	0.768	-.0870287	.064284
sav	**.0000324**	**.0000111**	**2.91**	**0.004**	**.0000106**	**.0000543**
lfbcfpub	**.0313945**	**.0296665**	**1.06**	**0.290**	**-.0267509**	**.0895398**
lconsg	**.6806096**	**.0481494**	**14.14**	**0.000**	**.5862385**	**.7749806**
_cons	.5701066	.3386764	1.68	0.092	-.0936869	1.2339

First-stage G2SLS regression

Number of obs = 210
Wald chi(5) = 747
Prob > chi2 = 0.0000

lrem	Coef.	Std. Err.	z	P>|z|	[95% Conf.	Interval]
lcpi	.9776562	.3736874	2.62	0.009	.2452424	1.71007
lcred	.2937068	.1297466	2.26	0.024	.0394081	.5480056
sav	**-.0001579**	**.0000374**	**-4.22**	**0.000**	**-.0002313**	**-.0000845**
lfbcfpub	**.4040762**	**.0997162**	**4.05**	**0.000**	**.2086361**	**.5995164**
lconsg	**.4949208**	**.1618414**	**3.06**	**0.002**	**.1777175**	**.812124**
_cons	-5.700505	1.13837	-5.01	0.000	-7.931671	-3.46934

Avec le modèle à effets aléatoires, nous ne disposons pas des tests de Fisher de significativité globale des coefficients des instruments. Toutefois, l'examen des coefficients individuels permet de voir que les instruments utilisés sont liés de façon significative aux variables endogènes.

4.5 Choix entre effets fixes et effets aléatoires : test de Hausman

Nous avons vu que l'hypothèse cruciale dans le modèle à effets aléatoires est l'absence de corrélation entre les effets spécifiques et les régresseurs. Sous cette hypothèse, l'estimateur MCG est meilleur que celui du modèle à effets fixes. Lorsqu'on utilise la méthode des variables instrumentales, il importe de tester cette hypothèse afin de choisir entre le modèle à effets fixes et le modèle à effets aléatoires. A cet effet, on utilise le test de Hausman (1978). Ce test peut être vu ici comme un test de restriction de suridentification. En effet, le modèle à effets fixes suppose l'orthogonalité des régresseurs avec les erreurs. Le modèle à effets aléatoires introduit une condition supplémentaire d'orthogonalité des régresseurs avec les effets individuels. Le test de Hausman teste cette condition supplémentaire d'identification.

On effectue le test de Hausman en exécutant successivement les commandes ci-après :

```
xtivreg lconsp lcpi lcred (lpibn lrem = sav lfbcfpub lconsg), fe
```

```
est store fixed_vi
```

```
xtivreg lconsp lcpi lcred (lpibn lrem = sav lfbcfpub lconsg), re
```

```
hausman fixed_vi, sigmamore
```

Nous obtenons les résultats suivants :

```
                ---- Coefficients ----
             |      (b)          (B)            (b-B)     sqrt(diag(V_b-V_B))
             |   fixed_vi         .           Difference          S.E.
-------------+----------------------------------------------------------------
       lpibn |    .6480269     .7877414       -.1397145            .
        lrem |   -.0000598    -.0038321        .0037723            .
        lcpi |    .7175519     .3896771        .3278747            .
       lcred |    .1012832     .0563561        .0449271            .
------------------------------------------------------------------------------
         b = consistent under Ho and Ha; obtained from xtivreg
         B = inconsistent under Ha, efficient under Ho; obtained from xtivreg
    Test:  Ho:  difference in coefficients not systematic
                  chi2(4) = (b-B)'[(V_b-V_B)^(-1)](b-B)
                          =      356.10
                Prob>chi2 =      0.0000
```

La probabilité de la statistique de Hausman est inférieure à 1%. Par conséquent, nous rejetons l'hypothèse nulle. Lorsque nous contrôlons l'endogénéité à l'aide des variables instrumentales, le modèle à effets fixes est préférable au modèle à effets aléatoires.

CHAPITRE 5

Modèles dynamiques

5.1 Introduction

Dans les chapitres précédents, nous avons considéré des modèles dans lesquels toutes les variables explicatives sont exprimées au même instant *t*. Ces modèles sont dits statiques ou à effets synchrones. En effet, ces modèles ne comportent pas de variables retardées ou décalées. Ils étudient uniquement, sous certaines conditions, la dynamique de long terme entre les variables.

Les anticipations, l'existence de coûts d'ajustement et les habitudes sont des phénomènes dont la prise en compte dans la modélisation des comportements conduit à spécifier des modèles dynamiques. Les modèles dynamiques sont des modèles comportant les variables décalées de la variable expliquée comme variables explicatives. Ces modèles présentent l'avantage de fournir simultanément une estimation des effets de court et de long terme.

En plus d'enrichir la dynamique du modèle et de permettre la distinction des comportements de court et de long terme, le modèle dynamique pourrait corriger certains problèmes économétriques. En effet, la détection de l'autocorrélation ou de l'hétéroscédasticité des erreurs amène souvent les praticiens à procéder systématiquement à une correction, d'autant plus aisément que les procédures sont automatisées dans les logiciels statistiques. Or, l'autocorrélation ou l'hétéroscédasticité peut être due à une mauvaise spécification du modèle. Par exemple, l'omission d'une variable corrélée dans le temps crée de l'autocorrélation dans les erreurs. Si la variable omise est corrélée avec les variables explicatives, il s'ajoute un problème d'endogénéité qui rend les estimateurs biaisés et non convergents. En améliorant la spécification du modèle, il est possible d'obtenir des erreurs respectant les hypothèses classiques.

La spécification du modèle dynamique pose néanmoins un problème de corrélation entre le terme d'erreur et la variable endogène retardée du modèle.

Ce problème subsiste même dans le modèle à erreurs composées où il n'existe pourtant aucune corrélation entre le terme d'erreur et les régresseurs. La présence de la variable endogène retardée parmi les variables explicatives crée un problème d'endogénéité qui fait que les estimateurs classiques ne sont plus sans biais et convergents. Dès lors, il faut recourir à d'autres méthodes d'estimation plus performantes corrigeant le problème d'endogénéité.

Ce chapitre aborde le modèle dynamique le plus simple à savoir le modèle autorégressif d'ordre un. Nous présentons les problèmes économétriques que pose ce type de modèle ainsi que les méthodes d'estimation. Les méthodes d'estimation font appel à la technique des variables instrumentales, qui repose sur les conditions d'orthogonalité entre les variables retardées et le terme d'erreur. Comme nous l'avons vu dans le chapitre précédent, ces méthodes d'estimation appellent un test de validité des instruments pour s'assurer que ceux-ci satisfont les conditions d'orthogonalité. Nous présentons également les tests de spécification à réaliser après l'estimation d'un modèle autorégressif d'ordre un. À la fin de ce chapitre, le lecteur sera capable : i) d'estimer un modèle autorégressif par la méthode des variables instrumentales et ii) de réaliser les tests de spécification notamment le test de Sargan-Hansen et le test d'autocorrélation des erreurs.

5.2 Spécification du modèle autorégressif

Le modèle autorégressif se caractérise par la présence de la variable endogène retardée parmi les régresseurs.

En considérant un seul retard de la variable dépendante, la fonction de consommation sous sa forme autorégressive d'ordre un s'écrit[19]:

$$lconsp_{it} = lconsp_{it-1} + a_1 lpibn_{it} + a_2 lcpi_{it} + a_3 lrem_{it} +$$

$$a_4 lcred_{it} + \alpha_i + e_{it} \quad (5.1)$$

où les effets spécifiques α_i sont $iid(0, \sigma_\alpha^2)$ et les erreurs e_{it} sont $iid(0, \sigma_e^2)$.

On pourrait considérer la variable retardée $lconsp_{it-1}$ comme une variable explicative tout à fait ordinaire et estimer le modèle en mettant en œuvre les estimateurs classiques. Cependant, la présence de la variable $lconsp_{it-1}$ parmi les régresseurs pose un problème d'endogénéité. En effet, si on suppose un modèle autorégressif à effets fixes, on peut vouloir utiliser l'estimateur *Within*. Cet estimateur s'applique aux variables en écarts aux moyennes individuelles. Si cette transformation élimine les effets fixes, elle engendre une corrélation entre les variables explicatives retardées et le terme d'erreur du modèle, rendant non convergent l'estimateur MCO. Ce problème subsiste même en écrivant le modèle en différence première.

En considérant les effets spécifiques comme des paramètres aléatoires, on montre qu'il y a une corrélation entre la variable explicative retardée et le terme de perturbation. Or l'estimateur MCG du modèle à erreurs composées repose sur l'hypothèse que l'effet spécifique n'est pas corrélé avec les variables explicatives. De même, la différenciation du modèle en vue d'éliminer l'effet spécifique ne résout pas le problème d'endogénéité, elle crée un problème d'autocorrélation.

---

[19] La plupart des méthodes peuvent s'adapter au modèle avec plus d'un retard de la variable dépendancte. Nous verrons dans le chapitre sur les panels hétérogènes, l'estimation des modèles ARDL où les variables endogènes et exogènes peuvent intervenir avec des retards différents.

5.3 Estimateurs GMM

Comme la variable endogène retardée est corrélée avec les erreurs, nous devons appliquer une méthode de variables instrumentales (Anderson & Hsiao, 1981). Nous considérons une spécification à erreurs composées. Comme la matrice de variance-covariance des erreurs de ce modèle n'est pas sphérique, on applique la méthode GMM (Arellano & Bond, 1991 ; Blundell & Bond, 1998). On suppose que les variables explicatives *X*= $(lpibn, lcpi, lrem, lcred)$ sont exogènes. Comme c'est la variable dépendante retardée $lconsp_{it-1}$ qui pose problème, elle est la seule qui sera instrumentée. Si nous considèrons le modèle en niveau, les valeurs retardées des variables exogènes sont de bons instruments, mais leur nombre dépend de la datation de la variable.

Une autre approche consiste à considérer le modèle en différence première et d'y appliquer la méthode GMM en utilisant les différents retards en niveau de la variable dépendante comme instruments (Arellano & Bond, 1991). C'est l'estimateur GMM en différence. Mais cette approche s'avère peu satisfaisante en raison de la faible corrélation entre les instruments et les régresseurs du modèle en différence première (Blundell & Bond, 1998). Pour corriger cette corrélation ainsi que la perte de données résultant de la différenciation, Arellano & Bover (1995) proposent une méthode dite "*forward orthogonal deviations*". Au lieu de soustraire la valeur passée de la valeur courante, cette méthode soustrait la moyenne des valeurs futures de la variable. Cette transformation permet d'obtenir des termes d'erreur non corrélés.

Blundell & Bond (1998) proposent une approche sous la forme d'un système d'équations simultanées, constitué d'équations en niveau et en différence première, dans lequel les variables sont instrumentées par leurs différences premières et leurs valeurs retardées. Les auteurs montrent que l'estimateur GMM en système est plus performant que l'estimateur en différence première.

La commande « **xtabond2** » permet d'estimer un modèle dynamique par la méthode GMM[20] avec des variables instrumentales (Roodman, 2009). La syntaxe de la commande est :

[20] Comme nous l'avons vu au chapitre précédent, la méthode GMM permet d'estimer aussi bien les modèles statiques que les modèles dynamiques. Il s'agit d'une méthode plus générale des variables instrumentales, basée sur les conditions de moments.

```
xtabond2 var_dep var_expl, noleveleq gmm(varendo, lag(a b)
eq(diff) eq(level) eq(both) collapse) iv(varinstrum) two robust small
```

où :

- *var_dep* désigne la variable dépendante ;

- *var_expl* désigne la liste des variables explicatives ;

- *noleveleq* permet de spécifier l'estimateur GMM en différence première. Lorsque cette option est omise, la commande applique l'estimateur GMM en système ;

- *gmm(varendo, lag(a b)):*

  o *varendo* est la liste des variables explicatives non endogènes du modèle, à instrumenter ;

  o *lag(a b)* indique les retards des variables endogènes à utiliser comme instruments. En spécifiant *gmm(W, lag(a b)),* les variables W_{t-a} à W_{t-b} sont utilisées comme instruments dans l'équation en différence, et ΔW_{t-a+1} sont utilisées comme instruments dans l'équation en niveau. Si *b*=., cela signifie que *b* est infini. Par exemple, lag(2 .) signifie que les valeurs retardées de deux périodes et plus sont utilisées comme instruments. On a l'équivalence *gmm(W, lag(2 .))=gmm(L.W, lag(1 .))=gmm(L.W)* ;

  o *eq(diff) eq(level)* et *eq(both)* indiquent que les instruments doivent être utilisés respectivement pour l'équation en différence, pour l'équation en niveau ou pour les deux équations ;

  o *collapse* permet de réduire la taille de la matrice des instruments pour éviter que le nombre d'instruments utilisés n'excède le nombre d'observations, afin de pouvoir estimer le modèle tout en limitant le biais de sur-identification lié à la prolifération des instruments.

- *iv(varinstrum) : varinstrum* indique la liste des variables exogènes du modèle ou extérieures au modèle, qui sont utilisées comme instruments. On peut y ajouter les options *eq(diff) eq(level)* et *eq(both)* pour associer les instruments aux équations. L'option « *both* » est utilisée par défaut. On notera que, par défaut, les instruments sont utilisés en niveau comme instruments dans l'équation en niveau et sont différenciés pour servir d'instruments dans l'équation en différence première. On peut utiliser l'option « *pass* » pour outrepasser la différenciation des instruments dans le modèle en différence. Si les variables ***X*** sont prédéterminées, alors elles sont des instruments pour l'équation en niveau, mais pas pour l'équation en différence. Dans ce cas, « *iv(X)* » serait inappropriée, on devrait plutôt écrire « *iv(X, eq(level))* »;

- *small* procède à la correction des variances et covariances pour les petits échantillons, et reporte les *t* de Student à la place des statistiques *z* basées sur la loi normale standard ainsi que la statistique de Fisher à la place du Khi-deux ;

- *two* permet d'avoir un estimateur en deux étapes, plus précis (asymptotiquement) que celui en une étape (sans « *two* »). En effet, l'estimateur GMM en deux étapes tient compte de la structure de la matrice des variances-covariances des erreurs. Toutefois, les écarts-types peuvent être biaisés sur de petits échantillons. Dès lors, on peut procéder à une correction de ces écarts-types[21].

Notez que les variables explicatives apparaissent deux fois dans la commande « **xtabond2** » : une fois avant la virgule dans *var_expl* et une fois après la virgule soit dans *gmm()* ou dans *iv()*.

Nous allons illustrer l'estimation du modèle autorégressif à l'aide des deux variantes de l'estimateur GMM : GMM en différence et GMM en système.

5.3.1 Estimateur GMM en différence première

L'estimateur GMM en différence d'Arellano & Bond (1991) consiste à prendre la première différence de l'équation afin d'éliminer l'effet individuel. La commande est :

```
xtabond2 lconsp L.lconsp lpibn lcpi lrem lcred, gmm(L.lconsp
lpibn, lag(1 .) collapse) gmm(lrem, lag(2 .) collapse) iv(lcpi lcred)
noleveleq robust small
```

[21] Pour les méthodes de correction, on peut consulter Kiviet (1995), Judson & Owen (1999), Bun & Kiviet (2003), Bruno (2005a, b) et Windmeijer (2005).

Nous obtenons les résultats suivants :

```
Dynamic panel-data estimation, one-step difference GMM
------------------------------------------------------------------------------
Group variable: id                              Number of obs      =       196
Time variable : annee                           Number of groups   =         7
Number of instruments = 87                      Obs per group: min =        28
F(0, 7)       =      .                                         avg =     28.00
Prob > F      =      .                                         max =        28
------------------------------------------------------------------------------
             |               Robust
      lconsp |      Coef.   Std. Err.      t    P>|t|     [95% Conf. Interval]
-------------+----------------------------------------------------------------
      lconsp |
         L1. |     .51901   .0541708     9.58   0.000     .3909163    .6471036
             |
       lpibn |   .4427528   .0810322     5.46   0.001     .2511422    .6343634
        lcpi |  -.0853246   .1387676    -0.61   0.558    -.4134578    .2428085
        lrem |  -.0172608   .0335329    -0.51   0.623    -.0965535     .062032
       lcred |   .0541817    .069567     0.78   0.462    -.1103182    .2186816
------------------------------------------------------------------------------
Instruments for first differences equation
  Standard
    D.(lcpi lcred)
  GMM-type (missing=0, separate instruments for each period unless collapsed)
    L(2/29).lrem collapsed
    L(1/29).(L.lconsp lpibn) collapsed
------------------------------------------------------------------------------
Arellano-Bond test for AR(1) in first differences: z =  -2.37  Pr > z =  0.018
Arellano-Bond test for AR(2) in first differences: z =  -0.68  Pr > z =  0.495
------------------------------------------------------------------------------
Sargan test of overid. restrictions: chi2(82)    = 175.93  Prob > chi2 =  0.000
  (Not robust, but not weakened by many instruments.)
Hansen test of overid. restrictions: chi2(82)    =   0.14  Prob > chi2 =  1.000
  (Robust, but weakened by many instruments.)
```

L.lconsp désigne la variable retardée de la variable dépendante *lconsp*. La variable explicative *lrem* (transferts des migrants) est considérée comme endogène, ce qui justifie l'utilisation de l'option « *lag(2 .)* » pour ses instruments. La variable explicative *lpibn* est supposée prédéterminée, ce qui justifie l'utilisation de l'option « *lag(1 .)* ». Compte tenu de la taille de l'échantillon, l'option « *collapse* » a été utilisée pour limiter le biais de sur-identification lié au nombre élevé d'instruments. Enfin, nous avons ajouté l'option « *robust* » pour corriger les écarts-types de l'hétéroscédasticité.

Le coefficient de la variable expliquée retardée est significatif et positif au seuil de 5%, ce qui confirme l'existence d'un effet d'inertie dans la consommation. Quant aux variables explicatives, seul le coefficient de la variable *lpibn* est significatif et positif.

Le test de Hansen (*p =1.000*) et le test d'autocorrélation de second ordre d'Arellano & Bond (*p = 0.495*) ne permettent pas de rejeter l'hypothèse nulle de validité des instruments ainsi que l'hypothèse d'absence d'autocorrélation de second ordre.

5.3.2 Estimateur GMM en système

L'estimation GMM en système se fait en saisissant la ligne de commande ci-après :

```
xtabond2 lconsp L.lconsp lpibn lcpi lrem lcred, gmm(L.lconsp lpibn, lag(1 .) collapse)  gmm(lrem, lag(2 .) collapse) iv(lcpi lcred) robust small
```

En validant, nous obtenons les résultats suivants :

```
Dynamic panel-data estimation, one-step system GMM
------------------------------------------------------------------------------
Group variable: id                              Number of obs      =       203
Time variable : annee                           Number of groups   =         7
Number of instruments = 91                      Obs per group: min =        29
F(5, 6)       =   6.16e+06                                     avg =     29.00
Prob > F      =      0.000                                     max =        29
------------------------------------------------------------------------------
             |              Robust
      lconsp |      Coef.   Std. Err.      t    P>|t|     [95% Conf. Interval]
-------------+----------------------------------------------------------------
      lconsp |
         L1. |   .4946254   .0666884     7.42   0.000     .3314447    .6578061
             |
       lpibn |   .5077946   .0760004     6.68   0.001     .3218284    .6937609
        lcpi |  -.2325925   .1139736    -2.04   0.087    -.5114758    .0462907
        lrem |  -.0139221    .019567    -0.71   0.503    -.0618009    .0339566
       lcred |   .0556811     .02838     1.96   0.097    -.0137622    .1251245
       _cons |   .8430347   .1858914     4.54   0.004     .3881749    1.297894
------------------------------------------------------------------------------
Instruments for first differences equation
  Standard
    D.(lcpi lcred)
  GMM-type (missing=0, separate instruments for each period unless collapsed)
    L(2/29).lrem collapsed
    L(1/29).(L.lconsp lpibn) collapsed
Instruments for levels equation
  Standard
    lcpi lcred
    _cons
  GMM-type (missing=0, separate instruments for each period unless collapsed)
    DL.lrem collapsed
    D.(L.lconsp lpibn) collapsed
------------------------------------------------------------------------------
Arellano-Bond test for AR(1) in first differences: z =  -2.25  Pr > z =  0.024
Arellano-Bond test for AR(2) in first differences: z =  -0.67  Pr > z =  0.501
------------------------------------------------------------------------------
Sargan test of overid. restrictions: chi2(85)   = 196.71  Prob > chi2 =  0.000
  (Not robust, but not weakened by many instruments.)
Hansen test of overid. restrictions: chi2(85)   =   0.13  Prob > chi2 =  1.000
  (Robust, but weakened by many instruments.)
```

Le coefficient de la valeur retardée est significatif, ce qui confirme l'effet d'inertie dans la fonction de consommation. Au seuil de significativité de 10%, trois variables explicatives sont significatives avec des signes conformes à la théorie économique.

Le test de Hansen ($p = 1$) et le test d'autocorrélation de second ordre d'Arellano-Bond ($p = 0{,}501$) ne rejettent pas l'hypothèse de validité des instruments ainsi que l'hypothèse d'absence d'autocorrélation de second ordre.

La qualité des instruments affecte les résultats de l'estimation par GMM. Dans certaines applications, les instruments utilisés peuvent ne pas être pertinents. On peut procéder à des modifications des instruments jusqu'à l'obtention de résultats jugés satisfaisants. Dans la méthode GMM dynamique, on suppose que les instruments se trouvent dans le modèle, c'est-à-dire que les instruments sont les variables en niveau, retardées ou différenciées. Néanmoins, on peut utiliser des instruments qui sont extérieurs au modèle. Ici, nous illustrons cette démarche en utilisant les variables *sav*, *lfbcfpub* et *lconsg*, comme des instruments externes. La commande pour estimer le modèle par la méthode GMM en système devient :

```
xtabond2 lconsp  L.lconsp lpibn lcpi lrem lcred, gmm(L.lconsp
lpibn, lag(1 .) collapse)  gmm(lrem, lag(2 .) collapse) iv(lcpi lcred
sav lfbcfpub lconsg) robust small
```

Nous obtenons les résultats suivants :

```
Dynamic panel-data estimation, one-step system GMM
------------------------------------------------------------------------------
Group variable: id                              Number of obs      =       203
Time variable : annee                           Number of groups   =         7
Number of instruments = 94                      Obs per group: min =        29
F(5, 6)       =   1.58e+06                                     avg =     29.00
Prob > F      =      0.000                                     max =        29
------------------------------------------------------------------------------
             |              Robust
      lconsp |      Coef.   Std. Err.      t    P>|t|     [95% Conf. Interval]
-------------+----------------------------------------------------------------
      lconsp |
         L1. |   .4994799   .0694792     7.19   0.000     .3294704    .6694894
             |
      lpibn  |   .4686075   .0663398     7.06   0.000     .3062798    .6309352
       lcpi  |  -.0989824   .0662077    -1.50   0.186    -.2609868     .063022
       lrem  |  -.0302236   .0237378    -1.27   0.250     -.088308    .0278608
      lcred  |   .0823393   .0280159     2.94   0.026     .0137869    .1508916
      _cons  |   .5384703   .2156685     2.50   0.047     .0107483    1.066192
------------------------------------------------------------------------------
Instruments for first differences equation
  Standard
    D.(lcpi lcred sav lfbcfpub lconsg)
  GMM-type (missing=0, separate instruments for each period unless collapsed)
    L(2/29).lrem collapsed
    L(1/29).(L.lconsp lpibn) collapsed
Instruments for levels equation
  Standard
    lcpi lcred sav lfbcfpub lconsg
    _cons
  GMM-type (missing=0, separate instruments for each period unless collapsed)
    DL.lrem collapsed
    D.(L.lconsp lpibn) collapsed
------------------------------------------------------------------------------
Arellano-Bond test for AR(1) in first differences: z =  -2.33  Pr > z =  0.020
Arellano-Bond test for AR(2) in first differences: z =  -0.63  Pr > z =  0.526
------------------------------------------------------------------------------
Sargan test of overid. restrictions: chi2(88)    = 196.40  Prob > chi2 =  0.000
  (Not robust, but not weakened by many instruments.)
Hansen test of overid. restrictions: chi2(88)    =   0.20  Prob > chi2 =  1.000
  (Robust, but weakened by many instruments.)
```

Deux variables explicatives (*lpibn* et *lcred*) ressortent avec des coefficients significatifs et positifs au seuil de 5%. Le revenu a toujours un effet positif sur la consommation. Un accroissement du volume de crédits au secteur privé exerce un effet positif sur la consommation. Toutefois, nous notons un coefficient non significatif pour les transferts des migrants.

5.4 Estimateur LSDVC

Les estimateurs à variables instrumentales sont réputés avoir de bonnes propriétés statistiques lorsque la profondeur individuelle (*N*) du panel est grande par rapport à la dimension temporelle (T). Bruno (2005b) propose l'estimateur LSDVC (*Bias-Corrected Least-Squares Dummy Variable*) qui corrige le biais dans les panels dynamiques où *N* est faible relativement à *T*. L'auteur développe la commande « **xtlsdvc** » pour mettre en œuvre trois versions de cet estimateur. Ces trois estimateurs s'appliquent aussi bien aux panels cylindrés qu'aux panels non-cylindrés. Selon les résultats des simulations, l'estimateur LSDVC serait meilleur que les estimateurs IV et GMM. Cependant, ses propriétés sont tributaires de l'hypothèse d'exogénéité des variables explicatives.

La syntaxe de la commande « **xtlsdvc** » est :

```
xtlsdvc depvar indepvars, initial(estimator) bias(#) vcov(#)
```

où:

- *initial(estimator)* indique l'estimateur utilisé pour corriger le biais. Les options possibles sont :
    - *ah :* estimateur d'Anderson & Hsiao (1982);
    - *ab:* estimateur d'Arellano & Bond (1991);
    - *bb:* estimateur de Blundell & Bond (1998);
- *bias(#)* détermine la précision de l'approximation. La valeur par défaut est fixée à 1 ;
- *vcov*(#) calcule la matrice de variance-covariance par la méthode *bootstrap* à partir d'un nombre de réplications indiqué entre parenthèses.

La commande inclut la variable dépendante retardée parmi les régresseurs.

Nous appliquons cette commande pour estimer la fonction de consommation. Nous commençons avec l'estimateur d'Anderson & Hsiao (1982). La commande est :

```
xtlsdvc lconsp lpibn lcpi lrem lcred, i(ah) b(3) vcov(100)
```

Nous obtenons les résultats suivants :

```
Bias correction initialized by Anderson and Hsiao estimator

note: Bias correction up to order O(1/NT^2)

LSDVC dynamic regression
(bootstrapped SE)
------------------------------------------------------------------------------
      lconsp |      Coef.   Std. Err.      z    P>|z|     [95% Conf. Interval]
-------------+----------------------------------------------------------------
      lconsp |
         L1. |   .5440449   .0931668     5.84   0.000     .3614414    .7266483
             |
       lpibn |   .4124412   .1033571     3.99   0.000      .209865    .6150175
        lcpi |  -.1321681   .1856687    -0.71   0.477    -.4960721    .2317359
        lrem |  -.0030265    .023834    -0.13   0.899    -.0497402    .0436872
       lcred |    .057491    .030519     1.88   0.060    -.0023252    .1173072
------------------------------------------------------------------------------
```

Pour l'estimateur d'Arellano & Bond (1991), nous entrons la commande :

```
xtlsdvc lconsp lpibn lcpi lrem lcred, i(ab) b(3) vcov(100)
```

Nous obtenons les résultats ci-dessous :

```
Note: Bias correction initialized by Arellano and Bond estimator
note: Bias correction up to order O(1/NT^2)

LSDVC dynamic regression
(bootstrapped SE)
------------------------------------------------------------------------------
      lconsp |      Coef.   Std. Err.      z    P>|z|     [95% Conf. Interval]
-------------+----------------------------------------------------------------
      lconsp |
         L1. |   .5614204   .0510948    10.99   0.000     .4612766    .6615643
             |
       lpibn |   .3912966   .0615457     6.36   0.000     .2706692    .5119239
        lcpi |  -.1333001   .0865597    -1.54   0.124    -.3029541    .0363538
        lrem |  -.0024638   .0080733    -0.31   0.760    -.0182872    .0133596
       lcred |   .0625243   .0228999     2.73   0.006     .0176414    .1074072
------------------------------------------------------------------------------
```

L'option « *first* » (abrégée en *f* ») permet d'afficher les résultats de la régression de la première étape. Cela permet de faire les tests d'autocorrélation et de validité des instruments.

Ainsi, dans le cas de l'estimateur d'Arellano & Bond (1991), nous saisissons la commande :

```
xtlsdvc lconsp lpibn lcpi lrem lcred, first i(ab) b(3) vcov(100)
```

Nous obtenons les résultats ci-après :

```
Note: Bias correction initialized by Arellano and Bond estimator

Arellano-Bond dynamic panel-data estimation     Number of obs      =       196
Group variable: id                              Number of groups   =         7

                                                Wald chi2(.)       =         .

Time variable: annee                            Obs per group: min =        28
                                                               avg =        28
                                                               max =        28
One-step results
------------------------------------------------------------------------------
    D.lconsp |      Coef.   Std. Err.      z    P>|z|     [95% Conf. Interval]
-------------+----------------------------------------------------------------
      lconsp |
         LD. |   .5190046   .0399688    12.99   0.000     .4406671     .597342
             |
       lpibn |
         D1. |    .435153   .0471325     9.23   0.000     .3427751    .5275309
             |
        lcpi |
         D1. |  -.1091797   .0692208    -1.58   0.115    -.2448499    .0264906
             |
        lrem |
         D1. |  -.0024091   .0090512    -0.27   0.790    -.0201492     .015331
             |
       lcred |
         D1. |   .0409909   .0177963     2.30   0.021     .0061107     .075871
------------------------------------------------------------------------------
Sargan test of over-identifying restrictions:
         chi2(405) =    234.55     Prob > chi2 = 1.0000

Arellano-Bond test that average autocovariance in residuals of order 1 is 0:
         H0: no autocorrelation    z =   -4.24   Pr > z = 0.0000
Arellano-Bond test that average autocovariance in residuals of order 2 is 0:
         H0: no autocorrelation    z =   -0.87   Pr > z = 0.3846
note: Bias correction up to order O(1/NT^2)

LSDVC dynamic regression
(bootstrapped SE)
------------------------------------------------------------------------------
      lconsp |      Coef.   Std. Err.      z    P>|z|     [95% Conf. Interval]
-------------+----------------------------------------------------------------
      lconsp |
         L1. |   .5614204   .0510948    10.99   0.000     .4612766    .6615643
             |
       lpibn |   .3912966   .0615457     6.36   0.000     .2706692    .5119239
        lcpi |  -.1333001   .0865597    -1.54   0.124    -.3029541    .0363538
        lrem |  -.0024638   .0080733    -0.31   0.760    -.0182872    .0133596
       lcred |   .0625243   .0228999     2.73   0.006     .0176414    .1074072
------------------------------------------------------------------------------
```

Le test de Sargan ($p = 1$) et le test d'autocorrélation de second ordre d'Arellano-Bond ($p = 0{,}3846$) ne rejettent pas l'hypothèse de validité des instruments ainsi que l'hypothèse d'absence d'autocorrélation de second ordre.

Pour l'estimateur de Blundell & Bond (1998), nous entrons la commande :

```
xtlsdvc lconsp lpibn lcpi lrem lcred, i(bb) b(3) vcov(100)
```

Nous obtenons les résultats ci-dessous :

```
Note: Bias correction initialized by Blundell and Bond estimator

Note: Blundell and Bond estimator is implemented through
      the user-written Stata command -xtabond2- by David Roodman,
      Center for Global Development, Washington, DC droodman@cgdev.org
note: Bias correction up to order O(1/NT^2)

LSDVC dynamic regression
(bootstrapped SE)
------------------------------------------------------------------------------
      lconsp |      Coef.   Std. Err.      z    P>|z|     [95% Conf. Interval]
-------------+----------------------------------------------------------------
      lconsp |
         L1. |   .5721775    .050153    11.41   0.000     .4738793    .6704756
             |
       lpibn |   .3807876   .0620885     6.13   0.000     .2590964    .5024788
        lcpi |   -.151301   .1045019    -1.45   0.148    -.3561209     .053519
        lrem |  -.0016306   .0088259    -0.18   0.853    -.0189289    .0156678
       lcred |   .0618881   .0248193     2.49   0.013     .0132431    .1105331
------------------------------------------------------------------------------
```

À titre de comparaison, le tableau ci-dessous récapitule les résultats issus des différents estimateurs.

Tableau 5.1 : Synthèse des estimations du modèle dynamique

	GMM		LSDVC		
	DGMM	SGMM	AH	AB	BB
lconsp L1.	0.5190*	0.4946*	0.5440*	0.5614*	0.5721*
	(0.000)	(0.000)	(0.000)	(0.000)	(0.000)
Lpibn	0.4427*	0.5077*	0.4124*	0.3912*	0.3807*
	(0.001)	(0.001)	(0.000)	(0.000)	(0.000)
lcpi	-0.0853	-0.2325**	-0.1321	-0.1333	-0.1513
	(0.558)	(0.087)	(0.477)	(0.124)	(0.148)
lrem	-0.0172	-0.0139	-0.0030	-0.0024	-0.0016
	(0.623)	(0.503)	(0.899)	(0.760)	(0.853)
lcred	0.0541	0.0556**	0.0574**	0.0625*	0.0618*
	(0.462)	(0.097)	(0.060)	(0.006)	(0.013)

Note : DGMM=GMM en différence, SGMM=GMM en système, AH= estimateur d'Anderson & Hsiao (1982), AB= estimateur d'Arellano & Bond (1991), BB= estimateur de Blundell & Bond (1998). Les nombres entre parenthèses sont les *p-values*. *(**) indique une significativité au seuil de 5% (10%).

Le coefficient de la consommation retardée est significatif et positif dans toutes les régressions, confirmant l'existence de l'effet d'inertie. Quant aux variables explicatives, tous les estimateurs confirment l'effet positif et significatif du revenu.

L'effet du prix est négatif, mais significatif seulement dans l'estimation GMM en système. L'effet des transferts est négatif, mais non-significatif dans toutes les régressions. Enfin, l'effet du crédit est positif et significatif pour quatre estimateurs sur cinq.

5.5 Tests de spécification

La qualité d'un estimateur à variables instrumentales est tributaire de celle des instruments. Or, le choix des instruments dans la méthode GMM en panel dynamique dépend de l'hypothèse d'absence d'autocorrélation des erreurs idiosyncratiques. En fait, l'existence d'une autocorrélation d'ordre un des erreurs invalide certains instruments notamment la variable retardée de deux périodes de la variable dépendante. En outre, une corrélation négative d'ordre un (AR(1)) est attendue en raison de la différenciation du modèle. Pour tester une autocorrélation d'ordre un en niveau, on teste une autocorrélation d'ordre deux (AR(2)) dans le modèle.

Au total, deux tests sont associés à l'estimateur GMM en panel dynamique : (1) les tests de Sargan et de Hansen qui permettent de tester la validité des instruments, et (2) le test d'autocorrélation d'Arellano-Bond où l'hypothèse nulle est l'absence d'autocorrélation d'ordre deux des erreurs du modèle en différence première.

Dans le modèle GMM en système estimé précédemment, nous avons obtenu les résultats suivants :

```
------------------------------------------------------------------------------
Arellano-Bond test for AR(1) in first differences: z =  -2.25  Pr > z =  0.024
Arellano-Bond test for AR(2) in first differences: z =  -0.67  Pr > z =  0.501
------------------------------------------------------------------------------
Sargan test of overid. restrictions: chi2(85)   = 196.71  Prob > chi2 =  0.000
  (Not robust, but not weakened by many instruments.)
Hansen test of overid. restrictions: chi2(85)   =   0.13  Prob > chi2 =  1.000
  (Robust, but weakened by many instruments.)
```

Le test d'Arellano-Bond indique la présence d'un effet AR(1) et l'absence d'un effet AR(2) pour les résidus. En d'autres termes, les résidus sont corrélés au premier ordre, mais pas au second ordre.

Par ailleurs, le test de Hansen, plus robuste que le test de Sargan, valide le choix des instruments utilisés.

5.6 Interprétation des coefficients

L'interprétation des coefficients d'un modèle dynamique ou plus généralement d'un modèle à décalages temporels n'est pas identique à celle d'un modèle statique. Nous présentons en annexes différents modèles économétriques assortis de l'interprétation des coefficients.

Un modèle dynamique permet d'obtenir deux types de coefficients : les coefficients de court terme et ceux de long terme. Si les variables sont exprimées en logarithme alors les coefficients représentent des élasticités. Les coefficients de court terme sont les coefficients des variables courantes et éventuellement retardées. Les estimations obtenues par la méthode GMM en système sont :

$$\hat{b} = 0{,}49462\,;\ \hat{a}_1 = 0{,}50779;\ \hat{a}_2 = -0{,}23256\,;\ \hat{a}_3 = -0{,}01392\,;\ \hat{a}_4 = 0{,}05568$$

Le coefficient autorégressif est égal à 0,49462 et est significatif aux seuils habituels. Le modèle est bien autorégressif.

L'élasticité-revenu de court terme est $\hat{a}_1 = 0{,}50779$. Lorsque le revenu augmente de 10%, la consommation augmente de 5,1%, toutes choses égales par ailleurs.

L'élasticité de court terme de la consommation par rapport au prix est $\hat{a}_2 = -0{,}23256$. Une augmentation du niveau général des prix de 10% induit une baisse de la consommation à court terme de 2,3%, toutes choses égales par ailleurs.

L'élasticité de court terme de la consommation par rapport aux crédits est $\hat{a}_4 = 0{,}05568$. Une augmentation des crédits de 10% induit une augmentation de la consommation à court terme de l'ordre de 0,6%, toutes choses égales par ailleurs.

Les élasticités de long terme s'obtiennent en divisant les élasticités de court terme (ou leur somme en cas de décalages) par un moins le coefficient autorégressif. Ainsi, l'élasticité de long terme de la consommation par rapport au revenu est :

$$\frac{\hat{a}_1}{1-\hat{b}} = \frac{0{,}50779}{1-0{,}49462} = 1{,}005 \tag{5.2}$$

Une augmentation du revenu de 10% induit une hausse de la consommation à long terme de 10,05%, toutes choses égales par ailleurs.

L'élasticité de long terme de la consommation par rapport au prix est :

$$\frac{\hat{a}_2}{1-\hat{b}} = \frac{-0,23256}{1-0,49462} = -0,4602 \tag{5.3}$$

Une hausse du niveau des prix de 10% induit une baisse de la consommation à long terme de 4,6%, toutes choses égales par ailleurs.

L'élasticité de long terme de la consommation par rapport aux crédits est :

$$\frac{\hat{a}_4}{1-\hat{b}} = \frac{0,05568}{1-0,49462} = 0,11017 \tag{5.4}$$

Une augmentation des crédits de 10% s'accompagne d'une hausse de la consommation à long terme de 1,1%, toutes choses égales par ailleurs.

Les résultats de l'estimation GMM ne permettent pas de juger de la significativité des élasticités de long terme, car celles-ci sont une combinaison *non-linéaire* des coefficients. Nous pouvons recourir à la méthode « *delta* » pour obtenir les écarts-types ainsi que les *t*-statistiques des coefficients de long terme. Stata dispose de la commande *post* estimation « **nlcom** » qui permet de calculer une combinaison non-linéaire des coefficients. Pour obtenir le coefficient de long terme associé au revenu (*lpibn)*, nous saisissons la commande :

```
nlcom _b[lpibn]/(1-_b[L.lconsp])
```

Nous obtenons les résultats ci-dessous :

```
       _nl_1:  _b[lpibn]/(1-_b[L.lconsp])

------------------------------------------------------------------------------
      lconsp |      Coef.   Std. Err.      z    P>|z|     [95% Conf. Interval]
-------------+----------------------------------------------------------------
       _nl_1 |   1.004789   .1125418     8.93   0.000     .7842108    1.225366
------------------------------------------------------------------------------
```

L'élasticité de long terme par rapport au revenu est significative au seuil de 5%.

Pour obtenir le coefficient de long terme associé à l'indice des prix (*lcpi*), nous utilisons la commande suivante :

```
nlcom _b[lcpi]/(1-_b[L.lconsp])
```

Nous obtenons les résultats ci-après :

```
       _nl_1:  _b[lpibn]/(1-_b[L.lconsp])

------------------------------------------------------------------------------
      lconsp |      Coef.   Std. Err.      z    P>|z|     [95% Conf. Interval]
-------------+----------------------------------------------------------------
       _nl_1 |   1.004789   .1125418     8.93   0.000     .7842108    1.225366
------------------------------------------------------------------------------
```

L'élasticité-prix de long terme est négative et significative au seuil de 10%. Nous reviendrons sur le calcul des élasticités de court et de long terme ainsi que les tests y afférents dans le chapitre consacré à la cointégration et au modèle à correction d'erreur.

Avant de clore ce chapitre, il est important de faire un certain nombre d'observations. Premièrement, nous avons estimé un modèle autorégressif d'ordre un. Cette spécification est restrictive, car elle omet non seulement les retards d'ordre supérieur de la variable dépendante, mais aussi les retards des variables explicatives. Le modèle estimé pourrait ainsi souffrir de biais d'omission de variables explicatives. Nous verrons avec le modèle ARDL que la dynamique de la consommation peut être enrichie en spécifiant un modèle plus général autorisant à la fois la variable dépendante et les variables explicatives à intervenir avec des retards différents.

Deuxièmement, l'estimation du modèle autorégressif estimé ignore le problème lié à la dépendance transversale.

La commande « **xtbcfe** » permet d'estimer un modèle dynamique hétérogène robuste à l'hétéroscédasticité et à la dépendance transversale (Everaert & Pozzi, 2007 ; Sarkodie & Owusu, 2020).

Troisièmement, les estimateurs GMM dynamiques sont plus pertinents dans les micro-panels où la dimension individuelle (N) est grande relativement à la dimension temporelle (T). Lorsque la dimension individuelle du panel est faible et que la dimension temporelle est grande, les estimateurs GMM peuvent fournir des résultats biaisés (Roodman, 2009). En effet, la faible profondeur individuelle affaiblit la puissance des tests asymptotiques d'autocorrélation des erreurs. En outre, au fur et à mesure que la profondeur temporelle du panel augmente, le nombre d'instruments augmente également. Cela affecte le test de suridentification de Sargan et entraine le rejet de l'hypothèse nulle d'exogénéité des instruments.

Enfin, l'estimateur GMM impose l'homogénéité des coefficients des régresseurs y compris le terme autorégressif. Cette hypothèse restrictive pourrait biaiser les résultats si les coefficients du modèle ne sont pas identiques pour tous les individus (Kiviet, 1995 ; Pesaran & Smith, 1995 ; Pesaran *et al.*, 1999). Nous verrons comment l'hypothèse d'hétérogénéité peut être testée et prise en compte dans la modélisation.

La disponibilité accrue des données de panels contribue aujourd'hui à nourrir l'intérêt des économètres pour les modèles dynamiques dans lesquels les dimensions individuelle et temporelle sont suffisamment grandes. Les propriétés asymptotiques de ces panels diffèrent de celles des micro-panels pour lesquels N est grand et T petit (Blackburne & Frank, 2007). Dans les panels où N et T sont grands, l'hypothèse d'homogénéité des coefficients est souvent inappropriée. Cette situation a suscité le développement des méthodes d'estimation des modèles de panel hétérogènes.

CHAPITRE 6

Stationnarité, cointégration et modèle à correction d'erreur

6.1 Introduction

L'étude des séries temporelles non-stationnaires est devenue incontournable dans la pratique économétrique. Les travaux empiriques commencent par la détermination de l'ordre d'intégration des variables par l'application de divers tests de racine unitaire : Dickey-Fuller Augmenté (ADF, 1981), Phillips-Perron (PP, 1988), Kwiatkowski, Philips, Schmidt & Shin (KPSS, 1992). Ensuite, dans un contexte multivarié et sous certaines conditions, ces études cherchent à mettre en évidence des relations de long terme entre les variables par l'application de tests de cointégration notamment ceux de Engle & Granger (1987), Johansen (1988) et Pesaran, Shin & Smith (2001).

L'économétrie des données de panel s'intéressait au départ à l'estimation des panels microéconomiques. Ces dernières années ont vu émerger de nouveaux développements concernant des questions macroéconomiques relatives aux taux de change, à la parité des pouvoirs d'achat (PPA), à la croissance, à l'environnement, à la politique budgétaire, etc. Il est donc devenu courant de disposer de macropanels où les dimensions temporelle et individuelle sont grandes. Cette structure du panel exige d'examiner attentivement les problèmes d'hétérogénéité des paramètres, de dépendance transversale, de stationnarité et de cointégration.

C'est dans ce contexte que les tests de racine unitaire et de cointégration sur données de panel ont vu le jour vers la fin des années 90. L'application de ces tests permet d'abord de contourner la difficulté liée à la non-disponibilité des séries temporelles longues. Ensuite, ces tests sont nettement plus puissants que ceux administrés sur les séries temporelles univariées. Banerjee (1999), Baltagi & Kao (2000), Choi (2006), Breitung & Pesaran (2008), Hurlin & Mignon (2008) fournissent d'excellentes synthèses sur les tests de racine unitaire et de cointégration en panel.

La théorie de la cointégration précise les conditions dans lesquelles il est approprié de faire une régression entre des variables non-stationnaires. Elle indique que même si les variables ne sont pas stationnaires, il n'est pas nécessaire de les différencier pour les rendre stationnaires, car la différenciation enlève les informations de long terme contenues dans les variables. Ces informations peuvent être prises en compte dans la modélisation des relations dynamiques entre les variables. Ainsi, estimer un modèle avec des variables en différence première n'est pas la bonne stratégie pour modéliser des variables non-stationnaires. Lorsque les variables sont cointégrées, il est possible de distinguer deux types de relations entre les variables notamment une relation de court terme et une relation de long terme. En revanche, en l'absence de cointégration, l'estimation d'une relation statique entre les variables pourrait souffrir du problème des régressions fallacieuses mis en avant par Granger & Newbold (1974). Dans ces conditions, les tests classiques de significativité des coefficients pourraient être biaisés.

Dans ce chapitre, nous présentons d'abord les différents tests de stationnarité en panel. Ensuite, nous exposons les tests de cointégration permettant d'explorer l'existence d'une relation de long terme entre des variables. Enfin, nous abordons les méthodes d'estimation des relations de cointégration et des modèles à correction d'erreur. Tous les tests ainsi que les méthodes d'estimation sont illustrés par des applications sur le logiciel Stata. À la fin de ce chapitre, le lecteur sera capable : i) d'effectuer des tests de stationnarité en données de panel, ii) de faire des tests de cointégration en données de panel, iii) d'estimer une relation de cointégration en utilisant différentes méthodes, et iv) d'estimer un modèle à correction d'erreur.

6.2 Tests de racine unitaire classiques

Les tests de racine unitaire sur données de panel présentent l'avantage d'être plus puissants que les tests en séries temporelles (Baltagi & Kao, 2000). Il existe une abondante littérature sur les tests de racine unitaire sur données de panel[22]. Cette littérature distingue deux générations de tests. Les tests dits de première génération, sont basés sur l'hypothèse d'indépendance transversale des observations.

---

[22] Pour une revue de littérature, voir Hurlin & Mignon (2005).

La deuxième génération de tests prolonge la première notamment en remettant en cause l'hypothèse d'indépendance entre les individus. Elle considère des spécifications très générales autorisant de multiples cas d'interdépendance individuelle. Dans ce chapitre, nous traitons uniquement des tests de racine unitaire de première génération. Les tests de racine unitaire de deuxième génération seront abordés dans le prochain chapitre.

Les principaux tests de stationnarité ou de racine unitaire de première génération que nous illustrons sont[23] :

- Test de Levin, Lin & Chu (2002) ;
- Test de Breitung (2000) ;
- Test de Im, Pesaran & Shin (2003) ;
- Test de Harris & Tzavalis (1999) ;
- Tests ADF-Fisher et PP-Fisher de Maddala & Wu (1999) et Choi (2001) ;
- Test de Hadri (2000).

Ces tests reposent sur la spécification autorégressive suivante :

$$\Delta y_{it} = \rho_i y_{it-1} + \sum_{j=1}^{p_i} \beta_{ij} \Delta y_{it-j} + X_{it}\delta_i + e_{it} \qquad (6.1)$$

On teste les hypothèses suivantes :

$$H_0 \colon \rho_i = 0 \text{ } vs \text{ } H_a \colon \rho_i < 0 \qquad (6.2)$$

Toutefois, les tests diffèrent suivant l'hypothèse sur la constance ou non du coefficient autorégressif ρ_i. Les tests de Levin, Lin & Chu (2002), Breitung (2000), Harris & Tzavalis (1999) et Hadri (2000) supposent l'homogénéité du coefficient autorégressif $\rho_i = \rho \; \forall \; i$. Les tests IPS, ADF-Fisher et PP-Fisher supposent que le coefficient ρ_i varie selon les individus, ce qui permet la prise en compte de l'hétérogénéité dans le paramètre autorégressif.

---

[23] Hlouskova & Wagner (2006) analysent la performance de ces tests.

Le test de Hadri (2000) est une version panel du test de stationnarité de KPSS, où l'hypothèse nulle correspond à la stationnarité pour l'ensemble des séries des N individus contre l'hypothèse alternative de non-stationnarité pour au moins certains individus du panel.

La commande « **xtunitroot** » permet de faire les tests de stationnarité précédents sous le logiciel Stata. D'une façon générale, la syntaxe de la commande se présente comme suit :

```
xtunitroot type_test variable, test_options
```

où :

- *type_test* désigne le test choisi ;
- *test_options* correspond aux options du test.

Ces options dépendent du test utilisé. Elles permettent de spécifier le choix de la constante, de la tendance et des retards ainsi que le critère d'information (Akaike, Schwarz, Hannan-Quin) retenu pour la détermination des retards.

Nous détaillons les commandes pour réaliser chacun des tests sus-évoqués. La procédure de test suit la même démarche que dans le cas des séries temporelles. Les tests sont appliqués sous les modèles « avec constante et tendance », « avec constante » et « sans constante ni tendance ».

6.2.1 Test de Levin-Lin-Chu

Le test LLC suppose l'homogénéité du paramètre autorégressif. Il présente de bonnes propriétés statistiques lorsque la dimension temporelle (T) du panel est relativement grande par rapport à la dimension individuelle (N). Ces considérations de taille peuvent s'avérer utiles dans le choix du test de racine unitaire.

La syntaxe de la commande du test de Levin-Lin-Chu est :

```
xtunitroot llc variable, trend nocons demean  lags(aic/bic/hqic #)
```

où :

- *trend* indique la présence d'une tendance linéaire ;

- *nocons* indique la présence d'une constante ;

- *demean* soustrait les moyennes individuelles avant d'appliquer le test;

- Les critères d'information AIC, BIC et HQIC permettent de déterminer le retard optimal entre 0 et la valeur indiquée par le symbole #.

L'option « *demean* » applique le test de racine unitaire sur la variable *centrée* par rapport à la moyenne transversale, ce qui permet de purger (partiellement) les données des effets des facteurs communs non observés corrélés avec les individus. Levin *et al.* (2002) recommandent cette procédure afin de réduire l'impact de la corrélation transversale.

Pour appliquer ce test à la variable *lconsp*, nous saisissons la commande ci-après :

```
xtunitroot llc lconsp, trend lags(aic 5)
```

Nous obtenons les résultats ci-après :

```
Levin-Lin-Chu unit-root test for lconsp
---------------------------------------
Ho: Panels contain unit roots               Number of panels  =      7
Ha: Panels are stationary                   Number of periods =     30
AR parameter: Common                        Asymptotics: N/T -> 0
Panel means:  Included
Time trend:   Included
ADF regressions: 0.71 lags average (chosen by AIC)
LR variance:     Bartlett kernel, 9.00 lags average (chosen by LLC)
------------------------------------------------------------------------------
                  Statistic      p-value
------------------------------------------------------------------------------
 Unadjusted t       -9.0854
 Adjusted t*        -3.3712        0.0004
------------------------------------------------------------------------------
```

La *p*-value du test ($p = 0{,}0004$) est inférieure à 1%, ce qui implique le rejet de l'hypothèse nulle de racine unitaire. La série *lconsp* serait stationnaire.

Afin de contrôler l'effet de la dépendance transversale, nous appliquons l'option « *demean* » et la commande devient :

```
xtunitroot llc lconsp, trend demean lags(aic 5)
```

Nous obtenons les résultats ci-après :

```
Levin-Lin-Chu unit-root test for lconsp
---------------------------------------
Ho: Panels contain unit roots              Number of panels  =      7
Ha: Panels are stationary                  Number of periods =     30

AR parameter: Common                       Asymptotics: N/T -> 0
Panel means:  Included
Time trend:   Included                     Cross-sectional means removed

ADF regressions: 3.43 lags average (chosen by AIC)
LR variance:     Bartlett kernel, 9.00 lags average (chosen by LLC)
------------------------------------------------------------------------------
                    Statistic      p-value
------------------------------------------------------------------------------
 Unadjusted t        -7.3772
 Adjusted t*          1.0114        0.8441
------------------------------------------------------------------------------
```

Nous obtenons une *p*-value (*p = 0,8441*) qui est supérieure à 5%. Par conséquent, l'hypothèse nulle de racine unitaire ne peut être rejetée. La série *lconsp* est non-stationnaire.

6.2.2 Test de Breitung

Breitung (2000) montre que son test est substantiellement plus puissant que les autres tests de racine unitaire pour les échantillons de taille modeste (n = 20, T = 30). La syntaxe du test de Breitung est :

```
xtunitroot breitung variable,  trend nocons lags( #) demean robust
```

En plus de l'option « *demean* », le test autorise l'option « *robust* » pour contrôler la double corrélation des résidus dans les dimensions individuelle et temporelle. L'option « *robust* » permet de corriger une dépendance transversale un peu plus complexe.

Pour appliquer le test de Breitung à la variable *lconsp*, nous saisissons la commande :

```
xtunitroot breitung lconsp, lags(5) trend robust
```

Nous obtenons les résultats suivants :

```
Breitung unit-root test for lconsp
------------------------------------
Ho: Panels contain unit roots              Number of panels  =      7
Ha: Panels are stationary                  Number of periods =     30

AR parameter: Common                       Asymptotics:  T,N -> Infinity
Panel means:  Included                                       sequentially
Time trend:   Included                     Prewhitening: 5 lags
------------------------------------------------------------------------------
                    Statistic      p-value
------------------------------------------------------------------------------
 lambda*              -0.0622       0.4752
------------------------------------------------------------------------------
 * Lambda robust to cross-sectional correlation
```

Nous faisons le test en excluant la tendance :

```
xtunitroot breitung lconsp, lags(5) robust
```

Nous obtenons les résultats suivants :

```
Breitung unit-root test for lconsp
------------------------------------
Ho: Panels contain unit roots              Number of panels  =      7
Ha: Panels are stationary                  Number of periods =     30

AR parameter: Common                       Asymptotics:  T,N -> Infinity
Panel means:  Included                                       sequentially
Time trend:   Not included                 Prewhitening: 5 lags
------------------------------------------------------------------------------
                    Statistic      p-value
------------------------------------------------------------------------------
 lambda*               0.3894       0.6515
------------------------------------------------------------------------------
 * Lambda robust to cross-sectional correlation
```

Dans les deux cas, le test de Breitung reporte une probabilité supérieure à 5%, suggérant que la série *lconsp* est non-stationnaire.

6.2.3 Test de Im-Pesaran-Shin

Le test IPS de Im-Pesaran-Shin autorise les paramètres autorégressifs à varier selon les individus sous l'hypothèse alternative. La syntaxe de la commande est :

```
xtunitroot ips variable, trend demean lags(aic/bic/hqic #)
```

Pour appliquer le test IPS à la variable *lconsp* sous le modèle avec tendance, nous entrons la commande :

```
xtunitroot ips lconsp, lags(aic 5) trend demean
```

Nous obtenons les résultats suivants :

```
Im-Pesaran-Shin unit-root test for lconsp
-----------------------------------------
Ho: All panels contain unit roots           Number of panels  =      7
Ha: Some panels are stationary              Number of periods =     30

AR parameter: Panel-specific                Asymptotics: T,N -> Infinity
Panel means:  Included                                        sequentially
Time trend:   Included                      Cross-sectional means removed

ADF regressions: 3.43 lags average (chosen by AIC)
------------------------------------------------------------------------------
                    Statistic      p-value
------------------------------------------------------------------------------
 W-t-bar              -2.6310       0.0043
------------------------------------------------------------------------------
```

La *p*-value (*p = 0,0043*) suggère que la série *lconsp* est stationnaire pour certains individus du panel.

Nous faisons le test IPS en excluant la tendance :

```
xtunitroot ips lconsp, lags(aic 5) demean
```

Nous obtenons les résultats suivants :

```
Im-Pesaran-Shin unit-root test for lconsp
-----------------------------------------
Ho: All panels contain unit roots           Number of panels  =      7
Ha: Some panels are stationary              Number of periods =     30

AR parameter: Panel-specific                Asymptotics: T,N -> Infinity
Panel means:  Included                                        sequentially
Time trend:   Not included                  Cross-sectional means removed

ADF regressions: 2.71 lags average (chosen by AIC)
------------------------------------------------------------------------------
                    Statistic      p-value
------------------------------------------------------------------------------
 W-t-bar              -2.6073       0.0046
------------------------------------------------------------------------------
```

La *p*-value (*p = 0,0046*) est inférieure à 1%. Nous rejetons l'hypothèse nulle de racine unitaire. La série *lconsp* est stationnaire pour certains individus du panel.

6.2.4 Test de Harris-Tzavalis

Le test de Harris-Tzavalis suppose que le paramètre autorégressif est identique pour tous les individus du panel. Ce test est pertinent pour les micropanels où la dimension individuelle (N) est relativement grande par rapport à la dimension temporelle (T). Bien que nous ne soyons pas dans cette situation, nous appliquons néanmoins le test à titre d'illustration.

La syntaxe de la commande du test de Harris-Tzavalis est :

```
xtunitroot ht variable, trend nocons demean
```

Nous utilisons l'option « *demean* » pour contrôler la corrélation transversale. La commande pour la variable *lconsp* est :

```
xtunitroot ht lconsp, trend demean
```

Nous obtenons les résultats suivants :

```
Harris-Tzavalis unit-root test for lconsp
-----------------------------------------
Ho: Panels contain unit roots                Number of panels  =      7
Ha: Panels are stationary                    Number of periods =     30

AR parameter: Common                         Asymptotics: N -> Infinity
Panel means:  Included                                    T Fixed
Time trend:   Included                       Cross-sectional means removed
------------------------------------------------------------------------------
                    Statistic          z          p-value
------------------------------------------------------------------------------
 rho                  0.7640       -0.0290         0.4884
------------------------------------------------------------------------------
```

Nous faisons le test en excluant la tendance :

```
xtunitroot ht lconsp, demean
```

Nous obtenons les résultats suivants :

```
Harris-Tzavalis unit-root test for lconsp
-----------------------------------------
Ho: Panels contain unit roots                Number of panels  =      7
Ha: Panels are stationary                    Number of periods =     30

AR parameter: Common                         Asymptotics: N -> Infinity
Panel means:  Included                                    T Fixed
Time trend:   Not included                   Cross-sectional means removed
------------------------------------------------------------------------------
                    Statistic          z          p-value
------------------------------------------------------------------------------
 rho                  0.8592       -1.1514         0.1248
------------------------------------------------------------------------------
```

Dans les deux cas, le test de Harris-Tzavalis indique que la variable *lconsp* n'est pas stationnaire.

6.2.5 Tests ADF-Fisher et PP-Fisher

Maddala & Wu (1999) considèrent l'hétérogénéité du paramètre autorégressif sous l'hypothèse alternative. S'inspirant des travaux de Fisher (1932), ils proposent une combinaison des *p*-values des tests individuels de racine unitaire. Une procédure *bootstrap* permet de contrôler la dépendance transversale entre les individus. Les tests ADF-Fisher et PP-Fisher ont été proposés respectivement par Maddala & Wu (1999) et Choi (2001).

- **Tests ADF-Fisher**

La syntaxe de la commande du test ADF-Fisher est :

```
xtunitroot fisher variable, dfuller nocons trend drift lags(#) demean
```

où:

- *dfuller* indique le test ADF ;
- *nocons* supprime la constante dans le modèle, ce qui implique que sous l'hypothèse nulle, la série est une marche aléatoire sans dérive. L'option « *nocons* » ne peut être utilisée avec les options « *trend* » ou « *drift* » ;
- *trend* indique la présence d'une tendance linéaire dans la série. Cette option ne peut être utilisée avec les options « *nocons* » ou « *drift* » ;
- *drift* indique que sous l'hypothèse nulle, la série est une marche aléatoire avec dérive. Cette option ne peut être utilisée avec les options « *nocons* » ou « *trend* » ;
- *lags(#)* indique le nombre de retards des variables en différence première.

Nous appliquons le test avec l'option « *demean* » en saisissant la commande ci-après :

```
xtunitroot fisher lconsp, dfuller lags(5 ) trend demean
```

Nous obtenons les résultats ci-après :

```
Fisher-type unit-root test for lconsp
Based on augmented Dickey-Fuller tests
--------------------------------------
Ho: All panels contain unit roots           Number of panels  =      7
Ha: At least one panel is stationary        Number of periods =     30

AR parameter: Panel-specific                Asymptotics: T -> Infinity
Panel means:  Included
Time trend:   Included                      Cross-sectional means removed
Drift term:   Not included                  ADF regressions: 5 lags
------------------------------------------------------------------------------
                                  Statistic      p-value
------------------------------------------------------------------------------
 Inverse chi-squared(14)   P       130.2506       0.0000
 Inverse normal            Z        -6.0441       0.0000
 Inverse logit t(39)       L*      -12.0386       0.0000
 Modified inv. chi-squared Pm       21.9693       0.0000
------------------------------------------------------------------------------
 P statistic requires number of panels to be finite.
 Other statistics are suitable for finite or infinite number of panels.
------------------------------------------------------------------------------
```

Le test conduit au rejet de l'hypothèse nulle de racine unitaire. La série *lconsp* est stationnaire au moins pour un pays.

Nous excluons la tendance en entrant la commande :

```
xtunitroot fisher lconsp, dfuller lags(5 ) demean
```

Nous obtenons les résultats suivants :

```
Fisher-type unit-root test for lconsp
Based on augmented Dickey-Fuller tests
--------------------------------------
Ho: All panels contain unit roots           Number of panels  =      7
Ha: At least one panel is stationary        Number of periods =     30

AR parameter: Panel-specific                Asymptotics: T -> Infinity
Panel means:  Included
Time trend:   Not included                  Cross-sectional means removed
Drift term:   Not included                  ADF regressions: 5 lags
------------------------------------------------------------------------------
                                  Statistic      p-value
------------------------------------------------------------------------------
 Inverse chi-squared(14)   P        74.1931       0.0000
 Inverse normal            Z        -4.6800       0.0000
 Inverse logit t(39)       L*       -7.3161       0.0000
 Modified inv. chi-squared Pm       11.3754       0.0000
------------------------------------------------------------------------------
 P statistic requires number of panels to be finite.
 Other statistics are suitable for finite or infinite number of panels.
------------------------------------------------------------------------------
```

Les résultats indiquent que la série *lconsp* est stationnaire au moins pour un pays.

- **Test PP-Fisher**

La syntaxe du test PP-Fisher est :

xtunitroot fisher *variable*, pperron nocons trend lags(#) demean

où :

- *pperron* indique le test PP ;
- *nocons* supprime la constante dans le modèle. L'option « *nocons* » ne peut être combinée avec l'option « *trend* » ;
- *trend* indique la présence d'une tendance linéaire dans la série. Cette option ne peut être combinée avec l'option « *nocons* » ;
- *lags(#)* indique le nombre de retards pour le calcul des écarts-types.

Pour appliquer le test PP-Fisher à la variable *lconsp*, saisissez la commande :

xtunitroot fisher lconsp, pperron lags(5) trend demean

Vous obtenez les résultats ci-après :

```
Fisher-type unit-root test for lconsp
Based on Phillips-Perron tests
-------------------------------------
Ho: All panels contain unit roots            Number of panels  =      7
Ha: At least one panel is stationary         Number of periods =     30

AR parameter:    Panel-specific              Asymptotics: T -> Infinity
Panel means:     Included
Time trend:      Included                    Cross-sectional means removed
Newey-West lags: 5 lags
------------------------------------------------------------------------------
                                  Statistic      p-value
------------------------------------------------------------------------------
 Inverse chi-squared(14)   P        26.3105       0.0236
 Inverse normal            Z        -1.2018       0.1147
 Inverse logit t(39)       L*       -1.5547       0.0641
 Modified inv. chi-squared Pm        2.3265       0.0100
------------------------------------------------------------------------------
 P statistic requires number of panels to be finite.
 Other statistics are suitable for finite or infinite number of panels.
------------------------------------------------------------------------------
```

Nous excluons la tendance en tapant la commande :

```
xtunitroot fisher lconsp, pperron lags(5) demean
```

Nous obtenons les résultats ci-après :

```
Fisher-type unit-root test for lconsp

Based on Phillips-Perron tests
-------------------------------------
Ho: All panels contain unit roots            Number of panels  =      7
Ha: At least one panel is stationary         Number of periods =     30

AR parameter:     Panel-specific             Asymptotics: T -> Infinity
Panel means:      Included
Time trend:       Not included               Cross-sectional means removed
Newey-West lags: 5 lags
------------------------------------------------------------------------------
                                 Statistic      p-value
------------------------------------------------------------------------------
 Inverse chi-squared(14)   P       16.7642       0.2690
 Inverse normal            Z       -0.8074       0.2097
 Inverse logit t(39)       L*      -0.7651       0.2244
 Modified inv. chi-squared Pm       0.5224       0.3007
------------------------------------------------------------------------------
 P statistic requires number of panels to be finite.
 Other statistics are suitable for finite or infinite number of panels.
------------------------------------------------------------------------------
```

Dans les deux cas, le test conduit à la conclusion que la variable *lconsp* est stationnaire dans au moins un pays.

6.2.6 Test de Hadri

Le test de Hadri s'inspire du test KPSS. Il admet comme hypothèse nulle la stationnarité de la série pour tous les individus. L'hypothèse alternative est que la série a une racine unitaire au moins pour certains individus du panel. Le test s'applique aux panels cylindrés dans lesquels la dimension temporelle (T) est grande par rapport à la dimension individuelle (N). La syntaxe de la commande du test de Hadri est :

xtunitroot hadri *variable*, trend demean robust

L'option « *robust* » permet d'obtenir une statistique de test robuste à l'hétéroscédasticité transversale.

Pour appliquer le test de Hadri à la série *lconsp*, nous entrons la ligne de commande ci-après :

```
xtunitroot hadri lconsp, trend demean robust
```

Nous obtenons les résultats ci-après :

```
Hadri LM test for lconsp
-------------------------
Ho: All panels are stationary                 Number of panels  =      7
Ha: Some panels contain unit roots            Number of periods =     30

Time trend:          Included                 Asymptotics: T, N -> Infinity
Heteroskedasticity:  Robust                                     sequentially
LR variance:         (not used)               Cross-sectional means removed
------------------------------------------------------------------------------
                     Statistic      p-value
------------------------------------------------------------------------------
 z                    18.5916        0.0000
------------------------------------------------------------------------------
```

La *p*-value (*p = 0,0000*) est inférieure à 1%. Nous rejetons l'hypothèse nulle que toutes les séries sont stationnaires en faveur de l'alternative qu'au moins une des séries a une racine unitaire. En excluant la tendance, nous aboutissons à la même conclusion.

6.2.7 Tests de racine unitaire robustes à l'hétéroscédasticité

La plupart des tests de racine unitaire sont fondés sur l'hypothèse d'homoscédasticité des erreurs. Ces tests sont biaisés si les erreurs sont hétéroscédastiques ou présentent une volatilité dépendante du temps (Demetrescu & Hanck, 2012 ; Herwartz, Siedenburg & Walle, 2016). Certains auteurs (Herwartz & Siedenburg, 2008 ; Demetrescu & Hanck, 2012a, 2012b ; Westerlund, 2014 ; Herwartz, Maxand & Walle, 2017 ; Arnold & Hanck, 2019 ; Herwartz, Maxand & Walle, 2023) proposent des tests de racine unitaire robustes à l'hétéroscédasticité ainsi qu'à une forme faible de dépendance transversale.

Herwartz, Maxand, Raters & Walle (2018) proposent une commande qui permet de réaliser les tests suggérés par Herwartz & Siedenburg (2008), Demetrescu & Hanck (2012a) et Herwartz, Maxand & Walle (2017).

La syntaxe de la commande est :

```
xtpurt var, test(testname) trend noconstant lagsel(method)
maxlags(#)
```

où:

- *test(testname)* indique le test utilisé: test de Herwartz & Siedenburg (2008), test de Demetrescu & Hanck (2012a) ou test de Herwartz, Maxand & Walle (2017). Les options possibles de *testname* sont "*hs*", "*dh*", "*hmw*" et "*all*". L'option "*all*" réalise conjointement les trois tests. Cependant, l'option "*hmw*" (test de Herwartz, Maxand, & Walle, 2017) nécessite la présence de la tendance dans l'équation de test ;

- *nocons* supprime la constante du modèle. Cette option ne peut être combinée avec l'option « *trend* », car cette dernière suppose automatiquement la présence de la constante ;

- *lagsel(method)* précise la méthode de sélection du retard optimal. On peut utiliser les critères *aic*, *bic* ou *hqic*. Par défaut, la commande utilise le critère *bic*.

- *maxlags(#)* indique le retard maximum. Le nombre par défaut est fixé à 4.

La commande s'applique aux panels cylindrés à pas temporel constant. Nous appliquons la commande pour examiner la stationnarité de la variable *lconsp*. En supposant la présence d'une tendance, nous entrons la ligne de commande ci-après :

```
xtpurt lconsp, test(all) trend maxlags(3)
```

Nous obtenons les résultats suivants :

```
All methods unit-root test for lconsp
--------------------------------------
Ho: Panels contain unit roots               Number of panels  =      7
Ha: Panels are stationary                   Number of periods =     30
                                            After rebalancing =     27

Constant:   Included                        Prewhitening: BIC
Time trend: Included                        Lag orders:   min=0 max=2
------------------------------------------------------------------------------
 Name                Statistic     p-value
------------------------------------------------------------------------------
 t_hs                   2.5398      0.9945
 t_dh                   2.3747      0.9912
 t_hmw                  1.7747      0.9620

------
Caution:    t_hs and t_dh are not robust to heteroskedasticity with trend
------------------------------------------------------------------------------
```

Les résultats des trois tests suggèrent que l'hypothèse de racine unitaire ne peut être rejetée aux seuils conventionnels (1%, 5% et 10%). La série *lconsp* n'est pas stationnaire.

Nous faisons le test en excluant la tendance :

```
xtpurt lconsp, test(all) maxlags(3)
```

Nous obtenons les résultats suivants :

```
All methods unit-root test for lconsp
--------------------------------------
Ho: Panels contain unit roots               Number of panels  =      7
Ha: Panels are stationary                   Number of periods =     30
                                            After rebalancing =     26

Constant:   Included                        Prewhitening: BIC
Time trend: Not included                    Lag orders:   min=1 max=3
------------------------------------------------------------------------------
 Name                Statistic     p-value
------------------------------------------------------------------------------
 t_hs                   2.5825      0.9951
 t_dh                   2.5293      0.9943
------------------------------------------------------------------------------
```

Les résultats indiquent que la série *lconsp* n'est pas stationnaire.

Nous appliquons le test à la série en différence première :

```
xtpurt dlconsp, test(all) maxlags(3)
```

Nous obtenons les résultats ci-après :

```
All methods unit-root test for dlconsp
---------------------------------------
Ho: Panels contain unit roots              Number of panels  =      7
Ha: Panels are stationary                  Number of periods =     29
                                           After rebalancing =     25

Constant:   Included                       Prewhitening: BIC
Time trend: Not included                   Lag orders:    min=1 max=3
------------------------------------------------------------------------------
 Name                Statistic      p-value
------------------------------------------------------------------------------
 t_hs                  -1.7980        0.0361
 t_dh                  -1.7362        0.0413
------------------------------------------------------------------------------
```

Les résultats indiquent que la série *lconsp* est stationnaire en différence première.

6.2.8 Observations sur la mise en œuvre des tests de racine unitaire

Les tests de racine unitaire se font de façon séquentielle en partant du modèle complet (constante et tendance) au modèle sans constante ni tendance. Suivant la significativité de la tendance et de la constante, on choisit la bonne spécification pour conduire le test de racine unitaire ou de stationnarité. Par conséquent, vous n'utiliserez pas nécessairement le même modèle de test pour toutes les variables. Chaque variable a son propre modèle à partir duquel vous déterminez son niveau d'intégration.

De même, chaque modèle a son nombre de retards optimal qui n'est pas nécessairement identique pour toutes les variables. Comme nous l'avons déjà indiqué, lorsque cela est possible, on peut utiliser les options « AIC », « BIC » et « HQIC » pour déterminer le nombre de retards. Toutefois, ces options ne fonctionnent pas pour tous les tests. Les résultats des tests de racine unitaire sont tributaires du choix des termes déterministes (constante et tendance) ainsi que du nombre de retards.

Par ailleurs, les tests exposés dans ce chapitre ne prennent pas en compte la dépendance transversale dans les données. Ils supposent que les séries sont indépendantes d'un individu à l'autre (absence de dépendance transversale), la seule corrélation admise étant au sein des observations d'un même individu (autocorrélation sérielle).

C'est pour cette raison qu'on les qualifie de tests de première génération. En présence de dépendance transversale, ces tests ne sont pas appropriés.

6.3 Tests de cointégration classiques

L'analyse de la cointégration connait un développement spectaculaire depuis les travaux pionniers d'Engle & Granger (1987) dans le cadre des séries temporelles. À la suite de ces auteurs, plusieurs techniques de cointégration basées sur les résidus ainsi que sur les modèles vectoriels autorégressifs ont été développées (Johansen, 1988 ; Phillips, 1991 ; Toda, 1994 ; Saikkonen & Lütkepohl, 1999 ; Johansen *et al.*, 2001 ; Trenkler, 2008 ; Gutierrez, 2010 ; Schmidt & Schweikert, 2022)[24]. Ces techniques de cointégration ont été étendues aux données de panel (McKoskey & Kao, 1998 ; Pedroni, 1999, 2004 ; Kao, 1999 ; Maddala & Wu, 1999 ; Larsson *et al.*, 2001 ; Groen & Kleibergen, 2003 ; Breitung, 2005 ; Westerlund, 2005 ; Larsson & Lyhagen, 2007 ; Örsal & Droge, 2014)[25].

Nous aborderons ici trois tests de cointégration : le test de Pedroni (1999, 2004), le test de Kao (1999) et le test de Westerlund (2005). Ces tests admettent pour hypothèse nulle l'absence de cointégration. L'hypothèse alternative des tests de Kao et de Pedroni suppose que les variables sont cointégrées pour chaque individu du panel. En revanche, pour le test de Westerlund (2005), l'hypothèse alternative considère que les variables sont cointégrées soit pour certains individus du panel soit pour tous les individus du panel. Ces tests sont basés sur les résidus de la relation entre les variables en niveau.

Nous effectuons ces tests de cointégration pour déterminer s'il existe une relation de long terme entre les variables de la fonction de consommation. Nous considérons la fonction de consommation sous la forme suivante :

$$lconsp_{it} = \alpha_i + \beta_i X_{it} + e_{it} \tag{6.3}$$

[24] Pour une revue, voir Hubrich *et al.* (2001).

[25] Pour une revue de ces tests de cointégration, voir Hurlin & Mignon (2007), Barbieri (2008), Banerjee & Wagner (2009), et Wagner & Hlouskova (2009).

Le test de Kao suppose que les coefficients de long terme sont homogènes ($\beta_i = \beta$). Au contraire, le test de Pedroni autorise ces coefficients à varier suivant les individus.

Les tests de Kao, Pedroni et Westerlund appliquent différents tests pour examiner la stationnarité des résidus de la relation ci-dessus. L'équation de test de racine unitaire s'écrit :

$$\Delta \hat{e}_{it} = \rho_i \hat{e}_{it-1} + \sum_{j=1}^{p_i} \pi_{ij} \Delta \hat{e}_{it} + u_{it} \qquad (6.4)$$

Le test de Kao suppose le coefficient autorégressif est identique pour tous les individus ($\rho_i = \rho$) sous l'hypothèse alternative de stationnarité. Pedroni, quant à lui, considère deux types de tests. L'un considère que le coefficient autorégressif (ρ_i) est homogène et l'autre suppose que ce coefficient varie selon les individus. De cette façon, Pedroni développe sept statistiques de test dont quatre supposent l'homogénéité du paramètre autorégressif et trois supposent l'hétérogénéité du coefficient.

Le test de Westerlund (2005) propose deux versions du test de cointégration. La première suppose que les variables sont cointégrées pour tous les individus sous l'hypothèse alternative et que le paramètre autorégressif est constant ($\rho_i = \rho$). La deuxième version du test suppose qu'il y a cointégration pour certains individus et que le paramètre autorégressif n'est pas homogène.

Depuis 2015, la commande « **xtcointtest** » a été développée pour réaliser les tests de cointégration de Kao, de Pedroni et de Westerlund. La syntaxe de la commande diffère suivant le test.

6.3.1 Test de cointégration de Kao

La syntaxe de la commande du test de Kao est :

```
xtcointtest kao var_dep var_exp, lags(lspec) kernel(kspec) demean
```

où :

- *var_dep* désigne la variable dépendante ;

- *var_exp* indique les variables explicatives ;

- *lags(lspec)* spécifie la structure des retards dans les tests ADF. Les options de *lspec* sont :

    - # indique le nombre de retards. La valeur par défaut est 1 (lags(1)) ;
    - *lags(aic|bic|hqic #)* indique que le critère *aic*, *bic* ou *hqic* est utilisé pour déterminer le retard maximal entre 1 et # ;

- *kernel(kspec)* indique la méthode utilisée pour estimer la matrice de variance de long-terme. Les options de *kspec* sont :

    - *Bartlett nwest* : méthode de Bartlett avec sélection automatique du retard suivant la méthode de Newey-West ; c'est l'option par défaut ;
    - *Bartlett* # : méthode de Bartlett avec un retard maximal de # ;
    - *parzen nwest* : méthode de Parzen suivant la méthode de Newey-West ;
    - *parzen* # : méthode de Parzen avec un retard maximal de # ;
    - *quadraticspectral nwest* : méthode spectrale quadratique suivant la méthode de Newey-West ;
    - *quadraticspectral* # : méthode spectrale quadratique avec un retard maximal de # ;

- *demean* : soustrait les moyennes individuelles. Cette option permet de réduire l'impact de la dépendance transversale (Levin *et al.*, 2002).

Dans le cas de la fonction de consommation, nous saisissons la commande ci-après :

```
xtcointtest kao lconsp lpibn lcpi lrem lcred, lags(aic 3)
```

Nous obtenons les résultats ci-après :

```
Kao test for cointegration
--------------------------
Ho: No cointegration                          Number of panels       =      7
Ha: All panels are cointegrated               Number of periods      =     28

Cointegrating vector: Same
Panel means:          Included                Kernel:                Bartlett
Time trend:           Not included            Lags:                  2.43 (Newey-West)
AR parameter:         Same                    Augmented lags:        1 (AIC)
------------------------------------------------------------------------------
                                              Statistic              p-value
------------------------------------------------------------------------------
 Modified Dickey-Fuller t                      -3.4336               0.0003
 Dickey-Fuller t                               -2.7705               0.0028
 Augmented Dickey-Fuller t                     -3.5310               0.0002
 Unadjusted modified Dickey-Fuller t           -3.9257               0.0000
 Unadjusted Dickey-Fuller t                    -2.9197               0.0018
------------------------------------------------------------------------------
```

Les statistiques de test ont des probabilités toutes inférieures à 1%, ce qui suggère le rejet de l'hypothèse nulle d'absence de cointégration.

6.3.2 Test de cointégration de Pedroni

Deux commandes permettent de réaliser le test de Pedroni. Nous commençons avec la commande « **xtcointtest pedroni** » et nous présentons la commande « xtpedroni » proposée par Neal (2014).

- **Test de Pedroni avec la commande « xtcointtest pedroni »**

Cette commande a pour syntaxe :

```
xtcointtest pedroni var_dep var_exp, ar(panelspecific|same) trend nocons lags(lspec) kernel(kspec) demean
```

où :

- *var_dep* désigne la variable dépendante ;
- *var_exp* désigne les variables explicatives ;
- *ar(panelspecific|same)* permet de spécifier si le paramètre autorégressif varie avec les individus (*panelspecific*) ou est constant pour tous les individus du panel (*same*) ; *ar*(*panelspecific*) est l'option par défaut ;
- *nocons* supprime les moyennes individuelles ; cette option ne peut être utilisée avec l'option « *trend* » ;

- *lags(lspec)* spécifie la structure des retards dans les tests ADF. Les options de *lspec* sont :

    - # indique le nombre de retards. La valeur par défaut est 1 (lags(1)) ;
    - *lags(aic|bic|hqic#)* indique que le critère AIC, BIC ou HQIC est utilisé pour déterminer le retard maximal entre 1 et # ;
    - *kernel(kspec)* indique la méthode utilisée pour estimer la variance de long-terme. Les options de *kspec* sont :
    - *Bartlett nwest* : méthode de Bartlett avec sélection automatique du retard suivant la méthode de Newey-West ; c'est l'option par défaut ;
    - *Bartlett #* : méthode de Bartlett avec un retard maximal de # ;
    - *parzen nwest* : méthode de Parzen suivant la méthode de Newey-West ;
    - *parzen #* : méthode de Parzen avec un retard maximal de # ;
    - *quadraticspectral nwest* : méthode spectrale quadratique suivant la méthode de Newey-West ;
    - *quadraticspectral #* : méthode spectrale quadratique avec un retard maximal de # ;

- *demean* soustrait les moyennes individuelles.

Pour tester l'existence d'une relation de cointégration entre les variables de la fonction de consommation, nous commençons par le cas où le paramètre autorégressif varie avec les individus. Dans ce cas, la commande s'écrit :

```
xtcointtest pedroni lconsp lpibn lcpi lrem lcred, lags(aic 3)
```

Nous obtenons les résultats ci-après :

```
Pedroni test for cointegration
------------------------------
Ho: No cointegration                        Number of panels       =     7
Ha: All panels are cointegrated             Number of periods      =    29

Cointegrating vector: Panel specific
Panel means:          Included              Kernel:            Bartlett
Time trend:           Not included          Lags:              0.00 (Newey-West)
AR parameter:         Panel specific        Augmented lags:    2 (AIC)
------------------------------------------------------------------------------
                                            Statistic          p-value
------------------------------------------------------------------------------
 Modified Phillips-Perron t                   1.3589           0.0871
 Phillips-Perron t                           -0.5286           0.2986
 Augmented Dickey-Fuller t                   -1.9490           0.0257
------------------------------------------------------------------------------
```

Deux statistiques sur les trois indiquent l'existence d'une relation de cointégration au seuil de 10%.

Nous incluons une tendance dans la relation de long terme :

```
xtcointtest pedroni lconsp lpibn lcpi lrem lcred, lags(aic 3)  trend
```

Nous obtenons les résultats ci-après :

```
Pedroni test for cointegration
------------------------------
Ho: No cointegration                        Number of panels       =     7
Ha: All panels are cointegrated             Number of periods      =    29

Cointegrating vector: Panel specific
Panel means:          Included              Kernel:            Bartlett
Time trend:           Included              Lags:              2.00 (Newey-West)
AR parameter:         Panel specific        Augmented lags:    2 (AIC)
------------------------------------------------------------------------------
                                            Statistic          p-value
------------------------------------------------------------------------------
 Modified Phillips-Perron t                   0.6428           0.2602
 Phillips-Perron t                           -2.1049           0.0176
 Augmented Dickey-Fuller t                   -3.3857           0.0004
------------------------------------------------------------------------------
```

Deux statistiques de test rejettent l'hypothèse nulle d'absence de cointégration en faveur de l'hypothèse alternative que les variables sont cointégrées pour tous les pays du panel avec une relation de long terme hétérogène.

Dans le cas où le paramètre autorégressif est homogène, la commande est :

```
xtcointtest pedroni lconsp lpibn lcpi lrem lcred, ar(same) lags(aic 3)
```

Nous obtenons les résultats ci-après :

```
Pedroni test for cointegration
------------------------------
Ho: No cointegration                         Number of panels       =      7
Ha: All panels are cointegrated              Number of periods      =     29

Cointegrating vector: Panel specific
Panel means:          Included               Kernel:            Bartlett
Time trend:           Not included           Lags:              0.00 (Newey-West)
AR parameter:         Same                   Augmented lags:    2 (AIC)
------------------------------------------------------------------------------
                                             Statistic          p-value
------------------------------------------------------------------------------
 Modified variance ratio                      -1.5218           0.0640
 Modified Phillips-Perron t                    1.0397           0.1492
 Phillips-Perron t                            -0.0975           0.4612
 Augmented Dickey-Fuller t                    -0.5818           0.2803
------------------------------------------------------------------------------
```

Lorsque nous imposons l'homogénéité du paramètre autorégressif, une statistique sur les quatre suggère l'existence d'une relation de cointégration pour tous les pays. En revanche, trois statistiques de test indiquent l'absence de cointégration.

- **Test de Pedroni avec la commande « xtpedroni »**

Neal (2014) propose la commande « **xtpedroni** » pour effectuer le test de cointégration de Pedroni. La syntaxe de la commande est[26] :

```
xtpedroni depvar indepvars, notdum nopdols trend lagselect(string)
adflags(#) mlags(#)
```

où :

- *depvar* désigne la variable dépendante ;
- *indepvars* désigne les variables explicatives ;

[26] Notons que la commande fait à la fois le test de cointégration de Pedroni et l'estimation DOLS. Nous avons conservé les options relatives au test de cointégration. Nous reviendrons sur l'estimation *group mean* DOLS dans la suite de ce chapitre.

- *notdum* ignore l'inclusion des variables indicatrices temporelles. Notons que ces variables permettent de centrer les variables par rapport aux moyennes transversales afin de corriger l'influence éventuelle de facteurs temporels communs ;

- *lagselect(string)* spécifie le critère d'information utilisé pour déterminer le nombre de retards dans les tests ADF. Le critère peut être *aic* (par défaut), *bic* ou *hqic* ;

- *adflags(#)* précise le nombre maximum de retards dans les tests ADF individuels ;

- *mlags(#)* indique le nombre de retards dans le calcul de la variance de long-terme. Si cette option est omise, le nombre de retards est déterminé automatiquement suivant la formule de Newey & West (1994). Cette option permet d'obtenir des variances robustes à l'hétéroscédasticité et à l'autocorrélation.

Nous illustrons cette commande à partir de la fonction de consommation. La commande se présente comme suit :

```
xtpedroni lconsp lpibn lcpi lrem lcred, nopdols notdum adflags(3)
```

Nous obtenons les résultats suivants :

```
Pedroni's cointegration tests:
No. of Panel units: 7         Regressors: 4
No. of obs.: 210              Avg obs. per unit: 30
Data has not been time-demeaned.

        --------------------------------------
          Test Stats. |     Panel      Group
        --------------+-----------------------
                    v |     .4016          .
                  rho |     .2563      .7186
                    t |    -.8288     -1.025
                  adf |     -1.87     -3.116
        --------------------------------------
All test statistics are distributed N(0,1), under a null of no
cointegration, and diverge to negative infinity (save for panel v).
```

Cette commande fournit directement les sept statistiques de test dans un même tableau. Toutefois, elle ne donne pas les *p*-values ou les valeurs critiques qui permettent d'interpréter plus aisément les résultats. Les valeurs critiques ont été tabulées par Pedroni (1999).

Si les statistiques de test sont inférieures à leurs valeurs critiques respectives, alors l'hypothèse nulle d'absence de cointégration est rejetée. Dans le cas contraire, on conclut qu'il existe une relation de cointégration entre les variables.

Pedroni (2004) démontre que les deux statistiques de test, « panel ADF » et « group ADF », présentent les meilleures propriétés pour les petits échantillons (T < 100).

Les statistiques de test suivant une loi normale standard, nous pouvons calculer leurs *p*-values respectives dans le cadre de tests unilatéraux. Par exemple, pour calculer la *p*-value associée à la statistique $adf = -1{,}87$, nous saisissons la commande suivante :

```
di normal(-1.87)
```

Dans cette commande, « *di* » signifie « display ».

En validant, on obtient les résultats suivants :

```
. di normal(-1.87)
.03074191
```

La *p*-value (*p=0,0307*) indique le rejet de l'hypothèse nulle d'absence de cointégration. En procédant de la même façon pour les autres statistiques, on obtient que les deux statistiques ADF (panel ADF et group ADF) affichent une *p*-value inférieure à 0,05, conduisant au rejet de l'hypothèse nulle d'absence de cointégration.

6.3.3 Test de cointégration de Westerlund

Le test de Westerlund (2005) est une extension aux panels de la statistique du ratio de variance suggérée par Breitung (2002). Ce test propose deux statistiques de tests non-paramétriques selon l'homogénéité ou l'hétérogénéité du paramètre autorégressif de l'équation de test de racine unitaire de la série des résidus.

La syntaxe de la commande permettant de faire le test de Westerlund est :

```
xtcointtest westerlund var_dep var_exp, somepanels/allpanels trend demean
```

où :

- *somepanels* indique que sous l'hypothèse alternative, il y a cointégration pour certains individus du panel. Cette option implique que le paramètre autorégressif dans les tests ADF varie selon l'individu. C'est l'option par défaut ;

- *allpanels* : Sous l'hypothèse alternative, il y a cointégration pour tous les individus du panel. Cette option impose un paramètre autorégressif identique pour tous les individus.

Nous appliquons ce test à la fonction de consommation. Sous l'hypothèse alternative de cointégration pour certains pays, nous saisissons la commande :

```
xtcointtest westerlund lconsp lpibn lcpi lrem lcred
```

Nous obtenons les résultats ci-après :

```
Westerlund test for cointegration
---------------------------------
Ho: No cointegration                          Number of panels     =      7
Ha: Some panels are cointegrated              Number of periods    =     30

Cointegrating vector: Panel specific
Panel means:          Included
Time trend:           Not included
AR parameter:         Panel specific
------------------------------------------------------------------------------
                                              Statistic          p-value
------------------------------------------------------------------------------
 Variance ratio                                -0.8863           0.1877
------------------------------------------------------------------------------
```

La *p*-value (*p = 0,1877*) ne permet pas de rejeter l'hypothèse nulle d'absence de cointégration.

Nous utilisons l'option « *all* » pour tester l'hypothèse nulle contre l'hypothèse alternative qu'il existe une relation de cointégration pour tous les individus. Le test est basé sur un test de racine unitaire dans lequel le paramètre autorégressif est constant.

La commande est :

```
xtcointtest westerlund lconsp lpibn lcpi lrem lcred, all
```

Nous obtenons les résultats ci-après :

```
Westerlund test for cointegration
--------------------------------
Ho: No cointegration                      Number of panels      =      7
Ha: All panels are cointegrated           Number of periods     =     30

Cointegrating vector: Panel specific
Panel means:          Included
Time trend:           Not included
AR parameter:         Same
-----------------------------------------------------------------------------
                                          Statistic          p-value
-----------------------------------------------------------------------------
 Variance ratio                            -0.6391           0.2614
-----------------------------------------------------------------------------
```

La *p*-value (*p = 0,2614*) ne permet pas de rejeter l'hypothèse nulle d'absence de cointégration.

Nous synthétisons les résultats des trois tests de cointégration dans le tableau ci-dessous :

Tableau 6.1 : Résultats des tests de cointégration classiques

Tests de cointegration	Statistique	*p-value*
1. Pedroni		
AR hétérogène		
Modified Phillips-Perron t	1.3589**	0.0871
Phillips-Perron t	-0.5286	0.2986
Augmented Dickey-Fuller t	-1.9490*	0.0257
AR homogène		
Modified variance ratio	-1.5218**	0.0640
Modified Phillips-Perron t	1.0397	0.1492
Phillips-Perron t	-0.0975	0.4612
Augmented Dickey-Fuller t	-0.5818	0.2803
2. Kao		
Modified Dickey-Fuller t	-3.4336*	0.0003
Dickey-Fuller t	-2.7705*	0.0028
Augmented Dickey-Fuller t	-3.5310*	0.0002
Unadjusted modified Dickey-Fuller t	-3.9257*	0.0000
Unadjusted Dickey-Fuller t	-2.9197*	0.0018
3. Westerlund		
AR hétérogène		
Variance ratio	-0.8863	0.1877
AR homogène		
Variance ratio	-0.6391	0.2614

Note: * (**) indique une significativité au seuil de 5% (10%).

Nous constatons que les tests de cointégration rejettent en majorité l'hypothèse nulle d'absence de cointégration. Sur la base de ces résultats, nous pouvons conclure qu'il existe une relation de cointégration entre les variables.

6.4 Estimation d'une relation de cointégration homogène

En présence de cointégration, il est possible d'estimer la relation de long terme entre les variables. À cet égard, plusieurs méthodes d'estimation peuvent être appliquées à l'instar des modèles de séries temporelles. Nous pouvons utiliser les méthodes d'estimation présentées dans le chapitre 3. Nous pouvons également utiliser les méthodes FMOLS (*Fully Modified Ordinary Least Squares*), DOLS (*Dynamic Ordinary Least Squares*) et CCR (*Canonical Cointegration Regression*).

Ces méthodes permettent d'obtenir des estimateurs efficients en corrigeant l'endogénéité des variables explicatives. L'estimateur FMOLS permet une correction non-paramétrique de l'endogénéité et de l'autocorrélation. L'estimateur DOLS fait une correction paramétrique de l'endogénéité et de l'autocorrélation par l'ajout des avances et des retards des variables explicatives dans la relation de cointégration. La version panel de l'estimateur FMOLS a été proposée par Phillips & Moon (1999) et Pedroni (1996, 2001a). Concernant l'estimateur DOLS en panel, le lecteur pourra se référer à Kao & Chiang (2001), Pedroni (2001b) et Mark & Sul (2003). Mark & Sul (2003) proposent une version DOLS en deux étapes où les observations individuelles sont pondérées par une estimation de la matrice de variance-covariance asymptotique.

Ayant analysé les propriétés statistiques de différents estimateurs OLS, Chen *et al.* (1999) arrivent à la conclusion que les estimateurs DOLS et FMOLS sont plus performants que l'estimateur OLS. Dans les échantillons de petite taille, Kao & Chiang (2000) montrent que l'estimateur DOLS est plus performant que les estimateurs OLS et FMOLS. Nous nous limitons à la méthode DOLS qui est applicable sous Stata.

L'estimateur DOLS consiste à augmenter le modèle par les avances et les retards des variables explicatives en différence première :

$$y_{it} = \alpha_i + \beta x_{it} + \sum_{j=-p}^{q} \gamma_j \Delta x_{it-j} + e_{it} \quad (6.5)$$

où p et q désignent respectivement le nombre d'avances et de retards.

La commande « **xtdolshm** » développée par Diallo (2010) permet d'appliquer la méthode DOLS. La syntaxe de la commande est :

```
xtdolshm depvar indepvars, nlags(#)  nleads(#)
```

où :

- *nlags(#)* indique le nombre de retards, fixé par défaut à 2 ;
- *nleads(#)* indique le nombre d'avances, fixé par défaut à 1.

Pour que la commande fonctionne, vous devez installer le module « *ltimbimata* » en tapant : ssc install ltimbimata, replace.

Nous appliquons la méthode DOLS à la fonction de consommation avec un retard et une avance :

```
xtdolshm lconsp lpibn lcpi lrem lcred, nlag(1) nlead(1)
```

En validant, nous obtenons les résultats ci-après :

```
DOLS Hom. Panel data Coint. Estimation results  Number of obs        =        189
Group variable: pays                            Number of groups     =          7
Wald chi2(4)   =   2048.07                      Obs per group: min   =         30
Prob > chi2    =     0.000                                     avg   =         30
                                                               max   =         30
                                                R-squared            =     0.9903
                                                Adj R-squared        =    0.9774
------------------------------------------------------------------------------
             | Coefficient  Std. err.      z    P>|z|     [95% conf. interval]
-------------+----------------------------------------------------------------
       lpibn |   .9250774   .0476823    19.40   0.000     .8316218    1.018533
        lipc |  -.1224016   .0987216    -1.24   0.215    -.3158924    .0710892
        lrem |   .0031975     .01896     0.17   0.866    -.0339633    .0403584
       lcred |   .0647764   .0282462     2.29   0.022     .0094149     .120138
------------------------------------------------------------------------------
```

Le revenu a un effet positif et significatif sur la consommation. Une hausse du revenu de 10% induit une augmentation de la consommation de 9,25%.

L'indice des prix et les transferts n'ont pas d'effet significatif sur la consommation. Une hausse du crédit de 10% induit une augmentation de la consommation de 0,65%.

6.5 Modèle à correction d'erreur

Lorsque les variables sont cointégrées, leur dynamique peut être modélisée par un modèle à correction d'erreur (en anglais : ECM pour Error-Correction Model). Le modèle ECM s'écrit sous la forme suivante :

$$\Delta Y_{it} = \lambda \hat{e}_{it-1} + \alpha_i + \sum_{j=1}^{p} \phi_j \Delta Y_{it-j} + \sum_{j=0}^{q} \gamma_j \Delta X_{it-j} + \mu_{it} \qquad (6.6)$$

où Yest la variable dépendante, X est le vecteur des variables explicatives, p et q désignent le nombre de retards respectivement des variables ΔY et ΔX; $\hat{e}_{it-1}$ est le résidu retardé de la relation de cointégration. Cette relation de long terme est homogène et peut être estimée par les méthodes que nous avons vues jusqu'ici. Nous verrons comment cette équation peut être spécifiée et estimée dans le cadre d'un modèle hétérogène. Le modèle à correction d'erreur est un modèle dynamique. Nous avons vu les problèmes économétriques que pose l'estimation de ce type de modèle par les méthodes classiques. Par conséquent, le modèle à correction d'erreur peut être estimé par les méthodes VI et GMM.

CHAPITRE 7

Hétérogénéité et dépendance transversale

7.1 Introduction

Les modèles économétriques que nous avons vus supposent que les coefficients des variables explicatives sont homogènes et que les erreurs ne sont pas corrélées. La non-corrélation des erreurs implique l'absence d'autocorrélation sérielle et de dépendance transversale. Si le panel est totalement hétérogène, on peut penser à estimer, de façon indépendante, le modèle pour chaque individu. Toutefois, une telle approche ignore la dépendance potentielle qui peut exister entre les individus et qui pourrait affecter les estimations individuelles.

L'hypothèse d'indépendance transversale des erreurs signifie qu'un choc sur un individu n'affecte pas les autres. Dans la réalité économique, une telle hypothèse peut s'avérer irréaliste notamment dans les échantillons comportant des individus liés entre eux ou exposés à des chocs communs. Par exemple, dans un échantillon de pays d'Afrique de l'Ouest, on peut penser qu'un choc en Côte d'Ivoire aura des répercussions au Mali, au Burkina Faso et au Niger. En effet, ces pays ont une forte population vivant en Côte d'Ivoire, qui transfère des ressources dans leur pays d'origine. En outre, en raison de leur enclavement, ces pays utilisent les ports ivoiriens dans le cadre de leur commerce international. À l'échelle mondiale, la croissance économique et les émissions de dioxyde de carbone dans les pays ont tendance à être affectées par les chocs technologiques, les catastrophes naturelles et les crises financières. Ignorer la dépendance transversale entre les individus pourrait conduire à des estimations fallacieuses (Pesaran, 2007).

Les deux premières questions auxquelles nous devons apporter des réponses avant même de songer à l'estimation d'un modèle de panel sont : les individus présentent-ils des spécificités individuelles susceptibles d'induire des comportements différents ?

Les individus présentent-ils une dépendance transversale susceptible d'affecter les comportements individuels ? Ces questions sont importantes, car elles déterminent les tests ainsi que les méthodes d'estimation à utiliser.

Ce chapitre prolonge les chapitres précédents en abordant les problèmes d'hétérogénéité et de dépendance entre les individus. Nous aborderons les tests statistiques permettant d'examiner la présence de dépendance transversale et de l'hétérogénéité dans un modèle de panel. Ces tests permettent de choisir entre deux catégories de tests de racine unitaire et de cointégration. Les tests de première génération supposent l'absence de dépendance transversale dans les données. En revanche, les tests de deuxième génération, quant à eux, apportent une contribution significative en prenant en compte la dépendance transversale dans les séries. Concernant les méthodes d'estimation, plusieurs estimateurs ont été proposés dans la littérature pour prendre en compte la dépendance transversale et l'hétérogénéité. Ces méthodes seront présentées et illustrées.

À la fin de ce chapitre, le lecteur sera capable : (i) d'effectuer le test de dépendance transversale, (ii) de faire le test d'homogénéité, (iii) d'appliquer les tests de racine unitaire de deuxième génération, (iv) d'effectuer les tests de cointégration de deuxième génération, (v) d'estimer un modèle présentant de l'hétérogénéité ou de la dépendance transversale.

7.2 Tests de dépendance transversale

Les méthodes d'estimation ainsi que les tests classiques (Student, Fisher, Wald…) reposent sur l'hypothèse que les erreurs du modèle ne sont pas corrélées de façon contemporaine. Cela signifie que $cov(u_{it}, u_{jt}) = 0$ pour $i \neq j$. Nous ferons allusion à cette hypothèse en utilisant le terme indépendance transversale.

Avant d'appliquer les tests de stationnarité et de cointégration sur données de panel, il convient de vérifier si l'hypothèse d'indépendance transversale est vérifiée ou non. Si cette hypothèse est vérifiée, alors les tests de racine unitaire de première génération peuvent être utilisés.

En revanche, en présence de dépendance transversale dans les variables ou les résidus, les tests de racine unitaire et de cointégration sont pour la plupart biaisés (Maddala & Wu, 1999 ; Phillips & Sul, 2003 ; Pesaran, 2007 ; Sarafidis & Wansbeek, 2012). Les tests de dépendance transversale déterminent les tests de racine unitaire et de cointégration à appliquer.

La littérature économétrique propose plusieurs tests de dépendance transversale. Les tests les plus connus sont ceux de Friedman (1937), Frees (1995), Breusch & Pagan (1980) et Pesaran (2004). Ces tests, qui s'appliquent aux résidus d'une régression (tests post-estimation), ont déjà été illustrés dans le chapitre 3. Une revue de ces tests se trouve dans De Hoyos & Sarafidis (2006), Moscone & Tosetti (2009), Sarafidis & Wansbeek (2012) et Chudik & Pesaran (2015a). Dans ce chapitre, nous présentons la version générale de la commande qui permet de faire le test de Pesaran (2004) tant pour une variable que pour les résidus issus d'une régression. Nous illustrons également le test de Pesaran, Ullah & Yamagata (2008).

7.2.1 Test CD de Pesaran

Considérons le modèle suivant :

$$Y_{it} = \alpha_i + \beta_i X_{it} + u_{it} \tag{7.1}$$

On définit le coefficient de corrélation entre les résidus par :

$$\hat{\rho}_{ij} = \frac{\sum_{t=1}^{T} \hat{u}_{it}\hat{u}_{jt}}{\left(\sum_{t=1}^{T} \hat{u}_{it}^2\right)^{1/2}\left(\sum_{t=1}^{T} \hat{u}_{jt}^2\right)^{1/2}} \tag{7.2}$$

L'hypothèse nulle que nous testons s'écrit :

$$H_0 : \quad \rho_{ij} = 0 \quad i \neq j \tag{7.3}$$

Breusch & Pagan (1980) proposent la statistique de type LM pour tester cette hypothèse. Cette statistique est définie par :

$$LM = T \sum_{i=1}^{N-1} \sum_{j=i+1}^{N} \hat{\rho}_{ij}^2 \tag{7.4}$$

Cette statistique suit asymptotiquement une distribution du Khi-deux à $N(N-1)/2$ degrés de liberté. Le test est performant lorsque la dimension individuelle (N) du panel est faible par rapport à la dimension temporelle (T). Pesaran (2004) met en évidence des distorsions lorsque la dimension individuelle du panel est large relativement à la dimension temporelle. Pour corriger les biais, Pesaran (2004) propose une autre version de la statistique de test définie par :

$$\mathrm{CD} = \sqrt{\frac{2\mathrm{T}}{N(N-1)}}\left(\sum_{\mathrm{i}=1}^{N-1}\sum_{j=i+1}^{N}\hat{\rho}_{\mathrm{ij}}\right) \tag{7.5}$$

Dans le cas d'un panel non-cylindré, la statistique de test est donnée par :

$$\mathrm{CD} = \sqrt{\frac{2}{N(N-1)}}\left(\sum_{\mathrm{i}=1}^{N-1}\sum_{j=i+1}^{N}\sqrt{T_{\mathrm{ij}}}\hat{\rho}_{\mathrm{ij}}\right) \tag{7.6}$$

où T_{ij} est le nombre d'observations communes aux individus i et j.

Dans les deux cas, la statistique CD suit asymptotiquement une loi normale centrée réduite. L'hypothèse nulle du test est l'indépendance transversale des erreurs. Le test CD est robuste à la présence de non-stationnarité, d'hétérogénéité et de ruptures structurelles. Il présenterait de bonnes performances même dans les échantillons de taille modeste. Une discussion détaillée du test est faite par De Hoyos & Sarafidis (2006), Pesaran (2015) et Chudik & Pesaran (2015a).

Sous Stata, l'application du test CD de Pesaran se fait à l'aide de la commande « **xtcd** ». La syntaxe de la commande est :

```
xtcd vars, resid
```

où :

- *vars* désigne la liste des variables testées;
- *resid* indique que la variable testée est un résidu de régression.

Dans ce cas, la commande procède à une certaine transformation en fonction des observations disponibles.

La commande « **xtcd** » généralise la commande « **xtcsd** » que nous avons utilisée dans le chapitre 3. Elle a l'avantage de s'appliquer à plusieurs séries à la fois et aussi bien aux séries qu'aux résidus issus d'une régression.

Nous illustrons la commande « **xtcd** » pour tester l'existence de dépendance transversale dans les variables. Avec cette commande, il est possible de tester toutes les variables à la fois en saisissant l'instruction ci-après :

```
xtcd lconsp lpibn lcpi lrem lcred
```

En validant, nous obtenons les résultats suivants :

```
Average correlation coefficients & Pesaran (2004) CD test

 Variables series tested: lconsp lpibn lcpi lrem lcred
                              Group variable: id
                            Number of groups: 7
                   Average # of observations: 35.00
                                    Panel is: balanced
---------------------------------------------------------
    Variable |    CD-test  p-value     corr  abs(corr)
-------------+-------------------------------------------
      lconsp |      24.34    0.000    0.970    0.970
-------------+-------------------------------------------
       lpibn |      24.61    0.000    0.981    0.981
-------------+-------------------------------------------
        lcpi |      24.90    0.000    0.992    0.992
-------------+-------------------------------------------
        lrem |      21.42    0.000    0.853    0.853
-------------+-------------------------------------------
       lcred |      24.16    0.000    0.962    0.962
---------------------------------------------------------
 Notes: Under the null hypothesis of cross-section
        independence CD ~ N(0,1)
```

Les résultats indiquent que l'hypothèse nulle d'absence de dépendance transversale peut être rejetée pour toutes les séries au seuil de 1%. Par conséquent, les séries présentent de la dépendance transversale.

Il est possible de tester une forme faible de dépendance transversale[27] en utilisant la commande « **xtcd2** » développée par Ditzen (2018). Pour cela, nous entrons la commande :

```
xtcd2 lconsp
```

[27] Voir Chudik, Pesaran & Tosetti (2011).

Nous obtenons les résultats suivants :

```
Pesaran (2015) test for weak cross-sectional dependence
H0: errors are weakly cross-sectional dependent.
        CD = 25.090
   p-value = 0.000
```

Nous illustrons maintenant l'application de la commande « **xtcd** » pour tester la dépendance transversale dans les résidus d'une régression. Nous appliquons une méthode d'estimation qui autorise tous les coefficients de la fonction de consommation à varier avec les individus (panel hétérogène) :

```
quietly xtmg  lconsp lpibn lcpi lrem lcred, res(res_mg)
```

```
xtcd  res_mg, resid
```

Nous obtenons les résultats suivants:

```
Average correlation coefficients & Pesaran (2004) CD test

 Residual series tested: res_mg
                              Group variable: id
                            Number of groups: 7
                   Average # of observations: 35.00
                                    Panel is: balanced

--------------------------------------------------------
    Variable |    CD-test  p-value     corr  abs(corr)
-------------+------------------------------------------
      res_mg |     -1.86    0.063    -0.074   0.281
--------------------------------------------------------
 Notes: Under the null hypothesis of cross-section
        independence CD ~ N(0,1)
```

Le test CD a une *p-value* supérieure à 0,05, ce qui suggère le non-rejet de l'hypothèse nulle d'indépendance au seuil de 5%. Toutefois, on rejette cette hypothèse au seuil de 10%.

7.2.2 Test LM de Pesaran-Ullah-Yamagata

Le test de Pesaran, Ullah & Yamagata (2008) propose une version ajustée de la statistique LM de Breusch & Pagan (1980) en utilisant la moyenne et la variance exactes de cette statistique de test. Ce test s'applique aux résidus d'une régression dans un panel hétérogène cylindré.

Burdisso & Sangiacomo (2016) ont développé et discuté la commande « **xtcsi** » permettant de réaliser le test de Pesaran, Ullah & Yamagata (2008). Cette commande fait également le test de Breusch & Pagan (1980) ainsi que celui de Pesaran (2004). La syntaxe de la commande est :

```
xtcsi depvar indepvars, trend
```

où :

- *depvar* désigne la variable dépendante ;
- *indepvars* désigne la liste des variables explicatives ;
- *trend* indique la présence d'une tendance dans la relation.

Nous illustrons cette commande à la fonction de consommation :

```
xtcsi lconsp lpibn lcpi lrem lcred
```

Nous obtenons les résultats suivants[28]:

```
Bias-adjusted LM test of error cross-section independence

H0: Cov(uit,ujt) = 0 for all t and i!=j
------------------------------------------
    Test    |  Statistic     p-value
-----------+------------------------------
LM          |    62.56          0.0000
LM adj*     |    15.96          0.0000
LM CD*      |   -1.859          0.0630
------------------------------------------
*two-sided test
```

La statistique LM de Breusch & Pagan (1980 ainsi que celle de Pesaran, Ullah & Yamagata (2008) rejettent l'hypothèse nulle d'absence de corrélation transversale. En revanche, le test de Pesaran (2004) ne rejette pas l'hypothèse nulle au seuil de 5%. Toutefois, au seuil de 10%, les trois tests rejettent l'hypothèse nulle d'absence de dépendance transversale.

[28] Vous devez installer les packages « xtcsi » et « matpwcorr » en suivant la procédure habituelle d'installation sous Stata.

7.3 Tests d'homogénéité des coefficients

Jusqu'ici nous avons estimé une fonction de consommation dans laquelle les coefficients sont constants, c'est-à-dire invariants avec les individus. La seule hétérogénéité possible est captée par les effets fixes. Cependant, chaque individu du panel peut avoir sa propre fonction de consommation. On parle alors d'hétérogénéité complète de la fonction de consommation[29]. Nous considérons le modèle général suivant :

$$lcons_{it} = \alpha_i + \beta_i X_{it} + u_{it} \tag{7.7}$$

Nous testons l'hypothèse suivante :

$$H_0: \quad \beta_1 = \beta_2 = \ldots = \beta_n \tag{7.8}$$

Il est possible d'ajouter la contrainte d'homogénéité des effets fixes. Le principe du test consiste à comparer les coefficients du modèle à coefficients homogènes (effets fixes) et celui à coefficients hétérogènes obtenus par MCO individu par individu. Le test est basé sur la différence entre ces deux ensembles de coefficients. Il est possible d'exclure certaines variables du test d'homogénéité ; ces variables auront des coefficients hétérogènes.

En présence d'hétérogénéité des comportements des individus du panel, les méthodes d'estimation imposant une homogénéité des coefficients sont biaisées et non efficaces (Pesaran & Smith, 1995). Par conséquent, avant d'estimer un modèle de panel, il convient au préalable de tester si les coefficients de pente sont homogènes ou hétérogènes. Cela permet d'envisager la méthode d'estimation la plus appropriée. À cet égard, plusieurs tests d'homogénéité ont été développés. L'un de ces tests est le test de Fisher (F-test). Mais ce test repose sur l'hypothèse d'homoscédasticité des erreurs. En outre, ce test n'est pas performant lorsque la dimension individuelle du panel dépasse la dimension temporelle (Bersvendsen & Ditzen, 2021).

---

[29]L'hétérogénéité des comportements peut aussi s'exprimer dans la dimension temporelle. Cette hétérogénéité temporelle se traduit alors par une fonction de consommation dans laquelle les coefficients prennent des valeurs différentes en fonction de la date à laquelle la relation est estimée.

La littérature économétrique propose divers tests d'homogénéité dans le cadre des modèles de panel: Swamy (1970), test de type Hausman[30], test de Hsiao (1986), test de Pesaran & Yamagata (2008), test de Blomquist & Westerlund (2013) et test de Breitung *et al.* (2016). Ces tests ne prennent pas en compte la dépendance transversale. Des tests d'homogénéité contrôlant la dépendance transversale ont été proposés par Phillips & Sul (2003), Ando & Bai (2015), Blomquist & Westerlund (2016) et Xu & He (2020). Dans cette section, nous illustrons successivement les tests de Swamy (1970), de Hsiao (1986), de Pesaran & Yamagata (2008) et de Blomquist & Westerlund (2013) qui sont disponibles sous Stata.

7.3.1 Test de Swamy

Le test de Swamy (1970) s'inscrit dans le cadre des modèles à coefficients aléatoires où les coefficients changent avec les individus[31]. Ce test a été développé pour les panels dans lesquels la dimension individuelle (N) est faible relativement à la dimension temporelle (T), en contrôlant l'hétéroscédasticité individuelle. Pour estimer le modèle à coefficients aléatoires de Swamy, nous utilisons la commande « **xtrc** » :

```
xtrc lconsp lpibn lcpi lrem lcred
```

Nous obtenons les résultats suivants :

```
Random-coefficients regression                  Number of obs      =        210
Group variable: id                              Number of groups   =          7

                                                Obs per group: min =         30
                                                               avg =       30.0
                                                               max =         30

                                                Wald chi2(4)       =    2017.72
                                                Prob > chi2        =     0.0000
------------------------------------------------------------------------------
      lconsp |      Coef.   Std. Err.      z    P>|z|     [95% Conf. Interval]
-------------+----------------------------------------------------------------
       lpibn |   .8218204    .1073316     7.66   0.000     .6114544    1.032186
        lcpi |   .1573951     .160993     0.98   0.328    -.1581454    .4729356
        lrem |   .0211552    .0487495     0.43   0.664    -.0743922    .1167026
       lcred |   .0134126    .0301799     0.44   0.657    -.0457389    .0725641
       _cons |    .370634    .2517142     1.47   0.141    -.1227167    .8639847
------------------------------------------------------------------------------
Test of parameter constancy:    chi2(30) =   540.95     Prob > chi2 = 0.0000
```

[30] Pesaran, Smith & Im (1996) proposent un test de type Hausman pour N>T, qui compare l'estimateur du modèle à effets fixes (FE) avec l'estimateur *mean group* (MG).

[31] Pour une revue de littérature sur ces modèles ainsi que sur la question de l'hétérogénéité, le lecteur peut consulter Swamy & Tavlas (2007), Hsiao & Pesaran (2008) et Browning & Carro (2007).

La dernière ligne du tableau indique les résultats du test d'homogénéité. Pour chaque individu, le modèle comporte cinq coefficients. Le test d'homogénéité porte alors sur un total de 30 restrictions d'égalité (5x (7-1)). La *p-value* du test suggère le rejet de l'hypothèse nulle d'homogénéité des coefficients de la fonction de consommation.

La commande « **xtrchh2** » permet d'obtenir les mêmes statistiques avec en sus les résultats pour chaque individu du panel. Toutefois, l'option « *nobetas* » permet de ne pas afficher les résultats pour chaque individu.

```
xtrchh2 lconsp lpibn lcpi lrem lcred, nobetas
```

Nous obtenons les résultats suivants :

```
Swamy random-coefficients regression            Number of obs      =       210
Group variable: id                              Number of groups   =         7
                                                Obs per group: min =        30
                                                               avg =      30.0
                                                               max =        30
                                                Wald chi2(4)       =   2017.72
                                                Prob > chi2        =    0.0000
------------------------------------------------------------------------------
             |      Coef.   Std. Err.      z    P>|z|     [95% Conf. Interval]
-------------+----------------------------------------------------------------
       lpibn |   .8218204   .1073316     7.66   0.000     .6114544    1.032186
        lcpi |   .1573951    .160993     0.98   0.328    -.1581454    .4729356
        lrem |   .0211552   .0487495     0.43   0.664    -.0743922    .1167026
       lcred |   .0134126   .0301799     0.44   0.657    -.0457389    .0725641
       _cons |    .370634   .2517142     1.47   0.141    -.1227167    .8639847
------------------------------------------------------------------------------
Test of parameter constancy:    chi2(30) =   540.95       Prob > chi2 = 0.0000
```

Le test de *poolabilité* de Swamy (1970) rejette l'hypothèse nulle d'homogénéité totale des coefficients de la fonction de consommation.

7.3.2 Test de Hsiao

Pour identifier la source de l'hétérogénéité, Hsiao (1986) considère le modèle général où l'hétérogénéité peut concerner aussi bien les constantes que les coefficients des variables explicatives :

$$Y_{\mathrm{it}} = \alpha_i + \beta_i X_{it} + u_{it} \tag{7.9}$$

où les perturbations u_{it} sont supposées indépendamment et identiquement distribuées, de loi normale d'espérance nulle et de variance σ^2.

À partir de ce modèle, plusieurs configurations sont possibles :

- **Cas 1** : Si les constantes ainsi que les coefficients de pente sont identiques, alors le panel est dit totalement homogène ;
- **Cas 2** : Si les constantes ainsi que les coefficients de pente diffèrent avec les individus, alors il existe n modèles distincts. Le panel est totalement hétérogène ;
- **Cas 3** : Si les n constantes sont identiques et les coefficients de pente diffèrent avec les individus, alors il existe n modèles distincts ;
- **Cas 4** : Si les n constantes varient avec les individus et les coefficients de pente sont identiques, alors on a un modèle à effets fixes.

Chacune de ces configurations renvoie à des hypothèses particulières sur l'hétérogénéité *versus* l'homogénéité des coefficients du modèle. Afin de discriminer entre les cas 1, 2 et 4, Hsiao (1986) propose une procédure de tests emboîtés. Cette procédure est décrite à l'annexe 1.

Il n'existe pas de commande pour réaliser le test d'homogénéité de Hsiao. Pour illustrer ce test, nous utilisons le programme ci-dessous. Il est préférable d'écrire ce programme dans un « *do file* » et de l'exécuter.

Programme pour exécuter le test de Hsiao

```
xtset id annee
* Calcul de SCR1 non contraint : estimation équation par équation
set more off
local SCR1=0
scalar N=7
scalar T=30
scalar K=4
forvalues i=1/7 {
qui reg lconsp lpibn lcpi lrem lcred if id==`i'
local SCR1=`SCR1'+e(rss)
    }
di `SCR1'
* Calcul de SCR1C contraint : estimation du modèle empilé
qui reg lconsp lpibn lcpi lrem lcred
```

```
local SCR1C=e(rss)
di `SCR1C'
*Calcul de la statistique de Fisher F1
local F1=((`SCR1C'-`SCR1')*(N*T-N*(K+1)))/(`SCR1'*(N-1)*(K+1))
*La P_value de F1
di "dof1 = " (N-1)*(K+1) "  dof2 = " (N*T-N*(K+1))
local PVF1=Ftail((K+1)*(N-1),(N*T-N*(K+1)),`F1')
* Calcul de SCR1CP : estimation du modèle à effets individuels
qui xtreg lconsp lpibn lcpi lrem lcred, fe
local SCR1CP=e(rss)
di `SCR1CP'
*Calcul de la statistique de Fisher F2
local F2=((`SCR1CP'-`SCR1')*(N*T-N*(K+1)))/(`SCR1'*(N-1)*K)
*La P_value de F2
di "dof1 = " K*(N-1) "  dof2 = " (N*T-N*(K+1))
local PVF2=Ftail(K*(N-1),(N*T-N*(K+1)),`F2')
*Calcul de la statistique de Fisher F3
local F3=(`SCR1C'-`SCR1CP')*(N*(T-1)-K)/(`SCR1CP'*(N-1))
*La P_value de F3
di "dof1 = " (N-1) "  dof2 = " (N*(T-1)-K)
local PVF3=Ftail((N-1),(N*(T-1)-K),`F3')
*Affichage des résultats
di in y " SCR1 = " in gr `SCR1'
di in y " SCR1C = " in gr `SCR1C'
di in y " SCR1CP = " in gr `SCR1CP'
di in y "F1 = " in gr `F1'
di in y "F2 = " in gr `F2'
di in y "F3 = " in gr `F3'
di in y "PvalF1 = " in gr `PVF1'
di in y "PvalF2 = " in gr `PVF2'
di in y "PvalF3 = " in gr `PVF3'
```

Les résultats du test de Hsiao sont reportés dans le Tableau ci-après :

Tableau 7.1 : Test d'homogénéité de Hsiao

Hypothèses	Fisher	*p-value*	Décision
H_1	10,218	0,000	On rejette H_1
H_2	7,491	0,000	On rejette H_2
H_3	11,850	0,000	On rejette H_3

Le test de Hsiao rejette les hypothèses H_1 et H_2. On est dans le cas 2 du schéma de Hsiao. La fonction de consommation est totalement hétérogène.

Si le modèle est totalement hétérogène, on peut s'interroger sur l'opportunité d'utiliser une spécification en panel. En effet, le modèle serait équivalent à n régressions « indépendantes ». Cependant, certains liens entre les individus peuvent justifier le recours à un modèle de panel. En effet, les termes d'erreur peuvent présenter une corrélation transversale qui fait penser aux modèles de régression apparemment non liés. Estimer les n équations en ignorant cette structure de dépendance transversale pourrait biaiser les estimations. En outre, les coefficients peuvent être des variables aléatoires avec une distribution de probabilité identique. Comment prendre en compte ces deux situations dans une approche de régression individu par individu ?

7.3.3 Test de Pesaran-Yamagata

Le test de Pesaran & Yamagata (2008) généralise le test de Swamy pour les panels dans lesquels les dimensions individuelle (N) et temporelle (T) sont grandes. Les auteurs proposent une normalisation de la statistique de test de Swamy de sorte qu'elle suive une distribution normale standard. En outre, ce test s'applique aussi bien aux panels cylindrés qu'aux panels non-cylindrés. Cependant, le test de Pesaran-Yamagata n'autorise pas de dépendance transversale, d'autocorrélation et d'hétéroscédasticité des erreurs.

Bersvendsen & Ditzen (2021) développent une commande qui permet de réaliser les trois versions du test d'homogénéité sus-indiquées. La syntaxe de la commande est :

```
xthst depvar indepvars, partial(varlist_p) noconstant ar hac cr(varlist_cr, cr_lags(numlist))
```

où :

- *depvar* désigne la variable dépendante ;

- *indepvars* désigne la liste des variables explicatives ;

- *varlist_p* représente les variables à exclure du test d'homogénéité. Lorsque le modèle comporte des effets fixes, ceux-ci sont automatiquement exclus du test ;

- *noconstant* supprime la constante α_i du modèle ;

- *ar* permet de spécifier une forme autorégressive des erreurs de type AR(p);

- *hac* permet de corriger les erreurs de l'hétéroscédasticité et de l'autocorrélation sérielle suivant la méthode de Blomquist & Westerlund (2013) ;

- *varlist_cr* désigne les variables dont les moyennes individuelles sont ajoutées à la régression. L'option *cr_lags(numlist)* spécifie le nombre de retards des variables moyennes. Si l'option *cr_lags* est omise, alors les variables moyennes sont utilisées en niveau sans retard ; cela revient aussi à spécifier *cr_lags(0)*. Il est possible d'introduire des retards différents sur les variables listées dans *varlist_cr*. Par exemple, cr(x_1 x_2, cr_lags(0 2)) signifie que les moyennes en niveau de x_1 et les moyennes retardées de deux périodes de x_2 sont ajoutées au modèle.

Nous appliquons cette commande à la fonction de consommation, en saisissant la ligne d'instruction suivante :

```
xthst lconsp lpibn lcpi lrem lcred
```

Nous obtenons les résultats suivants :

```
Testing for slope heterogeneity
(Pesaran, Yamagata. 2008. Journal of Econometrics)
H0: slope coefficients are homogenous
-----------------------------------------
         Delta           p-value
          9.802            0.000
 adj.    10.959            0.000
-----------------------------------------
Variables partialled out: constant
```

L'hypothèse nulle d'homogénéité des coefficients de pente est rejetée au seuil de 1%. Ces coefficients ne sont donc pas homogènes.

Nous voulons tester seulement l'homogénéité de l'élasticité-revenu, les coefficients des autres variables (*lcpi*, *lrem*, *lcred*) étant hétérogènes. Dans ce cas, la commande s'écrit :

```
xthst lconsp lpibn lcpi lrem lcred, partial(lcpi lrem lcred)
```

Nous obtenons les résultats suivants :

```
Testing for slope heterogeneity
(Pesaran, Yamagata. 2008. Journal of Econometrics)
H0: slope coefficients are homogenous
-------------------------------------
         Delta          p-value
          9.636           0.000
 adj.    10.220           0.000
-------------------------------------
Variables partialled out: lcpi lrem lcred constant
```

Le test confirme que l'élasticité-revenu de la consommation est hétérogène.

7.3.4 Test de Blomquist-Westerlund

Blomquist & Westerlund (2013) proposent une version du test de Pesaran-Yamagata, qui corrige l'hétéroscédasticité ainsi que l'autocorrélation sérielle. Toutefois, ce test ne contrôle pas la dépendance transversale des erreurs. En utilisant la technique des modèles à facteurs communs inobservables, Pesaran (2006) et Chudik & Pesaran (2015b) suggèrent d'ajouter à l'équation de régression les moyennes transversales retardées des variables dans le but de corriger la dépendance transversale. Bersvendsen & Ditzen (2021) montrent que cette procédure permet d'améliorer la performance du test de Pesaran-Yamagata.

La commande « **xthst** » de Bersvendsen & Ditzen (2021), présentée précédemment, permet également d'effectuer les deux versions du test de Blomquist & Westerlund (2013). Dans le chapitre 3, nous avons mis en évidence l'hétéroscédasticité ainsi que l'autocorrélation sérielle des résidus.

Pour traiter ces deux problèmes dans le test d'homogénéité, nous utilisons l'option « *hac* » (Heroskedastic autocorrelation : HAC) de la commande « **xthst** » :

```
xthst lconsp lpibn lcpi lrem lcred, hac
```

Nous obtenons les résultats ci-après :

```
Testing for slope heterogeneity
(Blomquist, Westerlund. 2013. Economic Letters)
H0: slope coefficients are homogenous
-----------------------------------------
        Delta            p-value
         4.185            0.000
 adj.    4.679            0.000
-----------------------------------------
HAC Kernel: bartlett
with average bandwith 3
Variables partialled out: constant
```

Nous aboutissons à la même conclusion selon laquelle les coefficients de la fonction de consommation ne sont pas homogènes.

Les tests de dépendance transversale ont mis en évidence l'existence d'une corrélation transversale aussi bien dans les résidus que dans les variables. Nous devons prendre en compte ce problème dans le test d'homogénéité des coefficients, en sus de l'hétéroscédasticité et de l'autocorrélation sérielle. À titre d'illustration, nous ajoutons les retards de deux périodes de la variable *lpibn* ainsi que les retards d'une période des autres variables. La commande s'écrit :

```
xthst lconsp lpibn lcpi lrem lcred, hac cr(lconsp lpibn lcpi lrem lcred,
cr_lags(1 2 1 1 1)
```

Nous obtenons les résultats suivants :

```
Testing for slope heterogeneity
(Blomquist, Westerlund. 2013. Economic Letters)
H0: slope coefficients are homogenous
-----------------------------------------
        Delta            p-value
         3.768            0.000
 adj.    4.684            0.000
-----------------------------------------
HAC Kernel: bartlett
with average bandwith 3
Variables partialled out: constant
Cross Sectional Averaged Variables:  lconsp(1) lpibn(2) lcpi(1) lrem(1) lcred(1)
```

En contrôlant l'hétéroscédasticité, l'autocorrélation et la dépendance transversale, le test d'homogénéité de Blomquist-Westerlund confirme que les coefficients de pente de la fonction de consommation ne sont pas homogènes.

Au total, les résultats des tests de dépendance transversale et d'hétérogénéité suggèrent que les individus du panel présentent de la dépendance transversale ainsi que de l'hétérogénéité. Par conséquent, nous devons utiliser des tests et des méthodes d'estimation qui tiennent compte de ces deux problèmes économétriques.

7.4 Tests de racine unitaire en présence de dépendance transversale

En présence de dépendance transversale, les tests de racine unitaire de première génération ne sont pas appropriés pour étudier la stationnarité des variables (Maddala & Wu, 1999 ; Strauss & Yigit, 2003 ; Banerjee *et al.*, 2004, 2005 ; Pesaran, 2006 ; Gengenbach *et al.*, 2009 ; Kapetanios *et al.*, 2011). De fait, ces tests conduisent au rejet trop fréquent de l'hypothèse nulle de racine unitaire lorsque la source de la non-stationnarité est commune aux individus. La plupart des séries macroéconomiques en panel concernent des pays, des entreprises ou des individus partageant des tendances communes sous-jacentes qui génèrent de la dépendance transversale.

Certains auteurs (Pesaran *et al.*, 1999 ; Perdroni, 1999 ; Levin *et al.*, 2002 ; Im *et al.*, 2003) suggèrent que le *demoyennage* préalable des variables permet de corriger partiellement la dépendance transversale dans les données. Cependant, cette technique n'est pas efficace notamment lorsque les covariances entre les paires d'individus diffèrent suivant les séries individuelles (Pesaran, 2007). Ce constat a suscité le développement des tests de racine unitaire dits de deuxième génération, qui relâchent l'hypothèse d'indépendance transversale (Choi, 2002 ; Chang, 2002, 2004 ; Phillips & Sul, 2003 ; Bai & Ng, 2004, 2010 ; Moon & Perron, 2004 ; Breitung & Das, 2005 ; Pesaran, 2007 ; Lopez, 2009 ; Shin, Park & Oh, 2009 ; Palm, Smeekes & Urbain, 2011 ; Costantini & Lupi, 2013). Ces tests estiment les facteurs communs pour approcher la dépendance entre les individus ; ils diffèrent selon la façon d'approximer ces facteurs communs[32]. Les facteurs communs peuvent

---

[32] Une revue des tests de racine unitaire de deuxième génération est faite par Breitung & Pesaran (2008), Barbieri (2009), Hurlin & Mignon (2005) et Karabiyik *et al.*

être approximés par la technique des composantes principales (Bai & Ng, 2002 ; Bai, 2009 ; Greenaway-McGrevy *et al.*, 2012) ou par celle des moyennes transversales (Pesaran, 2006)[33]. En utilisant la deuxième approche, Pesaran (2007) propose des versions modifiées des tests ADF et IPS. Dans cette approche, la dépendance transversale est corrigée en ajoutant à l'équation de test les moyennes transversales retardées en niveau et en différence première des séries. Les deux statistiques de tests sont notées CADF pour *Cross-sectionally Augmented Dickey Fuller* et CIPS pour *Cross-sectionally IPS*.

Le test de Pesaran est le plus utilisé, car sa mise en œuvre est plus simple que les autres tests de racine unitaire[34]. Par exemple, le test CADF procède à la régression augmentée suivante :

$$\Delta z_{it} = \alpha_i + \rho_i z_{it} + \delta_i \bar{z}_t + \sum_{j=1}^{m_i} \gamma_{ij}\, \Delta z_{it-j} + \sum_{j=0}^{m_i} \pi_{ij}\, \Delta \bar{z}_{t-j} + \varepsilon_{it} \quad (7.9)$$

Cette équation est la version augmentée de l'équation du test ADF classique à laquelle on a ajouté les variables $\bar{z}_t$ et $\Delta\bar{z}_{t-j}$ où $\bar{z}_t$ est définie par :

$$\bar{z}_t = \frac{1}{N}\sum_{i=1}^{N} z_{it} \quad (7.10)$$

La statistique CADF est obtenue en estimant l'équation (7.9) pour chaque individu et en calculant la moyenne des *t*-statistiques des coefficients ρ_i.

Les propriétés des statistiques des tests de Pesaran ont été étudiées par Cerasa (2008), Hamori & Hashiguchi (2012) et Westerlund,

(2019). de Silva *et al.* (2009), Gengenbach *et al.* (2009) et Westerlund (2015) étudient les performances de ces tests à partir de simulations Monte Carlo.

[33] Westerlund & Urbain (2015) comparent les mérites respectifs de ces deux approches.

[34] Dans la mesure où ce test utilise des régressions MCO, il est sensible à la présence de données extrêmes. L'existence de ces valeurs extrêmes pourrait donner la fausse impression que la série est stationnaire alors même qu'elle est non-stationnaire (Martin & Yohai, 1986). Shariff & Hamzah (2015) proposent une version du test CADF de Pesaran, basée sur l'estimateur GMM, qui serait plus robuste aux données extrêmes en présence de dépendance transversale.

Hosseinkouchack & Solberger (2016). En présence d'un seul facteur commun, ces tests s'avèrent performants.

Pesaran, Smith & Yamagata (2013) étendent le test de Pesaran (2007) en considérant des facteurs communs multiples. Cushman & Michael (2011) analysent la possibilité d'une tendance non linéaire dans le test IPS de Pesaran. Westerlund (2014) propose un test de racine unitaire robuste à la fois à l'hétéroscédasticité et à la dépendance transversale. Westerlund & Hosseinkouchack (2016) proposent une version modifiée de la statistique CIPS, qui suit une distribution normale standard.

Reese & Westerlund (2016), quant à eux, proposent le test PANICCA en combinant la méthode d'approximation des facteurs communs (par la moyenne) suggérée par Pesaran (2006) et la méthode PANIC de Bai & Ng (2004). De cette façon, ils construisent un test de racine unitaire qui a les avantages des tests PANIC et CIPS, mais moins affecté par leurs faiblesses respectives.

Carrion-i-Silvestre *et al.* (2005) développent le test PANKPSS en tant qu'extension du test KPSS pour prendre en compte à la fois la dépendance transversale et les changements structurels dans l'analyse de la stationnarité. Lee *et al.* (2016) modifient le test de Pesaran, Smith & Yamagata (2013) pour prendre en compte les ruptures structurelles. S'inspirant des tests de Zivot & Andrews (1992) et de Lumsdaine & Papell (1997), Chen, Karavias & Tzavalis (2022) proposent des tests de racine unitaire en présence de changement structurel. La plupart de ces tests n'étant pas encore disponibles sous Stata, nous nous limiterons aux tests de Pesaran (2007) et de Chen, Karavias & Tzavalis (2022).

7.4.1 Test CADF

La commande « **pescadf** », développée par Lewandowski (2006), permet d'effectuer le test CADF. La syntaxe de la commande est :

```
pescadf vars, lags(numlist)  trend nodemean
```

où :

- *vars* désigne la variable testée;
- *lags(numlist)* spécifie le nombre de retards pour tous les individus. Il est possible de spécifier une liste de retards pour chacun des individus du panel ;
- *trend* indique la présence d'une tendance linéaire;
- *nodemean* permet de ne pas centrer les variables.

Nous illustrons le test CADF à la variable *lconsp* dans le cas du modèle avec constante et sans tendance :

```
pescadf lconsp, lags(0)
```

Nous obtenons les résultats ci-après :

```
Pesaran's CADF test for lconsp
Cross-sectional average in first period extracted and extreme t-values truncated
Deterministics chosen: constant

t-bar test, N,T = (7,30)          Obs = 203
Augmented by 0 lags (average)

   t-bar     cv10      cv5       cv1    Z[t-bar]     P-value
  -2.206   -2.210   -2.330    -2.570   -1.216       0.112
```

La *p-value* (*p = 0,112*) est supérieure à 0,05. Nous ne pouvons pas rejeter l'hypothèse nulle de racine unitaire. Au seuil de 5%, la variable *lconsp* n'est pas stationnaire.

Nous effectuons le test dans le cas du modèle avec une constante et une tendance linéaire :

```
pescadf lconsp, lags(0)  trend
```

Nous obtenons les résultats ci-dessous :

```
Pesaran's CADF test for lconsp
Cross-sectional average in first period extracted and extreme t-values truncated
Deterministics chosen: constant & trend
t-bar test, N,T = (7,30)          Obs = 203
Augmented by 0 lags (average)
    t-bar      cv10       cv5       cv1   Z[t-bar]     P-value
   -3.616   -2.730    -2.860    -3.100   -3.714      0.000
```

La *p-value* ($p = 0{,}000$) du test est inférieure à 0,05. Nous rejetons l'hypothèse nulle de racine unitaire. Au seuil de 5%, la variable *lconsp* est stationnaire.

Nous faisons le test en spécifiant un retard :

```
pescadf lconsp, lags(1)
```

Nous obtenons les résultats ci-après :

```
Pesaran's CADF test for lconsp
Cross-sectional average in first period extracted and extreme t-values truncated
Deterministics chosen: constant
t-bar test, N,T = (7,30)          Obs = 196
Augmented by 1 lags (average)
    t-bar      cv10       cv5       cv1   Z[t-bar]     P-value
   -1.722   -2.210    -2.330    -2.570    0.105      0.542
```

Dans le cas du modèle avec la tendance, nous entrons la commande :

```
pescadf  lconsp, lags(1)  trend
```

Nous obtenons les résultats ci-après :

```
Pesaran's CADF test for lconsp
Cross-sectional average in first period extracted and extreme t-values truncated
Deterministics chosen: constant & trend

t-bar test, N,T = (7,30)          Obs = 196
Augmented by 1 lags (average)

    t-bar      cv10       cv5       cv1   Z[t-bar]     P-value
   -2.547    -2.730    -2.860    -3.100    -0.675      0.250
```

Nous constatons qu'en choisissant un modèle autorégressif avec un retard, avec une tendance ou non, la série *lconsp* n'est pas stationnaire. Nous arrivons à la même conclusion pour un modèle avec deux retards.

Ainsi, les résultats du test CADF dépendent du choix des termes déterministes (constante et tendance) ainsi que du nombre de retards. Le tableau ci-dessous présente les conclusions des tests CADF pour l'ensemble des variables en niveau.

Tableau 7.2 : Résultats des tests de racine unitaire CADF

Option : Constante					
Retard	Lconsp	Lpibn	Lipc	lrem	lcred
0	Non I(0)	Non I(0)	I(0)	I(0)	I(0)
1	Non I(0)	Non I(0)	Non I(0)	Non I(0)	I(0)
2	Non I(0)	Non I(0)	Non I(0)	Non I(0)	I(0)
Option : Tendance					
Retard	lconsp	Lpibn	Lipc	lrem	lcred
0	I(0)	Non I(0)	I(0)	Non I(0)	I(0)
1	Non I(0)	Non I(0)	Non I(0)	Non I(0)	I(0)
2	Non I(0)	Non I(0)	Non I(0)	Non I(0)	I(0)

Toutes les variables sont non-stationnaires à l'exception de *lcred* qui est stationnaire.

7.4.2 Test CIPS

Plusieurs commandes permettent d'effectuer le test CIPS de Pesaran (2007). Nous présentons les commandes les utilisées, notamment « **xtcips** » et « **multipurt** ».

- **La commande « xtcips »**

La syntaxe de cette commande est :

```
xtcips x, maxlags(#) bglags(numlist) trend noc
```

où :

- *x* désigne la variable à tester ;

- *maxlags(#)* spécifie l'ordre maximum de retards pour chaque individu. La commande détermine le nombre de retards pour chaque individu suivant un processus itératif de 0 à *maxlags*, basé sur un test de significativité ;

- *bglags(numlist)* spécifie l'ordre de l'autocorrélation à tester à l'aide du test de Breusch–Godfrey pour chaque régression individuelle. Si on indique un seul nombre, celui-ci s'appliquera à tous les individus. On peut spécifier une liste de nombres pour chaque individu ;

- *trend* indique la présence d'une tendance linéaire ;

- *noc* supprime la constante.

Le test s'applique à un panel cylindré. En fonction du choix des termes déterministes (constante et tendance), le test se fait à partir de trois modèles :

Modèle [1] sans tendance et sans terme constant :

```
xtcips x , maxlags(#) bglags(numlist) noc
```

Modèle [2] sans tendance et avec terme constant :

```
xtcips  x, maxlags(#) bglags(numlist)
```

Modèle [3] avec tendance et terme constant :

```
xtcips x, maxlags(#) bglags(numlist) trend
```

La statistique CIPS n'est pas assortie d'une probabilité critique. La règle de décision est basée sur les valeurs critiques :

- Si la statistique CIPS est supérieure à la valeur critique au seuil fixé alors la série est non stationnaire ;
- Si la statistique CIPS est inférieure à la valeur critique au seuil fixé alors la série est stationnaire.

Nous illustrons le test CIPS sur la variable *lconsp*. Nous commençons par le modèle sans constante ni tendance :

```
xtcips lconsp, maxlags(2) bglags(2) noc
```

En validant, nous obtenons les résultats suivants :

```
Pesaran Panel Unit Root Test with cross-sectional and first difference mean
included for lconsp
Deterministics chosen: no constant nor trend
Dynamics: lags criterion decision General to Particular based on F joint test
H0 (homogeneous non-stationary): bi = 0 for all i
CIPS =    -1.373            N,T = (7,30)
-------------------------------------------------------
                   |      10%         5%          1%
-------------------+-----------------------------------
Critical values at |     -1.57       -1.72       -1.98
-------------------------------------------------------
```

La statistique CIPS affiche une valeur égale à -1,373, qui est supérieure à la valeur critique au seuil de 5%. Par conséquent, nous ne rejetons pas l'hypothèse nulle de racine unitaire. Au seuil de 5%, la variable *lconsp* n'est pas stationnaire.

Pour le modèle avec constante, nous entrons la commande :

```
xtcips lconsp, maxlags(2) bglags(2)
```

En validant, nous obtenons les résultats suivants :

```
Pesaran Panel Unit Root Test with cross-sectional and first difference mean
included for lconsp
Deterministics chosen: constant
Dynamics: lags criterion decision General to Particular based on F joint test
H0 (homogeneous non-stationary): bi = 0 for all i

CIPS =    -1.884        N,T = (7,30)
---------------------------------------------------
                  |     10%        5%         1%
------------------+--------------------------------
Critical values at |    -2.21      -2.33      -2.57
---------------------------------------------------
```

La statistique CIPS reporte une valeur de -1,884, qui est supérieure à la valeur critique au seuil de 5%. Nous ne rejetons pas l'hypothèse nulle de racine unitaire. Au seuil de 5%, la variable *lconsp* n'est pas stationnaire.

Pour le modèle avec constante et tendance, nous entrons la commande suivante :

```
xtcips lconsp, maxlags(2) bglags(2) trend
```

En validant, nous obtenons les résultats ci-dessous :

```
Pesaran Panel Unit Root Test with cross-sectional and first difference mean
included for lconsp
Deterministics chosen: constant & trend
Dynamics: lags criterion decision General to Particular based on F joint test
H0 (homogeneous non-stationary): bi = 0 for all i
CIPS =    -2.899        N,T = (7,30)
---------------------------------------------------
                  |     10%        5%         1%
------------------+--------------------------------
Critical values at |    -2.73      -2.86      -3.1
---------------------------------------------------
```

La statistique CIPS reporte une valeur de -2,899, qui est inférieure à la valeur critique au seuil de 5%. On rejette l'hypothèse nulle de racine unitaire. Au seuil de 5%, la variable *lconsp* est stationnaire.

Le tableau ci-dessous fait la synthèse des conclusions des tests CIPS.

Tableau 7.3 : Résultats des tests de racine unitaire CIPS

Modèle [1] sans tendance et sans terme constant					
Retard	lconsp	Lpibn	lipc	Lrem	lcred
2	Non I(0)	I(0)	I(0)	I(0)	I(0)
Modèle [2] sans tendance et avec terme constant					
Retard	lconsp	Lpibn	lipc	Lrem	lcred
2	Non I(0)	Non I(0)	I(0)	I(0)	I(0)
Modèle [3] avec tendance et avec terme constant					
Retard	lconsp	Lpibn	lipc	lrem	lcred
2	I(0)	Non I(0)	Non I(0)	Non I(0)	I(0)

Toutes les variables sont non-stationnaires à l'exception de la variable *lcred* qui est stationnaire.

- **La commande « multipurt »**

Cette commande, développée par Eberhardt (2011), réalise simultanément le test de première génération de Maddala & Wu (1999) et le test de deuxième génération de Pesaran (2007). En outre, elle s'applique simultanément à plusieurs variables.

La syntaxe de la commande est :

```
multipurt varname, lags(numlist)
```

où :

- *varname* désigne la liste des variables. Le nombre maximum de variables est fixé à 9 ;

- *lags(numlist)* spécifie l'ordre maximum de retards pour les régressions individuelles.

Nous utilisons cette commande pour tester la stationnarité des variables de la fonction de consommation. Pour cela, nous entrons la commande :

```
multipurt lconsp lpibn lcpi lrem lcred, lags(3)
```

Nous obtenons les résultats suivants :

```
First and Second-Generation Panel Unit Root Tests

Variables tested:             lconsp lpibn lcpi lrem lcred
Group variable:               id
Number of groups:             7
Total # of observations:      210+
Average # of observations:    30.00+
Panel is balanced and has gaps
+ Full sample statistics prior to testing.
---------------------------------------------------------
(A) Maddala and Wu (1999) Panel Unit Root test (MW)
---------------------------------------------------------
|     Specification without trend
------------+--------------------------------------------
Variable |  lags   chi_sq   p-value
------------+--------------------------------------------
lconsp |    0     43.775     0.000
lconsp |    1     17.846     0.214
lconsp |    2     17.024     0.255
lconsp |    3     15.691     0.333
------------+--------------------------------------------
lpibn |    0     42.712     0.000
lpibn |    1     10.191     0.748
lpibn |    2     10.744     0.706
lpibn |    3     10.841     0.698
------------+--------------------------------------------
lcpi |    0    123.564     0.000
lcpi |    1      5.074     0.985
lcpi |    2      6.732     0.945
lcpi |    3      3.982     0.996
------------+--------------------------------------------
lrem |    0     31.484     0.005
lrem |    1      7.145     0.929
lrem |    2      7.566     0.911
lrem |    3     10.140     0.752
------------+--------------------------------------------
lcred |    0      4.329     0.993
lcred |    1      3.320     0.998
lcred |    2      3.525     0.998
lcred |    3      2.335     1.000
---------------------------------------------------------
---------------------------------------------------------
|     Specification with trend
------------+--------------------------------------------
Variable |  lags   chi_sq   p-value
------------+--------------------------------------------
lconsp |    0    117.793     0.000
lconsp |    1     17.805     0.216
lconsp |    2     15.758     0.328
lconsp |    3     34.962     0.001
------------+--------------------------------------------
lpibn |    0    155.133     0.000
lpibn |    1     17.710     0.220
lpibn |    2     28.691     0.012
lpibn |    3     11.774     0.624
------------+--------------------------------------------
```

```
lcpi |      0   379.142     0.000
lcpi |      1    19.742     0.138
lcpi |      2     9.977     0.764
lcpi |      3     4.228     0.994
-------------+----------------------------------------
lrem |      0    49.105     0.000
lrem |      1    25.294     0.032
lrem |      2    18.164     0.199
lrem |      3    14.970     0.380
-------------+----------------------------------------
lcred |     0    92.132     0.000
lcred |     1    52.860     0.000
lcred |     2    46.661     0.000
lcred |     3    16.382     0.291
------------------------------------------------------

------------------------------------------------------
(B) Pesaran (2007) Panel Unit Root test (CIPS)
------------------------------------------------------
|      Specification without trend
-------------+----------------------------------------
Variable |  lags   Zt-bar   p-value     t-bar
-------------+----------------------------------------
lconsp |     0    -1.216     0.112         .
lconsp |     1     0.105     0.542         .
lconsp |     2    -0.110     0.456         .
lconsp |     3    -2.171     0.015         .
-------------+----------------------------------------
lpibn |     0    -1.628     0.052         .
lpibn |     1     0.370     0.644         .
lpibn |     2    -0.203     0.419         .
lpibn |     3     0.650     0.742         .
-------------+----------------------------------------
lcpi |     0    -3.539     0.000         .
lcpi |     1    -1.109     0.134         .
lcpi |     2    -0.404     0.343         .
lcpi |     3     0.845     0.801         .
-------------+----------------------------------------
lrem |     0    -1.911     0.028         .
lrem |     1    -1.181     0.119         .
lrem |     2    -0.420     0.337         .
lrem |     3    -1.200     0.115         .
-------------+----------------------------------------
lcred |     0    -3.990     0.000         .
lcred |     1    -4.606     0.000         .
lcred |     2    -3.595     0.000         .
lcred |     3    -2.378     0.009         .
------------------------------------------------------
|      Specification with trend
-------------+----------------------------------------
Variable |  lags   Zt-bar   p-value     t-bar
-------------+----------------------------------------
lconsp |     0    -3.714     0.000         .
lconsp |     1    -0.675     0.250         .
lconsp |     2    -0.189     0.425         .
lconsp |     3    -2.337     0.010         .
-------------+----------------------------------------
lpibn |     0    -0.361     0.359         .
lpibn |     1     1.223     0.889         .
lpibn |     2     1.152     0.875         .
lpibn |     3     1.516     0.935         .
-------------+----------------------------------------
lcpi |     0    -1.789     0.037         .
lcpi |     1     0.013     0.505         .
lcpi |     2     0.853     0.803         .
lcpi |     3     1.825     0.966         .
-------------+----------------------------------------
lrem |     0    -0.198     0.421         .
lrem |     1     0.353     0.638         .
```

```
lrem |     2     1.393     0.918        .
lrem |     3     0.116     0.546        .
------------+-------------------------------------
lcred |     0    -3.926     0.000        .
lcred |     1    -3.829     0.000        .
lcred |     2    -2.365     0.009        .
lcred |     3    -1.594     0.056        .
--------------------------------------------------
Null for MW and CIPS tests: series is I(1).
MW test assumes cross-section independence.
CIPS test assumes cross-section dependence is in
form of a single unobserved common factor.

-multipurt- uses Scott Merryman's -xtfisher- and
Piotr Lewandowski's -pescadf-.
```

L'interprétation de ces tests se fait à partir des *p-values*.

7.4.3 Tests de racine unitaire avec rupture structurelle

Les tests de racine unitaire sont biaisés dans le sens du non-rejet de l'hypothèse de racine unitaire lorsque la série comporte une ou plusieurs ruptures structurelles. Dans le cas des séries temporelles, plusieurs tests de racine unitaire ont été développés pour tenir compte d'une rupture dans la série. Dans le contexte des panels, Carrion-i-Silvestre *et al.* (2005), Lee *et al.* (2016) et Chen, Karavias & Tzavalis (2022) proposent des tests de racine unitaire en présence de changement structurel.

Le test de Karavias & Tzavalis (2014) s'inspire de ceux de Zivot & Andrews (1992) et Lumsdaine & Papell (1997). Il autorise la présence d'une ou deux ruptures structurelles dans les composantes déterministes de la série. L'hypothèse nulle du test est que la série a une racine unitaire pour tous les individus du panel. L'hypothèse alternative est que pour tous ou certains individus du panel, la série est stationnaire avec rupture dans les composantes déterministes (constante et tendance). Toutefois, contrairement au test de Carrion-i-Silvestre *et al.* (2005), les dates de rupture sont communes à tous les individus, mais l'ampleur de la rupture diffère selon les individus. Les tests sont robustes à la non-normalité, à l'hétéroscédasticité, à la dépendance transversale et à l'hétérogénéité[35].

[35] Karavias & Tzavalis (2016, 2017) étudient la puissance de ces tests.

La commande « **xtbreak** » permet d'effectuer le test de racine unitaire en présence de rupture structurelle (Ditzen, Karavias, & Westerlund, 2021 ; Karavias, Narayan & Westerlund, 2023).

Le lecteur pourra consulter l'aide de Stata pour une documentation de cette commande.

En raison de sa simplicité, nous illustrons la commande « **xtbunitroot** » qui permet d'effectuer le test de Karavias & Tzavalis (2014). Cette commande a été développée par Chen, Karavias & Tzavalis (2022). La syntaxe de la commande est :

```
xtbunitroot varname, trend unknown(#) csd het
```

où :

- *varname* est la variable testée ;
- *trend* indique la présence de la constante et de la tendance ;
- *unknown(#)* indique le nombre de ruptures dans la série. Les *p-values* seront calculées par *bootstrap* à partir de 100 réplications ;
- *csd* applique le *demoyennage* à la série. Cette option permet de corriger la dépendance transversale ;
- *het* spécifie que les erreurs sont hétéroscédastiques.

Nous testons la stationnarité de la série *lconsp*. Nous testons l'hypothèse nulle d'une marche aléatoire contre l'hypothèse alternative d'une série TS avec rupture dans la constante et la tendance. À cet effet, nous entrons la commande :

```
xtbunitroot lconsp , unknown(1) trend
```

Nous obtenons les résultats suivants :

```
Karavias and Tzavalis (2014) panel unit root test for lconsp
------------------------------------------------------------------------------
H0: All panel time series are unit root processes
H1: Some or all of the panel time series are stationary processes
------------------------------------------------------------------------------
Number of panels:                   7         Avrge number of periods: 30.00
Number of breaks:                   1         Bootstrap replications:  100
Cross-section dependence:           No        Linear time trend:       Yes
Cross-section heteroskedasticity: No          Normal errors:           No
------------------------------------------------------------------------------
                    Statistic   Bootstrap critical-value        p-value
------------------------------------------------------------------------------
 minZ-statistic      -0.0582             -0.0699                0.1000
------------------------------------------------------------------------------
Result: the null is not rejected
Significance level of test:  .05
```

La statistique de test a une *p-value* de 0,10. L'hypothèse nulle ne peut être rejetée au seuil de 5%. La série *lconsp* n'est pas stationnaire.

Nous faisons le test en considérant la constante comme le seul terme déterministe.

```
xtbunitroot lconsp, unknown(1)
```

Nous obtenons les résultats suivants :

```
Karavias and Tzavalis (2014) panel unit root test for lconsp
------------------------------------------------------------------------------
H0: All panel time series are unit root processes
H1: Some or all of the panel time series are stationary processes
------------------------------------------------------------------------------
Number of panels:                   7         Avrge number of periods: 30.00
Number of breaks:                   1         Bootstrap replications:  100
Cross-section dependence:           No        Linear time trend:       No
Cross-section heteroskedasticity: No          Normal errors:           No
------------------------------------------------------------------------------
                    Statistic   Bootstrap critical-value        p-value
------------------------------------------------------------------------------
 minZ-statistic       0.0142             -0.0122                1.0000
------------------------------------------------------------------------------
Result: the null is not rejected
Significance level of test:  .05
```

La statistique de test a une *p-value* de 1. L'hypothèse nulle ne peut être rejetée au seuil de 5%. La série *lconsp* n'est pas stationnaire.

Nous effectuons le test en prenant en compte l'hétéroscédasticité et la dépendance transversale :

```
xtbunitroot lconsp, unknown(1) trend csd het
```

Nous obtenons les résultats suivants :

```
Karavias and Tzavalis (2014) panel unit root test for lconsp
------------------------------------------------------------------------------
H0: All panel time series are unit root processes
H1: Some or all of the panel time series are stationary processes
------------------------------------------------------------------------------
Number of panels:                 7        Avrge number of periods: 30.00
Number of breaks:                 1        Bootstrap replications:  100
Cross-section dependence:         Yes      Linear time trend:       Yes
Cross-section heteroskedasticity: Yes      Normal errors:           No
------------------------------------------------------------------------------
                   Statistic   Bootstrap critical-value        p-value
------------------------------------------------------------------------------
 minZ-statistic      -0.0840             -0.0285             0.0000
------------------------------------------------------------------------------
Result: the null is rejected
Estimated break date(s):       2020
Significance level of test:   .05
```

La statistique de test a une *p-value* de 0,000. L'hypothèse nulle est rejetée au seuil de 5%. La série *lconsp* est stationnaire avec rupture. La date de rupture est estimée à 2020.

7.5 Tests de cointégration en présence de dépendance transversale

Les tests de cointégration classiques supposent que les erreurs ne présentent pas de dépendance transversale. Si cette hypothèse n'est pas vérifiée, ce qui est fort probable comme nous l'avons déjà indiqué, ces tests seront biaisés et conduiront, par conséquent, à des inférences erronées. Les tests de cointégration de Pedroni présentent l'avantage de contrôler les facteurs temporels communs, mais ils ne corrigent pas une forme plus complexe de dépendance transversale (Neal, 2014).

Tenant compte de cette insuffisance, des tests de cointégration ont été proposés pour prendre en compte à la fois la dépendance transversale et l'hétéroscédasticité. Au nombre de ces tests, on peut citer Gengenbach *et al*. (2007), Larsson & Lyhagen (2007), Westerlund (2008a), Westerlund & Edgerton (2007), Hanck (2009), Chang & Nguyen (2012), Bai & Carrion-i-Silvestre (2013) et Arsova & Örsal (2018). La plupart de ces tests utilisent des techniques de type *bootstrap* pour contrôler la dépendance transversale.

Si ces tests constituent une avancée notable par rapport aux tests de cointégration de première génération, ils supposent toutefois l'absence de rupture dans la relation de cointégration. Ce qui peut constituer une faiblesse dans les macropanels où les changements structurels sont susceptibles de se produire.

Tenant compte des changements structurels, un troisième groupe de tests de cointégration en panel a été développé. On peut qualifier ces tests de troisième génération. Ainsi, Di Iorio & Fachin (2007) étendent le test de Gregory & Hansen (1996) pour élaborer un test de cointégration robuste aux ruptures structurelles hétérogènes ainsi qu'à la dépendance transversale. Westerlund (2007), Westerlund & Edgerton (2008), Basher & Westerlund (2009) et Banerjee & Carrion-i Silvestre (2006, 2015) proposent des tests de cointégration tenant compte aussi bien des ruptures dans la relation de cointégration que de la dépendance transversale. Récemment, Arsova & Örsal (2021) proposent une extension du test de cointégration multivarié de Trenkler *et al.* (2008) pour prendre en compte les ruptures dans les termes déterministes (constante et tendance) de la relation de cointégration.

La plupart des tests de cointégration sont basés sur les résidus de la relation entre les variables en niveau. Ces tests concluent le plus souvent au non-rejet de l'hypothèse nulle d'absence de cointégration, parce qu'ils reposent sur l'hypothèse implicite que les paramètres de long terme en niveau sont égaux à ceux de court terme des variables en différences (Persyn & Westerlund, 2008). En réponse à cette limite, Westerlund (2007) propose un test de cointégration basé sur un modèle à correction d'erreur.

Ce test autorise la dépendance transversale ainsi que l'hétérogénéité dans les relations de court et de long terme. Le modèle à correction d'erreur se présente sous la forme suivante :

$$\Delta lconsp_{it} = \alpha_i d_t + \theta_i (lconsp_{it-1} - \beta_i x_{it-1}) + \sum_{j=1}^{p_i} \varphi_{1ij}\, \Delta lconsp_{it-j}$$

$$+ \ \sum_{j=-q_i}^{p_i} \varphi_{2ij}\, \Delta x_{it-j} + \mu_{it} \qquad (7.11)$$

où θ_i mesure la vitesse d'ajustement vers la relation de long terme.

L'idée sous-jacente du test de Westerlund (2007) est de tester l'existence ou non d'un mécanisme à correction d'erreur pour les individus du panel ainsi que pour le panel tout entier. Si $\theta_i = 0$, alors il n'y a pas de correction d'erreur et, par conséquent, les variables ne sont pas cointégrées. Cependant, si $\theta_i < 0$, alors il y a un mécanisme à correction d'erreur et les variables sont cointégrées.

Westerlund (2007) propose quatre statistiques de test. Les statistiques G_α et G_τ testent l'hypothèse nulle H_{g0}: $\theta_i = 0$ pour tout i contre l'alternative H_{g1}: $\theta_i < 1$ pour au moins un i. Le rejet de H_{g0} implique l'existence d'une relation de cointégration pour au moins un individu du panel. Les statistiques P_α et P_τ testent l'hypothèse nulle H_{p0}: $\theta_i = 0$ pour tout i contre H_{p1}: $\theta_i = 0 < 1$ pour tout i. Le rejet de H_{p0} suggère l'existence d'une relation de cointégration homogène pour le panel. Le recours à la méthode $bootstrap$ permet d'obtenir des valeurs critiques robustes à la dépendance transversale. Toutefois, les statistiques P_α et P_τ seraient plus robustes à la dépendance transversale.

La commande « **xtwest** » permet d'effectuer le test de Westerlund (2007). Pour de plus amples détails sur cette commande, on peut consulter Persyn & Westerlund (2008).

La syntaxe de la commande est :

```
xtwest depvar varlist, lags(# [#]) leads(# [#]) constant trend bootstrap(#) mg
```

où :

- *depvar* désigne la variable dépendante ;
- *varlist* désigne les variables explicatives ;
- *lags(# [#])* indique la structure des retards.

Si on indique un seul nombre (exemple : lags(2)), alors celui-ci est utilisé comme le retard p dans le modèle à correction d'erreur. Si on spécifie deux nombres (exemple : lags(1 3)), alors le critère d'AIC est utilisé pour déterminer le retard optimal p_i pour chaque variable, p_i variant entre les deux limites ;

- *leads(# [#])* est similaire à l'option lags(# [#]). Elle permet de déterminer le nombre d'avances pour les variables du modèle à correction d'erreur ;

- *constant* indique la présence de la constante dans le modèle ;

- *trend* indique la présence d'une tendance dans la relation de cointégration ;

- *bootstrap(#)* permet d'obtenir les *p-values bootstrappées,* robustes à la dépendance transversale ;

- *mg* permet d'obtenir les résultats du modèle à correction d'erreur, estimé par la méthode *mean group* (MG), obtenue comme la moyenne simple des estimations individuelles. La différence avec l'option « *mg* » de la commande « xtpmg » est que le modèle de Westerlund autorise différents retards et avances pour les individus du panel.

Nous illustrons le test de cointégration de Westerlund (2007) à partir de la fonction de consommation. Nous considérons un retard maximum et une avance, de même qu'une constante. Le critère AIC est retenu pour déterminer les retards et avances sur chaque variable du modèle à correction d'erreur. La commande utilisée est :

```
xtwest lconsp lpibn lcpi lrem lcred , constant lags(0 1) leads(0 1)
```

Nous obtenons les résultats ci-dessous :

```
Calculating Westerlund ECM panel cointegration tests.......

Results for H0: no cointegration
With 7 series and 4 covariates
Average AIC selected lag length: .71
Average AIC selected lead length: .71
```

Statistic	Value	Z-value	P-value
Gt	-3.003	-1.546	0.061
Ga	-8.408	1.570	0.942
Pt	-7.000	-1.215	0.112
Pa	-12.600	-1.150	0.125

Les statistiques G_a, P_t et P_a indiquent qu'il n'existe pas de relation de cointégration. En revanche, la statistique G_t suggère l'existence d'une relation de cointégration pour au moins un individu du panel au seuil de 10%.

Nous introduisons maintenant une tendance dans le modèle :

```
xtwest lconsp lpibn lcpi lrem lcred, constant lags(0 1) leads(0 1) trend
```

Nous obtenons les résultats suivants :

```
Calculating Westerlund ECM panel cointegration tests.......

Results for H0: no cointegration
With 7 series and 4 covariates
Average AIC selected lag length: .86
Average AIC selected lead length: .71

-----------------------------------------------+
 Statistic |   Value    |  Z-value  |  P-value  |
-----------+------------+-----------+-----------|
     Gt    |   -4.355   |   -4.348  |   0.000   |
     Ga    |   -7.154   |    3.125  |   0.999   |
     Pt    |   -8.617   |   -1.666  |   0.048   |
     Pa    |  -18.869   |   -1.530  |   0.063   |
-----------------------------------------------+
```

En introduisant la tendance, trois statistiques de test sur les quatre suggèrent l'existence d'une relation de cointégration entre les variables.

Nous utilisons l'option « *bootstrap* » pour calculer les *p-values* robustes à la dépendance transversale. La commande est :

```
xtwest lconsp lpibn lipc lrem lcred, constant lags(1) leads(1) bootstrap(100)
```

En validant, nous obtenons les résultats suivants :

```
Bootstrapping critical values under H0..........
Calculating Westerlund ECM panel cointegration tests.......

Results for H0: no cointegration
With 7 series and 4 covariates
----------------------------------------------------------------------+
 Statistic |   Value    |  Z-value  |  P-value  | Robust P-value |
-----------+------------+-----------+-----------+----------------|
     Gt    |   -2.502   |   -0.158  |   0.437   |     0.110      |
     Ga    |   -7.177   |    1.996  |   0.977   |     0.080      |
     Pt    |   -6.016   |   -0.307  |   0.380   |     0.120      |
     Pa    |   -7.259   |    0.714  |   0.763   |     0.010      |
----------------------------------------------------------------------+
```

Nous pouvons voir l'impact de la méthode *bootstrap* sur les *p-values* : nous passons d'une seule *p-value* significative à deux *p-values* significatives. Sur les quatre statistiques de test, deux (G_a et P_a) suggèrent l'existence d'une relation de cointégration entre les variables.

Les résultats des tests de Westerlund (2007) sont sensibles au choix du nombre de retards et d'avances, à la présence d'une constante et d'une tendance ainsi qu'à la dépendance transversale.

7.6 Estimation d'un modèle hétérogène en l'absence de dépendance transversale

Dans les modèles que nous avons estimés jusqu'ici, nous avons supposé l'homogénéité des coefficients des variables explicatives, seule la constante variait selon les individus. Cependant, cette hypothèse peut être inappropriée dans certaines situations notamment lorsque les dimensions individuelle et temporelle sont grandes (Pesaran & Smith, 1995 ; Im, Pesaran, & Shin, 2003) ; Pesaran, Shin, & Smith, 1997, 1999) ; Phillips & Moon, 2000).

La littérature économétrique s'est enrichie de plusieurs techniques d'estimation des modèles de panels hétérogènes. L'hétérogénéité signifie que les coefficients de pente varient selon les individus ou les groupes d'individus[36]. Ces estimateurs sont généralement obtenus à partir de moyennes des estimateurs individuels dans le cas de modèles linéaires[37]. Comme dans les tests de racine unitaire et de cointégration, on distingue deux types de méthodes d'estimation : celles qui supposent que les termes d'erreur sont indépendants et celles qui autorisent une dépendance transversale des termes d'erreur.

7.6.1 Estimateur group mean DOLS

Il est possible de considérer des versions « *group mean* » des estimateurs DOLS et FMOLS. Cela revient à appliquer ces estimateurs pour chaque individu du panel et à prendre la moyenne des estimateurs individuels. L'estimateur *group mean* DOLS est obtenu comme la moyenne empirique des estimateurs DOLS individuels.

---

[36] Bonhomme & Manresa (2015) introduisent un modèle à effets fixes avec hétérogénéité par groupe.

[37] Nous verrons dans le dernier chapitre, les modèles à effet de seuil et les modèles de régression quantile, qui introduisent une certaine hétéroégénéité dans les coefficients.

- **La commande « xtpedroni »**

La commande « **xtpedroni** » développée par Neal (2014) permet d'appliquer l'estimateur DOLS version *group mean*. Dans ce cas, la syntaxe de la commande est :

```
xtpedroni depvar indepvars, notdum notest trend lags(#) mlags(#) full
```

où :

- *depvar* désigne la variable dépendante ;
- *indepvars* désigne les variables explicatives ;
- *notdum* ignore l'inclusion des variables indicatrices temporelles à l'effet de corriger l'influence éventuelle des facteurs temporels communs ;
- *notest* supprime les résultats du test de cointégration ;
- *lags(#)* spécifie le nombre de retards et d'avances. La valeur par défaut est fixée à 2.
- *mlags(#)* indique le nombre de retards dans le calcul de la variance de long-terme. Si cette option est omise, le nombre de retards est déterminé automatiquement suivant la formule de Newey & West (1994). Cette option permet d'obtenir des variances robustes à l'hétéroscédasticité et à l'autocorrélation ;
- *full* affiche les résultats des régressions DOLS pour tous les individus.

Nous illustrons cette méthode en saisissant la commande suivante :

```
xtpedroni lconsp lpibn lcpi lrem lcred, notdum notest lags(1) mlags(2)
```

Nous obtenons les résultats suivants :

```
Pedroni's PDOLS (Group mean average):
No. of Panel units: 7          Lags and leads: 1
Number of obs: 189             Avg obs. per unit: 27
Data has not been time-demeaned.

      --------------------------------------
           Variables |       Beta     t-stat
      ---------------+----------------------
               lpibn |      .6776      43.55
                lcpi |      .9377      20.52
                lrem |    -.03997      7.095
               lcred |    -.01921     -1.491
      --------------------------------------
```

- **La commande « xtcointreg »**

La commande « **xtcointreg** » a été proposée par Ravshanbek Khodzhimatov pour estimer une relation de cointégration par les méthodes DOLS, FMOLS et CCR. La syntaxe générale de la commande est[38] :

```
xtcointreg depvar indepvars, est(method) noconstant eqtrend(#) eqdet(varlist) xtrend(#) xdet(varlist) dlead(#) dlag(#) dic(string) dmaxorder(#) dvar(varlist) full lrcov_options]
```

où :

- *est(method)* indique la méthode d'estimation : *fmols*, *dols* ou *ccr*. La méthode par défaut est *fmols* (est(fmols)) ;

- *noconstant* supprime la constante de l'équation de cointégration. Si cette option est spécifiée, *eqtrend()* prend automatiquement la valeur -1 pour indiquer qu'il n'y a pas de termes déterministes dans la relation de cointégration ;

- *eqtrend(#)* permet de déclarer la tendance dans la relation de cointégration. *eqtrend(0)* indique la constante, *eqtrend(1)* indique la

[38] Pour une documentation sur cette commande en séries temporelles, on pourra consulter Wang & Wu (2012).

tendance linéaire, et *eqtrend(2)* indique la tendance quadratique en plus de la constante et de la tendance simple.

- L'option par défaut est *eqtrend(0).* Une valeur négative signifie qu'il n'y a pas de termes déterministes dans la relation de cointégration ;

- *eqdet(varlist)* permet de spécifier les termes déterministes additionnels de la relation de cointégration (par exemple des variables indicatrices) ;

- *xtrend(#)* spécifie l'ordre polynomial de la tendance. Cette option s'applique seulement pour les régressions FMOLS et CCR. xtrend(0), *xtrend(1)* et *xtrend(2)* sont les options possibles et ont la même signification que eqtrend(). L'ordre doit être égal ou supérieur à celui indiqué dans l'option *eqtrend().* Si cette condition n'est pas satisfaite, la commande forcera les deux options à être égales ;

- *xdet(varlist)* spécifie les termes déterministes additionnels de la liste des variables indépendantes. Cette option s'applique pour les estimateurs FMOLS et CCR ;

- *dlead(#)* indique le nombre d'avances dans la régression DOLS. L'option par défaut est *dlead(1)* ;

- *dlag(#)* indique le nombre de retards dans la régression DOLS. L'option par défaut est *dlag(1).* Si on indique un nombre négatif, par exemple *dlag(-1),* alors la commande estimera la régression statique par MCO ;

- *dic(string)* indique le critère d'information utilisé pour sélectionner le nombre optimal d'avances et de retards dans la régression DOLS. s*tring* peut être *aic*, *bic* ou *hq*. Si l'option *dic(string)* est spécifiée, la commande omettra les options *dlead()* et *dlag()* et sélectionnera automatiquement le nombre optimal d'avances (lead) et de retards (lag) ;

- *dmaxorder(#)* indique l'ordre maximum pour sélectionner le nombre d'avances et de retards dans la régression DOLS ;

- *dvar(varlist)* spécifie les variables en différence première (ΔX) dans la régression DOLS. La commande ajoutera automatiquement les avances et les retards de ces variables dans la relation de cointégration. Cette option permet à l'utilisateur d'ajouter ses propres variables dans la relation de cointégration ;

- *full* permet d'obtenir les résultats pour tous les individus du panel ;

- *lrcov_options* indique les options pour le calcul de la matrice de variance de la relation de long terme. Voir Wang & Wu (2012) pour plus de details.

Pour appliquer la méthode DOLS, nous saisissons la commande :

```
xtcointreg lconsp lpibn lcpi lrem lcred, est(dols) dlead(1) dlag(1)
```

Nous obtenons les résultats suivants :

```
Method of estimation: dols
Number

Cave[4,2]
           beta  t-stat
lpibn      0.68   62.62
 lipc      0.94   27.63
 lrem     -0.04   10.60
lcred     -0.02   -3.77
```

Pour obtenir les résultats pour chaque individu (pays), nous ajoutons l'option "*full*" comme suit :

```
xtcointreg lconsp lpibn lcpi lrem lcred, est(dols) dlead(1) dlag(1) full
```

Nous obtenons les résultats suivants :

```
Method of estimation: dols
Number

Tab[22,4]
              lpibn     lipc      lrem    lcred
        r1        .        .         .        .
    beta_1     0.83     1.01     -0.19    -0.13
     Se._1     0.06     0.27      0.06     0.07
  t-stat_1    14.20     3.71     -3.25    -1.83
    beta_2     0.34     2.57     -0.13    -0.02
     Se._2     0.07     0.26      0.01     0.06
  t-stat_2     4.49     9.98    -10.30    -0.38
    beta_3     0.90     0.60     -0.19     0.08
     Se._3     0.04     0.06      0.02     0.05
  t-stat_3    21.46     9.79    -10.00     1.48
    beta_4     0.77     0.40      0.08     0.11
     Se._4     0.08     0.47      0.08     0.10
  t-stat_4     9.32     0.86      0.99     1.04
    beta_5     0.84     0.37      0.05    -0.06
     Se._5     0.04     0.20      0.01     0.03
  t-stat_5    22.25     1.87      3.58    -2.16
    beta_6     0.45     0.81      0.12    -0.00
     Se._6     0.01     0.02      0.00     0.01
  t-stat_6    72.92    37.42     49.85    -0.39
    beta_7     0.63     0.80     -0.02    -0.10
     Se._7     0.03     0.08      0.01     0.01
  t-stat_7    21.05     9.47     -2.83    -7.73

Cave[4,2]
          beta   t-stat
lpibn     0.68    62.62
 lipc     0.94    27.63
 lrem    -0.04    10.60
lcred    -0.02    -3.77
```

7.6.2 Estimateur group mean FMOLS

Pour appliquer la méthode *group mean FMOLS*, nous entrons la commande suivante :

```
xtcointreg lconsp lpibn lcpi lrem lcred, est(fmols)
```

Nous obtenons les résultats suivants :

```
Method of estimation: fools
Number

Cave[4,2]
          beta  t-stat
lpibn     0.81  101.95
 lipc     0.19   13.24
 lrem    -0.02   12.08
lcred     0.05    7.12
```

La méthode FMOLS est sensible au choix des options pour le calcul de la matrice de variance de la relation de long terme. Par exemple, nous ajoutons les options suivantes à la commande :

```
xtcointreg lconsp lpibn lcpi lrem lcred, est(fmols) vic(aic) vlag(1)
kernel(bartlett) bmeth(andrews)
```

Nous obtenons les résultats ci-après :

```
Method of estimation: fmols
Number

Cave[4,2]
          beta  t-stat
lpibn     0.65   35.49
 lipc     0.77   15.39
 lrem    -0.03    5.18
lcred     0.01    5.29
```

Nous constatons la baisse du coefficient de la variable *lpibn* et l'augmentation de celui de *lcpi*.

7.6.3 Estimateur group mean CCR

Pour appliquer la méthode CCR (*Canonical Cointegration Regression*), nous saisissons la commande :

```
xtcointreg lconsp lpibn lcpi lrem lcred, est(ccr)
```

Nous obtenons les résultats ci-dessous :

```
Method of estimation: ccr
Number
Cave[4,2]
           beta   t-stat
lpibn      0.80    95.96
 lipc      0.26    20.20
 lrem     -0.01    11.28
lcred      0.04     5.93
```

7.6.4 Pooled Mean Group et Mean Group

Les modèles autorégressifs à retards échelonnés (ARDL : *Auto-Regressive Distributed Lags)* peuvent être utilisés pour obtenir les estimateurs des paramètres dans un modèle de panel hétérogène. L'avantage des modèles ARDL est qu'ils permettent simultanément d'estimer les coefficients de court et de long terme, atténuant ainsi les problèmes liés aux variables omises et à l'autocorrélation. En outre, ces modèles sont applicables à des variables qui ont des ordres d'intégration différents pourvu qu'elles soient I(0) ou I(1).

Le modèle ARDL(p, q) s'écrit :

$$lconsp_{it} = \alpha_i d_{it} + \sum_{j=1}^{p} \phi_{ij} lcons_{it-j} + \sum_{j=1}^{q} \theta_{ij} x_{it-j} + e_{it} \quad (7.12)$$

où p et q désignent le nombre de retards respectivement sur la variable dépendante $lconsp_{it}$ et les variables explicatives x_{it}. La variable d_{it} représente les termes déterministes (constante, tendance, variables indicatrices, etc.).

La spécification ARDL généralise le modèle dynamique autorégressif d'ordre un que nous avons abordé au chapitre 4. D'abord, la variable dépendante peut intervenir avec plus d'un retard (*i.e.*, $p \geq 1$). Ensuite, les variables explicatives sont considérées avec des décalages qui ne sont pas nécessairement identiques d'une variable à l'autre. L'ajout de retards suffisants permet de corriger le problème d'autocorrélation des erreurs et d'endogénéité des régresseurs[39] (Pesaran & Shin, 1999 ; Pesaran *et al.*, 1999).

---

[39]A condition qu'il existe une seule relation de cointégration entre la variable dépendante et les régresseurs, et que les régresseurs I(1) ne soient pas cointégrés entre eux.

Le modèle ARDL peut être écrit sous la forme d'un modèle à correction d'erreur :

$$\Delta lconsp_{it} = \phi_i(lconsp_{it-1} - \beta_i x_{it}) + \sum_{j=1}^{p-1} \gamma_{ij} \Delta lcons_{it-j} + \sum_{j=0}^{q-1} \delta_{ij} \Delta x_{it-j} + \alpha_i + e_{it} \quad (7.13)$$

Le vecteur β_i représente les coefficients de long terme, le vecteur δ_{ij} représente les coefficients de court terme et α_i désigne les effets fixes. Le paramètre ϕ_i est le terme à correction d'erreur. Il mesure la vitesse d'ajustement des variables vers la relation de long terme. Ce paramètre doit être négatif et significatif si les variables sont effectivement cointégrées.

Trois estimateurs ont été proposés dans le cadre du modèle ARDL. L'estimateur MG (*Mean Group*), développé par Pesaran & Smith (1995), suppose l'hétérogénéité de tous les paramètres du modèle (coefficient d'ajustement, coefficients de long terme, coefficients de court terme et variance des erreurs). Cet estimateur estime le modèle à correction d'erreur par MCO pour chaque individu et calcule la moyenne simple des *N* estimateurs individuels. Pirotte (1999) montre que cet estimateur fournit une estimation efficiente des coefficients de long terme dans les échantillons de grande taille. Cependant, il s'avère plutôt inefficient dans les échantillons de taille réduite, tels que les individus ayant des valeurs éloignées de la moyenne pourraient affecter la moyenne des coefficients.

L'estimateur PMG (*Pooled Mean Group*), suggéré par Pesaran, Shin & Smith (1999), autorise l'hétérogénéité des paramètres de court terme, mais impose l'homogénéité des coefficients de long terme ($\beta_i = \beta$). L'hypothèse d'une relation de long terme commune aux individus du panel peut se justifier dans les situations où les individus sont influencés de la même manière par les variables exogènes. Cependant, dans le court terme, chaque individu peut suivre sa propre dynamique d'ajustement vers la cible commune de long terme.

L'estimateur DFE (*Dynamic Fixed Effects*), à l'instar de l'estimateur PMG, impose l'homogénéité des coefficients de long terme, du paramètre d'ajustement et des coefficients de court terme, à l'exception des effets fixes. L'estimateur PMG est donc un estimateur intermédiaire entre les estimateurs DFE et MG.

La pertinence de l'estimateur DFE dépend de l'hypothèse forte que les individus répondent de façon similaire dans le court et le long terme. Une revue complète de ces méthodes est faite par Blackburne & Frank (2007).

Blackburne & Frank (2007) ont développé la commande « **xtpmg** » permettant d'appliquer les trois méthodes sous le logiciel Stata. La syntaxe de la commande est :

```
xtpmg varlist, lr(varlist) ec(string) replace full model
```

où :

- *lr(varlist)* indique les variables de la relation de long terme ;
- *ec(string)* indique le nom du terme à correction d'erreur (le résidu décalé de la relation de long terme). Le nom par défaut est « *ec* » ;
- *replace* permet de remplacer la variable indiquée dans l'option *ec(string) ;*
- *full* permet d'obtenir les résultats pour tous les individus du panel ;
- *model* indique le type d'estimateur utilisé (*pmg*, *mg*, *dfe*).

Nous illustrons les trois estimateurs (PMG, MG et DFE). En supposant un modèle AR(1,1,1,1,1), la dynamique de court terme ou modèle à correction d'erreur s'écrit :

$$\Delta lconsp_{it} = \phi_i(lconsp_{it-1} - \beta_{0i} - \beta_{1i}lpibn_{it} - \beta_{2i}lcpi_{it} - \beta_{3i}lrem_{it} - \beta_{4i}lcred_{it}) + \delta_{1i}\Delta lpibn_{it} + \delta_{2i}\Delta lcpi_{it} + \delta_{3i}\Delta lrem_{it} + \delta_{4i}\Delta lcred_{it} + e_{it} \quad (7.14)$$

7.6.4.1 Pooled Mean Group

Pour estimer le modèle ci-dessus par la méthode *Pooled Mean Group* (PMG), nous saisissons la ligne de commande ci-après :

```
xtpmg d.lconsp d.lpibn d.lcpi d.lrem d.lcred, lr(l.lconsp lpibn lcpi
lrem lcred) ec(ec) replace pmg
```

Nous obtenons les résultats ci-après :

```
Pooled Mean Group Regression
(Estimate results saved as pmg)
Panel Variable (i): id                         Number of obs        =       203
Time Variable (t): annee                       Number of groups     =         7
                                               Obs per group: min =        29
                                                              avg =      29.0
                                                              max =        29
                                               Log Likelihood       =  419.2509
------------------------------------------------------------------------------
    D.lconsp |      Coef.   Std. Err.      z    P>|z|     [95% Conf. Interval]
-------------+----------------------------------------------------------------
ec           |
       lpibn |   1.020119   .0804776    12.68   0.000     .8623862    1.177853
        lcpi |  -.0368984   .2293984    -0.16   0.872     -.486511    .4127142
        lrem |  -.0166879   .0267321    -0.62   0.532    -.0690819     .035706
       lcred |   .0051873   .0575142     0.09   0.928    -.1075385     .117913
-------------+----------------------------------------------------------------
SR           |
          ec |  -.1599572   .0763212    -2.10   0.036     -.309544   -.0103704
             |
       lpibn |
         D1. |   .8202494   .2076311     3.95   0.000     .4132999    1.227199
             |
        lcpi |
         D1. |   .2301297   .2957954     0.78   0.437    -.3496186     .809878
             |
        lrem |
         D1. |  -.0084133   .0232215    -0.36   0.717    -.0539267    .0371001
             |
       lcred |
         D1. |   .0452175   .0339341     1.33   0.183    -.0212922    .1117271
             |
       _cons |  -.0545971   .0222512    -2.45   0.014    -.0982086   -.0109857
------------------------------------------------------------------------------
```

L'élasticité-revenu de long terme est égale à 1,02. Elle est significative au seuil de 5%, conformément à la théorie économique.

Nous testons si l'élasticité-revenu est unitaire :

```
test [ec]lpibn = 1
```

Nous obtenons les résultats suivants :

```
 (1)  [ec]lpibn = 1

           chi2(  1) =    0.06
         Prob > chi2 =    0.8026
```

La *p*-value du test (*p=0,8026*) suggère que l'hypothèse nulle ne peut être rejetée.

À l'exception du revenu, les coefficients des autres variables ne sont pas significatifs au seuil de 5%. Le paramètre d'ajustement a une valeur négative ($\phi = -0{,}15995$) et significative au seuil de 5%. Il existe bien un mécanisme à correction d'erreur qui fait que les déviations des variables par rapport à leurs niveaux de long terme induisent des ajustements à court terme de façon à les « forcer » à revenir vers la relation de long terme. La valeur numérique de la force de rappel indique que 16% de l'écart de la consommation par rapport à son niveau de long terme est corrigé l'année suivante.

Nous pouvons utiliser l'option « **full** » pour obtenir les estimations individuelles. Pour cela, il suffit de saisir la commande suivante :

```
xtpmg d.lconsp d.lpibn d.lcpi d.lrem d.lcred, lr(l.lconsp lpibn lcpi
lrem lcred) ec(ec) replace pmg full
```

Nous obtenons les résultats suivants :

```
Pooled Mean Group Regression
(Estimate results saved as PMG)

Panel Variable (i): id                         Number of obs      =       203
Time Variable (t): annee                       Number of groups   =         7
                                               Obs per group: min =        29
                                                              avg =      29.0
                                                              max =        29
                                               Log Likelihood     =  419.2509
------------------------------------------------------------------------------
    D.lconsp |      Coef.   Std. Err.      z    P>|z|     [95% Conf. Interval]
-------------+----------------------------------------------------------------
ec           |
       lpibn |   1.020119   .0804776    12.68   0.000     .8623863    1.177853
        lcpi |  -.0368985   .2293984    -0.16   0.872    -.4865111    .4127141
        lrem |  -.0166879   .0267321    -0.62   0.532    -.0690819     .035706
       lcred |   .0051872   .0575142     0.09   0.928    -.1075385     .117913
-------------+----------------------------------------------------------------
id_1         |
          ec |   .1620158   .0862054     1.88   0.060    -.0069438    .3309754
       lpibn |
         D1. |   1.397928   .1197125    11.68   0.000     1.163296    1.632561
        lcpi |
         D1. |  -.3499168   .1075455    -3.25   0.001     -.560702   -.1391315
        lrem |
         D1. |   .0069098   .0195539     0.35   0.724    -.0314151    .0452347
       lcred |
         D1. |  -.0183952   .0292356    -0.63   0.529    -.0756959    .0389055
       _cons |   .0160096   .0987391     0.16   0.871    -.1775155    .2095347
-------------+----------------------------------------------------------------
id_2         |
          ec |  -.1056006   .0835054    -1.26   0.206    -.2692681    .0580669
       lpibn |
         D1. |   1.742265   .2840751     6.13   0.000     1.185488    2.299042
        lcpi |
         D1. |  -.7754573   .2257943    -3.43   0.001    -1.218006   -.3329086
        lrem |
         D1. |  -.0896249   .0575798    -1.56   0.120    -.2024793    .0232294
       lcred |
         D1. |   .0389201   .0789437     0.49   0.622    -.1158067     .193647
       _cons |  -.0813825    .070822    -1.15   0.251    -.2201911    .0574262
-------------+----------------------------------------------------------------
id_3         |
          ec |  -.3532484   .1292856    -2.73   0.006    -.6066435   -.0998533
       lpibn |
         D1. |   .2492991   .1335451     1.87   0.062    -.0124444    .5110426
        lcpi |
         D1. |   1.741967   .3202127     5.44   0.000     1.114361    2.369572
        lrem |
         D1. |    .087307   .0544578     1.60   0.109    -.0194284    .1940423
       lcred |
         D1. |   .2128087   .1118207     1.90   0.057    -.0063558    .4319732
       _cons |  -.1467012   .2087938    -0.70   0.482    -.5559295    .2625271
-------------+----------------------------------------------------------------
 (résultats omis)
-------------+----------------------------------------------------------------
```

Ce tableau affiche en premier la relation (homogène) de long terme et ensuite les coefficients de court terme pour chaque individu du panel. Nous pouvons ainsi comparer les résultats entre individus. Par exemple, nous pouvons tester l'égalité de la force de rappel pour les individus 3 et 4 :

```
test [id_3] ec = [id_4] ec
```

Nous obtenons les résultats ci-dessous :

```
(1)[id_3]ec - [id_4]ec = 0

 chi2(  1) =     0.03
 Prob > chi2 =     0.8715
```

La *p*-value du test ($p = 0{,}8715$) indique qu'il n'y a pas de différence significative entre les deux forces de rappel.

7.6.4.2 Mean Group (MG)

L'estimation par la méthode MG se fait en saisissant :

```
xtpmg d.lconsp d.lpibn d.lcpi d.lrem d.lcred, lr(l.lconsp lpibn lcpi lrem lcred) ec(ec) replace mg
```

Nous obtenons les résultats ci-après :

```
------------------------------------------------------------------------------
Mean Group Estimation: Error Correction Form
(Estimate results saved as mg)
------------------------------------------------------------------------------
    D.lconsp |      Coef.   Std. Err.      z    P>|z|     [95% Conf. Interval]
-------------+----------------------------------------------------------------
ec           |
       lpibn |   .8033414    .206669     3.89   0.000     .3982775    1.208405
        lcpi |   .1776484   .6816291     0.26   0.794     -1.15832    1.513617
        lrem |   .0432294   .0360004     1.20   0.230    -.0273302    .1137889
       lcred |     .04887   .1143606     0.43   0.669    -.1752727    .2730127
-------------+----------------------------------------------------------------
SR           |
          ec |  -.4929356   .1242112    -3.97   0.000    -.7363851   -.2494861
             |
       lpibn |
         D1. |   .5354331   .2174436     2.46   0.014     .1092514    .9616148
             |
        lcpi |
         D1. |  -.1968177   .1674039    -1.18   0.240    -.5249234    .1312879
             |
        lrem |
         D1. |  -.0478282   .0218423    -2.19   0.029    -.0906383   -.0050182
             |
       lcred |
         D1. |  -.0318855   .0226123    -1.41   0.159    -.0762049    .0124339
             |
       _cons |    .058502   .3202731     0.18   0.855    -.5692217    .6862257
------------------------------------------------------------------------------
```

L'élasticité-revenu obtenue à partir de l'estimateur PMG est plus élevée que celle fournie par l'estimateur MG (1,020 et 0,803, respectivement). La vitesse d'ajustement a une valeur plus élévée pour l'estimateur MG ($\phi = -0{,}4929$). Le mécanisme à correction d'erreur est donc beaucoup plus rapide dans le modèle MG que dans le modèle PMG. Environ 50% de l'écart de la consommation par rapport à son niveau de long terme est corrigé l'année suivante.

Il est possible de tester ici l'hypothèse de l'élasticité-revenu unitaire. À cet effet, nous saisissons la commande :

```
test [ec]lpibn=1
```

Nous obtenons les résultats ci-dessous :

```
(1)[ec]lpibn = 1

chi2( 1) =    0.91
Prob > chi2 =     0.3413
```

La *p*-value du test (*p = 0,3413*) suggère l'acceptation de l'hypothèse nulle.

L'option « *full* » permet d'obtenir les estimations individuelles. La commande à saisir est :

```
xtpmg d.lconsp d.lpibn d.lcpi d.lrem d.lcred, lr(l.lconsp lpibn lcpi lrem lcred) ec(ec) replace mg full
```

En validant, nous obtenons les résultats ci-dessous :

```
------------------------------------------------------------------------------
Mean Group Estimation: Error Correction Form
(Estimate results saved as MG)
------------------------------------------------------------------------------
    D.lconsp |      Coef.   Std. Err.      z    P>|z|     [95% Conf. Interval]
-------------+----------------------------------------------------------------
id_1ec       |
       lpibn |   1.957961   1.475277     1.33   0.184    -.9335282     4.84945
        lcpi |  -3.187429   5.276437    -0.60   0.546    -13.52906    7.154197
        lrem |    .049268   .3552472     0.14   0.890    -.6470037    .7455396
       lcred |   .3349693   .7316167     0.46   0.647    -1.098973    1.768912
-------------+----------------------------------------------------------------
id_1SR       |
          ec |   .0780016   .1076192     0.72   0.469    -.1329282    .2889314
       lpibn |
         D1. |   1.318104   .1499804     8.79   0.000     1.024148     1.61206
        lcpi |
         D1. |  -.3636649   .1540884    -2.36   0.018    -.6656726   -.0616572
        lrem |
         D1. |   .0140999   .0247709     0.57   0.569    -.0344501    .0626499
       lcred |
         D1. |   -.003454   .0372397    -0.09   0.926    -.0764425    .0695345
       _cons |  -.4197642    .471204    -0.89   0.373    -1.343307    .5037787
-------------+----------------------------------------------------------------
id_2ec       |
       lpibn |   .3898197   .8820544     0.44   0.659    -1.338975    2.118614
        lcpi |   2.794105   3.053781     0.91   0.360    -3.191195    8.779405
        lrem |  -.0028007   .2027364    -0.01   0.989    -.4001567    .3945553
       lcred |  -.4633382   .6209465    -0.75   0.456    -1.680371    .7536946
-------------+----------------------------------------------------------------
id_2SR       |
          ec |  -.2128021   .1535645    -1.39   0.166     -.513783    .0881789
       lpibn |
         D1. |   1.284207    .422541     3.04   0.002     .4560415    2.112372
        lcpi |
         D1. |  -1.026914    .272577    -3.77   0.000    -1.561155   -.4926727
        lrem |
         D1. |  -.0853981   .0684827    -1.25   0.212    -.2196217    .0488254
       lcred |
         D1. |  -.0158161   .1059611    -0.15   0.881     -.223496    .1918638
       _cons |  -1.421866   .9054418    -1.57   0.116    -3.196499    .3527679
-------------+----------------------------------------------------------------
id_3ec       |
       lpibn |   .5732987   .0849205     6.75   0.000     .4068576    .7397397
        lcpi |    .653035   .2112716     3.09   0.002     .2389504     1.06712
        lrem |  -.0994986   .0778707    -1.28   0.201    -.2521224    .0531252
       lcred |   .4843131   .1125854     4.30   0.000     .2636497    .7049765
-------------+----------------------------------------------------------------
id_3SR       |
          ec |  -.7030654   .1477701    -4.76   0.000    -.9926895   -.4134414
       lpibn |
         D1. |  -.2628703   .1572421    -1.67   0.095     -.571059    .0453185
        lcpi |
         D1. |   .3125915   .4412719     0.71   0.479    -.5522855    1.177469
        lrem |
         D1. |  -.0095239   .0529229    -0.18   0.857    -.1132509    .0942031
       lcred |
         D1. |  -.1456021   .1237887    -1.18   0.240    -.3882235    .0970193
       _cons |   .0775386   .3199079     0.24   0.808    -.5494693    .7045466
-------------+----------------------------------------------------------------
id_4ec       |
       lpibn |   .8281684   .1376609     6.02   0.000     .5583581    1.097979
        lcpi |  -.3565821   .4211363    -0.85   0.397    -1.181994    .4688298
        lrem |   .1960759   .0700672     2.80   0.005     .0587467    .3334051
       lcred |  -.0434641   .1603025    -0.27   0.786    -.3576512     .270723
-------------+----------------------------------------------------------------
 (Résultats omis)
-------------+----------------------------------------------------------------
```

Nous pouvons comparer les résultats entre individus. Par exemple, nous testons l'égalité de la force de rappel pour les pays 3 et 4.

Pour cela, nous entrons la ligne de commande ci-après :

```
test [id_3SR] ec = [id_4SR] ec
```

Nous obtenons les résultats ci-dessous :

```
(1)[id_3SR]ec - [id_4SR]ec = 0

          chi2(  1) =     0.08
          Prob > chi2 =    0.7725
```

La *p*-value du test (*p = 0,7725*) suggère qu'il n'y a pas de différence significative entre les forces de rappel des individus 3 et 4.

7.6.4.3 MG ou PMG ? Le test de Hausman

Lorsqu'on estime un modèle ARDL, l'hypothèse d'homogénéité des coefficients de long terme ne peut être postulée *a priori*. Elle peut être testée au moyen d'un test de type Hausman. Le principe de ce test consiste à comparer les estimateurs sous l'hypothèse nulle d'homogénéité des coefficients de long terme et sous l'hypothèse alternative d'hétérogénéité de ces coefficients. Sous l'hypothèse nulle, les estimateurs MG et PMG sont convergents, mais l'estimateur PMG est plus efficace. Cependant, sous l'hypothèse alternative, seul l'estimateur MG est convergent. Le test de Hausman est basé sur la différence entre les estimateurs MG et PMG. L'hypothèse nulle reflète l'absence d'une différence significative entre les coefficients estimés par les deux méthodes. Le non-rejet de l'hypothèse nulle implique l'homogénéité de la relation de long terme et l'estimateur PMG est préférable à l'estimateur MG.

Pour effectuer le test de Hausman, nous entrons la ligne de commande :

```
hausman mg pmg, sigmamore
```

Nous obtenons les résultats suivants :

```
             ---- Coefficients ----
         |      (b)          (B)            (b-B)     sqrt(diag(V_b-V_B))
         |      mg           pmg          Difference          S.E.
-------------+----------------------------------------------------------------
     lpibn |   .8033414     1.020119       -.216778          .3135557
      lcpi |   .1776484    -.0368985       .2145469          1.042743
      lrem |   .0432294    -.0166879       .0599173          .0496508
     lcred |     .04887     .0051872       .0436827           .169646
------------------------------------------------------------------------------
          b = consistent under Ho and Ha; obtained from xtpmg
          B = inconsistent under Ha, efficient under Ho; obtained from xtpmg
   Test:  Ho:  difference in coefficients not systematic
              chi2(4) = (b-B)'[(V_b-V_B)^(-1)](b-B)
                      =       36.31
            Prob>chi2 =      0.0000
```

Sur la base des résultats du test de Hausman (*p = 0,000*), l'hypothèse nulle d'homogénéité des coefficients est rejetée. Par conséquent, l'estimateur MG est préférable à l'estimateur PMG.

7.6.4.4 Dynamic Fixed Effects

L'estimateur à effets fixes dynamiques (DFE) impose l'homogénéité des coefficients de court et de long terme ainsi que du paramètre d'ajustement. Cet estimateur suppose que tous les individus réagissent de la même manière à court et à long terme, ce qui peut s'avérer une hypothèse irréaliste. Bien que n'étant pas une méthode appropriée pour les panels hétérogènes, nous illustrons cet estimateur dans cette partie du cours. La commande « **xtpmg** » avec l'option « *dfe* » permet d'estimer le modèle par la méthode DFE tout en permettant des constantes spécifiques aux individus (effets fixes). L'option « *cluster* » permet de corriger les écarts-types de la corrélation intragroupe des erreurs.

```
xtpmg d.lconsp d.lpibn d.lcpi d.lrem d.lcred, lr(l.lconsp lpibn lcpi
lrem lcred) ec(ec) replace dfe cluster(id)
```

Nous obtenons les résultats suivants :

```
------------------------------------------------------------------------------
Standard errors adjusted with cluster(id) option.
------------------------------------------------------------------------------
Dynamic Fixed Effects Regression: Estimated Error Correction Form
(Estimate results saved as DFE)
------------------------------------------------------------------------------
------------------------------------------------------------------------------
             |      Coef.   Std. Err.      z    P>|z|     [95% Conf. Interval]
-------------+----------------------------------------------------------------
ec           |
       lpibn |   .8250979   .1531552     5.39   0.000     .5249192    1.125277
        lcpi |   .1007381   .2950055     0.34   0.733     -.477462    .6789382
        lrem |  -.0018341   .0336197    -0.05   0.956    -.0677274    .0640592
       lcred |   .0700647   .1890462     0.37   0.711    -.3004591    .4405885
-------------+----------------------------------------------------------------
SR           |
          ec |  -.2565619   .0754269    -3.40   0.001    -.4043959    -.108728
             |
       lpibn |
         D1. |   .6126868   .3157888     1.94   0.052    -.0062479    1.231621
             |
        lcpi |
         D1. |  -.0282834   .2820199    -0.10   0.920    -.5810323    .5244655
             |
        lrem |
         D1. |    .022809   .0367513     0.62   0.535    -.0492223    .0948403
             |
       lcred |
         D1. |   .0182331   .0158884     1.15   0.251    -.0129077    .0493738
             |
       _cons |   .1474011   .1389539     1.06   0.289    -.1249435    .4197456
------------------------------------------------------------------------------
```

Le coefficient de long terme du revenu est proche de celui de l'estimateur MG. Toutefois, la vitesse d'ajustement ($\phi = -0{,}2565$) est plus faible en valeur absolue que celle fournie par l'estimateur MG ($\phi = -0{,}4929$). Il est possible de faire un test de Hausman pour choisir entre les estimateurs DFE et MG.

7.6.4.5 Choix des retards

Le choix des retards se pose lorsque nous voulons estimer un modèle ARDL. Nous avons estimé précédemment un modèle ARDL(1,1,1,1,1), en supposant un seul retard pour toutes les variables. Or, les variables du modèle ARDL peuvent avoir des retards qui ne sont pas nécessairement identiques. Il n'existe pas, à notre connaissance, de commande permettant de déterminer la structure des retards dans un modèl ARDL en panel. Néanmoins, on peut utiliser la commande « **ardl** » disponible pour les séries temporelles. Cette commande permet de déterminer le modèle ARDL « optimal » pour chaque individu du panel.

A cet effet, nous utilisons le programme suivant :

```
forval i=1/7 {
ardl lconsp lpibn lcpi lrem lcred if id==`i' , maxlags(2)
matrix list e(lags)
di
}
```

Nous obtenons les modèles ARDL suivants :

Tableau 7.4: Modèles ARDL par pays

Pays	ARDL
Benin	ARDL(1,1,2,0,0)
Burkina Faso	ARDL(1,2,0,0,0)
Côte d'Ivoire	ARDL(1,2,0,2,2)
Mali	ARDL(2,0,2,2,1)
Niger	ARDL(1,1,0,0,0)
Senegal	ARDL(1,0,0,1,0)
Togo	ARDL(2,0,2,0,0)

En sélectionnant un modèle ARDL(2,1,1,1,1) pour le panel, l'estimation par la méthode *Mean Group* se fait en saisissant :

```
xtpmg d.lconsp d.L.lconsp d.lpibn d.lcpi d.lrem d.lcred, lr(l.lconsp
lpibn lcpi lrem lcred) ec(ec) replace mg
```

Nous obtenons les résultats suivants :

```
------------------------------------------------------------------------------
Mean Group Estimation: Error Correction Form
(Estimate results saved as mg)
------------------------------------------------------------------------------
------------------------------------------------------------------------------
    D.lconsp |      Coef.   Std. Err.      z    P>|z|     [95% Conf. Interval]
-------------+----------------------------------------------------------------
ec           |
      lpibn |   .7513044   .1325608     5.67   0.000       .49149    1.011119
       lcpi |   .1877553   .2927989     0.64   0.521    -.3861199    .7616305
       lrem |   .0322834   .0401763     0.80   0.422    -.0464607    .1110275
      lcred |   .1137344   .0789573     1.44   0.150     -.041019    .2684878
-------------+----------------------------------------------------------------
SR           |
          ec |  -.5118896    .134843    -3.80   0.000     -.776177   -.2476023
             |
      lconsp |
         LD. |   .0174437   .0600364     0.29   0.771    -.1002255    .1351128
             |
       lpibn |
         D1. |   .5637286   .2216812     2.54   0.011     .1292414    .9982159
             |
        lcpi |
         D1. |   -.051853   .1089653    -0.48   0.634    -.2654212    .1617151
             |
        lrem |
         D1. |   -.043198   .0243913    -1.77   0.077    -.0910041    .0046081
             |
       lcred |
         D1. |  -.0664554   .0332478    -2.00   0.046    -.1316199    -.001291
             |
       _cons |   .4023475   .2683488     1.50   0.134    -.1236065    .9283015
------------------------------------------------------------------------------
```

Le coefficient d'ajustement $(\phi = -0{,}511)$ est négatif et significatif au seuil de 1%. Il est possible d'appliquer les méthodes PMG et DFE et de faire le test de Hausman pour retenir la spécification la plus appropriée.

7.7 Estimation en présence d'hétérogénéité et de dépendance transversale

Les estimateurs FMOLS, DOLS, MG, DFE et PMG permettent d'estimer des relations de long terme dans un modèle cointégré. Si ces estimateurs traitent des panels hétérogènes, ils ne corrigent pas la dépendance transversale dans le terme d'erreur. Nous avons indiqué que si la corrélation transversale est ignorée, les estimateurs seront biaisés. C'est pourquoi, après avoir appliqué ces méthodes, il convient de tester l'hypothèse d'indépendance transversale dans les résidus à l'aide des tests que nous avons vus notamment le test de Breusch & Pagan (1980), le test de Pesaran (2004) et le test de Pesaran, Ullah & Yamagata (2008). Lorsque ces tests mettent en évidence l'existence de dépendance transversale, il convient d'utiliser les méthodes d'estimation appropriées.

Plusieurs méthodes d'estimation ont été développées pour estimer les modèles de panel sujets à la dépendance transversale[40]. Ces méthodes utilisent les techniques des modèles à facteurs communs. Considérons la fonction de consommation ci-après :

$$lconsp_{it} = \alpha_i + \beta_i x_{it} + \mu_{it} \tag{7.15}$$

Pour introduire la dépendance transversale, Pesaran (2006) suppose que les erreurs ont une structure multifacteurs définie par :

$$\mu_{it} = \lambda_i f_t + \varepsilon_{it} \tag{7.16}$$

où f_t est un vecteur de r facteurs communs non observés, tel que :

$$\lambda_i f_t = \lambda_{1i} f_{1t} + \lambda_{2i} f_{2t} + \cdots + \lambda_{ri} f_{rt}$$

et ε_{it} est un terme d'erreur indépendamment distribué.

La présence d'une dépendance transversale implique que les facteurs communs inobservés (f_t) dans le terme d'erreur sont corrélés avec les variables explicatives, ce qui biaise les estimateurs classiques.

Les facteurs communs étant inobservés, ils doivent être estimés. La méthode *Common Correlated Effects* (CCE), suggérée par Pesaran (2006), consiste à estimer ces facteurs par les moyennes transversales de toutes les variables (variable dépendante et variables explicatives), sous l'hypothèse d'exogénéité stricte des régresseurs.

---

[40] Voir Pesaran (2006), Eberhardt & Teal (2010), Chen, Gao & Li (2012), Boneva, Linton & Vogt (2015), Everaert & Groote (2016), Westerlund (2018b), Gao, Xia & Zhu (2020).

Plus précisément, la méthode CCE consiste à estimer le modèle augmenté suivant :

$$lconsp_{it} = \alpha_i + \beta_i x_{it} + \gamma_i \bar{z}_t + \mu_{it} \qquad (7.17)$$

où la variable $\bar{z}_t = (\overline{lconsp}_t, \bar{x}_t)$ est définie par :

$$\bar{z}_t = \frac{1}{N}\sum_{i=1}^{N} z_{it} \qquad (7.18)$$

Sous l'hypothèse d'hétérogénéité des coefficients, on estime par MCO le modèle augmenté (7.17) individu par individu. L'estimateur CCEMG (*Common Correlated Effects Mean Group*) au niveau du panel est obtenu comme la moyenne simple des estimateurs individuels. Pesaran (2006), Kapetanios, Pesaran & Yamagata (2011) et Pesaran & Tosetti (2011) montrent que l'estimateur CCEMG est robuste aux biais d'omission de variables et d'endogénéité des régresseurs. En outre, cet estimateur est performant pour les panels de faible dimension individuelle N ainsi qu'en présence de ruptures structurelles et de variables non-stationnaires, cointégrées ou non. Cao & Zhou (2022) montrent que les estimateurs de type CCE sont robustes même lorsque les facteurs communs sont non-stationnaires.

Lorsque le panel est homogène ($\beta_i = \beta$), il est possible d'estimer l'équation augmentée individu par individu et de prendre la moyenne des estimateurs individuels. On obtient ainsi l'estimateur CCEP (*Common Correlated Effects Pooled*). Toutefois, cet estimateur est asymptotiquement biaisé lorsque les dimensions individuelle et temporelle du panel sont similaires[41].

Westerlund (2018b) montre, sous certaines conditions de moments sur les facteurs, que les estimateurs de type CCE sont applicables même si les facteurs inobservés présentent une structure polynomiale de degré quelconque, des ruptures structurelles ainsi que de l'hétéroscédasticité temporelle et sont intégrés à n'importe quel ordre. Il convient cependant de noter que les propriétés des estimateurs CCEMG et CCEP sont

[41] Une expression analytique du biais est donnée par Westerlund & Urbain (2015).

tributaires de la condition de rang selon laquelle le nombre de facteurs inobservés ne doit pas excéder le nombre de variables observées[42].

Eberhardt & Teal (2010) proposent un estimateur alternatif appelé « *Augmented Mean Group* » (AMG). Cet estimateur est obtenu suivant le même principe que l'estimateur CCEMG, mais en diffère en ce qui concerne l'approximation des facteurs communs.

La commande « **xtmg** », élaborée par Eberhardt (2012), permet de mettre en œuvre les estimateurs CCEMG et AMG. La syntaxe de la commande est :

```
xtmg depvar  indepvars, cce/aug trend full noconstant res(varname)
```

où :

- *cce* est l'estimateur CCEMG de Pesaran (2006). Par défaut, la commande applique l'estimateur MG au modèle statique ;
- *aug* est l'estimateur AMG ;
- *trend* indique la présence de la tendance dans le modèle ;
- *full* permet d'obtenir les résultats pour tous les individus du panel ;
- *noconstant* supprime la constante du modèle ;
- *res(varname)* permet de générer les résidus qui sont enregistrés dans *varname*. Ces résidus peuvent subir les tests diagnostiques (racine unitaire, dépendance transversale, normalité, autocorrélation, hétéroscédasticité, etc.).

[42] En pratique, on ne connait pas exactement le nombre de facteurs non-observés, ce qui rend difficile la vérification empirique de cette condition de rang. A l'évidence, la condition de rang est une faiblesse de l'approche de Pesaran (2006) dans la mesure où elle limite le nombre minimum de régresseurs qui peuvent intervenir dans le modèle. Karabiyik *et al.* (2017) examinent les conséquences de la condition de rang notamment dans le cas où le nombre de facteurs est trop faible. Partant de ces résultats, Karabiyik *et al.* (2019) proposent une technique pour augmenter le modèle afin de réduire significativement les inconvénients liés à la condition de rang.

7.7.1 Estimateur CCEMG

Pour estimer la fonction de consommation par la méthode CCEMG, nous saisissons la commande :

```
xtmg lconsp lpibn lcpi lrem lcred, cce
```

Nous obtenons les résultats suivants :

```
Pesaran (2006) Common Correlated Effects Mean Group estimator

All coefficients present represent averages across groups (id)
Coefficient averages computed as unweighted means
Mean Group type estimation                        Number of obs      =       210
Group variable: id                                Number of groups   =         7

                                                  Obs per group:
                                                              min =        30
                                                              avg =      30.0
                                                              max =        30
                                                  Wald chi2(4)       =    185.78
                                                 Prob > chi2         =    0.0000
-------------------------------------------------------------------------------
       lconsp |      Coef.   Std. Err.      z    P>|z|     [95% Conf. Interval]
--------------+----------------------------------------------------------------
        lpibn |   .6057843   .1661552     3.65   0.000      .280126    .9314426
         lcpi |    .917377   .2174764     4.22   0.000      .491131    1.343623
         lrem |   .0490493   .0198421     2.47   0.013     .0101596     .087939
        lcred |   .1040447    .082906     1.25   0.209    -.0584481    .2665375
__00000M_lconsp |   .7937951   .5730333     1.39   0.166    -.3293296     1.91692
 __00000L_lpibn |  -.4062784   .5625726    -0.72   0.470      -1.5089    .6963436
  __00000L_lcpi |  -.7647237    .156229    -4.89   0.000    -1.070927   -.4585205
  __00000L_lrem |  -.1010638   .0612631    -1.65   0.099    -.2211373    .0190098
 __00000L_lcred |  -.1139562   .1005612    -1.13   0.257    -.3110525    .0831401
        _cons |   -.511364   .4230865    -1.21   0.227    -1.340598    .3178703
-------------------------------------------------------------------------------
Root Mean Squared Error (sigma): 0.0319
Cross-section averaged regressors are marked by the suffix:
    _lconsp, _lpibn, _lcpi, _lrem, _lcred respectively.
```

Les coefficients des variables *lpibn*, *lcpi* et *lrem* sont positifs et significatifs. En revanche, celui de *lcred* n'est pas significatif. Les coefficients associés aux moyennes transversales ne sont pas interprétables ; ils ont été introduits pour corriger le biais induit par les facteurs communs inobservables.

Pour obtenir les résultats pour chaque pays, nous ajoutons l'option "*full*" ainsi qu'il suit :

```
xtmg lconsp lpibn lcpi lrem lcred, cce full
```

Nous obtenons les résultats suivants :

Group-specific coefficients

	Coef.	Std. Err.	z	P>|z|	[95% Conf.	Interval]
Group 1						
lpibn	1.033266	.1313673	7.87	0.000	.7757904	1.290741
lcpi	.9489451	.3763415	2.52	0.012	.2113294	1.686561
lrem	-.0070567	.0268864	-0.26	0.793	-.059753	.0456397
lcred	-.0245623	.0488608	-0.50	0.615	-.1203277	.0712031
__00000M_l~p	1.354393	.4763	2.84	0.004	.4208627	2.287924
__00000L_l~n	-1.266941	.3315978	-3.82	0.000	-1.916861	-.6170215
__00000L_l~i	-1.208571	.4424362	-2.73	0.006	-2.07573	-.3414123
__00000L_l~m	-.0388587	.0884304	-0.44	0.660	-.2121792	.1344618
__00000L_l~d	.0179771	.1070824	0.17	0.867	-.1919005	.2278547
_cons	.5182416	.65959	0.79	0.432	-.7745311	1.811014
Group 2						
lpibn	.995963	.3847078	2.59	0.010	.2419496	1.749976
lcpi	.1965118	.8360969	0.24	0.814	-1.442208	1.835232
lrem	.0277882	.0607043	0.46	0.647	-.09119	.1467664
lcred	.1335416	.114604	1.17	0.244	-.0910781	.3581613
__00000M_l~p	4.039366	.7441579	5.43	0.000	2.580844	5.497889
__00000L_l~n	-3.307453	.7067592	-4.68	0.000	-4.692676	-1.922231
__00000L_l~i	-.739627	.9341011	-0.79	0.428	-2.570431	1.091177
__00000L_l~m	-.2592194	.1661865	-1.56	0.119	-.584939	.0665002
__00000L_l~d	-.298717	.1809453	-1.65	0.099	-.6533632	.0559293
_cons	-1.336706	1.2828	-1.04	0.297	-3.850948	1.177536
Group 3						
lpibn	.6034341	.163796	3.68	0.000	.2823998	.9244685
lcpi	1.689918	.9042705	1.87	0.062	-.0824193	3.462256
lrem	.1251983	.0614949	2.04	0.042	.0046706	.2457261
lcred	.562274	.0943118	5.96	0.000	.3774262	.7471218
__00000M_l~p	.0885486	.6406702	0.14	0.890	-1.167142	1.344239
__00000L_l~n	.1039606	.7900743	0.13	0.895	-1.444557	1.652478
__00000L_l~i	-.9484142	.8629673	-1.10	0.272	-2.639799	.7429707
__00000L_l~m	-.0425109	.1513745	-0.28	0.779	-.3391995	.2541777
__00000L_l~d	-.633794	.1173369	-5.40	0.000	-.8637701	-.4038179
_cons	-1.675549	1.242356	-1.35	0.177	-4.110523	.7594249
Group 4						
lpibn	.3814136	.359568	1.06	0.289	-.3233266	1.086154
lcpi	.656447	.6715775	0.98	0.328	-.6598207	1.972715
lrem	.0587067	.1071216	0.55	0.584	-.1512477	.2686611
lcred	-.128181	.1027989	-1.25	0.212	-.3296632	.0733012
__00000M_l~p	.1382125	.5076737	0.27	0.785	-.8568097	1.133235
__00000L_l~n	.3582407	.3592581	1.00	0.319	-.3458922	1.062374
__00000L_l~i	-.7490072	.6910123	-1.08	0.278	-2.103366	.605352
__00000L_l~m	.0913721	.1614046	0.57	0.571	-.2249752	.4077194
__00000L_l~d	.1506112	.1290045	1.17	0.243	-.102233	.4034555
_cons	.3594287	1.076982	0.33	0.739	-1.751417	2.470275
Group 5						
lpibn	.8404504	.1799863	4.67	0.000	.4876838	1.193217
lcpi	.713422	.4830546	1.48	0.140	-.2333477	1.660192
lrem	.0287182	.0182167	1.58	0.115	-.0069858	.0644222
lcred	.0325931	.0293736	1.11	0.267	-.0249781	.0901643
__00000M_l~p	.0095563	.2594027	0.04	0.971	-.4988636	.5179762
__00000L_l~n	.1637262	.2620234	0.62	0.532	-.3498303	.6772826
__00000L_l~i	-.8365206	.4861821	-1.72	0.085	-1.78942	.1163788
__00000L_l~m	-.0547677	.0782101	-0.70	0.484	-.2080568	.0985213

```
__00000L_1~d |   .0123812   .0995226     0.12   0.901    -.1826794    .2074419
       _cons |   .1012523   .5339125     0.19   0.850     -.945197    1.147702
-------------+----------------------------------------------------------------
(suite omise)
-------------+----------------------------------------------------------------
```

7.7.2 Estimateur Augmented Mean Group

Pour estimer la fonction de consommation par la méthode AMG, nous saisissons la commande suivante :

```
xtmg lconsp lpibn lcpi lrem lcred, aug
```

Nous obtenons les résultats suivants :

```
Augmented Mean Group estimator (Bond & Eberhardt, 2009; Eberhardt & Teal, 2010)
Common dynamic process included as additional regressor
All coefficients present represent averages across groups (id)
Coefficient averages computed as unweighted means

Mean Group type estimation                      Number of obs      =       210
Group variable: id                              Number of groups   =         7

                                                Obs per group:
                                                              min =        30
                                                              avg =      30.0
                                                              max =        30
                                                Wald chi2(4)       =   2024.78
                                                Prob > chi2        =    0.0000
------------------------------------------------------------------------------
      lconsp |      Coef.   Std. Err.      z    P>|z|     [95% Conf. Interval]
-------------+----------------------------------------------------------------
       lpibn |   .7078133   .0598796    11.82   0.000     .5904513    .8251752
        lcpi |   .2459469    .116945     2.10   0.035      .016739    .4751549
        lrem |   .0595931    .027768     2.15   0.032     .0051687    .1140175
       lcred |   .0464621   .0227696     2.04   0.041     .0018345    .0910897
  __00000R_c |   1.021644   .6232403     1.64   0.101    -.1998849    2.243172
       _cons |   .5788534   .1770182     3.27   0.001     .2319041    .9258027
------------------------------------------------------------------------------
Root Mean Squared Error (sigma): 0.0405
Variable __00000R_c refers to the common dynamic process.
```

Tous les coefficients des variables explicatives (*lpibn*, *lcpi*, *lrem*, *lcred*) sont positifs et significatifs.

Pour obtenir les résultats pour chaque pays, nous entrons la commande :

```
xtmg lconsp lpibn lcpi lrem lcred, aug full
```

Nous obtenons les résultats suivants :

Group-specific coefficients

	Coef.	Std. Err.	z	P>|z|	[95% Conf.	Interval]
Group 1						
lpibn	.8311547	.0358648	23.17	0.000	.760861	.9014484
lcpi	.1216787	.0913501	1.33	0.183	-.0573642	.3007216
lrem	.0044228	.0231877	0.19	0.849	-.0410243	.0498699
lcred	-.0100345	.0219751	-0.46	0.648	-.0531049	.0330359
__00000R_c	2.293972	.2329546	9.85	0.000	1.83739	2.750555
_cons	.3951088	.1730756	2.28	0.022	.0558868	.7343308
Group 2						
lpibn	.6720167	.138195	4.86	0.000	.4011595	.9428739
lcpi	.266984	.2562148	1.04	0.297	-.2351877	.7691558
lrem	-.0111123	.0413296	-0.27	0.788	-.0921169	.0698923
lcred	.0839781	.0881428	0.95	0.341	-.0887787	.2567349
__00000R_c	4.235757	.6885265	6.15	0.000	2.886269	5.585244
_cons	.6713641	.497847	1.35	0.177	-.3043981	1.647126
Group 3						
lpibn	.6572743	.0752759	8.73	0.000	.5097361	.8048124
lcpi	.3133887	.3121425	1.00	0.315	-.2983993	.9251767
lrem	.1392691	.0752304	1.85	0.064	-.0081797	.2867179
lcred	.1499387	.0461451	3.25	0.001	.0594961	.2403814
__00000R_c	.3964063	.6596577	0.60	0.548	-.8964991	1.689312
_cons	.4565868	.6531612	0.70	0.485	-.8235856	1.736759
Group 4						
lpibn	.8213333	.110716	7.42	0.000	.604334	1.038333
lcpi	-.2020181	.1875886	-1.08	0.282	-.569685	.1656488
lrem	.1479266	.0472025	3.13	0.002	.0554114	.2404417
lcred	.0210965	.0721926	0.29	0.770	-.1203984	.1625914
__00000R_c	-.1291408	.414719	-0.31	0.756	-.9419751	.6836936
_cons	1.290625	.5036248	2.56	0.010	.3035387	2.277712
Group 5						
lpibn	.904323	.0588449	15.37	0.000	.7889891	1.019657
lcpi	-.0209804	.1059319	-0.20	0.843	-.2286031	.1866423
lrem	.0343829	.0183536	1.87	0.061	-.0015895	.0703554
lcred	.0027048	.0241335	0.11	0.911	-.0445961	.0500057
__00000R_c	-.070484	.2342428	-0.30	0.763	-.5295915	.3886235
_cons	.4040499	.2308837	1.75	0.080	-.0484738	.8565735
Group 6						
lpibn	.4347324	.0404274	10.75	0.000	.3554962	.5139686
lcpi	.6094693	.0752009	8.10	0.000	.4620782	.7568604
lrem	.1197311	.0183713	6.52	0.000	.083724	.1557383
lcred	.0823191	.0214099	3.84	0.000	.0403565	.1242817
__00000R_c	-.0588397	.1527134	-0.39	0.700	-.3581525	.2404731
_cons	.9956212	.203004	4.90	0.000	.5977407	1.393502

Suite omise

Le revenu a un effet positif et significatif sur la consommation dans tous les pays du panel. E revanche, l'effet des prix est positif et significatif seulement dans deux pays.

7.7.3 Modèle ARDL avec dépendance transversale

7.7.3.1 Spécification du modèle

Nous avons vu les deux estimateurs dynamiques MG et PMG dans le cadre du modèle ARDL hétérogène. L'avantage de ces deux estimateurs est qu'ils permettent d'estimer simultanément les coefficients de court et de long terme. Toutefois, ces estimateurs supposent l'absence de dépendance transversale dans le terme d'erreur. Lorsque cette hypothèse n'est pas vérifiée, ces estimateurs ne sont plus appropriés (Baltagi, 2014). Si les estimateurs CCEMG et AMG permettent de corriger la dépendance transversale, ils ne sont valables que pour des modèles non-dynamiques (Chudik & Pesaran, 2015b ; Everaert & Groote, 2016). En effet, dans un modèle dynamique, la présence de la variable dépendante retardée parmi les régresseurs viole l'hypothèse d'exogénéité stricte des variables explicatives, ce qui rend les estimateurs non convergents. Par ailleurs, la commande « **xtmg** » ne permet pas de contraindre les coefficients à être homogènes, car elle estime le modèle individu par individu et prend la moyenne simple des estimateurs individuels.

Pour prendre en compte à la fois l'hétérogénéité et la dépendance transversale dans le modèle dynamique, Chudik & Pesaran (2015b) appliquent la méthode CCE de Pesaran (2006) au modèle ARDL. Ils développent ainsi le modèle ARDL avec dépendance transversale (CS-ARDL : *Cross-sectionally augmented ARDL*). Pour illustrer ce modèle, considérons le modèle ARDL(1, 1) suivant :

$$lconsp_{it} = \alpha_i + \phi_1 lcons_{it-1} + \theta_{0i} x_{it} + \theta_{1i} x_{it-1} + \lambda_i f_t + e_{it} \quad (7.19)$$

La variable f_t représente les facteurs communs inobservables responsables de la dépendance transversale des erreurs. Chudik *et al.* (2013) ainsi que Chudik & Pesaran (2015b) montrent qu'on peut estimer ces facteurs par les moyennes transversales des variables et leurs valeurs passées d'ordre suffisamment grand de sorte à purger le terme d'erreur des effets des facteurs inobservés.

Le modèle de régression augmenté « CS-ARDL » se présente alors sous la forme suivante :

$$lconsp_{it} = \alpha_i + \phi_i lcons_{it-1} + \theta_{0i}x_{it} + \theta_{1i}x_{it-1} + \sum_{j=0}^{p_T} \gamma_{ij}\bar{z}_{t-j} + e_{it} \quad (7.20)$$

avec $z_{it} = (lconsp_{it}, x_{it})$ et $\bar{z}_t$ définie par l'équation (7.18).

L'estimateur obtenu sur ce modèle augmenté est appelé DCCEMG (*Dynamic Common Correlated Effects Estimator Mean Group*). Il est possible d'imposer l'homogénéité des coefficients du modèle CS-ARDL. Pour le choix du nombre de retards p_T, Chudik & Pesaran (2015b) recommandent de prendre la partie entière de $\sqrt[3]{T}$.

Dans la pratique, on préfère estimer le modèle ARDL sous la forme d'un modèle à correction d'erreur. Cette spécification permet, en effet, d'estimer directement les coefficients de court et de long terme. Ce modèle est spécifié comme suit :

$$\Delta lconsp_{it} = \alpha_i + \lambda_i(lcons_{it-1} - \beta_i x_{it}) + \gamma_i \Delta x_{it} + \sum_{j=0}^{p_T} \gamma_{ij}\bar{z}_{t-j} + e_{it} \quad (7.21)$$

Ce modèle est appelé *Cross-Sectionally augmented Error-Correction Model* (CS-ECM).

En l'absence de dépendance transversale et lorsque les coefficients de long terme sont homogènes ($\beta_i = \beta$), le modèle peut être estimé par la méthode PMG (Pesaran, Shin & Smith, 1999).

Une troisième spécification du modèle ARDL est la forme *Cross-Sectionally augmented Distributed Lag* (CS-DL). Ce modèle s'écrit comme suit :

$$lconsp_{it} = \alpha_i + \beta_i x_{it} + \sum_{j=0}^{p_x} \delta_{ij}\Delta x_{it-j} + \sum_{j=0}^{p_y} \pi_{ij}\overline{lconsp}_{t-j} + \sum_{j=0}^{p_T} \gamma_{ij}\bar{x}_{t-j} + e_{it} \quad (7.22)$$

où $p_T = \sqrt[3]{T}$ et $p_y = 0$.

L'estimation de ce modèle donne directement les coefficients de long terme (β_i) et de court terme (δ_{ij}). Il n'y a cependant pas de terme à correction d'erreur.

Ditzen (2018, 2021) propose la commande « **xtdcce2** » pour estimer un modèle dynamique avec dépendance transversale. La commande présente plusieurs avantages. Premièrement, elle permet d'estimer un modèle dynamique ou statique en autorisant l'hétérogénéité ou l'homogénéité des coefficients. Deuxièmement, la commande permet de corriger la dépendance transversale dans le terme d'erreur, en ajoutant les moyennes transversales courantes et retardées suivant les recommandations de Pesaran (2006) et Chudik & Pesaran (2015b). Un test de dépendance transversale est appliqué aux résidus.

Troisièmement, la commande « **xtdcce2** » s'applique aussi bien aux panels cylindrés qu'aux panels non-cylindrés. Quatrièmement, la commande permet l'estimation par la méthode des variables instrumentales lorsque certains régresseurs sont endogènes. Cinquièmement, la commande permet une correction du biais de petit échantillon en utilisant la méthode du *Jackknife* ou la méthode d'ajustement récursif suggérée par Chudik & Pesaran (2015b).

La syntaxe de la commande « **xtdcce2** » se présente comme suit[43] :

```
xtdcce2 depvar indepvars, crosssectional(varlist) pooled(varlist)
cr_lags(string) nocrosssectional lr(varlist) lr_options(string)
pooledconstant reportconstant noconstant trend pooledtrend
jackknife|recursive exponent showindividual
```

où :

- *depvar* désigne la variable dépendante ;
- *indepvars* représente les variables explicatives ;

43 Nous omettons les options relatives aux variables instrumentales. Voir Ditzen (2018, 2021) pour plus de détails.

- *crosssectional(varlist)* indique les variables dont les moyennes transversales doivent être ajoutées dans la régression augmentée.

- Les coefficients de ces variables ne sont pas reportés. L'option *crosssectional(all)* ajoute les moyennes transversales de toutes les variables. Il est possible de choisir les variables dont on souhaite ajouter les moyennes transversales ;

- *nocrosssectional* supprime la correction de la dépendance transversale. Dans ce cas, aucune moyenne transversale ne sera ajoutée. Les résultats seront alors équivalents à ceux de l'estimateur MG de Pesaran & Smith (1995) ou, si l'option « *lr(varlist)* » est spécifiée, à ceux de l'estimateur PMG de Pesaran, Shin, & Smith (1999) ;

- *pooled(varlist)* impose l'homogénéité des coefficients pour les variables de *varlist.* L'homogénéité de la constante est obtenue avec l'option « *pooledconstant* » ;

- *cr_lags(#)* précise le nombre de retards (p_T) des moyennes transversales. La valeur par défaut est fixée à 0 (cr_lags(0)). Il est possible d'entrer un nombre de retards différent pour chaque variable. Par exemple, cr_lags(0 2) signifie 0 et 2 retards respectivement pour la première et la deuxième variable indiquées dans *crosssectional(varlist*) ;

- *lr(varlist)* indique les variables de la relation de long terme. La première variable est le terme à correction d'erreur ;

- *lr_options(options2)* précise les options pour l'estimation de la relation de long terme. *option2* peut prendre les items suivants :

  - *ardl* applique la méthode CS-ARDL ;
  - *nodivide* indique que les coefficients ne sont pas divisés par le terme à correction d'erreur ;
  - *xtpmgnames* utilise les mêmes noms des coefficients que la commande xtpmg ;

- *pooledconstant* impose l'homogénéité de la constante pour tous les individus ;

- *reportconstant* reporte la constante dans le tableau des résultats ;

- *noconstant* supprime la constante ;

- *trend* ajoute une tendance linéaire dans le modèle ;

- *pooledtrend* impose une tendance linéaire homogène ;

- *exponent* permet de savoir si la dépendance transversale est faible ou forte. Une valeur supérieure à 0,5 suggère une forte dépendance transversale ;

- *jackknife* applique la correction de petit échantillon par la méthode du *jackknife* ;

- *recursive* applique la correction de petit échantillon par la méthode récursive ;

- *showindividual* affiche les résultats pour chaque individu.

Comme nous pouvons le constater, la commande « **xtdcce2** » permet d'obtenir les estimateurs déjà vus, à savoir MG-ARDL, PMG-ARDL, CCEMG et CCEP. En effet, pour les estimateurs MG-ARDL et PMG-ARDL, il n'y a pas de correction de la dépendance transversale. Par conséquent, on spécifie l'option « *nocross* ». En revanche, pour les estimateurs CCEMG et CCEP, la correction de la dépendance transversale se fait en ajoutant les moyennes transversales contemporaines des variables. Dans ce cas, on indiquera les options « *cr(all) cr_lags(0)* ». Nous utilisons la commande « **xtdcce2** » pour estimer la fonction de consommation par les trois modèles sus-exposés.

7.7.3.2 Estimation du modèle CS-ECM

À l'instar du modèle ECM standard, le modèle CS-ECM peut être estimé suivant trois méthodes en fonction des hypothèses d'hétérogénéité et d'homogénéité des coefficients. Nous illustrerons les versions corrigées des estimateurs MG et PMG, c'est-à-dire les estimateurs *Dynamic Common Correlated Effects Mean Group* (DCCEMG) et *Common Correlated Effects Pooled Mean Group* (CCEPMG).

- **Estimateur DCCEMG**

La méthode DCCEMG suppose que tous les coefficients du modèle ECM sont hétérogènes. Afin d'avoir un nombre de degrés de liberté suffisant, nous ajoutons deux (2) retards (au lieu de 3 !) des moyennes transversales. Ainsi, nous utilisons la commande suivante :

```
xtdcce2 d.lconsp d.lpibn d.lcpi d.lrem d.lcred, lr(l.lconsp lpibn lcpi lrem lcred) cr(_all) cr_lags(2)
```

Nous obtenons les résultats suivants :

```
(Dynamic) Common Correlated Effects Estimator - Mean Group

Panel Variable (i): id                          Number of obs      =        189
Time Variable (t): annee                        Number of groups   =          7
Degrees of freedom per group:                   Obs per group (T)  =         27
 without cross-sectional averages    = 17
 with cross-sectional averages       = 2
Number of                                       F(175, 14)         =       1.99
 cross-sectional lags                = 2        Prob > F           =       0.07
 variables in mean group regression = 63        R-squared          =       0.96
 variables partialled out            = 112      Adj. R-squared     =       0.44
                                                Root MSE           =       0.02
                                                CD Statistic       =       3.27
                                                   p-value         =     0.0011
-------------------------------------------------------------------------------
       D.lconsp|     Coef.   Std. Err.       z     P>|z|     [95% Conf. Interval]
---------------+---------------------------------------------------------------
 Short Run Est.|
---------------+---------------------------------------------------------------
   Mean Group: |
        D.lpibn|  .2643945   .2871507     0.92     0.357     -.2984106   .8271996
         D.lcpi|  .4643688   .3308883     1.40     0.160     -.1841604   1.112898
         D.lrem| -.098843    .0423758    -2.33     0.020     -.1818981  -.0157879
        D.lcred| -.1923525   .0476197    -4.04     0.000     -.2856853  -.0990197
---------------+---------------------------------------------------------------
 Long Run Est. |
---------------+---------------------------------------------------------------
   Mean Group: |
       L.lconsp| -1.284532   .2149635    -5.98     0.000     -1.705853  -.8632116
          lpibn|  .4875827   .1984755     2.46     0.014      .0985779   .8765874
           lcpi| -.3999597    .551945    -0.72     0.469     -1.481752   .6818327
           lrem|  .1036556   .0504321     2.06     0.040      .0048105   .2025007
          lcred|  .1978506     .03462     5.71     0.000      .1299966   .2657046
-------------------------------------------------------------------------------
Mean Group Variables: D.lpibn D.lcpi D.lrem D.lcred
Cross Sectional Averaged Variables: lconsp lpibn lcpi lrem lcred
Long Run Variables:  L.lconsp lpibn lcpi lrem lcred
Cointegration variable(s): L.lconsp
Heterogenous constant partialled out.
```

L'estimateur DCCEMG fournit un coefficient d'ajustement partiel égal à -1,2845 (L.lconsp). L'élasticité de long terme du revenu est égale à 0,487582, celle du prix est -0,399959, etc. L'élasticité de court terme du revenu est égale à 0,264394 (D.lpibn).

En l'absence de dépendance transversale, nous utilisons la commande suivante :

```
xtdcce2 d.lconsp d.lpibn d.lcpi d.lrem d.lcred, lr(l.lconsp lpibn lcpi lrem lcred) nocross
```

Nous obtenons les résultats suivants :

```
(Dynamic) Common Correlated Effects Estimator - Mean Group

Panel Variable (i): id                              Number of obs        =       203
Time Variable (t): annee                            Number of groups     =         7
Degrees of freedom per group:                       Obs per group (T)    =        29
 without cross-sectional averages      = 19
 with cross-sectional averages         = 19
Number of                                           F(70, 133)           =     15.23
 cross-sectional lags                  none         Prob > F             =      0.00
 variables in mean group regression = 63            R-squared            =      0.89
 variables partialled out              = 7          Adj. R-squared       =      0.83
                                                    Root MSE             =      0.04
                                                    CD Statistic         =      0.26
                                                       p-value           =    0.7917
------------------------------------------------------------------------------
      D.lconsp|      Coef.   Std. Err.       z    P>|z|     [95% Conf. Interval]
--------------+---------------------------------------------------------------
 Short Run Est.|
--------------+---------------------------------------------------------------
   Mean Group: |
       D.lpibn|  .5354331   .2174437     2.46    0.014      .1092514   .9616148
        D.lcpi| -.1968178   .1674039    -1.18    0.240     -.5249234   .1312879
        D.lrem| -.0478282   .0218423    -2.19    0.029     -.0906383  -.0050182
       D.lcred| -.0318855   .0226124    -1.41    0.159      -.076205   .0124339
--------------+---------------------------------------------------------------
 Long Run Est. |
--------------+---------------------------------------------------------------
   Mean Group: |
      L.lconsp| -.4929356   .1242112    -3.97    0.000     -.7363851  -.2494861
         lpibn|  .8033414    .206669     3.89    0.000      .3982775   1.208405
          lcpi|  .1776484    .681629     0.26    0.794      -1.15832   1.513617
          lrem|  .0432293   .0360004     1.20    0.230     -.0273302   .1137889
         lcred|    .04887   .1143606     0.43    0.669     -.1752726   .2730127
------------------------------------------------------------------------------
Mean Group Variables: D.lpibn D.lcpi D.lrem D.lcred
Long Run Variables:  L.lconsp lpibn lcpi lrem lcred
Cointegration variable(s): L.lconsp
Heterogenous constant partialled out.
```

Nous obtenons les mêmes résultats qu'avec la commande « xtpmg », en entrant :

```
xtpmg d.lconsp d.lpibn d.lcpi d.lrem d.lcred, lr(l.lconsp lpibn lcpi lrem lcred) ec(ec) replace mg
```

Les résultats de l'estimateur MG-ARDL sont :

```
------------------------------------------------------------------------------
Mean Group Estimation: Error Correction Form
(Estimate results saved as mg)
------------------------------------------------------------------------------
------------------------------------------------------------------------------
    D.lconsp |      Coef.   Std. Err.      z    P>|z|     [95% Conf. Interval]
-------------+----------------------------------------------------------------
ec           |
       lpibn |   .8033414    .206669     3.89   0.000     .3982775    1.208405
        lcpi |   .1776484   .6816291     0.26   0.794     -1.15832    1.513617
        lrem |   .0432294   .0360004     1.20   0.230    -.0273302    .1137889
       lcred |     .04887   .1143606     0.43   0.669    -.1752727    .2730127
-------------+----------------------------------------------------------------
SR           |
          ec |  -.4929356   .1242112    -3.97   0.000    -.7363851   -.2494861
             |
       lpibn |
         D1. |   .5354331   .2174436     2.46   0.014     .1092514    .9616148
             |
        lcpi |
         D1. |  -.1968177   .1674039    -1.18   0.240    -.5249234    .1312879
             |
        lrem |
         D1. |  -.0478282   .0218423    -2.19   0.029    -.0906383   -.0050182
             |
       lcred |
         D1. |  -.0318855   .0226123    -1.41   0.159    -.0762049    .0124339
             |
       _cons |    .058502   .3202731     0.18   0.855    -.5692217    .6862257
------------------------------------------------------------------------------
```

- **Estimateur CCEPMG**

Nous corrigeons l'estimateur PMG de la dépendance transversale. Rappelons que l'estimateur PMG suppose l'homogénéité des coefficients de long terme. Nous utilisons l'option « *pooled* » pour imposer cette restriction. La commande est :

```
xtdcce2 d.lconsp d.lpibn d.lcpi d.lrem d.lcred, lr(l.lconsp lpibn lcpi lrem lcred) p(l.lconsp lpibn lcpi lrem lcred) cr(_all) cr_lags(1)
```

Nous obtenons les résultats ci-après :

```
(Dynamic)Common Correlated Effects Estimator - Pooled Mean Group

Panel Variable (i): id                          Number of obs      =       196
Time Variable (t): annee                        Number of groups   =         7

Degrees of freedom per group:                   Obs per group (T) =        28
 without cross-sectional averages    = 18
 with cross-sectional averages       = 8
Number of                                       F(110, 86)         =      2.14
 cross-sectional lags                = 1        Prob > F           =      0.00
 variables in mean group regression = 33        R-squared          =      0.73
 variables partialled out            = 77       Adj. R-squared     =      0.39
                                                Root MSE           =      0.03
                                                CD Statistic       =     -2.83
                                                   p-value         =    0.0046
------------------------------------------------------------------------------
       D.lconsp|     Coef.   Std. Err.      z    P>|z|     [95% Conf. Interval]
---------------+--------------------------------------------------------------
 Short Run Est.|
---------------+--------------------------------------------------------------
   Mean Group: |
        D.lpibn|   .324661    .087146    3.73   0.000     .1538581    .495464
         D.lcpi| -.2395709   .2575038   -0.93   0.352    -.7442691   .2651273
         D.lrem| -.0361108   .0203459   -1.77   0.076     -.075988   .0037665
        D.lcred| -.0206497   .0132764   -1.56   0.120    -.0466709   .0053715
---------------+--------------------------------------------------------------
 Long Run Est. |
---------------+--------------------------------------------------------------
   Pooled:     |
       L.lconsp| -.7619792   .2095866   -3.64   0.000    -1.172761  -.3511969
          lpibn|  .3823001   .1675712    2.28   0.023     .0538666   .7107336
           lcpi|  .5619798   .6794802    0.83   0.408     -.769777   1.893737
           lrem|  .1033102   .0299604    3.45   0.001     .0445888   .1620315
          lcred|  .0657013   .0429721    1.53   0.126    -.0185225   .1499251
------------------------------------------------------------------------------
Pooled Variables:  L.lconsp lpibn lcpi lrem lcred
Mean Group Variables: D.lpibn D.lcpi D.lrem D.lcred
Cross Sectional Averaged Variables: lpibn lcpi lrem lcred lconsp
Long Run Variables: L.lconsp lpibn lcpi lrem lcred
Cointegration variable(s): L.lconsp
Heterogenous constant partialled out.
```

7.7.3.3 Estimation du modèle CS-ARDL

Pour estimer le modèle CS-ARDL, nous ajoutons toutes les variables de court terme dans l'option « lr() » et nous choisissons la méthode "*ardl*". La commande s'écrit :

```
xtdcce2 lconsp, lr(l.lconsp lpibn l.lpibn lcpi l.lcpi lrem l.lrem lcred
l.lcred) lr_options(ardl) cr(_all) cr_lags(2)
```

Nous obtenons les résultats suivants :

```
(Dynamic) Common Correlated Effects Estimator -  (CS-ARDL)

Panel Variable (i): id                              Number of obs      =        189
Time Variable (t): annee                            Number of groups   =          7

Degrees of freedom per group:                       Obs per group (T)  =         27
 without cross-sectional averages      = 17
 with cross-sectional averages         = 2
Number of                                           F(175, 14)         =       1.26
 cross-sectional lags                  = 2          Prob > F           =       0.32
 variables in mean group regression = 63            R-squared          =       0.94
 variables partialled out              = 112        Adj. R-squared     =       0.14
                                                    Root MSE           =       0.02
                                                    CD Statistic       =       3.27
                                                       p-value         =     0.0011
--------------------------------------------------------------------------------
         lconsp|      Coef.   Std. Err.      z    P>|z|     [95% Conf. Interval]
---------------+----------------------------------------------------------------
 Short Run Est.|
---------------+----------------------------------------------------------------
   Mean Group: |
       L.lconsp| -.2845324   .2149635   -1.32   0.186     -.7058532    .1367884
          lpibn|  .9233725   .1529081    6.04   0.000      .6236782    1.223067
           lcpi|  .4654938   .6872383    0.68   0.498     -.8814685    1.812456
           lrem|  .0309988   .0457202    0.68   0.498     -.0586112    .1206087
          lcred|  .0547209   .0710143    0.77   0.441     -.0844646    .1939064
        L.lpibn| -.2643945   .2871507   -0.92   0.357     -.8271996    .2984106
         L.lcpi| -.4643688   .3308883   -1.40   0.160     -1.112898    .1841604
         L.lrem|   .098843   .0423758    2.33   0.020      .0157879    .1818981
        L.lcred|  .1923525   .0476197    4.04   0.000      .0990197    .2856853
---------------+----------------------------------------------------------------
 Long Run Est. |
---------------+----------------------------------------------------------------
   Mean Group: |
      lr_lconsp| -1.284532   .2149635   -5.98   0.000     -1.705853   -.8632116
        lr_lcpi| -.3999597    .551945   -0.72   0.469     -1.481752    .6818327
       lr_lcred|  .1978506     .03462    5.71   0.000      .1299966    .2657046
       lr_lpibn|  .4875827   .1984755    2.46   0.014      .0985779    .8765874
        lr_lrem|  .1036556   .0504321    2.06   0.040      .0048105    .2025007
--------------------------------------------------------------------------------
Cross Sectional Averaged Variables: lconsp lpibn lcpi lrem lcred
Long Run Variables:  lr_lconsp lr_lcpi lr_lcred lr_lpibn lr_lrem
Cointegration variable(s): lr_lconsp
Heterogenous constant partialled out.
```

Nous avons les mêmes résultats concernant les coefficients de long terme et le terme à correction d'erreur.

7.7.3.4 Estimation du modèle CS-DL

Nous estimons le modèle CS-DL sous la forme suivante :

$$lconsp_{it} = \alpha_i + \beta_i x_{it} + \delta_{1i} \Delta x_{it-1} + \pi_{1i} \overline{lconsp}_t + \sum_{j=0}^{2} \gamma_{ij} \bar{x}_{t-j} + e_{it} \qquad (7.23)$$

Rappelons que ce modèle donne directement les coefficients de long terme βi. Pour estimer ce modèle, nous utilisons la commande suivante :

```
xtdcce2 lconsp lpibn lcpi lrem lcred d.lpibn d.lcpi d.lrem d.lcred,
cr(lconsp lpibn lcpi lrem lcred) cr_lags(0 2)
```

Nous obtenons les résultats suivants :

```
(Dynamic) Common Correlated Effects Estimator - Mean Group

Panel Variable (i): id                           Number of obs      =        189
Time Variable (t): annee                         Number of groups   =          7

Degrees of freedom per group:                    Obs per group (T)  =         27
 without cross-sectional averages    = 18
 with cross-sectional averages       = 5
Number of                                        F(154, 35)         =       0.98
 cross-sectional lags                0 to 2      Prob > F           =       0.55
 variables in mean group regression = 56         R-squared          =       0.81
 variables partialled out            = 98        Adj. R-squared     =      -0.04
                                                 Root MSE           =       0.02
                                                 CD Statistic       =      -2.65
                                                    p-value         =     0.0081
------------------------------------------------------------------------------
         lconsp|     Coef.   Std. Err.      z    P>|z|     [95% Conf. Interval]
---------------+--------------------------------------------------------------
 Mean Group:   |
          lpibn|  .3973091   .1984597    2.00   0.045      .0083352   .7862831
           lcpi|  .1153322   .5098945    0.23   0.821     -.8840427   1.114707
           lrem|  .0491989   .0342347    1.44   0.151     -.0178998   .1162976
          lcred|  .0483307   .0751224    0.64   0.520     -.0989065    .195568
        D.lpibn|  .1518563   .1998375    0.76   0.447      -.239818   .5435307
         D.lcpi|  .0646622   .3951876    0.16   0.870     -.7098912   .8392156
         D.lrem| -.0305854   .0294991   -1.04   0.300     -.0884027   .0272318
        D.lcred| -.0789216   .0850479   -0.93   0.353     -.2456124   .0877692
------------------------------------------------------------------------------
Mean Group Variables: lpibn lcpi lrem lcred D.lpibn D.lcpi D.lrem D.lcred
Cross Sectional Averaged Variables: lconsp(0) lpibn(2) lcpi(2) lrem(2) lcred(2)
Heterogenous constant partialled out.
```

Le tableau ci-dessous récapitule les estimations des coefficients de long terme. Nous constatons que le coefficient du revenu est significatif dans tous les modèles. Cependant, la valeur du coefficient baisse lorsque nous contrôlons la dépendance transversale.

Tableau 7.5 : Comparaison des résultats des modèles avec et sans dépendance transversale

	Absence de dépendance transversale				Dépendance transversale				
	FMOLS	DOLS	PMG	MG	CCEMG	AMG	CCEPMG	CS-ARDL	CS-DL
Lpibn	0.65*	0.6776*	1.0201*	0.8033*	0.6057*	0.7078*	0.3823*	0.4875*	0.3973*
Lcpi	0.77*	0.9377*	-0.0368	0.1776	0.9173*	0.2459*	0.5619	-0.3999	0.1153
Lrem	-0.03*	-0.0399*	-0.0166	0.0432	0.0490*	0.0595*	0.1033*	0.1036*	0.0491
Lcred	0.01*	-0.0192	0.0051	0.0488	0.1040*	0.0464*	0.0657	0.1978*	0.0483

CHAPITRE 8

Modèle PVAR et causalité

8.1 Introduction

Les modèles économétriques structurels présentent l'avantage de se fonder sur une conception explicite du fonctionnement de l'économie. Toutefois, ces modèles ont connu beaucoup de critiques en raison de leur incapacité à prévoir correctement certains phénomènes économiques (Sims, 1980). La critique principale formulée à l'encontre de ces modèles concerne plus précisément l'exogénéité supposée de certaines variables. En effet, on suppose généralement que les variables explicatives sont exogènes. Si cette hypothèse permet d'obtenir des estimateurs convergents, elle s'avère restrictive dans la réalité économique.

Dire qu'une variable est exogène implique qu'elle n'est pas expliquée par d'autres variables économiques. Or, dans la réalité économique des pays en développement, de telles variables sont rares. Par exemple, dans une fonction de consommation, le revenu disponible, l'inflation et les transferts des migrants dépendent à la fois de facteurs internes et externes. Une conjoncture internationale défavorable qui induirait une flambée du cours du pétrole aura des conséquences sur la croissance économique ainsi que sur le niveau des prix domestiques. Il y a donc un problème de simultanéité inhérent aux modèles structurels. Certes, il existe des méthodes économétriques permettant de corriger ce problème. Mais le choix des instruments, qui doivent respecter certaines conditions, peut affecter négativement les estimations.

Le modèle Vectoriel AutoRégressif (VAR) apporte une réponse statistique à cette critique. Dans ce modèle, les variables sont toutes, *a priori*, endogènes et on s'intéresse à des relations purement statistiques. Bien entendu, l'économie a toujours sa place, car le chercheur devra faire intervenir sa connaissance économique lors de la phase préliminaire de sélection des variables ainsi que lors de l'interprétation des résultats.

Le modèle VAR est un modèle dans lequel la valeur contemporaine d'une variable dépend de ses propres valeurs passées ainsi que des valeurs passées des autres variables. Il y a autant d'équations que de variables endogènes. Chaque équation du modèle VAR est un modèle dynamique. En raison de cette spécification, l'estimation du modèle VAR en panel soulève des problèmes économétriques que nous avons évoqués dans le chapitre 5. Le présent chapitre illustre plusieurs applications du modèle VAR. Une des applications courantes de ce modèle est le test de causalité de Granger. Ce test permet de savoir si les valeurs passées d'une variable influencent significativement la valeur courante d'une autre variable. La littérature économétrique propose plusieurs méthodes pour tester cette hypothèse. Nous partons du modèle VAR standard où les variables sont stationnaires, les coefficients autorégressifs homogènes et les termes d'erreur non-corrélés. Nous verrons ensuite les méthodes d'estimation dans le cas d'un panel non-stationnaire ou hétérogène avec dépendance transversale.

À la fin de ce chapitre, le lecteur sera capable : (i) d'estimer un modèle VAR en panel, (ii) de faire des tests de causalité au sens de Granger, (iii) de faire l'analyse impulsionnelle, et (iv) de faire l'analyse de la décomposition des variances des erreurs de prévision.

8.2 Spécification d'un modèle PVAR

Un modèle PVAR (VAR en Panel) est un modèle dans lequel les variables sont expliquées par leurs valeurs passées et, éventuellement, par des variables exogènes[44]. Si nous considérons (pour simplifier) deux variables X et Y stationnaires, le modèle PVAR à p retards, noté PVAR(p), s'écrit :

$$Y_{\mathrm{it}} = \alpha_{1\mathrm{i}} + \sum_{j=1}^{p} \beta_j Y_{it-j} + \sum_{j=1}^{p} \gamma_j X_{it-j} + e_{1it} \quad (8.1)$$

$$X_{\mathrm{it}} = \alpha_{2\mathrm{i}} + \sum_{j=1}^{p} \varphi_j Y_{it-j} + \sum_{j=1}^{p} \pi_j X_{it-j} + e_{1it} \quad (8.2)$$

[44] Canova & Ciccarelli (2013) présentent une revue de littérature des modèles VAR en panel.

Nous pouvons voir que chaque équation du modèle PVAR à effets fixes est un modèle dynamique autorégressif à p retards. Nous avons vu au chapitre 5 les problèmes économétriques que pose l'estimation de ces modèles et qui justifient l'utilisation de la méthode des variables instrumentales (Anderson & Hsiao, 1982 ; Arellano & Bover, 1995 ; Holtz-Eakin, Newey & Rosen, 1988).

La stationnarité du PVAR requiert que toutes les racines unitaires du modèle aient un module inférieur à l'unité. On notera que le modèle ci-dessus est homogène. Nous aborderons dans la suite de ce chapitre le cas où le modèle PVAR est hétérogène. Le vecteur des erreurs $e_{it} = (e_{1it}, e_{2it})$ représente les impulsions ou innovations et joue un rôle central dans l'analyse du modèle PVAR. Ces erreurs seront considérées comme des variables exogènes dans le cadre de la simulation de chocs sur les variables. Si les erreurs ne sont pas orthogonales, on peut utiliser la méthode de Choleski à l'effet d'obtenir des résidus qui s'interpréteront comme des chocs structurels non-corrélés[45].

Abrigo & Love (2016) développent un ensemble de commandes permettant d'estimer le modèle PVAR à effets fixes, de réaliser les tests de causalité de Granger et de faire l'analyse impulsionnelle ainsi que la décomposition de la variance. Nous illustrons ces commandes à partir de cas pratiques.

8.3 Estimation d'un modèle PVAR à effets fixes

Considérons le modèle PVAR à effets fixes, constitué des deux variables *lconsp* et *lpibn*. Étant donné que ces deux variables ne sont pas stationnaires, nous considérons les différences premières. Nous ignorons, pour l'instant, l'existence potentielle d'une relation de cointégration entre ces deux séries en niveau.

---

[45] La décomposition de Choleski ne permet pas une interprétation économique des impulsions ainsi obtenues. De nombreux travaux, depuis ceux de Shapiro & Watson (1988) et Blanchard & Quah (1989), proposent des méthodes d'identification des chocs structurels qui ont une interprétation économique : chocs d'offre, chocs de demande, chocs monétaires, etc. Ces chocs structurels sont obtenus comme des combinaisons des erreurs canoniques, sous des contraintes dites identifiantes issues de la théorie économique.

On génère les différences premières en utilisant la commande generate ou « g » suivie de la formule. Par exemple, pour générer la série *dlconsp*, on tape : g dlconsp = d.lconsp.

Pour estimer un modèle PVAR, on utilise la commande « **pvar** ». La syntaxe de la commande est :

```
pvar vardepvar, lags(#) exog(varlist) instlags(numlist)
```

où :

- *vardepvar* indique la liste des variables endogènes ;

- *lags(#)* indique le nombre maximum de retards *p* du modèle PVAR. La valeur par défaut est fixée à $p = 1$;

- *exog(varlist)* permet de spécifier la liste des variables exogènes. Ces variables exogènes sont utilisées comme faisant partie des instruments ;

- *instlags(numlist)* spécifie les retards des variables endogènes à utiliser en tant qu'instruments. Si cette option est omise alors le nombre de retards des variables endogènes utilisées en tant qu'instruments sera l'ordre *p* du PVAR.

Pour estimer un modèle PVAR(2), nous entrons la ligne de commande :

```
pvar dlconsp dlpibn, lags(2)
```

En validant, nous obtenons les résultats suivants :

```
Panel vector autoregresssion

GMM Estimation

Final GMM Criterion Q(b) =  6.16e-34
Initial weight matrix: Identity
GMM weight matrix:     Robust
                                                 No. of obs      =        182
                                                 No. of panels   =          7
                                                 Ave. no. of T   =     26.000
------------------------------------------------------------------------------
             |      Coef.   Std. Err.      z    P>|z|     [95% Conf. Interval]
-------------+----------------------------------------------------------------
dlconsp      |
     dlconsp |
         L1. |  -.0203301   .1253757    -0.16   0.871     -.266062    .2254017
         L2. |  -.0992162   .0806536    -1.23   0.219    -.2572944     .058862
             |
      dlpibn |
         L1. |   .2307103   .1140687     2.02   0.043     .0071398    .4542808
         L2. |   .2086467   .0999534     2.09   0.037     .0127415    .4045518
-------------+----------------------------------------------------------------
dlpibn       |
     dlconsp |
         L1. |   .0996241   .1537669     0.65   0.517    -.2017535    .4010016
         L2. |   .1741794   .1612282     1.08   0.280    -.1418221    .4901808
             |
      dlpibn |
         L1. |   .0331985   .1226863     0.27   0.787    -.2072622    .2736592
         L2. |   .0170247   .0862384     0.20   0.844    -.1519994    .1860489
------------------------------------------------------------------------------
Instruments : l(1/2).(dlconsp dlpibn)
```

Par défaut, la commande « *pvar* » applique la transformation d'Helmert pour éliminer les effets fixes (Arellano & Bover, 1995). Les valeurs retardées des variables endogènes transformées sont instrumentées par les mêmes retards des variables non transformées. Toutefois, il est possible d'éliminer les effets fixes en utilisant la différence première des variables. Dans ce cas, on ajoute l'option « *fd* » qui signifie *first difference*. Avec cette option, les *p* retards des variables endogènes en différences premières sont instrumentées par les retards allant de *(p+1)* à *2p* des variables non différenciées.

Le fait d'omettre l'option « *instlags* » dans l'exemple ci-dessus implique que les instruments utilisés sont les valeurs retardées d'une et deux périodes des variables endogènes : $dlconsp_{it-1}$, $dlconsp_{it-2}$, $dlpibn_{it-1}$ et $dlpibn_{it-2}$. Nous avons 4 variables instrumentales pour 4 variables explicatives transformées dans chaque équation du PVAR. Les deux équations du modèle PVAR sont donc juste-identifiées.

8.4 Détermination du nombre de retards

Le choix du nombre de retards est une étape importante pour l'estimation du modèle PVAR. En effet, un retard trop court ne permet pas d'appréhender toute la dynamique des variables.

En revanche, un retard trop grand entraîne un sur-paramétrage du modèle et une perte du nombre de degrés de liberté. Dans le contexte du modèle PVAR estimé par la méthode GMM, Andrews & Lu (2001) proposent trois critères de sélection, basés sur la statistique *J* du test de suridentification de Hansen (1982). Ces critères sont analogues aux critères d'information standards, à savoir le critère d'information d'Akaike (AIC), le critère d'information bayésien (BIC) et le critère d'information de Hannan-Quinn (QIC). Toutefois, le calcul de ces critères nécessite que le nombre de conditions de moments soit supérieur au nombre de variables endogènes.

Nous cherchons le nombre de retards entre 1 et 5 en utilisant les critères suggérés par Andrews & Lu (2001). Pour chaque modèle VAR, la condition de sur-identification nécessite que le nombre d'instruments soit supérieur au nombre de variables endogènes figurant en explicatives. Nous utilisons les cinq (5) premiers retards des variables endogènes en tant qu'instruments. La commande est la suivante :

```
pvarsoc dlconsp dlpibn, maxlag(5) pvaro(instl(1/5))
```

En validant, nous obtenons les résultats ci-dessous :

```
Running panel VAR lag order selection on estimation sample
.....

 Selection order criteria
 Sample:  1999 - 2021                             No. of obs      =        161
                                                  No. of panels   =          7
                                                  Ave. no. of T   =     23.000

  +--------------------------------------------------------------------------+
  |  lag |    CD          J      J pvalue     MBIC        MAIC        MQIC    |
  |------+-------------------------------------------------------------------|
  |    1 |  .7943222   17.91592   .3288433  -63.38655  -14.08408  -34.10288 |
  |    2 |  .7874997    16.2662   .1793455  -44.71065  -7.733798   -22.7479 |
  |    3 |   .796871   6.152339   .6301722   -34.4989  -9.847661  -19.85706 |
  |    4 |  .7940449   5.082742   .2789125  -15.24288  -2.917258  -7.921959 |
  |    5 |  .0913619          .          .          .          .          . |
  +--------------------------------------------------------------------------+
```

Pour le modèle PVAR à 5 retards, les critères d'information ne sont pas calculés parce que le modèle est juste identifié : le nombre d'instruments est égal au nombre de variables endogènes figurant en explicatives. Les trois critères sélectionnent le modèle VAR(1), ce modèle a la plus faible valeur des critères de sélection MBIC, MAIC et MQIC.

Nous estimons un modèle PVAR(1) en utilisant les 5 premiers retards des variables endogènes en tant qu'instruments. La commande s'écrit :

```
pvar dlconsp dlpibn, lags(1) instl(1/5)
```

En validant, nous obtenons les résultats suivants :

```
Panel vector autoregresssion

GMM Estimation

Final GMM Criterion Q(b) =        .111
Initial weight matrix: Identity
GMM weight matrix:     Robust
                                               No. of obs      =       161
                                               No. of panels   =         7
                                               Ave. no. of T   =    23.000
------------------------------------------------------------------------------
             |     Coef.   Std. Err.      z    P>|z|     [95% Conf. Interval]
-------------+----------------------------------------------------------------
dlconsp      |
     dlconsp |
         L1. | -.0752468   .1711438    -0.44   0.660    -.4106824    .2601889
             |
      dlpibn |
         L1. |  .1914366    .179269     1.07   0.286    -.1599242    .5427975
-------------+----------------------------------------------------------------
dlpibn       |
     dlconsp |
         L1. | -.0228901   .1230844    -0.19   0.852     -.264131    .2183508
             |
      dlpibn |
         L1. |   .009579   .1233317     0.08   0.938    -.2321468    .2513047
------------------------------------------------------------------------------
Instruments : l(1/5).(dlconsp dlpibn)
```

Notons qu'il n'est pas nécessaire d'utiliser les mêmes instruments pour estimer tous les modèles PVAR pour les retards allant de 1 à 5. Par exemple, pour estimer le modèle PVAR(1), nous pouvons utiliser un ou deux retards (et non 5 retards !) des variables endogènes comme instruments. Certes, l'utilisation d'un même système de variables instrumentales permet une comparabilité des critères de sélection. Toutefois, la multiplication des instruments pourrait rendre les estimations imprécises.

Nous estimons le modèle PVAR(1) en utilisant un retard des variables endogènes comme instruments. Dans ce cas, le modèle est juste identifié. La commande s'écrit :

```
pvar dlconsp dlpibn, lags(1)
```

Nous obtenons les résultats suivants :

```
Panel vector autoregresssion

GMM Estimation

Final GMM Criterion Q(b) =  9.60e-34
Initial weight matrix: Identity
GMM weight matrix:     Robust
                                                  No. of obs      =       189
                                                  No. of panels   =         7
                                                  Ave. no. of T   =    27.000
------------------------------------------------------------------------------
             |      Coef.   Std. Err.      z    P>|z|     [95% Conf. Interval]
-------------+----------------------------------------------------------------
dlconsp      |
     dlconsp |
         L1. |   .0421281   .1370404     0.31   0.759    -.2264661    .3107223
             |
      dlpibn |
         L1. |   .3015194   .1303905     2.31   0.021     .0459588    .5570801
-------------+----------------------------------------------------------------
dlpibn       |
     dlconsp |
         L1. |   .0907936   .1332079     0.68   0.495     -.170289    .3518762
             |
      dlpibn |
         L1. |   .1886855   .0779338     2.42   0.015      .035938     .341433
------------------------------------------------------------------------------

Instruments : l(1/1).(dlconsp dlpibn)
```

8.5 Tests de causalité dans un modèle PVAR

Dans un modèle PVAR, on s'intéresse à la significativité globale des coefficients associés à une variable ou à un groupe de variables. Considérons le modèle PVAR bivarié défini par les équations (8.1) et (8.2). Tester si X cause Y, au sens de Granger, revient à tester l'hypothèse nulle suivante:

$$H_0 : \gamma_1 = \gamma_2 = \cdots = \gamma_p = 0$$

De même, tester si Y cause X revient à tester l'hypothèse nulle suivante:

$$H_0 : \phi_1 = \phi_2 = \cdots = \phi_p = 0$$

Le rejet de ces deux hypothèses implique une causalité réciproque entre les variables X et Y.

Pour tester la causalité entre *dlconsp* et *dlpibn*, nous entrons la commande :

```
pvargranger
```

Nous obtenons les résultats suivants :

```
panel VAR-Granger causality Wald test
    Ho: Excluded variable does not Granger-cause Equation variable
    Ha: Excluded variable Granger-causes Equation variable

  +------------------------------------------------------+
  | Equation \ Excluded |     chi2     df    Prob > chi2  |
  |---------------------+--------------------------------|
  |dlconsp              |                                |
  |              dlpibn |     5.347     1          0.021  |
  |                 ALL |     5.347     1          0.021  |
  |---------------------+--------------------------------|
  |dlpibn               |                                |
  |             dlconsp |     0.465     1          0.495  |
  |                 ALL |     0.465     1          0.495  |
  +------------------------------------------------------+
```

En considérant l'équation de la consommation, le coefficient de la variable *dlpibn* retardée d'une période est significatif au seuil de 5%. Nous concluons que le revenu cause la consommation au sens de Granger. En revanche, en considérant l'équation du revenu, le coefficient de la consommation n'est pas significatif. La consommation ne cause pas le revenu.

8.6 Stabilité du modèle PVAR

Pour tester la stabilité du modèle PVAR, entrez la commande :

```
pvarstable
```

Nous obtenons les résultats suivants :

```
Eigenvalue stability condition

  +------------------------------------+
  |       Eigenvalue       |           |
  |    Real      Imaginary |  Modulus  |
  |------------------------+-----------|
  |   .2963648           0 |  .2963648 |
  |  -.0655512           0 |  .0655512 |
  +------------------------------------+

   All the eigenvalues lie inside the unit circle.
   pVAR satisfies stability condition.
```

Les valeurs propres sont ici des nombres réels (et non des nombres complexes), ce qui explique que la partie imaginaire est nulle.

Il est courant de représenter les modules des valeurs propres. Cela facilite l'interprétation surtout lorsqu'il y a un nombre élevé de valeurs propres. Pour obtenir le graphique, entrez la commande :

```
pvarstable, graph
```

Nous obtenons le graphique ci-après :

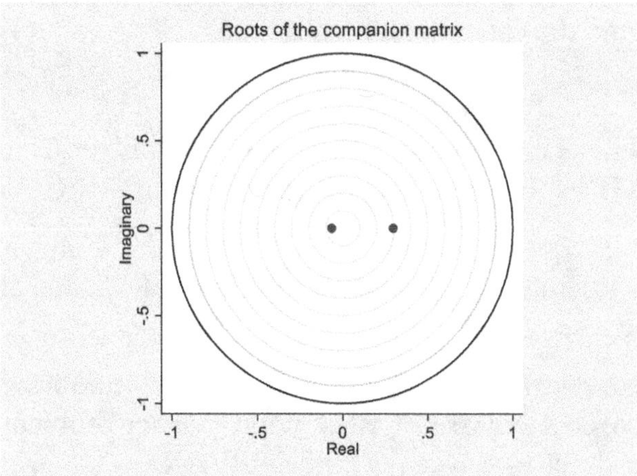

Le graphique montre que toutes les valeurs propres se trouvent à l'intérieur du cercle unité. Par conséquent, le modèle PVAR(1) satisfait la condition de stabilité (Lutkepohl, 2005 ; Hamilton, 1994).

8.7 Fonctions de réponse impulsionnelle

Une des applications du modèle VAR est l'analyse de la propagation des effets des chocs sur les variables. Cette analyse, dite impulsionnelle, donne les fonctions de réponse des variables consécutive à un choc sur une variable donnée. Dans le modèle PVAR, on suppose que les erreurs sont indépendamment et identiquement distribuées. Cependant, cette hypothèse n'est pas toujours vérifiée dans la pratique, la matrice de variance-covariance des erreurs n'est pas diagonale.

Ainsi, pour identifier les chocs sur les termes d'erreurs du PVAR, on procède à l'orthogonalisation de ces termes de sorte à obtenir une matrice de variance-covariance diagonale. L'une des méthodes utilisées à cet égard est la décomposition de Cholesky.

Nous utilisons cette approche pour simuler l'impact d'un choc positif d'un point d'écart-type sur le revenu et la consommation sur un horizon temporel de 10 années.

Pour obtenir les fonctions de réponse impulsionnelle (IRF), saisissez la commande :

```
pvarirf, oirf  mc(200) porder(dlpibn dlconsp)
```

où :

- *oirf* utilise la méthode d'orthogonalisation de Cholesky pour construire les IRFs. Par défaut, la commande utilise l'IRF simple ;

- *mc(#)* indique le nombre de réplications de Monte Carlo utilisé pour estimer les intervalles de confiance des IRFs. Ici, nous avons choisi 200 tirages ;

- *porder(varlist)* indique l'ordre des variables dans la décomposition de Cholesky. Cette option permet d'obtenir les IRFs sans avoir à estimer à nouveau le modèle PVAR.

Nous obtenons le graphique ci-après :

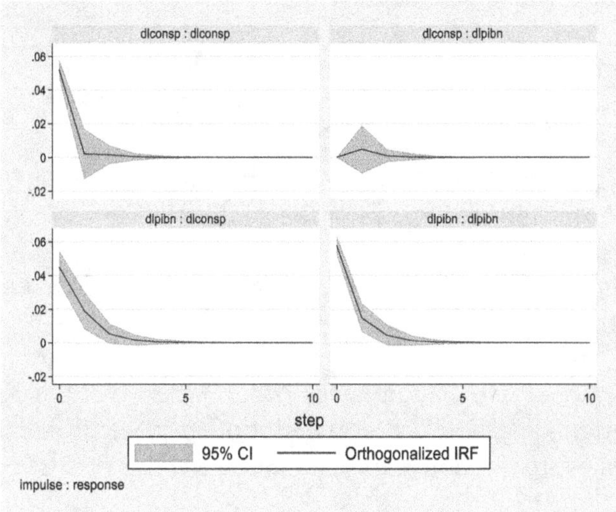

Le graphique présente les IRFs estimées sur la base du modèle PVAR(1). Les zones grises représentent les intervalles de confiance à 95%. Le tracé en haut à droite suggère que la consommation n'a pas d'impact significatif sur le revenu, car l'intervalle de confiance contient la ligne zéro. Cependant, un choc positif sur le revenu a un impact positif et significatif sur la consommation. L'effet baisse progressivement pour s'estomper après deux années. Ce résultat est conforme à ceux du test de causalité qui ont montré que le revenu cause la consommation.

8.8 Décomposition de la variance

L'analyse impulsionnelle peut être complétée par celle de la décomposition de la variance des erreurs de prévision. En effet, si l'analyse impulsionnelle donne des informations sur le degré de transmission des changements d'une variable sur l'autre, elle ne donne pas la contribution du choc instantané ou retardé subi par une variable sur la réponse des autres variables. La décomposition de la variance (FEVD) évalue la contribution d'une variable dans l'explication des changements dans d'autres variables à un horizon de temps indiqué.

Pour réaliser l'analyse de la décomposition de la variance, nous saisissons la commande suivante :

```
pvarfevd, mc(200) step(10) porder(dlpibn dlconsp)
```

où :

- *mc(#)* indique le nombre de réplications Monte Carlo utilisé pour estimer les intervalles de confiance des IRFs ;

- *step(#)* indique l'horizon temporel de prévision. La valeur par défaut est fixée à 10 ;

- *porder(varlist)* indique l'ordre des variables dans la décomposition de Cholesky. Cette option permet d'obtenir les IRFs sans avoir à estimer à nouveau le modèle PVAR.

Nous obtenons les résultats suivants :

```
Forecast-error variance decomposition

-------------------------------
Response  |
variable  |
and       |
Forecast  |  Impulse variable
horizon   |   dlpibn   dlconsp
----------+--------------------
dlpibn    |
        0 |        0         0
        1 |        1         0
        2 |  .993712  .0062879
        3 | .9934178  .0065822
        4 | .9933884  .0066116
        5 | .9933859  .0066141
        6 | .9933856  .0066144
        7 | .9933856  .0066144
        8 | .9933856  .0066144
        9 | .9933856  .0066144
       10 | .9933856  .0066144
----------+--------------------
dlconsp   |
        0 |        0         0
        1 | .4264237  .5735763
        2 |  .467624  .5323761
        3 | .4703414  .5296587
        4 | .4705912  .5294089
        5 | .4706129  .5293871
        6 | .4706148  .5293852
        7 |  .470615  .5293851
        8 | .4706149   .529385
        9 | .4706149   .529385
       10 | .4706149   .529385
-------------------------------
FEVD standard errors and confidence intervals are
not saved. Use option save.
```

Le premier tableau donne la décomposition de la variance de l'erreur de prévision du revenu et le second tableau celle de la consommation. Ainsi, le premier tableau montre que la variance de l'erreur de prévision du revenu est expliquée à près de 99,4% par ses propres innovations et à 0,6% par celles de la consommation. Le second tableau indique que la variance de l'erreur de prévision de la consommation est due pour 47% aux innovations du taux de croissance du revenu et pour 53% à ses propres innovations. On en déduit que l'impact d'un choc affectant le revenu sur la consommation est plus important que celui d'un choc de consommation sur le revenu. Ces résultats confirment ceux du test de causalité de Granger montrant que le revenu cause la consommation.

8.9 Causalité dans un modèle PVAR hétérogène

Le modèle PVAR standard suppose l'homogénéité des coefficients autorégressifs. Toutefois, lorsque le modèle présente de l'hétérogénéité, il convient de recourir à une méthode d'estimation appropriée. Dans cette section, nous présentons les méthodes proposées par Dumitrescu & Hurlin (2012) et Juodis, Karavias & Sarafidis (2021).

8.9.1 Approche de Dumitrescu-Hurlin

Dumitrescu & Hurlin (2012) modifient le modèle PVAR précédent pour prendre en compte l'hétérogénéité dans la dynamique des variables ainsi que la dépendance transversale dans les erreurs. Ils considèrent un modèle PVAR(p) à deux variables sous la forme suivante :

$$Y_{\mathrm{it}} = \alpha_{1\mathrm{i}} + \textstyle\sum_{j=1}^{p} \beta_{ij} Y_{it-j} + \sum_{j=1}^{p} \gamma_{ij} X_{it-j} + e_{1it} \qquad (8.3)$$

$$X_{\mathrm{it}} = \alpha_{2\mathrm{i}} + \textstyle\sum_{j=1}^{p} \varphi_{ij} Y_{it-j} + \sum_{j=1}^{p} \pi_{ij} X_{it-j} + e_{1it} \qquad (8.4)$$

On notera que les coefficients changent selon les individus. Néanmoins, le nombre de retards p est identique pour tous les individus. Le panel est équilibré.

Tester si X cause Y revient à tester l'hypothèse nulle :

$$H_0\colon \gamma_{i1} = \gamma_{i2} = \cdots = \gamma_{ip} = 0, \quad \forall i$$

Sous l'hypothèse alternative, il y a causalité pour certains individus du panel mais pas pour tous les individus. Ainsi, l'hypothèse alternative s'écrit :

$$H_a\text{: } \gamma_{i1} = \gamma_{i2} = \cdots = \gamma_{ip} = 0, \quad \forall i = 1, \cdots, N_1$$

$$\gamma_{i1} \neq 0 \text{ ou... ou } \gamma_{ip} \neq 0, \quad \forall i = N_1 + 1, \cdots, N$$

avec $N_1 \in [0, N-1]$. Si $N_1 = 0$ alors il y a causalité pour tous les individus du panel. N_1 doit être strictement inférieur à N, autrement il y a absence de causalité pour tous les individus du panel et l'hypothèse alternative H_1 se ramène à l'hypothèse nulle H_0.

Dumitrescu & Hurlin (2012) proposent la procédure suivante : (1) faire N régressions individuelles de l'équation (8.3); (2) tester l'hypothèse H_0: $\gamma_{i1} = \gamma_{i2} = \cdots = \gamma_{ip} = 0$, pour obtenir les statistiques de Wald W_i ; et (3) calculer la statistique de Wald moyenne donnée par la formule suivante:

$$\bar{W} = \frac{1}{N}\sum_{i=1}^{N} W_i \tag{8.5}$$

Sous l'hypothèse que les statistiques W_i sont identiquement et indépendamment distribuées, Dumitrescu & Hurlin (2012) proposent des statistiques standardisées qui suivent une loi normale standard. Une procédure *bootstrap* permet de corriger les *p-values* de la dépendance transversale dans les erreurs.

Lopez & Weber (2017) proposent la commande « **xtgcause** » pour réaliser le test de causalité selon l'approche de Dumitrescu-Hurlin. La syntaxe de la commande est :

```
xtgcause depvar indepvar , lags(# | aic [ #] | bic [ #] | hqic [ #]) regress
bootstrap breps(#)
```

où :

- *depvar* désigne la variable dépendante (Y);
- *indepvar* désigne la variable indépendante (X);
- *lags(# | aic [#] | bic [#] | hqic [#])* indique la structure des retards. Le nombre de retards par défaut est fixé à 1 (lags(1)). En

spécifiant lags(*p*), ***p*** retards des variables sont utilisées pour les régressions ;

- *regress* fournit les résultats pour les individus du panel ;

- *bootstrap* permet de calculer les *p-values* ainsi que les valeurs critiques par *bootstrap* ;

- *breps(#)* indique le nombre de réplications *bootstrap*. Le nombre par défaut est 1000.

Nous utilisons cette commande pour tester la causalité entre le revenu et la consommation. Nous imposons un seul retard (*p=1*) pour le modèle PVAR. La commande est :

```
xtgcause dlconsp dlpibn if annee > 1993, lags(1)
```

Nous obtenons les résultats suivants :

```
Dumitrescu & Hurlin (2012) Granger non-causality test results:
--------------------------------------------------------------
Lag order: 1
W-bar =          1.1748
Z-bar =          0.3271   (p-value = 0.7436)
Z-bar tilde =    0.1415   (p-value = 0.8875)
--------------------------------------------------------------
H0: dlpibn does not Granger-cause dlconsp.
H1: dlpibn does Granger-cause dlconsp for at least one panel (id).
```

Les *p-values* des statistiques de test sont supérieures à 5%, ce qui suggère que l'hypothèse nulle ne peut être rejetée. Par conséquent, le revenu ne cause pas la consommation. Notons que les *p-values* reportées ici ont été calculées sous l'hypothèse de normalité de la distribution des statistiques de test.

Nous effectuons maintenant le test de causalité en utilisant la méthode *bootstrap* pour calculer les *p-values* :

```
xtgcause dlconsp dlpibn if annee>1993, lags(1) boot breps(100)
```

Nous obtenons les résultats suivants :

```
----------------------------
Bootstrap replications (100)
----------------------------
..................................................   50
..................................................  100

Dumitrescu & Hurlin (2012) Granger non-causality test results:
--------------------------------------------------------------
Lag order: 1
W-bar =          1.1748
Z-bar =          0.3271    (p-value* = 0.8400, 95% critical value = 5.1630)
Z-bar tilde =    0.1415    (p-value* = 0.9100, 95% critical value = 4.3032)
--------------------------------------------------------------
H0: dlpibn does not Granger-cause dlconsp.
H1: dlpibn does Granger-cause dlconsp for at least one panel (id).
*p-values computed using 100 bootstrap replications.
```

Nous concluons que le revenu ne cause pas la consommation à l'échelle du panel.

Nous allons déterminer le nombre de retards en utilisant le critère « *aic* » avec un retard maximum fixé à 3. Pour cela, nous entrons la commande suivante :

```
xtgcause dlconsp dlpibn if annee > 1993 , lags(aic 3)
```

Nous obtenons les résultats suivants :

```
Dumitrescu & Hurlin (2012) Granger non-causality test results:
--------------------------------------------------------------
Optimal number of lags (AIC): 1 (lags tested: 1 to 3).
W-bar =          1.1748
Z-bar =          0.3271    (p-value = 0.7436)
Z-bar tilde =    0.1415    (p-value = 0.8875)
--------------------------------------------------------------
H0: dlpibn does not Granger-cause dlconsp.
H1: dlpibn does Granger-cause dlconsp for at least one panel (id).
```

Le critère AIC sélectionne un retard ($p = 1$). Les *p-values* indiquent que le revenu ne cause pas la consommation à l'échelle du panel.

Il est possible de tester la causalité dans le sens contraire. Pour tester si la consommation cause le revenu, nous entrons la commande suivante :

```
xtgcause dlpibn dlconsp if annee > 1993, lags(1) boot breps(100)
```

Nous obtenons les résultats suivants :

```
----------------------------
Bootstrap replications (100)
----------------------------
..................................................    50
..................................................   100


Dumitrescu & Hurlin (2012) Granger non-causality test results:
--------------------------------------------------------------
Lag order: 1
W-bar =          1.6562
Z-bar =          1.2276   (p-value* = 0.2900, 95% critical value = 2.3394)
Z-bar tilde =    0.9165   (p-value* = 0.4100, 95% critical value = 1.8732)
--------------------------------------------------------------
H0: dlconsp does not Granger-cause dlpibn.
H1: dlconsp does Granger-cause dlpibn for at least one panel (id).
*p-values computed using 100 bootstrap replications.
```

La consommation ne cause pas le revenu au niveau du panel.

Nous venons de faire les tests de causalité au niveau du panel et les résultats suggèrent l'absence de causalité entre le revenu et la consommation. Nous pouvons faire les tests de causalité pour chaque individu du panel. Ces tests s'avèrent particulièrement utiles lorsque les résultats indiquent une causalité dans au moins un pays. Ces tests permettent de savoir dans quels pays la causalité est observée et ceux dans lesquels elle ne l'est pas. A cet égard, nous proposons le programme suivant :

```
forval i=1/7 {
xtgcause dlconsp dlpibn if id == `i' & annee > 1993, lags(bic) bootstrap nodots
}
```

Les résultats sont synthétisés dans le tableau ci-après :

Tableau 8.1: Résultats des tests de causalité par pays

Pays	dlpibn → dlconsp	dlconsp → dlpibn
Bénin	-0,706 (0,164)	-0,706 (0,155)
Burkina Faso	1,223 (0,108)	0,582 (0,519)
Côte d'Ivoire	0,839 (0,170)	2,960* (0,050)
Mali	0,019 (0,988)	0,592 (0,510)
Niger	-0,620 (0,460)	-0,402 (0,697)
Sénégal	0,465 (0,685)	-0,703 (0,235)
Togo	-0,354 (0,777)	0,925 (0,155)

Notes : Les statistiques reportées sont celles de Z-bar. Les *p-values* sont données entre parenthèses. L'hypothèse nulle est l'absence de causalité.

Dans six pays, il n'y a pas de causalité entre le revenu et la consommation. En revanche, en Côte d'Ivoire, la consommation cause le revenu.

8.9.2 Méthode de Juodis-Karavias-Sarafidis

Juodis, Karavias & Sarafidis (2021) proposent une procédure de test de causalité au sens de Granger dans un cadre multivarié, qui prend en compte la dépendance transversale ainsi que l'hétéroscédasticité des erreurs. Ils considèrent l'équation suivante :

$$Y_{\mathrm{it}} = \alpha_{1\mathrm{i}} + \sum_{j=1}^{p} \beta_{ij} Y_{it-j} + \sum_{j=1}^{p} \gamma_{ij} X_{it-j} + e_{1it} \quad (8.6)$$

L'hypothèse nulle selon laquelle X ne cause pas Y est :

$$H_0: \gamma_{ij} = 0, \quad \forall i, j$$

L'hypothèse alternative est :

$$H_1: \gamma_{ij} \neq 0, \text{ pour certains } i \text{ ou } j.$$

La caractéristique principale de l'approche de Juodis, Karavias & Sarafidis (2021) est que sous l'hypothèse nulle, $\gamma_{ij} = 0$ pour tous i et j. Dans ce cas, le modèle est homogène dans les coefficients γ_{ij}. Les auteurs suggèrent alors d'utiliser un estimateur empilé pour estimer les coefficients γ_{ij}.

Le test présente plusieurs avantages. Il peut s'appliquer à un modèle à plusieurs variables. II est robuste à des hypothèses alternatives homogènes et hétérogènes. Enfin, il permet de corriger la dépendance transversale ainsi que l'hétéroscédasticité des erreurs.

Xiao *et al.* (2023) proposent la commande « **xtgrangert** » pour réaliser le test de causalité suivant l'approche de Juodis, Karavias & Sarafidis (2021). La syntaxe de la commande est :

```
xtgrangert depvar indepvars, lags(#) maxlags(#) het bootstrap(#)
```

où :

- *depvar* représente la variable dépendante ;
- *indepvars* représente la variable indépendante ;
- *lags(#)* indique le nombre de retards. Le nombre par défaut est fixé à 1 ;
- *maxlags(#)* indique le nombre maximum de retards. Le critère d'information bayésien (*bic*) est utilisé pour déterminer le retard optimal. On ne peut utiliser à la fois *lags(#)* et *maxlags(#)* ;
- *het* permet de corriger l'hétéroscédasticité transversale ;
- *bootstrap(#)* indique le nombre de réplications. La valeur par défaut est fixée à 100. Cette option permet de corriger la dépendance transversale dans les termes d'erreurs (Gonçalves & Kaffo, 2015).

Nous utilisons cette commande pour tester la causalité entre le revenu et la consommation. Nous sélectionnons le nombre de retards entre 1 et 4 à partir du critère BIC. La commande s'écrit :

```
xtgrangert dlconsp dlpibn, maxlags(4) het
```

Nous obtenons les résultats suivants :

```
Juodis, Karavias and Sarafidis (2021) Granger non-causality Test
-----------------------------------------------------------------------------
Number of units= 7                          Obs. per unit (T) = 28
Number of lags = 1                          BIC               = -973.4403
-----------------------------------------------------------------------------
JKS non-causality test

H0: dlpibn does not Granger-cause dlconsp.
H1: dlpibn does Granger-cause dlconsp for at least one panelvar.

HPJ Wald test  : 16.4398
p-value        : 0.0001
-----------------------------------------------------------------------------
BIC selection:
    lags = 1, BIC = -973.44032*
    lags = 2, BIC = -903.02354
    lags = 3, BIC = -824.69926
    lags = 4, BIC = -746.75558
-----------------------------------------------------------------------------
               Results for the Half-Panel Jackknife estimator
       Cross-sectional heteroskedasticity-robust variance estimation
-----------------------------------------------------------------------------
             |      Coef.   Std. Err.      z    P>|z|     [95% Conf. Interval]
-------------+---------------------------------------------------------------
      dlpibn |
         L1. |   .2817249   .0694829     4.05   0.000      .145541    .4179088
-----------------------------------------------------------------------------
```

Le critère BIC sélectionne un retard. La *p-value* (*p = 0,0001*) indique le rejet de l'hypothèse nulle. Le revenu cause la consommation.

Nous utilisons la procédure *bootstrap* pour corriger la variance de la statistique de test de la dépendance transversale :

```
xtgrangert dlconsp dlpibn, lags(1) boot
```

Nous obtenons les résultats suivants :

```
Juodis, Karavias and Sarafidis (2021) Granger non-causality Test
-------------------------------------------------------------------------------
Number of units= 7                            Obs. per unit (T) = 28
Number of lags = 1                            BIC               = -973.4403
-------------------------------------------------------------------------------
Bootstrap Variances for HPJ test (100)
----+--- 1 ---+--- 2 ---+--- 3 ---+--- 4 ---+--- 5
..................................................    50
..................................................   100
-------------------------------------------------------------------------------
JKS non-causality test

H0: dlpibn does not Granger-cause dlconsp.
H1: dlpibn does Granger-cause dlconsp for at least one panelvar.

HPJ Wald test  : 6.3942
p-value        : 0.0114
-------------------------------------------------------------------------------
               Results for the Half-Panel Jackknife estimator
-------------------------------------------------------------------------------
             |      Coef.   Std. Err.      z    P>|z|     [95% Conf. Interval]
-------------+-----------------------------------------------------------------
      dlpibn |
         L1. |   .2817249   .1114118     2.53   0.011     .0633618    .5000881
```

Le test reporte une *p-value* (*p = 0,0114*) inférieure à 0,05. Nous rejetons l'hypothèse nulle. Par conséquent, le revenu cause la consommation. Le dernier tableau présente les résultats de la régression dynamique. Le coefficient de la variable *dlpibn* retardée d'une période est significatif au seuil de 5%.

Nous testons maintenant la causalité du revenu par la consommation. La commande s'écrit :

```
xtgrangert dlpibn dlconsp ,  lags(1) boot
```

Nous obtenons les résultats suivants :

```
Juodis, Karavias and Sarafidis (2021) Granger non-causality Test
-------------------------------------------------------------------------------
Number of units= 7                            Obs. per unit (T) = 28
Number of lags = 1                            BIC               = -1048.718
-------------------------------------------------------------------------------
Bootstrap Variances for HPJ test (100)
----+--- 1 ---+--- 2 ---+--- 3 ---+--- 4 ---+--- 5
..................................................    50
..................................................   100
-------------------------------------------------------------------------------
JKS non-causality test

H0: dlconsp does not Granger-cause dlpibn.
H1: dlconsp does Granger-cause dlpibn for at least one panelvar.

HPJ Wald test   : 0.9139
p-value         : 0.3391
-------------------------------------------------------------------------------
               Results for the Half-Panel Jackknife estimator
-------------------------------------------------------------------------------
             |      Coef.   Std. Err.      z    P>|z|     [95% Conf. Interval]
-------------+-----------------------------------------------------------------
     dlconsp |
         L1. |   .1981325   .2072503     0.96   0.339    -.2080706    .6043356
-------------------------------------------------------------------------------
```

Le test reporte une *p-value* ($p = 0,3391$) supérieure à 0,05. On ne peut pas rejeter l'hypothèse nulle. Par conséquent, la consommation ne cause pas le revenu. Le dernier tableau indique que le coefficient de la variable *dlconsp* retardée d'une période n'est pas significatif au seuil de 5%.

8.10 Causalité dans un modèle PVAR cointégré

Lorsque les variables sont cointégrées, la dynamique des variables peut être modélisée par un modèle de panel vectoriel à correction d'erreur (PVCEM : *Panel Vector Error-Correction Model*). Dans le cas de deux variables, le modèle PVECM s'écrit sous la forme suivante :

$$\Delta Y_{it} = \lambda_{1i}\hat{e}_{it-1} + \sum_{j=1}^{p} \phi_{ij}\Delta Y_{it-j} + \sum_{j=1}^{p} \gamma_{ij}\Delta X_{it-j} + \mu_{1it} \qquad (8.7)$$

$$\Delta X_{it} = \lambda_{2i}\hat{e}_{it-1} + \sum_{j=1}^{p} \nu_{ij}\Delta Y_{it-j} + \sum_{j=1}^{p} \pi_{ij}\Delta X_{it-j} + \mu_{2it} \qquad (8.8)$$

où $\hat{e}_{it-1}$ est le résidu retardé issu de la relation de long terme. Cette relation de long terme peut être estimée par les méthodes que nous avons abordées dans les chapitres précédents.

Les deux équations ci-dessus peuvent être homogènes ou hétérogènes.

Nous pouvons voir qu'un modèle PVECM est un modèle PVAR en différence première avec le résidu décalé d'une période comme variable exogène. Ainsi, ce modèle peut être estimé par la méthode des variables instrumentales ou par la méthode GMM avec la commande « *pvar* ».

Dans un modèle à correction d'erreur, il est possible de tester la causalité de long terme et la causalité de court terme. La causalité de long terme est analysée à travers la significativité des forces de rappel λ_{1i} et λ_{2i}. Si le coefficient λ_{1i} est significatif (H_0: $\lambda_{1i} = 0$ rejetée), on dit que X cause Y à long terme. Dans le cas où il existe plusieurs relations de cointégration, il y aura plusieurs forces de rappel dans chaque équation. Dans ce cas, le test de causalité de long terme devient un test de significativité globale de plusieurs coefficients. La causalité de court terme est analysée à l'aide d'un test de significativité globale des coefficients de court terme. Ainsi, X cause Y à court terme si l'hypothèse H_0: $\gamma_{i1} = \cdots = \gamma_{ip} = 0$ est rejetée. On procède de la même manière pour tester la causalité de X par Y.

De façon pratique, les étapes du test de causalité dans un PVECM sont :

Étape 1 : Tests de stationnarité

On utilise les tests de racine unitaire de première ou de deuxième génération pour tester la stationnarité des variables. Cette étape peut être précédée des tests de dépendance transversale dans les séries. Les résultats de ces tests justifieront le recours aux tests de racine unitaire de première ou de deuxième génération. Lorsque les variables sont intégrées d'ordre un, on passe à l'étape suivante.

Étape 2 : Tests de cointégration

Comme précédemment, on utilise les tests de cointégration de première ou de deuxième génération pour tester l'existence de relation de cointégration entre les variables. Si les variables ne sont pas cointégrées alors on les différencie et on estime un modèle PVAR avec les variables en différence première. Toutefois, si les variables sont cointégrées, on procède à l'estimation de la relation de cointégration.

Étape 3 : Estimation de la relation de cointégration

On estime la relation de long terme entre les variables en utilisant les méthodes exposées dans les chapitres précédents. Rappelons que le choix de la méthode d'estimation dépend de la dimension du panel (N, T), de la présence ou non d'hétérogénéité, de l'endogénéité des régresseurs ainsi que de la présence ou non de dépendance transversale dans les résidus. Après avoir estimé la relation de long terme, on génère la série des résidus retardée d'une période. On génèrera autant de séries résiduelles qu'il y a de relations de cointégration.

Étape 4 : Estimation du modèle du PVECM ou PVAR

On génère les différences premières des variables et on utilise la commande « **pvar** » pour estimer le modèle PVECM en ajoutant les résidus retardés en tant que variable exogène (option *exog(varlist)*). Si les variables ne sont pas cointégrées, on estime un modèle PVAR en différence première.

Étape 5 : Tests de causalité de Granger

Après avoir estimé le modèle PVECM ou PVAR selon qu'il y a cointégration ou non, on utilise la commande « *pvargranger* » pour effectuer les différents tests de causalité au sens de Granger. La présence d'une relation de cointégration implique l'existence d'une relation de causalité à long terme dans au moins une direction. On peut compléter l'analyse de la causalité par l'analyse impulsionnelle et l'analyse de la décomposition de la variance.

À ce stade du cours, la mise en œuvre de ces étapes ne pose aucune difficulté particulière.

8.11 Test de causalité de Toda-Yamamoto

Nous avons présenté une procédure séquentielle du test de causalité impliquant des variables non-stationnaires. Cette procédure impose de tester la stationnarité ainsi que la cointégration entre les variables. Le problème de cette approche séquentielle est que les tests préliminaires de stationnarité et de cointégration peuvent introduire des biais dans l'inférence causale en raison de la faible taille de l'échantillon.

En effet, lorsque l'échantillon est de taille réduite, la puissance des tests de racine unitaire et de cointégration est faible. Ces tests pourraient conclure que les séries sont non-stationnaires et cointégrées alors qu'elles sont stationnaires. Cette conclusion fallacieuse rend incertains les résultats des tests de causalité.

Dans le cadre des séries temporelles, Toda & Yamamoto (1995) ont proposé une procédure de test de causalité, qui outrepasse la nécessité de tester la cointégration entre les variables. Le test de causalité se fait à partir d'un modèle VAR en niveau, augmenté éventuellement de retards supplémentaires. La sur-paramétrisation du VAR, par l'ajout de retards supplémentaires, permet de tenir compte d'une éventuelle relation de cointégration entre les variables. De façon précise, les étapes du test de causalité proposé par Toda & Yamamoto (1995) sont :

Étape 1 : Détermination de l'ordre d'intégration maximum des variables

On applique les tests de racine unitaire à chacune des variables et on détermine l'ordre d'intégration maximum d_{max}. Par exemple, si certaines variables sont I(0) et d'autres sont I(1), alors $d_{max} = 1$. En présence de variables I(0), I(1) et I(2), $d_{max} = 2$. En ne retenant que l'ordre d'intégration maximum des variables, le risque d'identification erronée de l'ordre d'intégration « exact » des variables est minimisé (Mavrotas & Kelly, 2001).

Étape 2 : Détermination de l'ordre du VAR en niveau

On utilise les critères d'information pour déterminer le nombre de retards p du modèle VAR en niveau. Notez bien que les variables sont utilisées en niveau.

Étape 3 : Estimation du VAR augmenté

On estime un modèle $VAR(p + d_{max})$ en niveau. Par exemple, si les variables sont toutes stationnaires ($d_{max} = 0$), aucun retard supplémentaire n'est ajouté au modèle VAR et on suit l'approche standard. En revanche, si certaines variables sont stationnaires et d'autres intégrées d'ordre un, alors $d_{max} = 1$ et on estime un modèle VAR($p+1$).

Etape 4 : Test de causalité de Granger

On teste la significativité des p premiers coefficients du modèle VAR augmenté à l'aide d'un test de Wald. Comme indiqué plus haut, les d_{max} retards supplémentaires, en réalité nuls, sont un moyen de prendre en compte la dimension potentiellement cointégrée des variables.

Le test de Toda-Yamamoto peut s'appliquer à des variables ayant des ordres d'intégration différents. Toutefois, la condition de validité du test est que l'ordre d'intégration maximum des variables n'excède pas l'ordre du PVAR en niveau, c'est-à-dire on doit avoir $d_{max} \leq p$.

Le test de Toda-Yamamoto peut s'appliquer aux données de panels. Si nous considérons deux variables X et Y, le modèle PVAR augmenté s'écrit :

$$Y_{it} = \alpha_{1i} + \sum_{j=1}^{p+d_{max}} \phi_{ij} Y_{it-j} + \sum_{j=1}^{p+d_{max}} \gamma_{ij} X_{it-j} + u_{it} \quad (8.9)$$

$$X_{it} = \alpha_{2i} + \sum_{j=1}^{p+d_{max}} \nu_{ij} Y_{it-j} + \sum_{j=1}^{p+d_{max}} \pi_{ij} X_{it-j} + e_{it} \quad (8.10)$$

Tester l'hypothèse « X ne cause pas Y » revient à tester l'hypothèse nulle H_0: $\gamma_{i1} = \cdots = \gamma_{ip} = 0$. Notez bien qu'on s'arrête aux p premiers retards. La statistique de test suit asymptotiquement une distribution du Khi-deux à p degrés de liberté. Le rejet de H_0 implique que X cause Y au sens de Granger. On procède de même pour tester la causalité de X par Y.

Le modèle PVAR défini par les équations (8.9) et (8.10) peut être homogène ou hétérogène. La méthode d'estimation dépendra de l'homogénéité ou non des coefficients du modèle :

- Si tous les coefficients y compris les effets individuels sont homogènes (c'est-à-dire ne dépendent pas de *i*) alors le PVAR est totalement homogène. Dans ce cas, on peut l'estimer par MCO.

- Si les effets individuels sont différents, mais les coefficients autorégressifs sont homogènes alors le PVAR est homogène avec effets fixes. Dans ce cas, chaque équation du PVAR est un modèle autorégressif à effets fixes. Le modèle peut être estimé par la méthode GMM à l'aide de la commande « *pvar* ».

- Si tous les coefficients y compris les effets individuels changent avec *i* alors le PVAR est totalement hétérogène. Dans ce cas, on peut l'estimer par les méthodes de type *mean group*.

Il est possible de prendre en compte la dépendance transversale dans les termes d'erreur en utilisant les méthodes de type *common correlated effects* de Pesaran (2006) et Chudik & Pesaran (2015b), la méthode SUR (Konya, 2006) ou la procédure *bootstrap*.

Emirmahmutoglu & Kose (2011) proposent une version panel du test de Toda-Yamamoto, qui permet de contrôler à la fois la dépendance transversale et l'hétérogénéité. Utilisant l'approche de Fisher (1932), la procédure calcule la statistique de test à partir des *p-values* individuelles. La valeur critique de la statistique est obtenue par la technique de réplication *bootstrap*.

Plus récemment, Andriansyah & Messinis (2019) étendent le test bivarié de Dumitrescu-Hurlin au cas trivarié en utilisant l'approche de Toda-Yamamoto. Ils proposent une procédure *bootstrap* permettant de corriger la dépendance transversale.

Nous illustrons l'approche de Toda-Yamamoto pour tester la causalité entre la consommation et le revenu. D'après les tests de racine unitaire, l'ordre d'intégration maximum est $d_{max} = 1$. Les critères de sélection indiquent que le nombre de retards du PVAR en niveau est $p = 1$. Par conséquent, nous estimons un modèle PVAR(2) en considérant les retards d'ordre deux comme des variables exogènes. La commande s'écrit :

```
pvar lconsp lpibn, lags(1)  exog(L2.lconsp L2.lpibn)
```

Nous obtenons les résultats suivants :

```
GMM Estimation

Final GMM Criterion Q(b) =  3.48e-30
Initial weight matrix: Identity
GMM weight matrix:     Robust
                                                 No. of obs      =       189
                                                 No. of panels   =         7
                                                 Ave. no. of T   =    27.000
------------------------------------------------------------------------------
             |      Coef.   Std. Err.      z    P>|z|     [95% Conf. Interval]
-------------+----------------------------------------------------------------
lconsp       |
      lconsp |
         L1. |   .8796034   .1191446     7.38   0.000     .6460842    1.113123
       lpibn |
         L1. |   .3012133    .085145     3.54   0.000     .1343322    .4680943
      lconsp |
         L2. |  -.1036685   .1390437    -0.75   0.456    -.3761892    .1688521
       lpibn |
         L2. |  -.1099644   .1027172    -1.07   0.284    -.3112864    .0913576
-------------+----------------------------------------------------------------
lpibn        |
      lconsp |
         L1. |   .1399339   .1859399     0.75   0.452    -.2245016    .5043694
       lpibn |
         L1. |   1.119593    .135474     8.26   0.000     .8540691    1.385118
      lconsp |
         L2. |  -.0535004   .1056093    -0.51   0.612    -.2604908      .15349
       lpibn |
         L2. |  -.2029596   .0742362    -2.73   0.006    -.3484598   -.0574594
------------------------------------------------------------------------------
Instruments : l(1/1).(lconsp lpibn) L2.lconsp L2.lpibn
```

Les résultats indiquent qu'il s'agit bien d'un modèle PVAR(2). Nous testons la causalité à l'aide de la commande « **pvargranger** » :

```
pvargranger
```

Nous obtenons les résultats suivants :

```
panel VAR-Granger causality Wald test
   Ho: Excluded variable does not Granger-cause Equation variable
   Ha: Excluded variable Granger-causes Equation variable
  +------------------------------------------------------+
  | Equation \ Excluded |   chi2     df   Prob > chi2    |
  |---------------------+--------------------------------|
  |lconsp               |                                |
  |               lpibn |    12.515    1        0.000    |
  |                 ALL |    12.515    1        0.000    |
  |---------------------+--------------------------------|
  |lpibn                |                                |
  |              lconsp |     0.566    1        0.452    |
  |                 ALL |     0.566    1        0.452    |
  +------------------------------------------------------+
```

Les résultats montrent que le revenu (*lpibn*) cause la consommation (*lconsp*). En revanche, la consommation ne cause pas le revenu.

CHAPITRE 9

Modèles non-linéaires

9.1 Introduction

Les modèles économétriques que nous avons estimés jusqu'ici sont des modèles linéaires. Ces modèles supposent que l'effet des variables explicatives sur la variable dépendante est constant. Ainsi, une hausse et une baisse du revenu auront, en valeur absolue, le même effet sur la consommation. Cette hypothèse peut s'avérer restrictive dans les situations économiques où les relations entre les variables sont plutôt non-linéaires[46]. Un modèle linéaire conclura en l'absence de relation significative entre des variables qui, en réalité, ont une relation non-linéaire. Par exemple, si la relation entre deux variables s'ajuste suivant un polynôme de degré deux, spécifier un modèle linéaire risque de conclure à l'absence d'une relation significative entre elles. En fait, il n'existe pas de relation linéaire entre les deux variables, mais il existe bien une relation entre elles.

Dans ce chapitre, nous aborderons quelques modèles non-linéaires, notamment le modèle quadratique, le modèle à effet de seuil, le modèle ARDL non-linéaire, le modèle à interaction de variables et le modèle de régression quantile. Le modèle quadratique spécifie une forme polynomiale de degré deux entre la variable dépendante et la variable explicative. Cette forme particulière suggère que la relation entre les deux variables change à partir d'un certain seuil. Le modèle à effet de seuil postule que la dynamique de la variable dépendante change en fonction d'une variable de transition. Ce modèle met en évidence des asymétries dans la relation entre les variables. Le modèle ARDL non-linéaire est une version non-linéaire du modèle ARDL. Ce modèle décompose la variable explicative en variations positives et négatives et estime les effets de ces dernières sur la variable dépendante. Une

[46] Des exemples de relations non-linéaires sont cités dans Keho (2023a) page 261. Notons qu'il s'agit plus précisément de modèles à effets asymétriques et non de modèles non-linéaires dans les coefficients.

différence significative entre ces effets implique une asymétrie dans la relation entre la variable dépendante et la variable explicative. Le modèle à interaction ajoute au modèle le produit de deux variables explicatives de sorte que l'effet de l'une est conditionné par l'autre. Sous certaines conditions, il est possible de déterminer des effets de complémentarité ou de substitution entre les variables. Enfin, le modèle de régression quantile spécifie que les coefficients des variables explicatives changent le long de la distribution de la variable dépendante. Ainsi, la régression quantile permet d'estimer les coefficients pour différents quantiles conditionnels de la variable dépendante.

À la fin de ce chapitre, le lecteur sera capable : (i) de spécifier un modèle non-linéaire, (ii) d'estimer le modèle non-linéaire spécifié, (iii) de faire les tests de linéarité pour valider le modèle spécifié, et (iv) d'interpréter les résultats du modèle non-linéaire.

9.2 Modèle de régression quadratique

9.2.1 Spécification du modèle

Le modèle quadratique est le modèle non-linéaire le plus populaire en raison de sa simplicité. Il consiste à inclure le carré de la variable explicative d'intérêt parmi les variables explicatives. Par exemple, si nous analysons l'effet des dépenses publiques sur le taux de croissance du PIB, le modèle quadratique s'écrit :

$$dlpib_{it} = \alpha_i + \beta X_{it} + \theta_1 G_{it} + \theta_2 G_{it}^2 + e_{it} \quad (9.1)$$

où $dlpib_{it}$ est le taux de croissance du PIB, G_{it} désigne les dépenses publiques en pourcentage du PIB et X_{it} représente les variables de contrôle. La variable dépendante $dlpib_{it}$ est la différence première du logarithme de la variable *pibn*. Il est possible d'inclure la variable retardée $dlpib_{i,t-1}$ pour obtenir un modèle dynamique.

Selon le signe des coefficients θ_1 et θ_2, le modèle quadratique présente la forme d'une courbe en U ou en U-inversé. Le point de retournement théorique est donné par :

$$G^* = -\frac{\theta_1}{2\theta_2} \tag{9.2}$$

L'existence d'un point de retournement positif impose que les coefficients θ_1 et θ_2 soient de signes contraires.

Il est possible d'estimer le modèle quadratique par les différentes méthodes que nous avons vues dans les chapitres précédents. Le choix de la méthode d'estimation dépendra de la spécification du modèle (en niveau, en différence première, homogénéité ou non des coefficients), de la taille du panel ainsi que des propriétés statistiques des variables (racine unitaire, cointégration). Par exemple, pour un modèle quadratique dynamique, on peut utiliser la méthode GMM pour estimer les coefficients. Si les variables sont cointégrées, on peut estimer le modèle quadratique statique comme une relation de long terme non-linéaire par les méthodes DOLS, FMOLS, PMG et MG. En présence de dépendance transversale, on peut appliquer les méthodes CCEP, CCEMG, AMG, CCEPMG, DCCEMG, CS-ARDL, CS-ECM. Ces méthodes d'estimation requièrent toutefois une profondeur temporelle suffisamment grande.

9.2.2 Illustration pratique

Pour illustrer le modèle quadratique, nous considérons les variables explicatives suivantes :

- dep_pub_pib : dépenses publiques en % du PIB ;
- dep_pub_pib_carre: le carré de d*ep_pub_pib* ;
- fbcf_pib : le taux d'investissement global en % du PIB ;
- dlpop : le taux de croissance de la population ;
- dlcpi : le taux d'inflation ;
- cred : le crédit au secteur privé en % du PIB ;
- sav_pib : le taux d'épargne en % du PIB.

Nous estimons le modèle quadratique ci-dessus par l'estimateur Within (FE) :

```
xtreg dlpibn dep_pub_pib dep_pub_pib_carre fbcf_pib dlpop dlcpi cred sav_pi, fe
```

Nous obtenons les résultats ci-après :

```
Fixed-effects (within) regression               Number of obs      =       203
Group variable: id                              Number of groups   =         7

R-sq:                                           Obs per group:
     within  = 0.4214                                          min =        29
     between = 0.0090                                          avg =      29.0
     overall = 0.3711                                          max =        29

                                                F(7,189)           =     19.67
corr(u_i, Xb)  = -0.3138                        Prob > F           =    0.0000

------------------------------------------------------------------------------
          dlpibn |      Coef.   Std. Err.      t    P>|t|     [95% Conf. Interval]
-----------------+------------------------------------------------------------
     Dep_pub_pib |   .0085902   .0059953     1.43   0.154    -.0032361    .0204164
Dep_pub_pib_carre | -.0002383   .0001297    -1.84   0.068    -.0004942    .0000177
        fbcf_pib |   .0023247     .00116     2.00   0.046     .0000365    .0046129
           dlpop |   2.046479   1.175379     1.74   0.083    -.2720679    4.365027
           dlcpi |   .8802499   .0792254    11.11   0.000     .7239703     1.03653
            cred |  -.0019414   .0010693    -1.82   0.071    -.0040507    .0001679
         sav_pib |   .0005735   .0012253     0.47   0.640    -.0018435    .0029904
           _cons |  -.0947648   .0723394    -1.31   0.192    -.2374612    .0479315
-----------------+------------------------------------------------------------
         sigma_u |  .02023573
         sigma_e |  .05854314
             rho |  .10672603   (fraction of variance due to u_i)
------------------------------------------------------------------------------
F test that all u_i=0: F(6, 189) = 1.66                      Prob > F = 0.1337
```

Le coefficient des dépenses publiques est positif et celui de son carré est négatif. Nous avons une courbe en forme de U-inversé. Cette forme concave suggère que le taux de croissance du *pibn* croit avec les dépenses publiques jusqu'à un certain seuil au-delà duquel il décroit. Mais les résultats ne permettent pas de tester la significativité du seuil. On pourrait recourir à la méthode « *delta* ».

Pour calculer le seuil ainsi que son intervalle de confiance, nous entrons la ligne de commande :

```
nlcom _b[dep_pub_pib]/(-2*_b[dep_pub_pib_carre])
```

Nous obtenons les résultats suivants :

```
_nl_1:  _b[Dep_pub_pib]/(-2*_b[Dep_pub_pib_carre])

------------------------------------------------------------------------------
      dlpibn |      Coef.   Std. Err.      z    P>|z|     [95% Conf. Interval]
-------------+----------------------------------------------------------------
       _nl_1 |   18.02626   4.095496     4.40   0.000     9.999233    26.05328
------------------------------------------------------------------------------
```

Le seuil "optimal" est estimé à 18,02%. Ce seuil est positif et significatif.

Il est possible de recourir au test Ude Lind & Mehlum (2010) afin de tester l'existence d'une relation en U ou en U-inversé entre les dépenses publiques et le taux de croissance du *pibn*. Ce test se fait à l'aide de la commande « **utest** ».

Nous illustrons maintenant une version dynamique du modèle quadratique en utilisant la méthode GMM en système. Nous saisissons la ligne de commande suivante :

```
xtabond2 dlpibn L.dlpibn dep_pub_pib dep_pub_pib_carre fbcf_pib
dlpop dlcpi cred sav_pib, gmm(L.dlpibn fbcf_pib, lag(1.) collapse)
iv(dep_pub_pib dep_pub_pib_carre dlpop dlcpi cred sav_pib)
```

Nous obtenons les résultats ci-après :

```
Dynamic panel-data estimation, one-step system GMM
------------------------------------------------------------------------------
Group variable: id                              Number of obs      =       196
Time variable : annee                           Number of groups   =         7
Number of instruments = 65                      Obs per group: min =        28
Wald chi2(8)   =    409.59                                     avg =     28.00
Prob > chi2    =     0.000                                     max =        28
--------------------------------------------------------------------------------
            dlpibn |      Coef.   Std. Err.      z    P>|z|     [95% Conf. Interval]
-------------------+------------------------------------------------------------
            dlpibn |
               L1. |   .1707365    .060892     2.80   0.005      .0513905   .2900826
                   |
       dep_pub_pib |  -.0036669   .0054485    -0.67   0.501     -.0143458   .0070121
 dep_pub_pib_carre |   .0000369   .0001281     0.29   0.773     -.0002141    .000288
          fbcf_pib |   .0053066   .0021706     2.44   0.014      .0010523    .009561
            dlpop  |   .9923699    1.13527     0.87   0.382     -1.232719   3.217459
            dlcpi  |   .4359133   .1461289     2.98   0.003      .1495058   .7223208
              cred |  -.0012434   .0007682    -1.62   0.106     -.0027491   .0002623
           sav_pib |  -.0014887   .0010832    -1.37   0.169     -.0036118   .0006344
             _cons |   .0123014   .0524605     0.23   0.815     -.0905193   .1151221
--------------------------------------------------------------------------------
Instruments for first differences equation
  Standard
    D.(Dep_pub_pib Dep_pub_pib_carre dlpop dlcpi cred sav_pib)
  GMM-type (missing=0, separate instruments for each period unless collapsed)
    L(1/29).(L.dlpibn fbcf_pib) collapsed
Instruments for levels equation
  Standard
    Dep_pub_pib Dep_pub_pib_carre dlpop dlcpi cred sav_pib
    _cons
  GMM-type (missing=0, separate instruments for each period unless collapsed)
    D.(L.dlpibn fbcf_pib) collapsed
------------------------------------------------------------------------------
Arellano-Bond test for AR(1) in first differences: z =  -6.27  Pr > z =  0.000
Arellano-Bond test for AR(2) in first differences: z =   1.35  Pr > z =  0.177
------------------------------------------------------------------------------
Sargan test of overid. restrictions: chi2(56)    =  46.43  Prob > chi2 =  0.815
  (Not robust, but not weakened by many instruments.)

Difference-in-Sargan tests of exogeneity of instrument subsets:
  GMM instruments for levels
    Sargan test excluding group:       chi2(54)    =  45.43  Prob > chi2 =  0.790
    Difference (null H = exogenous): chi2(2)       =   1.00  Prob > chi2 =  0.606
  iv(Dep_pub_pib Dep_pub_pib_carre dlpop dlcpi cred sav_gdp)
    Sargan test excluding group:       chi2(50)    =  41.23  Prob > chi2 =  0.807
    Difference (null H = exogenous): chi2(6)       =   5.20  Prob > chi2 =  0.518
```

Le coefficient de la variable dépendante retardée (dlpibn.L1) est significatif, ce qui valide la forme autorégressive du modèle. Toutefois, le coefficient du carré des dépenses publiques (dep_pub_pib_carre) n'est pas significatif.

Le modèle quadratique a été utilisé pour tester la courbe environnementale de Kuznets, l'effet de la finance, de la dette et des dépenses publiques sur la croissance économique (Hanif, 2018; Demissew Beyene & Kotosz, 2020; Swamy & Dharani, 2020; Tenaw & Beyene, 2021; Okwoche & Makanza, 2023).

Si le modèle quadratique est d'application simple, il présente cependant quelques limites. Pour valider l'existence d'un effet de seuil strictement positif, les coefficients de G et G^2 doivent être significatifs et de signes contraires. Dans le cas d'une courbe en forme de U-inversé, le modèle quadratique suppose que le taux de croissance croit et décroit avec les dépenses publiques de façon monotone et symétrique. Or, il est possible que l'effet des dépenses publiques ne devient significatif que lorsqu'elles dépassent un certain seuil. Par ailleurs, la présence simultanée de G et G^2 pourrait créer un problème de multicolinéarité susceptible d'affecter les estimations. Pour contourner ce problème, Narayan & Narayan (2010) suggèrent une approche basée sur la comparaison des élasticités de court et de long terme dans un modèle à correction d'erreur, qui ne fait pas intervenir le carré de la variable d'intérêt. Olubusoye & Musa (2020) utilisent cette approche pour tester la courbe environnementale de Kuznets dans 43 pays Africains.

9.3 Modèles à effet de seuil

Les modèles à effet de seuil permettent d'analyser l'asymétrie dans une relation entre une variable dépendante et des variables explicatives. L'idée consiste à spécifier plusieurs équations pour la variable dépendante selon qu'une variable dite de transition vérifie une certaine condition. Ces modèles ont été introduits par Tong et Lim (Tong & Lim, 1980 ; Tong, 1983) et popularisés par de nombreux travaux (Tsay, 1989 ; Chan, 1993 ; Hansen, 1997, 1999 ; 2000 ; Caner & Hansen, 2001 ; Gonzalo & Pitarakis, 2006 ; Lee, Seo & Shin, 2011 ; Dueker, Psaradakis & Sola, 2013).

On distingue le modèle à seuil à transition brutale et le modèle à seuil à transition lisse. Dans le premier cas, le modèle est linéaire par morceaux selon que la variable de transition vérifie des conditions de seuil. La transition entre les régimes est brutale sachant qu'un individu peut basculer d'un régime à l'autre en une période. En revanche, dans le modèle à transition lisse, le changement de dynamique s'opère de façon graduelle plutôt qu'instantanément lorsque le seuil est atteint. Contrairement aux modèles à changement structurel, dans les modèles à seuil, le passage d'un régime à l'autre n'est ni définitif ni daté.

Le modèle à seuil peut être statique ou dynamique. Dans cette section, nous présenterons le modèle statique à effet de seuil et le modèle dynamique à effet de seuil. Ces modèles font appel à des méthodes d'estimation différentes. Le modèle à effet de seuil à transition lisse ne sera pas abordé.

9.3.1 Modèle statique à effet de seuil

Le modèle statique à effet de seuil ne fait pas intervenir la variable dépendante retardée parmi les variables explicatives. Cette spécification permet d'appliquer les méthodes d'estimation classiques en données de panel.

9.3.1.1 Spécification et méthodologie d'estimation

Nous cherchons à examiner l'effet des dépenses publiques sur le taux de croissance du PIB dans le cadre d'un modèle à deux régimes, défini par :

$$dlpib_{it} = \begin{cases} \alpha_i + \beta_1 X_{it} + \theta_1 G_{it} + e_{1t} & si \quad G_{it} < \gamma \\ \alpha_i + \beta_2 X_{it} + \theta_2 G_{it} + e_{2t} & si \quad G_{it} \geq \gamma \end{cases} \tag{9.3}$$

où $dlpib_{it}$ est le taux de croissance du PIB, G représente les dépenses publiques en pourcentage du PIB et X_{it} désigne la matrice des variables de contrôle.

Le modèle ci-dessus spécifie que la dynamique du taux de croissance du PIB change selon le niveau des dépenses publiques G. G est appelée la variable de transition. La variable de transition est généralement désignée par q_{it}. Elle peut être différente de la variable explicative d'intérêt dont on veut estimer l'effet. Par exemple, on peut analyser dans quelle mesure l'effet des dépenses publiques (variable explicative d'intérêt) sur la croissance dépend du solde budgétaire, du niveau d'endettement ou de la qualité des institutions. Le paramètre γ est le seuil au-delà duquel il y a changement de régime. Lorsque les dépenses publiques sont inférieures à γ, la réponse du taux de croissance est régie par les paramètres (β_1, θ_1). A l'inverse, lorsque les dépenses publiques sont supérieures au seuil γ, la dynamique du taux de croissance est caractérisée par les coefficients (β_2, θ_2). On s'attend à ce qu'au-delà du seuil γ, les dépenses publiques exercent un effet négatif sur le taux de croissance du PIB.

Alternativement, le modèle ci-dessus peut s'écrire sous la forme suivante :

$$dlpib_{it} = \alpha_i + (\beta_1 X_{it} + \theta_1 G_{it}) I(q_{it} < \gamma) +$$
$$(\beta_2 X_{it} + \theta_2 G_{it}) I(q_{it} \geq \gamma) + e_{it} \quad (9.4)$$

où I(.) est une variable indicatrice qui prend la valeur 1 lorsque la condition entre parenthèses est vérifiée et zéro sinon.

Il est possible d'adopter une formulation beaucoup plus simple :

$$dlpib_{it} = \alpha_i + \beta_1 X_{it} + \theta_1 G_{it} + (\beta_2 X_{it} + \theta_2 G_{it}) I(q_{it} \geq \gamma) + e_{it} \quad (9.5)$$

En utilisant cette spécification, l'effet marginal des dépenses publiques est :

$$\frac{\partial dlpib_{it}}{\partial G_{it}} = \theta_1 + \theta_2 \times I(q_{it} \geq \gamma) \quad (9.6)$$

L'effet marginal des dépenses publiques est égal à θ_1 si elles sont inférieures au seuil et à $\theta_1 + \theta_2$ si elles sont supérieures au seuil. Pour tester l'existence d'une asymétrie ou d'une non-linéarité, on teste l'hypothèse nulle $H_0 \colon \theta_2 = 0$. En revanche, avec la spécification (9.3), l'hypothèse nulle est $H_0 \colon \theta_1 = \theta_2$.

Il est possible de ne faire varier que les coefficients de variables explicatives spécifiques. Par exemple, on peut spécifier que seul le coefficient des dépenses publiques change avec le seuil. Au contraire, on peut postuler que les effets des dépenses publiques et des investissements changent avec le niveau des dépenses publiques. Dans la suite, nous adopterons le modèle (9.3) en supposant que seul le coefficient des dépenses publiques change selon le régime.

Lorsque la variable de transition figure parmi les variables explicatives, le modèle présente une discontinuité autour du seuil. Pour avoir un modèle continu, on adopte la spécification suivante :

$$dlpib_{it} = \alpha_i + \beta_1 X_{it} + \theta_1 q_{it} + \theta_2 (q_{it} - \gamma) I(q_{it} \geq \gamma) + e_{it} \quad (9.7)$$

Ce modèle est connu sous le nom de "*kink model*". La variable dépendante retardée peut figurer parmi les variables explicatives (modèle *kink* dynamique). Pour une littérature sur le modèle « *kink* », on peut consulter Seo & Shin, 2016 ; Hansen, 2017 ; Zhang, Zhou & Jiang, 2017 ; Yang *et al.* (2021), Li *et al.* (2022), et Sun *et al.* (2024).

Hansen (1999) propose une méthodologie d'estimation du modèle statique à effet de seuil. Cette méthodologie se décline en trois étapes.

Étape 1 : Détermination du seuil

L'estimation du modèle à effet de seuil nécessite la connaissance préalable du paramètre de seuil γ. Chan (1993) et Hansen (1999) proposent d'utiliser la méthode des moindres carrés séquentiels pour estimer ce paramètre. Le modèle est estimé pour toutes les valeurs possibles du seuil et la valeur estimée est celle qui minimise la somme des carrés des résidus :

$$\hat{\gamma} = \underset{\lambda \in \Gamma}{argmin}\, \widehat{S}^2(\gamma) \tag{9.8}$$

Dans la pratique, l'intervalle Γ est constitué des observations centrales de la variable de transition. En général, on retire les 15% premières et dernières observations afin que chaque régime contienne un nombre suffisant d'observations. Toutefois, cette proportion peut être ajustée en fonction de la taille de l'échantillon et du nombre de variables explicatives. Lorsque le seuil est déterminé, le modèle est estimé par les méthodes classiques pour fournir les autres coefficients.

Étape 2 : Test de linéarité

Après avoir estimé le modèle à seuil, on teste si la dynamique de la variable dépendante est non-linéaire. Cet exercice revient à tester l'hypothèse nulle $H_0 \colon \theta_1 = \theta_2$ contre l'alternative H_1: $\theta_1 : \neq \theta_2$. La statistique de test est donnée par

$$F_1 = \frac{S_0 - S_1}{\sigma^2} \tag{9.9}$$

où S_0 représente la somme des carrés des résidus du modèle sans effet de seuil (modèle linéaire), S_1 est la somme des carrés des résidus du modèle à effet de seuil et σ^2 est la variance des erreurs du modèle à effet de seuil.

Sous l'hypothèse nulle, la valeur du seuil n'est pas identifiable (Davies, 1987 ; Hansen, 1996). En effet, la fonction de vraisemblance du modèle linéaire ne dépend pas du seuil si on suppose que les deux termes d'erreur ont la même variance dans les deux régimes. Par conséquent, la statistique F_1 n'a pas une distribution standard. Hansen (1999) montre que les valeurs critiques peuvent être obtenues par la méthode *bootstrap* par tirages avec remise.

Étape 3 : Intervalle de confiance du seuil

La troisième étape de l'estimation du modèle à effet de seuil consiste à construire un intervalle de confiance du seuil. Hansen (1999) suggère la statistique définie par :

$$LR(\gamma) = \frac{S_1(\gamma) - S_1(\hat{\gamma})}{\sigma^2} \quad (9.10)$$

Cette statistique n'a pas une distribution asymptotique standard. Pour un niveau de confiance de $(1 - \alpha)$, la valeur critique asymptotique $c(\alpha)$ est déterminée par :

$$c(\alpha) = -2\, ln\left(1 - \sqrt{1 - \alpha}\right) \quad (9.11)$$

L'intervalle de confiance du seuil γ est l'ensemble défini par :

$$\hat{\Gamma} = \{\gamma: \quad LR(\gamma) \leq c(\alpha)\} \quad (9.12)$$

Pour α =10%, 5% et 1%, $c(\alpha)$ est égale respectivement à 6,53, 7,35 et 10,59.

L'intervalle de confiance du seuil peut être déterminé graphiquement. A cet égard, on représente la statistique LR en fonction de γ puis on trace la droite horizontale d'équation $LR = c(\alpha)$, pour α fixé. La portion de la courbe se situant en dessous de la droite horizontale représente l'intervalle de confiance.

9.3.1.2 Illustration pratique

Wang (2015) propose la commande « **xthreg** » pour l'estimation d'un modèle à effet de seuil. La syntaxe de la commande est :

```
xthreg depvar [indepvars], rx(varlist) qx(varname) [thnum(#) grid(#)
trim(numlist) bs(numlist) thlevel(#) gen(newvarname) thgiven]
```

où :

- *depvar* est la variable dépendante ;

- *indepvars* désigne les variables dont les coefficients sont invariants selon le régime ;

- *rx(varlist)* permet de spécifier les variables dont les coefficients changent avec le régime ;

- *qx(varname)* indique la variable de transition ;

- *thnum(#)* indique le nombre de seuils. Ce nombre par défaut est 1 ;

- *grid(#)* indique le nombre de valeurs possibles du seuil. Cette option permet de gagner du temps notamment lorsqu'on travaille sur de grands échantillons. Le nombre par défaut est 300 ;

- *trim(numlist)* précise la proportion des observations à éliminer pour l'estimation du seuil. La valeur par défaut est *trim(0.01)*. On indiquera autant de proportions qu'il y a de seuils (*ex* : pour deux seuils, on indiquera *trim*(0.01 0.01)) ;

- *bs(numlist)* indique le nombre de réplications *bootstrap*. Si cette option est omise, aucune procédure *bootstrap* ne sera utilisée pour tester l'effet de seuil. On indiquera autant de nombres que de seuils ;

- *thlevel(#)* spécifie le niveau de confiance pour le calcul des intervalles de confiance. L'option par défaut est *thlevel(95);*

- *gen(nouvar)* permet de créer une variable catégorielle « nouvvar » prenant les valeurs 0, 1, 2, ... pour chaque régime. Par défaut, cette variable est nommée « _cat » ;

- *thgiven* permet d'estimer un autre modèle à partir des résultats de la régression précédente. Cette option peut être utilisée pour estimer un second seuil, étant donné le premier seuil.

La commande « **xthreg** » estime le modèle à effets fixes suivant la méthodologie proposée par Hansen (1999). Elle se n'applique qu'aux panels cylindrés.

Pour illustrer cette commande, nous estimons l'effet de court terme des dépenses publiques sur le taux de croissance du PIB. Les variables explicatives sont :

- dep_pub_pib : dépenses publiques en % du PIB ;
- fbcf_pib : taux d'investissement global en % du PIB ;
- dlpop : taux de croissance de la population ;
- dlcpi : taux d'inflation ;
- cred : crédit au secteur privé en % du PIB ;
- sav_pib : taux d'épargne en % du PIB.

Les variables *dlpop*, *cred* et *sav_pib* seront considérées comme des variables dont l'effet ne dépend pas de la variable de transition (*dep_pub_pib*). En revanche, l'effet des variables *fbcf_pib*, *Dep_pub_pib* et *dlcpi* est conditionnel aux dépenses publiques. Seuls les coefficients de ces trois variables explicatives changent selon le régime. Compte tenu du nombre d'observations, nous estimons un modèle à un seul seuil, ce qui correspond à un modèle à deux régimes.

Nous saisissons la commande :

```
xthreg dlpibn dlpop cred sav_pib if annee>1993, rx(fbcf_pib Dep_pub_pib dlcpi) qx(Dep_pub_pib) thnum(1) bs(1000)
```

Nous obtenons les résultats suivants :

```
Threshold estimator (level = 95):
------------------------------------------------------
      model |    Threshold          Lower          Upper
------------+-----------------------------------------
       Th-1 |      14.4116        13.7062        14.5260
------------------------------------------------------

Threshold effect test (bootstrap = 1000):
------------------------------------------------------------------------------
 Threshold |        RSS        MSE      Fstat    Prob   Crit10    Crit5    Crit1
-----------+------------------------------------------------------------------
    Single |     0.5707     0.0033      27.01  0.0880  26.0899  36.9893  58.0194
------------------------------------------------------------------------------

Fixed-effects (within) regression              Number of obs      =       203
Group variable: id                             Number of groups   =         7

R-sq:  within  = 0.4850                        Obs per group: min =        29
       between = 0.0029                                       avg =      29.0
       overall = 0.4134                                       max =        29

                                               F(9,187)           =     19.56
corr(u_i, Xb)  = -0.3545                       Prob > F           =    0.0000

------------------------------------------------------------------------------------
          dlpibn |      Coef.   Std. Err.      t    P>|t|     [95% Conf. Interval]
-----------------+------------------------------------------------------------------
           dlpop |   3.223045   1.143944     2.82   0.005     .9663514    5.479739
            cred |   -.002076   .0009279    -2.24   0.026    -.0039066   -.0002455
         sav_pib |  -.0003158   .0011465    -0.28   0.783    -.0025774    .0019459
                 |
  _cat#c.fbcf_pib |
               0 |   .0156818   .0034239     4.58   0.000     .0089273    .0224364
               1 |   .0018135   .0011173     1.62   0.106    -.0003907    .0040177
                 |
_cat#c.dep_pub_pib |
               0 |  -.0255023   .0051495    -4.95   0.000     -.035661   -.0153436
               1 |    -.00238   .0016598    -1.43   0.153    -.0056544    .0008943
                 |
    _cat#c.dlcpi |
               0 |   1.521207   .1815647     8.38   0.000     1.163029    1.879386
               1 |   .7708025   .0852657     9.04   0.000     .6025963    .9390087
                 |
           _cons |   .0222253   .0463694     0.48   0.632    -.0692491    .1136998
-----------------+------------------------------------------------------------------
         sigma_u |  .02398707
         sigma_e |    .055529
             rho |  .15725699   (fraction of variance due to u_i)
------------------------------------------------------------------------------------
F test that all u_i=0: F(6, 187) = 2.27                      Prob > F = 0.0389
```

La valeur estimée du seuil suggère que le changement de régime intervient à un niveau des dépenses publiques correspondant à 14,41% du PIB. Ce seuil permet d'identifier deux régimes distincts. Le premier régime correspond aux observations pour lesquelles les dépenses publiques sont inférieures à 14,41% et le second régime retient les observations pour lesquelles les dépenses publiques sont supérieures à ce seuil.

Le test de linéarité indique une *p-value* égale à 0,088. Ce test rejette l'hypothèse nulle de linéarité au seuil de 10%. On conclut qu'il existe un effet de seuil des dépenses publiques conditionnant la dynamique du taux de croissance du PIB.

L'effet des investissements est positif et significatif lorsque les dépenses publiques sont inférieures à 14,41%. En revanche, lorsque les dépenses publiques sont supérieures à 14,41%, leur effet ainsi que celui des investissements ne sont pas significatifs.

Pour obtenir le graphique de la statistique LR, entrez la commande suivante :

```
_matplot e(LR), columns(1 2) yline(7.35, lpattern(dash)) connect(direct) msize(small) mlabp(0) mlabs(zero) ytitle("LR Statistics") xtitle("Threshold") recast(line)
```

Vous obtenez le graphique suivant :

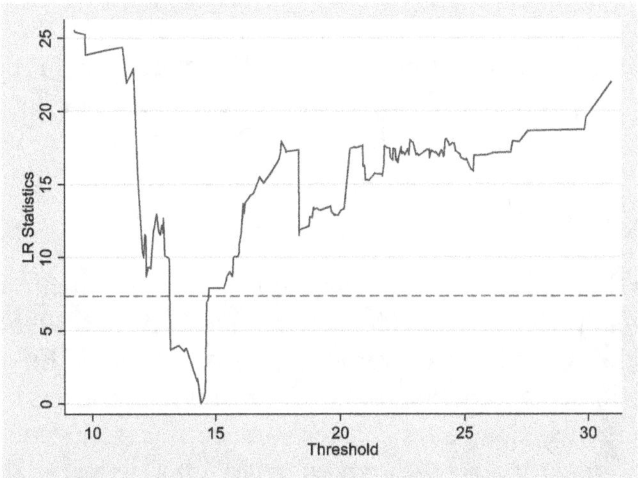

À partir de ce graphique, il est possible de déterminer les intervalles de confiance pour α =1%, 5% et 10%. L'intervalle de confiance à 95% du seuil des dépenses publiques est [13,7% 14,5%]. Cet intervalle est indiqué dans le premier tableau des résultats.

Pour des applications du modèle statique à effet de seuil, le lecteur pourra voir Khan & Sanhadji (2001), Tanimoune, Combes & Plane (2008), Houngbedji & Bassongui (2021), Wang & Wang (2021), Saafi, Nouira & Assidi (2022) et Keho (2023b).

9.3.2 Modèle dynamique à effet de seuil

9.3.2.1 Spécification du modèle

Le modèle à seuil à la Hansen (1999) suppose que les variables explicatives sont exogènes. Si cette hypothèse permet d'assurer la convergence des estimateurs, elle est restrictive dans de nombreuses applications macroéconomiques. Kremer, Bick & Nautz (2013) étendent les modèles de Hansen (1999) et Caner & Hansen (2004) au modèle dynamique à effet de seuil où certaines variables explicatives peuvent être endogènes. Suivant Kremer, Bick & Nautz (2013), nous considérons le modèle dynamique suivant :

$$dlpib_{it} = \mu_i + \varphi dlpib_{it-1} + \beta X_{it} + \theta_1 G_{it} I(q_{it} \leq \gamma) + \theta_2 G_{it} I(q_{it} > \gamma) + e_{it} \qquad (9.13)$$

où G_{it} est la variable explicative dont l'effet depend du seuil, q_{it} est la variable de transition. Il est possible de faire varier l'effet des autres variables explicatives avec le seuil. Dans ce cas, le nombre de coefficients à estimer devient important, ce qui peut être problématique dans les échantillons de taille réduite.

Kremer, Bick & Nautz (2013) appliquent la transformation «*forward orthogonal deviation* » suggérée par Arellano & Bover (1995) ainsi que la méthode GMM aux variables transformées. En effet, la différenciation et la transformation *within* conduisent à des estimateurs non convergents ainsi qu'à des erreurs corrélées. En revanche, la transformation « *forward orthogonal deviation* » permet d'éliminer les effets fixes tout en assurant que les erreurs sont non corrélées.

Cette transformation est donnée par :

$$e_{it}^{*} = \sqrt{\frac{T-t}{T-T+1}}\left[e_{it} - \frac{1}{T-t}\left(e_{i(t+1)} + \ldots + e_{iT}\right)\right] \qquad (9.14)$$

Cependant, l'approche de Kremer, Bick & Nautz (2013) suppose que la variable de transition est exogène. Seo & Shin (2016) développent un modèle dynamique à effet de seuil où la variable de transition ainsi que les variables explicatives sont potentiellement endogènes.

Les auteurs suggèrent alors d'estimer le modèle en différence première par la méthode GMM. Ils décrivent également une procédure *bootstrap* permettant de faire le test de linéarité dans le cadre d'un panel cylindré.

9.3.2.2 Estimation pratique

Nous illustrons deux commandes permettant d'estimer un modèle dynamique à effet de seuil.

- **La commande « xthenreg »**

Seo, Kim & Kim (2019) proposent la commande « **xthenreg** » pour estimer le modèle dynamique à effet de seuil proposé par Seo & Shin (2016). La syntaxe de la commande est :

```
xthenreg depvar indepvars, static kink endo(varlist) inst(varlist)
grid_num(integer) boost(integer)
```

où :

- *depvar* est la variable dépendante ;
- *indepvars* est la liste des variables indépendantes. La première variable après la variable dépendante est la variable de transition. Ainsi, on écrira $\boldsymbol{y}$ $\boldsymbol{q}$ $\boldsymbol{x_1}$ $\boldsymbol{x_2}$, où q est la variable de transition et $\boldsymbol{x_1}$ et $\boldsymbol{x_2}$ les variables indépendantes;
- *static* indique le modèle statique. Si cette option est omise, la commande estime le modèle dynamique. Ce modèle inclut automatiquement la variable dépendante retardée parmi les régresseurs ;
- *kink* indique le modèle *kink.* Le modèle peut être statique (si on spécifie les options « *static kink* ») ou dynamique (si on indique seulement l'option « *kink* ») ;
- *endo(varlist)* indique les variables explicatives qui seraient endogènes. Les variables endogènes doivent être exclues de la liste des variables indépendantes de *indepvars.* Par exemple, si $\boldsymbol{x_1}$ et $\boldsymbol{x_2}$ sont les variables explicatives et que $\boldsymbol{x_2}$ est endogène, on écrira: xthenreg $\boldsymbol{y}$ $\boldsymbol{q}$ $\boldsymbol{x_1}$, endog($\boldsymbol{x_2}$) et non xthenreg $\boldsymbol{y}$ $\boldsymbol{q}$ $\boldsymbol{x_1}$ $\boldsymbol{x_2}$, endog($\boldsymbol{x_2}$);

- *inst(varlist)* indique les variables instrumentales additionnelles ;

- *grid_num(integer)* indique le nombre de valeurs utilisées pour estimer le seuil. Le nombre par défaut est fixé à 100 ;

- *boost(integer)* est le nombre de réplications *bootstrap* pour le test de linéarité. Le nombre par défaut est fixé à 0.

Cette commande utilise la méthode GMM pour estimer les paramètres du modèle. Rappelons que les méthodes de type GMM sont appropriées pour les panels où la dimension individuelle (N) est très grande relativement à la dimension temporelle (T). Lorsque cette condition de taille n'est pas vérifiée, la prolifération des instruments peut engendrer des problèmes d'estimation. Les données que nous utilisons ne remplissent pas cette condition de structure. Néanmoins, nous les utilisons pour illustrer les commandes permettant d'estimer le modèle dynamique à seuil. Nous apportons une modification au modèle afin de permettre à la commande de fonctionner. Nous saisissons la commande suivante :

```
xthenreg dlpibn dep_pub_pib dep_pub_pib, boost(500)
```

La variable « *dep_pub_pib* » est à la fois la variable de transition et la variable dont l'effet dépend du régime.

Nous obtenons les résultats ci-après :

```
N = 7, T = 29
Panel Var. = id
Time Var. = annee
Number of moment conditions = 432
Bootstrap p-value for linearity test = 0
------------------------------------------------------------------------------
      dlpibn |      Coef.   Std. Err.      z    P>|z|     [95% Conf. Interval]
-------------+----------------------------------------------------------------
     Lag_y_b |  -.5175805   13.13389    -0.04   0.969    -26.25952    25.22436
dep_pub_pib_b |   .1326411   .3088867     0.43   0.668    -.4727657    .7380479
      cons_d |   .9327047   7.108579     0.13   0.896    -12.99985    14.86526
     Lag_y_d |  -.4074298   17.26284    -0.02   0.981    -34.24198    33.42712
dep_pub_pib_d |  -.1270956   .3771217    -0.34   0.736    -.8662406    .6120494
           r |    16.5642   32.83485     0.50   0.614    -47.79091    80.91932
------------------------------------------------------------------------------
```

Lag_y désigne la variable dépendante retardée. Les suffixes "_b" et "_d" indiquent respectivement que la variable de transition est en dessous et au-dessus du seuil r. Nous constatons qu'aucun coefficient n'est significatif.

Nous estimons le modèle sous la forme « *kink* ». Nous entrons la ligne de commande ci-après :

```
xthenreg dlpibn dep_pub_pib dep_pub_pib, kink boost(500)
```

Nous obtenons les résultats suivants :

```
N = 7, T = 29
Panel Var. = id
Time Var. = annee
Number of moment conditions = 432
Bootstrap p-value for linearity test = 0
------------------------------------------------------------------------------
      dlpibn |      Coef.   Std. Err.      z    P>|z|     [95% Conf. Interval]
-------------+----------------------------------------------------------------
     Lag_y_b |  -.6449831   .2419183    -2.67   0.008    -1.119134    -.170832
dep_pub_pib_b |   .0011368    .022787     0.05   0.960    -.0435249    .0457986
  kink_slope |  -.0331994   .0208094    -1.60   0.111     -.073985    .0075862
           r |   23.84051   5.077525     4.70   0.000     13.88874    33.79227
------------------------------------------------------------------------------
```

Le coefficient de la variable dépendante retardée (Lag_y_b) est négatif et significatif. Le seuil (r) des dépenses publiques est estimé à 23,84% et est significatif. L'intervalle de confiance du seuil est [13,88% 33,79%]. Les dépenses publiques inférieures au seuil (Dep_pub_pib_b) ont un effet positif sur le taux de croissance du PIB et celles supérieures au seuil ont un effet négatif. Toutefois, ces effets s'avèrent non significatifs au seuil de 5%.

- **La commande « xtendothresdpd »**

Diallo (2020) développe la commande « **xtendothresdpd** » pour estimer le modèle dynamique à effet de seuil avec des régresseurs endogènes. La syntaxe de la commande est :

```
xtendothresdpd depvar indepvars, thresv(varname) stub(string) pivar(varname) dgmmiv(varlist [, lagrange(flag llag)]) xaddendog(varlist) zaddinst(varlist) iv(varlist) sig(#)
```

où :

- *depvar* est la variable dépendante ;
- *indepvars* désigne les variables dont les coefficients ne dépendent pas du régime ;
- *thresv(varname)* indique la variable de transition ;

- *stub(string)* désigne le nom à partir duquel de nouvelles variables vont être créées ;

- *pivar(varname)* spécifie la variable dont le coefficient change avec le régime. Cette variable peut être différente de la variable de transition ;

- *dgmmiv(varlist [, lagrange(flag llag)])* spécifie les instruments de type GMM pour l'équation en différence. Cette option utilise les variables en niveau comme instruments dans l'équation en différence. Tous les retards sont utilisés, à moins que l'option « *lagrange(flag llag)* » ne restreigne la structure des retards ;

- *xaddendog(varlist)* indique la liste des variables endogènes corrélées avec le terme d'erreur. Ces variables représentent le second ensemble de variables indépendantes des régimes ;

- *zaddinst(varlist)* précise les variables instrumentales pour l'équation ainsi que les calculs intermédiaires ;

- *iv(varlist)* indique les instruments pour les équations en différence et en niveau ;

- *sig(#)* indique le niveau de significativité pour le calcul de l'intervalle de confiance du seuil. La valeur par défaut est fixée à 0,10.

Cette commande permet de ne spécifier qu'une seule variable dont le coefficient change avec le régime. Dans certains cas, le modèle peut comporter plusieurs variables explicatives dont les effets dépendent du régime.

Nous estimons l'effet conditionnel des dépenses publiques sur le taux de croissance du PIB. La variable de transition et la variable dépendante du régime sont donc identiques. Nous saisissons la ligne de commande suivante :

```
xtendothresdpd dlpibn L.dlpibn fbcf_pib dlcpi dlpop sav_pib,
thresv(dep_pub_pib) stub(dep_pub) pivar(dep_pub_pib)
dgmmiv(dlpibn) vce(robust) grid(200) sig(0.05)
```

Nous obtenons les résultats ci-dessous :

```
Performing Dynamic Panel Data Threshold Effects with
Endogenous Regressors Estimations.
This may take some time, please wait.
==============================================================================
Dynamic panel-data estimation                    Number of obs      =       196
Group variable: id                               Number of groups   =         7
Time variable: annee
                                                 Obs per group:
                                                               min =        28
                                                               avg =        28
                                                               max =        28
Number of instruments =     169                  Wald chi2(6)       =    151.61
                                                 Prob > chi2        =    0.0000
One-step results
                                      (Std. Err. adjusted for clustering on id)
--------------------------------------------------------------------------------
                   |               Robust
            dlpibn |  Coef.    Std. Err.       z     P>|z|     [95% Conf. Interval]
-------------------+------------------------------------------------------------
            dlpibn |
               L1. |  .1194701   .0695214     1.72   0.086    -.0167894    .2557296
                   |
 below_thres_dep_pub | -.005954   .0026529    -2.24   0.025    -.0111536   -.0007545
 above_thres_dep_pub |-.0043102   .0019413    -2.22   0.026     -.008115   -.0005054
          fbcf_pib |  .0032581    .002085     1.56   0.118    -.0008284    .0073446
             dlcpi |   .602524   .0699995     8.61   0.000     .4653275    .7397204
             dlpop | -.8572712   1.440617    -0.60   0.552    -3.680828    1.966286
           sav_pib | -.0015599    .001401    -1.11   0.266    -.0043058    .0011859
             _cons |   .118743   .0469257     2.53   0.011     .0267703    .2107156
--------------------------------------------------------------------------------
Instruments for differenced equation
        GMM-type: L(2/.).dlpibn
Instruments for level equation
        Standard: _cons
Threshold Parameter (level = 95)
-------------------------------------------------------
              Threshold          Lower          Upper
-------------------------------------------------------
Gamma_Hat    13.17194         12.39181       25.36351
-------------------------------------------------------
```

Le seuil est estimé à 13,17% avec comme intervalle de confiance [12,39% 25,36%].

Pour effectuer le test de linéarité, nous entrons la commande :

```
xtendothresdpdtest, comdline(`e(cmdline)') reps(50)
```

Après un moment de patience de charbonnier, nous obtenons les résultats suivants :

```
Bootstrap results                               Number of obs     =        189
                                                Replications      =         50

------------------------------------------------------------------------------
             |   Observed   Bootstrap                         Normal-based
             |      Coef.   Std. Err.      z    P>|z|     [95% Conf. Interval]
-------------+----------------------------------------------------------------
    SupWStar |   27.19877   37.58235     0.72   0.469    -46.46129    100.8588
------------------------------------------------------------------------------
```

La statistique de test SupWStar a une *p-value* de 0,469. Nous concluons qu'il n'existe pas d'effet de seuil dans la relation estimée.

Pour des applications du modèle dynamique à seuil, on pourra consulter Vinayagathasan (2013), Li & Lin (2015), Chudik *et al.*, (2017), Ndoricimpa (2017), Sirag *et al.*, (2018), Lay (2020), Osei & Kim (2020), Ameganvi (2021), Bolarinwa & Akinlo (2021), Ho & Saadaoui (2022), Saafi, Nouira & Assidi (2022).

9.4 Modèle ARDL non-linéaire

Shin *et al.* (2014) proposent une version non-linéaire du modèle ARDL de Pesaran *et al.* (2001), en décomposant les variables en variations positives et négatives. Cette décomposition peut être transposée dans les modèles de panel pour analyser les asymétries dans la réponse de la variable dépendante. Nous illustrons ce modèle à partir de la fonction de consommation.

9.4.1 Spécification du modèle NARDL

Revenons à la fonction de consommation :

$$C_{it} = \alpha_i + \beta Y_{it} + \theta P_{it} + e_{it} \tag{9.24}$$

où C_{it} désigne la consommation (lconsp), Y_{it} est le revenu (*lpibn*) et P_{it} l'indice des prix à la consommation (*lcpi*). Ces variables sont exprimées en logarithme.

Le modèle (9.24) implique qu'une hausse (baisse) du revenu de 1% induit une hausse (baisse) de la consommation de β pour cent. La relation est dite symétrique en ce sens que la hausse et la baisse du revenu se répercutent de façon symétrique sur la consommation.

Toutefois, selon les théories relatives au revenu permanent et aux habitudes, la consommation peut ne pas baisser à la suite d'une baisse du revenu, elle pourrait même augmenter. Comment modéliser alors le fait que la hausse et la baisse du revenu se répercutent différemment sur la consommation ?

Shin *et al.* (2014) proposent de décomposer le revenu de la façon suivante :

$$Y_{it} = Y_{0i} + Y_{it}^{+} + Y_{ti}^{-} \tag{9.25}$$

où Y_{0i} est la valeur initiale de Y, Y_{it}^{+} et Y_{it}^{-} désignent respectivement les sommes partielles des variations positives et négatives de Y_{it}. Ces variables sont obtenues comme suit :

$$Y_{it}^{+} = \sum_{j=1}^{t} \Delta Y_{ij}^{+} = \sum_{j=1}^{t} max(\Delta Y_{ij}, 0) \tag{9.26}$$

$$Y_{it}^{-} = \sum_{j=1}^{t} \Delta Y_{ij}^{-} = \sum_{j=1}^{t} min(\Delta Y_{ij}, 0) \tag{9.27}$$

Le modèle non-linéaire s'écrit :

$$C_{it} = \alpha_i + \beta_1 Y_{it}^{+} + \beta_2 Y_{it}^{-} + \theta P_{it} + e_{it} \tag{9.28}$$

où β_1 et β_2 représentent respectivement l'effet d'une hausse et d'une baisse du revenu sur la consommation. Après avoir estimé le modèle ci-dessus, on teste l'hypothèse de linéarité (ou de symétrie) H_0: $\beta_1 = \beta_2$. Sous l'hypothèse nulle, l'effet du revenu est symétrique et le modèle est linéaire. En revanche, sous l'hypothèse alternative, l'effet du revenu est asymétrique et le modèle est non-linéaire.

Concernant les études ayant utilisé le modèle NARDL, on peut consulter Eberhardt & Presbitero (2015), Salisu & Isah (2017), Akinsola & Odhiambo (2020), Hajilee & Niroomand (2021), Keho (2021), et Belloumi & Aljazea (2024).

Remarque 9.1: La décomposition en sommes postive et négative n'est pertinente que lorsque la série Y n'est pas monotone pour tous les individus du panel. En effet, dans ce cas, Y_{it}^{+} ou Y_{it}^{-} est nulle.

Remarque 9.2: Dans le modèle NARDL présenté ci-dessus, nous avons fixé le seuil à zéro. Toutefois, il est possible de considérer un ou plusieurs seuils non nuls. Par exemple, on peut définir un modèle à trois régimes où les seuils sont déterminés à partir des quantiles d'ordre 0,25 et 0,75. Dans ce cas, les sommes partielles s'obtiennent comme suit :

$$Y_{it}^{+} = \sum_{j=1}^{t} \Delta Y_{ij}^{+} = \sum_{j=1}^{t} \Delta Y_{ij} I(\Delta Y_{ij} > c_2) \tag{9.29}$$

$$Y_{it}^{\pm} = \sum_{j=1}^{t} \Delta Y_{ij}^{\pm} = \sum_{j=1}^{t} \Delta Y_{ij} I(c_1 \leq \Delta Y_{ij} \leq c_2) \tag{9.30}$$

$$Y_{it}^{-} = \sum_{j=1}^{t} \Delta Y_{ij}^{-} = \sum_{j=1}^{t} \Delta Y_{ij} I(\Delta Y_{ij} < c_1) \tag{9.31}$$

où c_1 et c_2 désignent respectivement les quantiles d'ordres 0,25 et 0,75 de la variable ΔY.

On définit ainsi un modèle NARDL à seuils multiples, appelé « **Multiple Threshold Nonlinear ARDL** » (MTNARDL). En suivant la même démarche que le modèle NARDL, il est facile d'estimer le modèle MTNARDL sous Stata. Le lecteur trouvera des applications dans Pal & Mitra (2016, 2019), Chang (2020), Uche & Effiom (2021), Li & Guo (2022) et Ayad *et al*. (2023).

9.4.2 Estimation pratique du modèle NARDL

Pour estimer le modèle asymétrique, nous devons générer les sommes partielles positives et négatives du revenu. Cette décomposition peut se faire dans Excel puis être importée dans Stata. Néanmoins, elle peut se faire directement dans Stata en utilisant le programme suivant :

```
gen lpibn_pos = 0
gen lpibn_neg = 0
gen dlpibn_pos = max(0, dlpibn)
gen  dlpibn_neg = min(0, dlpibn)
replace lpibn_pos = l.lpibn_pos + dlpibn_pos if annee > 1993
replace lpibn_neg = l.lpibn_neg  + dlpibn_neg if annee > 1993
```

Il est possible d'utiliser le programme suivant :

```
gen dlpibn_pos = max(0, dlpibn)
gen  dlpibn_neg = min(0, dlpibn)
by id: gen  lpibn_pos = sum(dlpibn_pos)
by id: gen  lpibn_neg  = sum(dlpibn_neg)
```

À partir des variations positives et négatives de la variable d'intérêt, on peut appliquer les méthodes d'estimation vues dans les chapitres précédents. Nous utilisons la méthode MG (*Mean Group*) pour estimer la relation de long terme asymétrique. Rappelons que l'estimateur *Mean Group* suppose l'hétérogénéité de la relation de long terme ainsi que de celle de court terme. Nous saisissons la ligne de commande ci-après :

```
xtpmg d.lconsp d.lpibn_pos d.lpibn_neg d.lcpi d.lrem d.lcred, lr(l.lconsp lpibn_pos lpibn_neg lcpi lrem lcred) ec(ec) replace mg
```

Nous obtenons les résultats suivants :

```
------------------------------------------------------------------------------
Mean Group Estimation: Error Correction Form
(Estimate results saved as mg)
------------------------------------------------------------------------------
------------------------------------------------------------------------------
    D.lconsp |      Coef.   Std. Err.      z    P>|z|     [95% Conf. Interval]
-------------+----------------------------------------------------------------
ec           |
   lpibn_pos |   .8243439   .2015903     4.09   0.000     .4292342    1.219454
   lpibn_neg |  -.6131016   .6493423    -0.94   0.345    -1.885789     .659586
        lcpi |   .0998791   .6697444     0.15   0.881    -1.212796    1.412554
        lrem |   .0511388   .0304266     1.68   0.093    -.0084962    .1107739
       lcred |   .0447887   .1125167     0.40   0.691      -.17574    .2653174
-------------+----------------------------------------------------------------
SR           |
          ec |  -.5035863   .1271811    -3.96   0.000    -.7528567   -.2543159
             |
   lpibn_pos |
         D1. |   .5571948   .2095453     2.66   0.008     .1464936    .9678961
             |
   lpibn_neg |
         D1. |  -.7210605   .7847021    -0.92   0.358    -2.259048    .8169273
             |
        lcpi |
         D1. |  -.1808678   .1908293    -0.95   0.343    -.5548863    .1931507
             |
        lrem |
         D1. |  -.0501689   .0216841    -2.31   0.021     -.092669   -.0076689
             |
       lcred |
         D1. |  -.0178861     .01342    -1.33   0.183    -.0441889    .0084166
             |
       _cons |   2.310986   .9172839     2.52   0.012     .5131424    4.108829
------------------------------------------------------------------------------
```

Certaines versions de Stata affichent le message suivant :

```
invalid new variable name;
variable name ec is in the list of predictors
```

Dans ce cas, tapez la ligne de commande suivante :

```
ereturn display
```

À partir de ces résultats, nous effectuons les tests de symétrie de l'effet du revenu sur la consommation. Il s'agit de tests de contraintes linéaires sur les coefficients. Comme nous avons estimé un modèle à correction d'erreur par la méthode MG dans le cadre du modèle ARDL, il est possible de tester la symétrie à court et à long terme.

Pour tester la symétrie à long terme, nous saisissons la commande suivante :

```
test lpibn_pos = lpibn_neg
```

Nous obtenons les résultats suivants :

```
(1)  [ec]lpibn_pos - [ec]lpibn_neg = 0
          chi2(  1) =     4.93
          Prob > chi2 =    0.0264
```

Pour tester la symétrie à court terme, nous saisissons la commande :

```
test d.lpibn_pos = d.lpibn_neg
```

Nous obtenons les résultats suivants :

```
(1)[SR]D.lpibn_pos - [SR]D.lpibn_neg = 0

          chi2(  1) =     2.86
          Prob > chi2 =    0.0910
```

Nous rejetons les hypothèses de symétrie à long terme et à court terme au seuil de 10%. Ce qui valide la modélisation de la fonction de consommation sous la forme d'un modèle NARDL. L'élasticité de la consommation par rapport au revenu est égale à 0,824 pour les sommes partielles positives et à -0,613 pour les variations négatives du revenu. Ainsi, une hausse du revenu de 10% entraine une hausse de la consommation de 8,24%.

Une baisse du revenu de 10% induit une hausse de la consommation de 6,13%. Toutefois, cette élasticité n'est pas significative.

9.5 Modèle à interaction de variables

9.5.1 Spécification du modèle

Nous considérons le modèle de croissance suivant :

$$dlpib_{it} = \alpha_i + \beta X_{it} + \theta_1 I_{it} + \theta_2 G_{it} \times I_{it} + e_{it} \qquad (9.32)$$

où $dlpib_{it}$ est le taux de croissance du PIB, G_{it} désigne les dépenses publiques en pourcentage du PIB, I_{it} est le taux d'investissement total et X_{it} représente les variables de contrôle.

Dans ce modèle, l'effet marginal de l'investissement sur le taux de croissance est conditionné par le niveau des dépenses publiques. L'effet marginal de l'investissement privé est :

$$\frac{\partial dlpib_t}{\partial i_t} = \theta_1 + \theta_2 G_{it} \qquad (9.33)$$

Contrairement aux modèles linéaires et à effet de seuil où il y a un ou deux effets marginaux de l'investissement, ici le nombre d'effets marginaux est infini. Toutefois, le modèle à interaction pourrait souffrir du problème de multicolinéarité.

On s'attend à ce que les dépenses publiques améliorent l'effet marginal de l'investissement sur la croissance, ce que devrait traduire un coefficient $\theta_2 > 0$. Plusieurs cas peuvent se présenter :

-- Si $\boldsymbol{\theta_1}$ et $\boldsymbol{\theta_2}$ sont tous positifs (respectivement négatifs), alors l'investissement a un effet positif (négatif) sur le taux de croissance et les dépenses publiques augmentent cet effet ;

-- Si $\boldsymbol{\theta_1 > 0}$ et $\boldsymbol{\theta_2 < 0}$, alors l'investissement a un effet positif sur le taux de croissance mais les dépenses publiques réduisent cet effet ;

-- Si $\boldsymbol{\theta_1 < 0}$ et $\boldsymbol{\theta_2 > 0}$, alors l'investissement a un effet négatif sur le taux de croissance mais les dépenses publiques atténuent cet effet négatif;

-- Des valeurs non-significatives de $\boldsymbol{\theta_1}$ et $\boldsymbol{\theta_2}$ indiquent que l'investissement n'a pas d'effet sur le taux de croissance quel que soit le niveau des dépenses publiques.

Nous pouvons calculer le seuil des dépenses publiques au-delà duquel l'effet marginal de l'investissement change de signe :

$$G^* = -\frac{\theta_1}{\theta_2} \tag{9.34}$$

La contrainte de positivité de G nécessite que θ_1 et θ_2 soient de signes opposés. Lorsque $\theta_1 > 0$ et $\theta_2 < 0$, l'effet marginal des investissements devient négatif quand les dépenses publiques dépassent G^*. En revanche, lorsque $\theta_1 < 0$ et $\theta_2 > 0$, l'effet marginal des investissements devient positif quand les dépenses publiques dépassent G^*.

9.5.2 Illustration pratique

Nous considérons l'équation du taux de croissance du PIB avec les variables explicatives suivantes :

- dep_pub_pib : dépenses publiques en % du PIB ;
- fbcf_pib : le taux d'investissement global en % du PIB ;
- dlpop : le taux de croissance de la population ;
- dlcpi : le taux d'inflation ;
- cred : le crédit au secteur privé en % du PIB ;
- sav_pib : le taux d'épargne en % du PIB.

À ces variables, nous ajoutons la variable d'interaction entre les dépenses publiques (dep_pub_pib) et l'investissement total (fbcf_pib). Cette variable est générée de la façon suivante :

```
gen depxfbcf = dep_pub_pib*fbcf_pib
```

Nous estimons l'équation de croissance par GLS avec effets aléatoires :

```
xtreg dlpibn dlcpi dlpop cred sav_pib dep_pub_pib fbcf_pib depxfbcf, re
```

Nous obtenons les résultats suivants :

```
Random-effects GLS regression                   Number of obs      =       203
Group variable: id                              Number of groups   =         7

R-sq:                                           Obs per group:
     within  = 0.4171                                          min =        29
     between = 0.0911                                          avg =      29.0
     overall = 0.4064                                          max =        29

                                                Wald chi2(7)       =    133.52
corr(u_i, X)    = 0 (assumed)                   Prob > chi2        =    0.0000

------------------------------------------------------------------------------
      dlpibn |      Coef.   Std. Err.      z    P>|z|     [95% Conf. Interval]
-------------+----------------------------------------------------------------
       dlcpi |   .8888453   .0794431    11.19   0.000     .7331397    1.044551
       dlpop |   1.249394   .9399879     1.33   0.184    -.5929486    3.091736
        cred |  -.0003758   .0006589    -0.57   0.568    -.0016673    .0009156
     sav_pib |  -.0001561   .0007634    -0.20   0.838    -.0016523    .0013401
 dep_pub_pib |   .0043181   .0029139     1.48   0.138     -.001393    .0100292
    fbcf_pib |   .0075215   .0033279     2.26   0.024      .000999     .014044
    depxfbcf |  -.0002939   .0001496    -1.96   0.049    -.0005872   -6.48e-07
       _cons |  -.0883739   .0644958    -1.37   0.171    -.2147833    .0380355
-------------+----------------------------------------------------------------
     sigma_u |          0
     sigma_e |  .05823347
         rho |          0   (fraction of variance due to u_i)
------------------------------------------------------------------------------
```

L'effet des investissements sur le taux de croissance est positif, mais les dépenses publiques réduisent cet effet. Nous pouvons calculer le seuil optimal des dépenses publiques de la façon suivante :

```
nlcom _b[fbcf_pib]/(-1*_b[depxfbcf])
```

Nous obtenons les résultats suivants :

```
       _nl_1:  _b[fbcf_pib]/(-1*_b[depxfbcf])

------------------------------------------------------------------------------
      dlpibn |      Coef.   Std. Err.      z    P>|z|     [95% Conf. Interval]
-------------+----------------------------------------------------------------
       _nl_1 |   25.58902   4.250655     6.02   0.000     17.25789    33.92015
------------------------------------------------------------------------------
```

Le seuil optimal ressort à 25,6%. L'effet des investissements sur le taux de croissance est négatif lorsque les dépenses publiques excèdent 25,6% du PIB.

Nous pouvons calculer l'effet marginal des investissements pour des valeurs particulières des dépenses publiques. Les résultats reportés dans le tableau ci-dessous indiquent que lorsque les dépenses publiques sont à leur minimum (9,22%), l'effet marginal est de 0,0048 et est significatif au seuil de 5%. Ainsi, pour un niveau des dépenses publiques égal à 9,22% du PIB, une hausse des investissements de 1 point de pourcentage augmente le taux de croissance du PIB de 0,0048 points de pourcentage. Notez bien qu'il s'agit d'une hausse du taux de croissance du PIB et non celle du PIB lui-même.

La hausse des investissements entraine une hausse du taux de croissance du PIB jusqu'à ce que les dépenses publiques atteignent le seuil de 25,6% du PIB. Lorsque les dépenses publiques excèdent le seuil de 25,6%, tout accroissement des investissements induit une baisse du taux de croissance du PIB. Par exemple, lorsque les dépenses publiques représentent 37,9% du PIB, une hausse des investissements de 1 point de pourcentage entraine une baisse du taux de croissance de 0,0036 point de pourcentage. Mais cet effet n'est pas significatif à 5% !

Tableau 9.1 : Effet marginal de l'investissement sur le taux de croissance

	Dépenses publiques (% PIB)	Effet marginal		
		Coef.	Ecart-type	*t*-statistic
Minimum	9.222	0.0048*	0.0021	2.33
Moyenne	19.468	0.0018**	0.0010	1.66
Médiane	19.976	0.0016	0.0011	1.55
Seuil	25.589	0	0.0012	0
Maximum	37.996	-0.0036	0.0027	-1. 33

Note: * indique une significativité à 5%.

Des applications du modèle à interaction se trouvent dans Islam *et al.*, (2020), Akinlo & Dada (2021), Appiah-Otoo, Chen & Ampah (2023), Asante, Takyi & Mensah (2023) et Iorember & Yusoff (2023).

9.6 Modèle de régression quantile

Les modèles de régression classiques s'intéressent à l'estimation des effets moyens des variables explicatives sur la variable dépendante. Ces modèles pourraient surestimer ou sous-estimer les effets ou même ne pas révéler de relation significative entre les variables explicatives et la variable dépendante.

Si nous considérons la fonction de consommation, l'effet marginal du revenu est supposé constant, quel que soit le niveau de la consommation. On peut toutefois s'interroger si l'effet du revenu est le même pour les individus ayant un niveau de consommation se situant dans le premier décile, deuxième décile, à la moyenne, à la médiane et dans le dernier décile. De façon intuitive, on pense que l'effet du revenu est plus élevé dans le premier décile que dans le dernier décile : une hausse du revenu induit une augmentation de la consommation beaucoup plus forte chez les « pauvres » que chez les « non pauvres ».

La régression quantile permet d'estimer les effets des régresseurs sur l'ensemble de la distribution conditionnelle de la variable dépendante et non seulement à la moyenne. Elle est robuste aux données extrêmes. La régression quantile a été introduite par Koenker & Bassett (1978) et documentée par Koenker & Park (1996), Zhou & Portnoy (1998), Koenker & Hallock (2001), Koenker (2004, 2005) et Koenker & Xiao (2006).

Si l'effet marginal du revenu change suivant la distribution conditionnelle de la consommation, un modèle linéaire sera inapproprié pour restituer la « vraie » relation entre le revenu et la consommation. Le modèle de régression quantile de la consommation s'écrit de la façon suivante :

$$Q_\tau(C_{it}/X_{it}) = \alpha_i(\tau) + X_{it}\beta(\tau) + e_{it} \tag{9.35}$$

où $Q_\tau(C_{it}/X_{it})$ est le quantile conditionnel d'ordre τ de la consommation, avec $0 < \tau < 1$.

La méthode d'estimation du modèle de régression quantile diffère selon la présence ou non d'effets fixes. Par conséquent, nous distinguons le cas où le modèle ne contient pas d'effets fixes et le cas où le modèle est à effets fixes.

9.6.1 Modèle de régression quantile sans effets fixes

Nous supposons que le modèle est sans effets fixes : $\alpha_i(\tau) = \alpha(\tau)$. Le modèle de régression quantile s'écrit :

$$Q_\tau(C_{it}/X_{it}) = \alpha(\tau) + X_{it}\beta(\tau) + e_{it} \qquad (9.36)$$

Les coefficients de la régression quantile s'obtiennent à partir du programme suivant :

$$\min_{\alpha(\tau),\beta(\tau)} \sum_{t=1}^{T} \sum_{i=1}^{n} \rho_\tau \left(C_{it} - \alpha(\tau) - X_{it}\beta(\tau)\right) \qquad (9.37)$$

où $\rho_\tau(z)$ une fonction définie par $\rho_\tau(z) = z\left(\tau - I_{(z<0)}\right)$, $I(\cdot)$ étant une fonction indicatrice.

Pour estimer le modèle de régression quantile sans effets fixes, nous utilisons la commande « **qreg** » :

```
qreg lconsp lpibn lcpi lrem lcred, q(0.1)
```

Cette commande estime le modèle pour le quantile 10%.

Nous obtenons les résultats suivants :

```
.1 Quantile regression                              Number of obs =        210
  Raw sum of deviations 31.18904 (about 6.9011593)
  Min sum of deviations 3.291697                    Pseudo R2     =     0.8945

------------------------------------------------------------------------------
      lconsp |      Coef.   Std. Err.      t    P>|t|     [95% Conf. Interval]
-------------+----------------------------------------------------------------
       lpibn |   .9411704   .0290325    32.42   0.000     .8839299     .998411
        lcpi |   .0652593   .1188468     0.55   0.584    -.1690595    .2995781
        lrem |   .0229851   .0254654     0.90   0.368    -.0272226    .0731928
       lcred |  -.0323925   .0477495    -0.68   0.498    -.1265356    .0617506
       _cons |  -.2025347   .4231833    -0.48   0.633    -1.036884     .631815
------------------------------------------------------------------------------
```

Il est possible d'obtenir les résultats pour plusieurs quantiles à la fois. Dans ce cas, on utilise la commande « **sqreg** » :

```
sqreg lconsp lpibn lcpi lrem lcred, q(0.1 0.2 0.3 0.4 0.5 0.6 0.7 0.8
0.9) reps(1000) nodots
```

Nous obtenons les résultats suivants :

Simultaneous quantile regression		
bootstrap(1000) SEs	Number of obs =	210
	.10 Pseudo R2 =	0.8945
	.20 Pseudo R2 =	0.9058
	.30 Pseudo R2 =	0.9071
	.40 Pseudo R2 =	0.9064
	.50 Pseudo R2 =	0.9073
	.60 Pseudo R2 =	0.9092
	.70 Pseudo R2 =	0.9106
	.80 Pseudo R2 =	0.9117
	.90 Pseudo R2 =	0.9156

lconsp	Coef.	Bootstrap Std. Err.	t	P>|t|	[95% Conf.	Interval]
q10						
lpibn	.9411704	.0129939	72.43	0.000	.9155516	.9667893
lcpi	.0652593	.0469657	1.39	0.166	-.0273384	.157857
lrem	.0229851	.0189861	1.21	0.227	-.014448	.0604182
lcred	-.0323925	.0411148	-0.79	0.432	-.1134546	.0486695
_cons	-.2025347	.2341402	-0.87	0.388	-.6641664	.259097
q20						
lpibn	.9393903	.0117459	79.98	0.000	.9162321	.9625486
lcpi	.0566757	.0413173	1.37	0.172	-.0247856	.138137
lrem	.005884	.0097524	0.60	0.547	-.0133439	.0251119
lcred	.0112197	.023107	0.49	0.628	-.0343382	.0567776
_cons	-.1586257	.1778473	-0.89	0.373	-.50927	.1920186
q30						
lpibn	.928429	.013469	68.93	0.000	.9018734	.9549846
lcpi	.0444794	.0503292	0.88	0.378	-.0547498	.1437085
lrem	.0058952	.0110638	0.53	0.595	-.0159183	.0277087
lcred	.0334483	.016996	1.97	0.050	-.000061	.0669577
_cons	-.0453399	.2228316	-0.20	0.839	-.4846756	.3939957
q40						
lpibn	.9288023	.0135488	68.55	0.000	.9020894	.9555152
lcpi	-.0090688	.0772086	-0.12	0.907	-.1612936	.143156
lrem	.0121874	.0151248	0.81	0.421	-.0176326	.0420074
lcred	.0381385	.0181784	2.10	0.037	.0022979	.0739791
_cons	.1708639	.3145966	0.54	0.588	-.4493959	.7911237
q50						
lpibn	.9390781	.0141408	66.41	0.000	.911198	.9669582
lcpi	-.1458609	.0771363	-1.89	0.060	-.2979431	.0062212
lrem	.0188826	.0153322	1.23	0.220	-.0113466	.0491117
lcred	.0478425	.0209029	2.29	0.023	.0066302	.0890548
_cons	.6715967	.3042682	2.21	0.028	.0717004	1.271493
q60						
lpibn	.9246048	.0128879	71.74	0.000	.899195	.9500147
lcpi	-.1234878	.0754518	-1.64	0.103	-.2722489	.0252732
lrem	.0216986	.0119478	1.82	0.071	-.0018578	.045255
lcred	.0425447	.0261474	1.63	0.105	-.0090076	.0940971
_cons	.7164445	.2369284	3.02	0.003	.2493156	1.183573
q70						
lpibn	.9158602	.0112712	81.26	0.000	.8936378	.9380826
lcpi	-.0483138	.0906458	-0.53	0.595	-.2270313	.1304037
lrem	.0122876	.0099303	1.24	0.217	-.0072911	.0318662
lcred	.0322814	.034389	0.94	0.349	-.0355201	.1000829
_cons	.541189	.2858047	1.89	0.060	-.0223045	1.104683
q80						
lpibn	.9221025	.0119224	77.34	0.000	.8985963	.9456088
lcpi	-.141858	.1164275	-1.22	0.224	-.3714069	.0876909

lrem	.0049858	.0083281	0.60	0.550	-.0114339	.0214055
lcred	.0631919	.0378261	1.67	0.096	-.0113861	.1377699
_cons	.88359	.4016239	2.20	0.029	.0917469	1.675433
q90						
lpibn	.9134046	.0147789	61.80	0.000	.8842665	.9425427
lcpi	-.1762003	.1520488	-1.16	0.248	-.4759801	.1235796
lrem	.0021314	.0103395	0.21	0.837	-.0182539	.0225168
lcred	.0659858	.0373211	1.77	0.079	-.0075966	.1395681
_cons	1.14289	.5262851	2.17	0.031	.1052642	2.180515

Nous avons utilisé la méthode *bootstrap* pour estimer les écarts-types des coefficients. Le *bootstrap* étant une méthode de rééchantillonnage, le lecteur pourrait ne pas obtenir les mêmes estimations des écarts-types des coefficients.

Pour chaque quantile τ, on a une série de coefficients $\beta(\tau)$ que l'on peut représenter sous la forme d'un graphique. Ce graphique permet notamment de visualiser l'hétérogénéité dans la réponse de la consommation aux variables explicatives. On peut comparer les coefficients quantiles avec les coefficients obtenus par la méthode MCO.

Pour obtenir ledit graphique, nous saisissons la commande :

```
grqreg, cons ci ols olsci
```

où :

- *cons* désigne la constante ;
- *ci* indique l'intervalle de confiance à 95% ;
- *ols* représente les coefficients OLS ;
- *olsci* représente l'intervalle de confiance de la régression OLS.

En validant, nous obtenons les graphiques suivants :

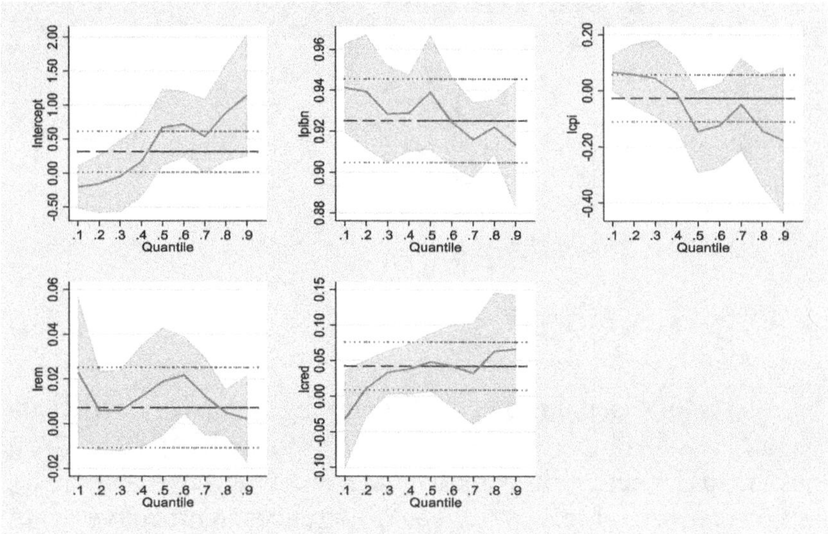

Il est possible d'utiliser la commande « **qregplot** » qui s'applique après plusieurs méthodes d'estimation.

Le coefficient du revenu est positif et significatif pour tous les déciles. Toutefois, ce coefficient baisse avec le décile, confirmant que l'effet du revenu est plus élevé pour les premiers déciles que pour les derniers déciles de la consommation. En revanche, le coefficient de l'indice des prix n'est significatif que pour la médiane.

On peut comparer les coefficients d'une variable explicative à l'aide d'un test de contraintes linéaires, appelé test d'égalité ou d'homogénéité des coefficients. Par exemple, nous pouvons tester si le coefficient du revenu est constant pour tous les quantiles conditionnels de la consommation. Pour tester cette contrainte, nous entrons la commande :

```
test[q10]lpibn=[q20]lpibn=[q30]lpibn=[q40]lpibn=[q50]lpibn=[q60
]lpibn=[q70]lpibn=[q80]lpibn=[q90]lpibn
```

Nous obtenons les résultats suivants :

```
(1)  [q10]lpibn - [q20]lpibn = 0
(2)  [q10]lpibn - [q30]lpibn = 0
(3)  [q10]lpibn - [q40]lpibn = 0
(4)  [q10]lpibn - [q50]lpibn = 0
(5)  [q10]lpibn - [q60]lpibn = 0
(6)  [q10]lpibn - [q70]lpibn = 0
(7)  [q10]lpibn - [q80]lpibn = 0
(8)  [q10]lpibn - [q90]lpibn = 0

       F(  8,   205) =    1.05
            Prob > F =    0.3983
```

Le test porte sur un total de 8 contraintes sur les coefficients du revenu. La statistique de test a une probabilité de 0,3983[47]. Nous ne pouvons pas rejeter l'hypothèse nulle d'égalité des coefficients. En d'autres termes, il n'y a pas de différence significative entre les coefficients du revenu associés aux différents déciles conditionnels de la consommation. Ce résultat est en ligne avec le graphique précédent qui ne met pas en évidence une différence nette entre les coefficients quantiles et les coefficients MCO. La régression quantile n'est pertinente que lorsque l'hypothèse d'égalité des coefficients est rejetée.

Machado, Parente & Santos Silva (2011) proposent la commande « **qreg2** » qui fournit des estimations des écarts-types robustes à l'hétéroscédasticité ainsi qu'à l'autocorrélation. Toutefois, la régression quantile standard par les commandes « **qreg** » et « **qreg2** » suppose l'exogénéité des variables explicatives. Cette hypothèse n'est pas toujours vérifiée. Il est possible de combiner la régression quantile avec la technique des variables instrumentales (Abadie, Angrist & Imbens, 2002 ; Chernozhukov & Hansen, 2005, 2006 ; Harding & Lamarche, 2009). La commande « **ivqte** », développée par Frölich & Melly (2010), est une extension de la commande « **qreg** », robuste à l'hétéroscédasticité et à l'endogénéité des variables explicatives. Les commandes « **genqreg** » et « **qregpd** » permettent également d'effectuer la régression quantile à variables instrumentales suivant la méthode proposée par Powell (2020, 2022).

---

47 Le lecteur pourrait obtenir des résultats différents en raison de l'utilisation de la méthode *bootstrap* pour le calcul des écarts-types des coefficients.

9.6.2 Modèle de régression quantile avec effets fixes

La présence d'effets fixes ajoute une complexité à l'estimation du modèle de régression quantile. En effet, les effets fixes ne sont plus fixes pour chaque individu, car ils changent selon les quantiles de la variable dépendante. Dans ces conditions, le nombre d'effets fixes à estimer devient élevé ; ce qui peut être problématique lorsque la dimension temporelle du panel est faible. Les méthodes classiques d'élimination des effets fixes ne sont pas applicables en raison de la non-linéarité de l'opérateur quantile, contrairement à l'opérateur espérance mathématique. Koenker (2004) propose une pénalité dans la fonction de minimisation. Cette approche a été appliquée par Lamarche (2011), Damette & Delacote (2012) et Zhu *et al.* (2016).

Canay (2011) propose une procédure d'estimation en deux étapes pour traiter le problème des effets fixes. Il suggère d'estimer les effets fixes par la méthode *Within* puis d'utiliser la variable dépendante ajustée de ces effets dans la régression quantile. Ainsi, les coefficients de la régression quantile sont obtenus à partir du programme suivant :

$$\hat{\beta}(\tau) = arg \min_{\beta(\tau)} \sum_{t=1}^{T} \sum_{i=1}^{n} \rho_\tau \left(\hat{C}_{it} - X_{it}\beta(\tau)\right) \qquad (9.38)$$

où $\hat{C}_{it} - \hat{\alpha}_i$ est la consommation (variable dépendante) ajustée des effets fixes et $\rho_\tau(z)$ une fonction définie par $\rho_\tau(z) = z\left(\tau - I_{(z<0)}\right)$, I(.) étant une fonction indicatrice.

L'application de la méthode de Canay (2011) ne pose aucune difficulté particulière. En effet, la première étape de la méthode de Canay se fait à l'aide de la commande « **xtreg** » avec l'option « *fe* ». Dans la deuxième étape, on utilise la commande « **qreg** » ou « **sqreg** » comme dans le cas du modèle sans effets fixes.

Toutefois, la transformation de Canay suppose que les effets fixes ne varient pas avec les quantiles. En outre, la distribution de la variable dépendante n'est pas identique à celle de sa valeur ajustée des effets fixes. En effet, les individus ayant les observations les plus faibles de $(C_{it} - \alpha_i)$ peuvent se retrouver dans le haut de la distribution de C_{it}.

La commande « **xtqreg** » permet d'estimer le modèle de régression quantile dans lequel les effets fixes ainsi que les coefficients de pente changent avec les quantiles (Machado & Santos Silva, 2019). Cette commande est appropriée pour les panels dans lesquels la dimension temporelle est grande. La commande est :

```
xtqreg lconsp lpibn lcpi lrem lcred, q(0.1 0.2 0.3 0.4 0.5 0.6 0.7 0.8
0.9) savefe(effq)
```

L'option « *savefe(effq)* » permet de sauvegarder les effets fixes des différents quantiles dans les variables effq_1, effq_2…. effq_9.

En validant, nous obtenons les résultats suivants :

MM-QR regression results
Number of obs = 210

.1 Quantile regression

	Coef.	Std. Err.	z	P>|z|	[95% Conf.	Interval]
lpibn	1.002629	.0811005	12.36	0.000	.8436748	1.161583
lcpi	.0886401	.2011644	0.44	0.659	-.3056349	.4829151
lrem	-.0464895	.025599	-1.82	0.069	-.0966625	.0036836
lcred	-.0209438	.0530547	-0.39	0.693	-.1249292	.0830416

.2 Quantile regression

	Coef.	Std. Err.	z	P>|z|	[95% Conf.	Interval]
lpibn	.9872654	.0690033	14.31	0.000	.8520214	1.122509
lcpi	.089466	.1708091	0.52	0.600	-.2453137	.4242456
lrem	-.0401267	.0218119	-1.84	0.066	-.0828772	.0026238
lcred	-.0160872	.0450683	-0.36	0.721	-.1044195	.0722451

.3 Quantile regression

	Coef.	Std. Err.	z	P>|z|	[95% Conf.	Interval]
lpibn	.9665726	.0544885	17.74	0.000	.8597771	1.073368
lcpi	.0905783	.13401	0.68	0.499	-.1720766	.3532331
lrem	-.0315567	.0173015	-1.82	0.068	-.065467	.0023535
lcred	-.009546	.0354083	-0.27	0.787	-.0789451	.0598531

.4 Quantile regression

	Coef.	Std. Err.	z	P>|z|	[95% Conf.	Interval]
lpibn	.9515475	.0459165	20.72	0.000	.8615528	1.041542
lcpi	.0913859	.1126267	0.81	0.417	-.1293583	.3121302
lrem	-.0253341	.0146063	-1.73	0.083	-.053962	.0032938
lcred	-.0047964	.0297757	-0.16	0.872	-.0631557	.0535629

.5 Quantile regression

	Coef.	Std. Err.	z	P>|z|	[95% Conf.	Interval]
lpibn	.9378152	.0409318	22.91	0.000	.8575903	1.01804
lcpi	.0921241	.0998854	0.92	0.356	-.1036476	.2878959
lrem	-.0196468	.0130661	-1.50	0.133	-.045256	.0059623
lcred	-.0004555	.0264372	-0.02	0.986	-.0522715	.0513606

.6 Quantile regression

	Coef.	Std. Err.	z	P>|z|	[95% Conf.	Interval]
lpibn	.9217987	.0396985	23.22	0.000	.8439911	.9996062
lcpi	.0929851	.0967873	0.96	0.337	-.0967146	.2826847
lrem	-.0130136	.01268	-1.03	0.305	-.037866	.0118388
lcred	.0046075	.025622	0.18	0.857	-.0456107	.0548258

.7 Quantile regression

	Coef.	Std. Err.	z	P>|z|	[95% Conf.	Interval]
lpibn	.9011833	.0458191	19.67	0.000	.8113795	.9909871
lcpi	.0940932	.1123531	0.84	0.402	-.1261148	.3143012
lrem	-.0044757	.0145784	-0.31	0.759	-.0330488	.0240973
lcred	.0111243	.0297051	0.37	0.708	-.0470967	.0693453

.8 Quantile regression

	Coef.	Std. Err.	z	P>|z|	[95% Conf. Interval]	
lpibn	.8894491	.051883	17.14	0.000	.7877602	.9911379
lcpi	.094724	.1284787	0.74	0.461	-.1570897	.3465377
lrem	.000384	.0163957	0.02	0.981	-.0317509	.032519
lcred	.0148336	.0338964	0.44	0.662	-.051602	.0812693

.9 Quantile regression

	Coef.	Std. Err.	z	P>|z|	[95% Conf. Interval]	
lpibn	.8751649	.0613128	14.27	0.000	.7549941	.9953357
lcpi	.0954918	.1523889	0.63	0.531	-.2031849	.3941685
lrem	.0062998	.0193255	0.33	0.744	-.0315775	.0441771
lcred	.019349	.0401738	0.48	0.630	-.0593903	.0980883

Pour obtenir le graphique des coefficients quantiles et MCO, nous entrons la commande suivante :

```
qregplot, ols
```

Nous obtenons les graphiques suivants :

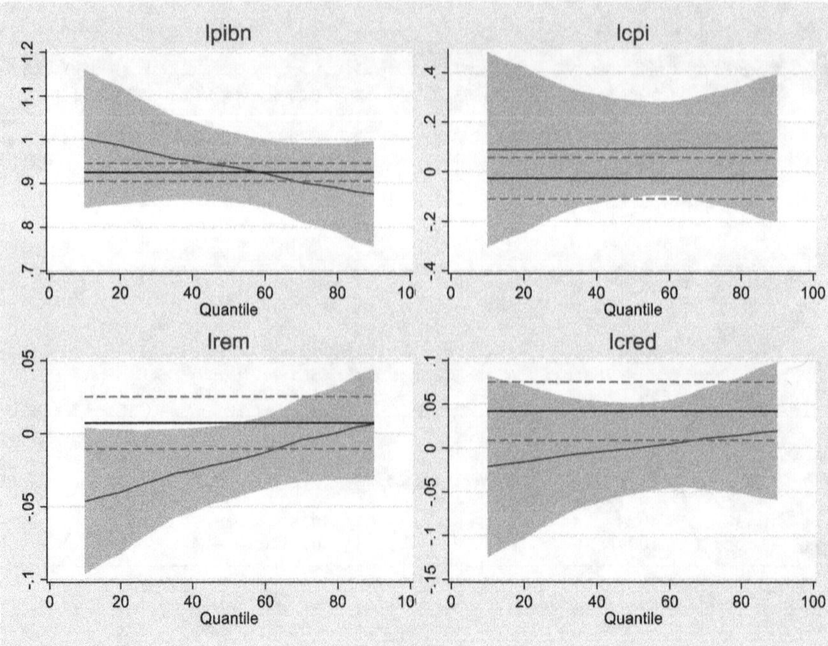

Nous constatons que les coefficients quantiles croissent de façon monotone avec les quantiles.

Cette tendance monotone est une conséquence de la restriction selon laquelle les quantiles conditionnels de la variable dépendante sont croissants[48]. Ainsi, le premier décile ne peut être supérieur au deuxième décile, le deuxième décile ne peut excéder le troisième décile, etc.

Rios-Avila (2023) propose la commande « **mmqreg** » comme une extension de la commande « **xtqreg** » aux modèles à effets fixes multiples. La commande utilise la méthode des moments décrite dans Machado & Santos Silva (2019). Le lecteur pourrait également voir les commandes « **ivqreg2** » et « **sivqr** » qui utilisent la technique des variables instrumentales en présence d'endogénéité de certains régresseurs (Chernozhukov & Hansen, 2005 ; Kaplan & Sun, 2017 ; Kaplan, 2022). La commande « **fqreg** » permet d'effectuer la régression quantile lorsque la variable dépendante est positive et présente une proportion importante de zéro. Elle applique la méthode d'estimation décrite dans Machado, Santos Silva & Wei (2016). Enfin, la commande « **cqiv** » applique la régression quantile instrumentale aux données censurées (Powell, 1986 ; Galvao, Lamarche & Lima, 2013 ; Chernozhukov, Fernández-Val & Kowalski, 2015 ; Chernozhukov *et al.*, 2019).

Le modèle de régression quantile permet une hétérogénéité des coefficients (Galvao & Wang, 2015). Galvao *et al.* (2018) proposent un test d'homogénéité de type Swamy dans un modèle de régression quantile à effets fixes. À l'exception de quelques études (Galvao & Montes-Rojas, 2010 ; Galvao, 2011 ; Arellano & Bonhomme, 2016 ; Tao, Zhang & Tian, 2019), la plupart des études empiriques utilisent des modèles statiques de régression quantile avec ou sans effets fixes. En outre, la littérature sur la régression quantile ne traite pas de la dépendance transversale, à l'exception de Harding & Lamarche (2014) et Harding, Lamarche & Pesaran (2020) qui appliquent la méthode CCE de Pesaran (2006) à la régression quantile.

[48] Voir He (1997), Bottai & Orsini (2019), Machado & Santos Silva (2019) et Kaplan (2022).

Ando & Bai (2020) et Chen, Dolado & Gonzalo (2021) proposent d'autres extensions de la régression quantile au cas où les facteurs communs dépendent du quantile. Troster (2018) et Song & Taamouti (2021) appliquent la régression quantile au test de causalité au sens de Granger.

Le lecteur désireux d'approfondir ses connaissances sur la régression quantile trouvera une présentation théorique ainsi que des applications empiriques dans Honda (2004), Chernozhukov & Hansen (2005, 2006), Kim (2007), Lamarche (2010), Chen, Chen & Kim (2011), Galvao (2011), Kato, Galvao & Montes-Rojas (2012), Flores, Flores-Lagunes & Kapetanakis (2014), Harding & Lamarche (2009), Ando & Bai (2017), Keho (2017), Altunbaş & Thornton (2019), Gu & Volgushev (2019), Tao, Zhang & Tian (2019), Dai, Yan & Mao (2020), Firpo *et al.* (2022), Lee, Cho & Park (2022), Powell (2020, 2022), et Ketu, Kelly & Tchouto (2024).

CHAPITRE 10

Études de Cas

10.1 Introduction

Nous voilà à la fin d'un ouvrage consacré à la pratique de l'économétrie des données de panel. L'ouvrage a illustré plusieurs méthodes d'estimation en accordant une attention aux questions de stationnarité, d'hétérogénéité, de dépendance transversale, de cointégration et de causalité. Certes, les méthodes ont été présentées par chapitre pour en faciliter la compréhension. Toutefois, dans la pratique, toutes les méthodes peuvent s'appliquer pour traiter un même sujet. La pertinence d'utiliser telle ou telle méthode est fonction des données et des résultats de tests préliminaires. Dans ce chapitre, nous proposons des études de cas qui permettent d'appliquer l'ensemble des tests et méthodes d'estimation abordés dans cet ouvrage. Pour chaque étude de cas, une méthodologie ainsi qu'une discussion des résultats sont proposées dans un ordre chronologique qui montre l'enchaînement des étapes de la modélisation économétrique.

Au total, sept (7) études de cas sont présentées. La première étude de cas examine la causalité entre le PIB et les dépenses publiques dans le but de tester la validité empirique de la loi de Wagner. Selon cette loi, le développement économique s'accompagne d'une augmentation des dépenses publiques en lien notamment avec les besoins en infrastructures économiques et sociales. La causalité entre la croissance économique et les dépenses publiques est analysée à l'aide des procédures séquentielles et non séquentielles de la causalité au sens de Granger. Une attention particulière est accordée au traitement de la dépendance transversale dans les données. L'analyse de la causalité est complétée par une analyse impulsionnelle et une décomposition de la variance des erreurs de prévision.

La deuxième étude analyse la relation entre l'investissement privé et l'investissement public. Elle cherche à tester l'existence d'un effet d'éviction ou d'entraînement entre les investissements privé et public.

La troisième étude de cas analyse les effets des investissements directs étrangers (IDE) et des exportations sur l'efficacité des investissements. L'efficacité des investissements est mesurée par l'inverse de l'ICOR. A l'issue d'une série de tests économétriques, l'étude estime les déterminants de l'efficacité des investissements.

La quatrième étude de cas examine la relation entre la croissance économique et les émissions de dioxyde de carbone. Cette relation est estimée dans la perspective de tester la validité de la courbe environnementale de Kuznets. Selon cette courbe, il existe une relation en forme de U-inversé entre le revenu et le niveau de pollution. Ainsi, la pollution augmente avec le niveau de développement économique jusqu'à un certain seuil à partir duquel la qualité de l'environnement commence à s'améliorer.

La cinquième étude de cas analyse la relation entre le taux d'épargne et le taux d'investissement. Elle cherche à tester le paradoxe de Feldstein & Horioka (1980), selon lequel la mobilité du capital est faible dans les pays développés et très forte dans les pays sous-développés. En effet, dans une étude sur les pays de l'OCDE, les auteurs trouvent qu'une forte proportion de l'épargne domestique est investie localement, ce qui implique que le capital n'est pas mobile dans ces économies. Ce résultat était contraire à la croyance répandue avant les années 80s.

La sixième étude analyse les effets de la politique budgétaire sur la croissance économique en adoptant une approche non-linéaire. Elle cherche à tester si les chocs positifs de dépenses publiques ont le même effet sur la croissance économique que les chocs négatifs.

La septième étude de cas modélise la relation entre l'investissement et le profit pour un échantillon de trois entreprises. Les tests de spécification permettent d'estimer le modèle approprié à partir duquel des prévisions sont faites.

Les données utilisées dans ces études de cas sont disponibles sur les sites www.kehoyaya.com et www.fbdoucoure.com dans la rubrique Base de données. Le lecteur pourra s'exercer à reproduire les résultats pour chaque étude de cas.

10.2 Étude de cas 1 : Test de la loi de Wagner

10.2.1 Introduction

La nature de la relation entre les dépenses publiques et la croissance économique est l'objet de controverse dans la littérature économique et économétrique. Selon l'analyse Keynésienne et les théories de la croissance endogène, les dépenses publiques causent la croissance économique. Cependant, la loi dite de Wagner affirme que la croissance économique entraine une augmentation des dépenses publiques, en raison de la demande accrue de services publics (éducation, santé, assainissement, routes, eau, etc.). Cette loi a suscité une littérature abondante, mais les résultats sont mitigés. Aucune conclusion définitive ne peut être tirée quant au sens de la causalité entre les dépenses publiques et la croissance économique. D'une part, des travaux confirment la loi de Wagner (Islam, 2001 ; Chang, 2002 ; Narayan *et al.*, 2008). D'autre part, des études rejettent la validité empirique de cette loi pour différents pays (Afxentiou & Serletis, 1996 ; Ansari *et al.*, 1997 ; Ghali, 1999 ; Huang, 2006).

Concernant les pays Africains, les évidences empiriques sont encore mitigées. Par exemple, Ogbonna (2012) et Akonji *et al.* (2013) pour le Nigeria, Menyah & Wolde-Rufael (2012) pour l'Afrique du Sud, et Mutuku & Kimani (2012) pour le Kenya, trouvent des résultats confirmant la loi de Wagner. En revanche, les conclusions obtenues par Omoke (2009), Chimobi (2009), Babatunde (2011) et Muse *et al.* (2013) pour le Nigeria, et Ebaidalla (2013) pour le Sudan sont plutôt favorable à la théorie Keynésienne. Frimpong & Oteng-Abayie (2009), quant à eux, rejettent à la fois la loi de Wagner et le modèle Keynésien pour la Gambia, le Ghana et le Nigeria. Plus récemment, dans une étude sur 10 pays Africains, Keho (2016) valide la loi de Wagner pour le Bénin, le Burkina Faso, la Côte d'Ivoire, l'Afrique du Sud et le Togo.

L'objectif de cette étude est de tester la validité empirique de la loi de Wagner pour les pays de l'Union Economique et Monétaire Ouest Africaine (UEMOA). Pour cela, nous testons la causalité entre les dépenses publiques et le produit intérieur brut par tête. Les données utilisées couvent la période 1993-2022. La section suivante décrit la méthodologie utilisée pour conduire l'analyse empirique. La section 3 discute les résultats obtenus.

10.2.2 Données et méthodologie

Cette étude teste la causalité entre les dépenses publiques et la croissance économique dans les pays de l'Union Economique et Monétaire Ouest-Africaine (UEMOA). Les variables de l'analyse sont le PIB nominal par habitant et les dépenses publiques par habitant, exprimées sous la forme logarithmique. Ces variables sont notées respectivement *lpibnh* et *ldep_pubh.* Les données couvrent la période 1993-2022.

La méthodologie de l'analyse se décline en plusieurs étapes. Premièrement, nous testons l'existence de dépendance transversale dans les séries à l'aide du test de Pesaran (2004). Deuxièmement, nous étudions la stationnarité des variables au moyen des tests de racine unitaire de Im *et al*. (2003), de Maddala & Wu (1999) et de Pesaran (2007). Si les variables sont non-stationnaires, nous testons, dans une troisième étape, l'existence d'une relation de long terme entre elles. À cet égard, nous recourons aux tests de cointégration de Pedroni (2004) et de Westerlund (2007). Quatrièmement, nous testons la causalité entre les deux variables en suivant l'approche séquentielle, l'approche de Toda & Yamamoto (1995) et l'approche de Dumitrescu & Hurlin (2012).

10.2.3 Résultats

Avant d'analyser les résultats des estimations, nous présentons les statistiques descriptives des variables et nous effectuons les tests préliminaires de dépendance transversale, de racine unitaire et de cointégration.

- **Statistiques descriptives**

Le tableau ci-dessous présente les statistiques descriptives des variables. Les dépenses et le PIB présentent des valeurs moyennes et des écarts-types assez proches. Le coefficient de corrélation de l'ordre de 0,886 indique que les deux variables sont positivement corrélées. Cela signifie que les deux variables évoluent dans le même sens. Toutefois, la corrélation ne renseigne pas sur le sens de la causalité. Une corrélation positive est compatible tant avec les théories de la croissance endogène qu'avec la loi de Wagner.

Tableau 10.1 : Statistiques descriptives des variables

Variable	Obs	Mean	Std. Dev.	Min	Max
ldep_pubh	210	11.128	0.591	9.702	12.580
Lpibnh	210	12.805	0.622	11.337	14.254

Notes : ldep_pubh = log des dépenses publiques par tête; lpibnh = log du pib par tête.

- **Tests préliminaires**

Les résultats du test de dépendance transversale sont reportés dans le tableau 10.2. Ces résultats indiquent la présence de dépendance transversale dans les séries. Les corrélations moyennes entre les séries-pays apparaissent très élevées.

Tableau 10.2 : Test de dépendance transversale

Variable	CD-test	*p*-value	corr
ldep_pubh	23.52*	0.000	0.937
Lpibnh	24.03*	0.000	0.957

Note: * indique le rejet de l'hypothèse nulle d'indépendance transversale au seuil de 5%.

Sur la base de ces résultats, nous effectuons les tests de racine unitaire de premières et deuxièmes générations pour analyser la stationnarité des séries. Nous utilisons les tests IPS de Im *et al.* (2003), ADF-Fisher de Maddala & Wu (1999) et CADF de Pesaran (2007). La mise en œuvre de ces tests aboutit aux résultats reportés dans le tableau 10.3. Il ressort de ce tableau que les deux variables sont non-stationnaires en niveau, mais stationnaires en différence première. Par conséquent, les variables *ldep_pubh* et *lpibnh* sont intégrées d'ordre un. Les taux de croissance des variables *ldep_pubh* et *lpibnh* sont stationnaires.

Tableau 10.3 : Tests de racine unitaire

Variable	Constante			Constante et trend		
	IPS	ADF-Fisher	CADF	IPS	ADF-Fisher	CADF
ldep_pubh	1.732	3.195	0.665	-2.345*	-0.021	1.592
lpibnh	-1.778*	0.467	-0.282	-5.364*	-0.746	1.225
Δldep_pubh	-13.743*	-6.357*	-3.265*	-12.624*	-5.204*	-2.754*
Δlpibnh	-16.279*	-7.448*	-3.664*	-12.809*	-6.368*	-4.114*

Notes : ldep_pubh = log des dépenses publiques par tête; lpibnh = log du pib par tête. « Δ » désigne la différence première. Le test IPS utilise le critère aic avec un retard maximum fixé à 2. Le test ADF-Fisher reporte la statistique Z avec 3 retards. Le test CADF reporte la statistique Z-*t* bar avec 2 retards. * indique le rejet de l'hypothèse nulle de racine unitaire au seuil de 5%.

Le caractère non-stationnaire des variables nous conduit à tester la présence d'une relation de cointégration entre les variables. Pour cela, nous appliquons les tests de Pedroni (2004) et de Westerlund (2007). Pour tester l'existence d'une relation de cointégration entre des variables, nous devons choisir celle qui va jouer le rôle de variable dépendante. En effet, les résultats des tests de cointégration dépendent de la relation considérée. Nous avons ici un modèle à deux variables (*ldep_pubh* et *lpibnh)*. S'il existe une seule relation de cointégration potentielle entre ces deux variables, cette relation peut avoir pour variable dépendante soit le PIB par habitant (*lpibnh*) soit les dépenses publiques par habitant (*ldep_pubh*). Nous effectuons les tests de cointégration en considérant la variable « *lpibnh* » comme la variable dépendante. En outre, nous incluons un *trend* pour tenir compte des autres facteurs de croissance qui augmentent dans le temps (population, technologie, etc.). Les résultats des tests de cointégration sont reportés dans le tableau 10.4. Ces tests indiquent l'existence d'une relation de cointégration entre les variables.

Tableau 10.4 : Résultats des tests de cointégration

Tests de Pedroni	Stat.	*p-value*	Test de Westerlund			
AR hétérogène				Value	Z	Robuste *p-value*
Modified Phillips-Perron *t*	-1.031	0.151	G_t	-4.665*	7.485	0.000
Phillips-Perron *t*	-3.149*	0.000	G_a	-17.446*	2.114	0.000
Augmented Dickey-Fuller *t*	-1.654*	0.049	P_t	-13.420*	8.954	0.000
AR homogène			P_a	-17.075*	3.514	0.000
Modified variance ratio	-1.890*	0.029				
Modified Phillips-Perron *t*	-0.290	0.389				
Phillips-Perron *t*	-2.632*	0.004				
Augmented Dickey-Fuller *t*	-3.201*	0.000				

Note: * (**) indique une significativité au seuil de 5% (10%).

• Relation de long terme

Sur la base des résultats des tests de cointégration, nous estimons la relation de long terme en utilisant les méthodes PMG et MG. Les résultats sont reportés dans le tableau 10.5. Le test de Hausman ne rejette pas l'hypothèse nulle selon laquelle les coefficients de long terme sont homogènes ($\chi 2(2) = 1{,}24$, *p-value* = 0,538). L'estimateur PMG est meilleur que l'estimateur MG. Les résultats de l'estimateur PMG indiquent un coefficient d'ajustement de -0,344 significatif au seuil de 1% ; ce qui valide le mécanisme à correction d'erreur caractérisant la dynamique de court terme du taux de croissance nominale de l'économie. Ces résultats révèlent un effet positif et significatif des dépenses publiques sur le PIB par tête. Toutes choses égales par ailleurs, une hausse des dépenses publiques par tête de 10% induit, à long terme, une augmentation du PIB par tête de 2%. Ce résultat est en accord avec les théories de la croissance endogène qui démontrent les effets productifs des dépenses publiques.

Tableau 10.5 : Estimation PMG et MG

	PMG			MG		
Variable	Coef.	*t*-stat.	Prob.	Coef.	*t*-stat.	Prob.
Panel A: Coefficients de long terme						
ldep_pubh	0,203*	3,53	0,000	0,234*	2,04	0,041
t	0,024*	7,83	0,000	0,026*	3,95	0,000
Panel B: Coefficients de court terme						
ECT_{t-1}	-0,344*	-4,16	0,000	-0,506*	-5,39	0,000
Δldep_pubh	0,098	1,21	0,226	0,019	0,25	0,806
C	3,576*	4,11	0,000	4,559*	7,19	0,000
Hausman test	1,24 [0,538]					

Note: * indique une significativité au seuil de 5%.

- **Tests de causalité**

Nous testons la causalité entre les dépenses publiques et le PIB. À cet égard, nous utilisons trois approches complémentaires à savoir l'approche VECM, celle de Toda-Yamamoto et celle de Dumitrescu-Hurlin. Les résultats du test de Hausman réalisé précédemment indiquent l'homogénéité de la relation de long terme et l'hétérogénéité de la relation de court terme. Par conséquent, nous estimons des modèles à coefficients hétérogènes. Rappelons que l'approche de Toda-Yamamoto est basée sur l'estimation d'un modèle PVAR en niveau avec un retard augmenté de l'ordre d'intégration maximum des variables (ici $d_{max} = 1$). Le test de Dumitrescu-Hurlin est appliqué sur les variables en différence première. En raison de la présence de dépendance transversale, nous recourons aux estimateurs AMG et CCEMG. Néanmoins, nous utilisons également l'estimateur *Mean Group* à des fins de comparaison.

Les résultats des tests de causalité sont synthétisés dans le tableau 10.6 ci-dessous. Il ressort que les dépenses publiques causent le PIB. Selon le test de Dumitrescu-Hurlin, les dépenses publiques causent la croissance économique à court terme, confirmant l'effet Keynésien attendu des dépenses publiques. L'activité économique des pays de l'UEMOA réagit, à court terme, aux chocs d'une politique budgétaire de relance Keynésienne. Toutefois, la croissance économique ne cause pas les dépenses publiques à court terme. Les résultats du modèle VECM ainsi que ceux de Toda-Yamamoto révèlent une causalité bidirectionnelle entre les dépenses publiques et le PIB à court et à long terme. Cette évidence confirme la loi de Wagner selon laquelle la croissance du revenu par tête cause une augmentation des dépenses publiques à long terme.

Tableau 10.6 : Résultats des tests de causalité

	VECM			Toda-Yamamoto			DH
Hypothèse	MG	AMG	CCEMG	MG	AMG	CCEMG	
dldep_pubh ↛dlpibnh	18.32* [0.000]	36.06* [0.000]	36.62* [0.000]	10.54* [0.001]	2.63 [0.105]	1.27 [0.260]	2.54** [0.066]
dlpibnh ↛ dldep_pubh	8.73* [0.012]	18.87* [0.000]	1.63 [0.442]	6.44* [0.011]	0.52 [0.469]	1.42 [0.233]	0.53 [0.629]

Note : * (**) indique une significativité au seuil de 5% (10%). Les valeurs sont les statistiques du Chi-deux avec les *p-values* entre crochets. Le test de Dumitrescu-Hurlin reporte la statistique Z-bar. ↛ signifie ne cause pas.

- **Fonctions de réponse impulsionnelle et décomposition de la variance**

L'analyse de la causalité peut être complétée par celles des réponses impulsionnelles et de la décomposition de la variance des erreurs de prévision. Les fonctions de réponse impulsionnelle (IRFs) permettent d'analyser la propagation des chocs sur les variables. Quant à la décomposition de la variance, elle permet de quantifier la contribution d'une variable à la dynamique des autres variables. Afin d'assurer l'indépendance des termes d'erreur, nous utilisons la méthode d'orthogonalisation de Choleski. Le graphique 10.1 ci-dessous présente les IRFs estimées sur la base d'un modèle PVAR(1) à effets fixes en différence première. On observe qu'un choc d'offre positif n'a pas d'effet significatif sur les dépenses publiques à court terme. En revanche, un choc positif de demande publique induit une hausse du taux de croissance économique. L'effet s'estompe complètement à partir de la deuxième année après le choc.

Graphique 10.1 : Fonctions de réponse impulsionnelle

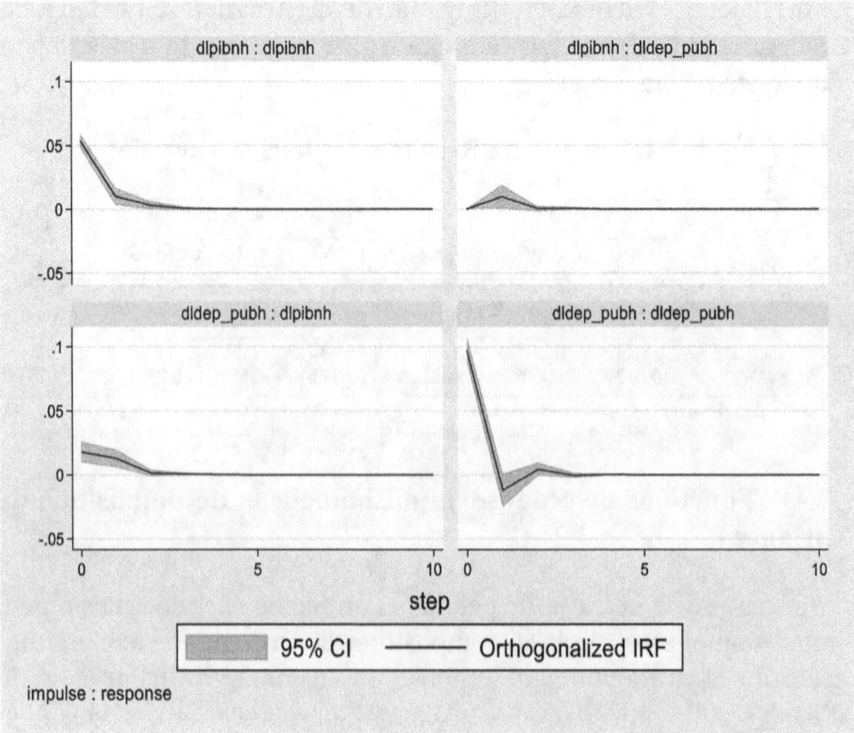

L'analyse de la décomposition de la variance (FEVD) sur une période de 10 années montre que la variance de l'erreur de prévision du revenu est expliquée à près de 86% par ses propres innovations et à 14% par les impulsions provenant des dépenses publiques (cf. tableau 10.7).

Tableau 10.7 : Décomposition des variances

	Variance de dldep_pubh		Variance de dlpibnh	
Période	dldep_pubh	dlpibnh	dldep_pubh	Dlpibnh
1	1	0	.0999880	.9000120
2	.9900969	.0099031	.1399005	.8600996
3	.9901056	.0098944	.1399623	.8600377
4	.9900817	.0099184	.1400582	.8599418
5	.9900816	.0099184	.1400589	.8599411
6	.9900815	.0099185	.1400591	.8599409
7	.9900815	.0099185	.1400592	.8599409
8	.9900815	.0099185	.1400592	.8599409
9	.9900815	.0099185	.1400592	.8599409
10	.9900815	.0099185	.1400592	.8599409

L'analyse de la variance de l'erreur de prévision des dépenses publiques indique que les chocs d'offre expliquent une très faible proportion de la dynamique des dépenses publiques. En effet, les chocs d'offre affectant le revenu contribuent à moins de 1% à la variation des dépenses publiques, contre 99% pour les chocs de demande publique. Ainsi, les chocs de demande publique ont plus d'impact sur le revenu que l'impact d'un choc d'offre en a sur les dépenses publiques. Ce résultat confirme l'efficacité d'une politique budgétaire expansionniste à court terme.

10.3 Étude de cas 2 : Investissement public et privé, éviction ou complémentarité ?

10.3.1 Introduction

La relation entre l'investissement privé et l'investissement public fait l'objet de débats tant au plan théorique qu'au plan empirique. La question centrale est de savoir si les investissements public et privé sont substituables ou complémentaires. Au plan théorique, la hausse des dépenses publiques d'investissement peut conduire à une contraction de l'investissement privé, notamment lorsqu'elles sont financées par emprunt sur le marché financier. En effet, cette opération de financement induit une contraction de la liquidité, provoquant une hausse des taux d'intérêt et une baisse des investissements privés (Blejer & Khan, 1984 ; Aschauer, 1989 ; Faini, 1994 ; Moshi & Kilindo, 1999).

Étant donné que l'investissement privé contribue plus à la croissance économique, un interventionnisme public excessif réduit les opportunités de croissance de long terme de l'économie. Néanmoins, à long terme, les dépenses d'investissement public, notamment en infrastructures sociales et économiques, peuvent avoir un effet positif sur l'investissement privé dans la mesure où elles créent des externalités positives en faveur du secteur privé (Lucas, 1988 ; Barro, 1990 ; Romer, 1990).

Au plan empirique, les résultats des travaux menés dans divers pays aboutissent à des résultats divergents. D'un côté, certains travaux obtiennent que l'investissement public exerce un effet d'éviction sur l'accumulation du capital dans le secteur privé (Pradhan *et al.*, 1990 ; Touna *et al.*, 2002 ; Narayan, 2004 ; Tchouassi & Ngangué, 2014 ; Saidjada & Jahan, 2018). De l'autre, des études concluent à un effet positif du capital public sur l'investissement privé (Knight *et al.,* 1993 ; Nelson & Singh, 1994 ; Odedokun, 1997 ; Ramirez & Nazmi, 2003 ; Bahal *et al.*, 2018).

Blejer & Khan (1984) montrent que si les investissements publics portent sur les infrastructures sociales et économiques (santé, éducation, routes, télécommunications, etc.), que Mills & Quinet (1992) qualifient de « dépenses d'avenir », ils peuvent contribuer à l'amélioration de la productivité du capital privé. Dans ce cas, la formation du capital public devient complémentaire à celle du capital privé. Estimant une équation simple d'investissement sur un panel de 15 pays africains au sud du Sahara, Faini (1994) trouve que l'investissement public est complémentaire de l'investissement total plutôt qu'il ne lui est substituable. L'effet d'entraînement a été confirmé par Asante (2000) au Ghana.

Dans une étude portant sur un panel de 87 pays dont 25 pays d'Afrique Subsaharienne, Véganzonès (2001) trouve un impact positif de l'investissement public en infrastructures sur la croissance et une relation de complémentarité entre l'investissement public et l'investissement privé. Au contraire, Touna *et al*. (2002) confirment l'effet d'éviction au Burkina Faso et au Cameroun. Ouattara (2004) conclut à une réponse positive de l'investissement privé à l'investissement public au Sénégal.

Keho (2004) obtient qu'à long terme, l'investissement public exerce un effet positif sur l'investissement privé et la croissance économique en Côte d'Ivoire. Dans une autre étude, Keho (2005) confirme l'effet positif de l'investissement public sur l'investissement privé en Côte d'Ivoire et montre que l'effet d'entraînement est dû aux investissements publics en infrastructures d'éducation, de transports et de communications.

Erden & Holcombe (2005) confirment l'effet de complémentarité entre l'investissement privé et l'investissement public dans les pays en développement et l'effet d'éviction dans les pays développés. Rath & Debi (2014) trouvent que l'investissement public n'a pas d'effet sur l'investissement privé en Inde. Ouédraogo *et al*. (2019) analysent le cas de 44 pays d'Afrique sub-Saharienne et trouvent que l'investissement public entraîne l'investissement privé. L'impact diffère selon les pays et serait plus élevé dans les pays ayant un secteur privé fort. Ayeni (2020) identifie les déterminants de l'investissement privé en Gambie. Les résultats révèlent un effet positif de l'investissement public sur l'investissement privé. Shah *et al.* (2021) concluent à une relation inverse entre les investissements public et privé en infrastructures au Pakistan. Dans le cas de l'Afrique du Sud, Mbanda & Bonga-Bonga (2024) confirment l'existence de l'effet d'éviction entre l'investissement public et l'investissement privé.

Maluleke *et al.* (2023) modélisent l'impact de l'investissement public sur l'investissement privé en Afrique du Sud à l'aide d'une approche non-linéaire. Les auteurs trouvent que l'effet est asymétrique, un choc négatif d'investissement public conduit à une baisse de l'investissement privé. Dans une étude sur 34 économies industrialisées de l'OCDE, Matvejevs & Tkacevs (2023) obtiennent que l'investissement privé répond positivement à l'investissement public. Le multiplicateur de l'investissement public à long terme serait d'environ deux dollars après sept années, ce qui signifie qu'un dollar d'investissement public induit deux dollars d'investissement privé. Marcos & Vale (2024) utilisent un modèle à effet de seuil et confirment l'effet d'entraînement de l'investissement privé par l'investissement public dans 21 pays de l'OCDE.

La présente étude de cas propose une évaluation empirique du lien entre l'investissement privé et l'investissement public dans les pays de l'Union Economique et Monétaire Ouest-Africaine (UEMOA), dans le but de mieux définir et orienter les politiques de promotion de l'investissement privé. Après avoir décrit le modèle empirique, nous présentons la méthodologie d'estimation et les résultats obtenus.

10.3.2 Modèle empirique

La relation entre l'investissement privé et l'investissement public est analysée à partir d'un modèle d'accélérateur flexible simple dans lequel la technologie de production est caractérisée par une relation fixe entre le stock de capital désiré et le niveau de production espéré[49]. Sur la base de la théorie de l'accélérateur et de celle du développement financier, nous spécifions le modèle empirique comme suit :

$$fbcfpriv_{it} = \beta_{0i} + \beta_1 fbcfpub_{it} + \beta_2 dlpibn_{it} + \beta_3 cred_{it} + \beta_4 \, inf_{it} + \mu_{it} \quad (10.1)$$

où :

- *fbcfpriv* = investissement privé en % du PIB (*fbcfpriv_pib*) ;
- *fbcfpub* = investissement public en % du PIB (*fbcfpub_pib*) ;
- *dlpibn* = variation du log du *pibn* en % ;
- *cred* = crédit au secteur privé en % du PIB (*cred*);
- *inf* = taux d'inflation obtenu comme différence première du log de l'indice des prix à la consommation (*cpi*) en %.

L'étude porte sur les pays de l'Union Economique et Monétaire Ouest-Africaine (UEMOA). Les pays membres de l'UEMOA sont le Bénin, le Burkina Faso, la Côte-d'Ivoire, le Mali, le Sénégal, le Togo et la Guinée-Bissau. Ce dernier pays qui n'a intégré l'Union qu'en 1997 a été exclu de l'analyse. Les séries considérées dans l'étude de cas comportent 30 points (1993-2022).

---

49 Pour une revue des différents modèles théoriques, on pourra voir Kopcke & Brauman (2001) et Kamgnia & Touna (2002).

La théorie de l'accélérateur postule une relation positive entre le revenu et l'investissement. Une forte demande induite par le revenu stimule l'investissement privé (Jorgenson, 1971).

La théorie financière de l'investissement (Duesenberry, 1958) ainsi que celle du développement financier (Schumpeter, 1911 ; McKinnon, 1973 ; Shaw, 1973) mettent en avant la disponibilité des fonds prêtables au secteur privé. La disponibilité du crédit permet de desserrer les contraintes financières des agents économiques et de financer l'investissement privé (King & Levine, 1993 ; Levine, 1997).

L'effet de l'investissement public est ambigu. Si l'investissement public peut exercer un effet positif sur l'investissement privé, son mode de financement peut toutefois le freiner. Lorsque les investissements publics sont financés par l'emprunt, les banques réduisent le niveau des fonds prêtables au secteur privé, préférant prêter aux États qu'aux agents privés. Une hausse des crédits à l'économie a un effet positif sur l'investissement privé (Oshikoya, 1994). L'inflation en tant qu'indicateur d'incertitude macroéconomique décourage l'investissement privé. Une forte augmentation des prix peut induire une hausse du taux d'intérêt entraînant un renchérissement du crédit et une baisse de l'investissement privé. Toutefois, selon la théorie de la répression financière, des taux d'intérêt élevés augmentent l'épargne ainsi que le volume de crédit, ce qui devrait stimuler l'investissement.

10.3.3 Méthodologie d'estimation

Pour estimer la relation entre l'investissement privé et l'investissement public, nous procédons de la façon suivante. Premièrement, nous testons l'existence de dépendance transversale dans les séries. À cet égard, nous utilisons le test CD de Pesaran (2004). Deuxièmement, nous examinons la stationnarité des variables en utilisant les tests de racine unitaire. Nous appliquons les tests IPS de Im *et al.* (2003) et ADF-Fisher de Maddala & Wu (1999). Dans la mesure où ces tests sont biaisés en présence de dépendance transversale, nous les complétons par le test CIPS de Pesaran (2007).

Troisièmement, nous testons la présence d'une relation de cointégration entre les variables à l'aide des tests de Pedroni (2004) et de Westerlund (2007).

Si ces tests révèlent l'existence d'une relation de cointégration entre les variables, nous estimons les relations de long et de court terme. Nous écrivons la dynamique des variables sous la forme d'un modèle ECM :

$$\begin{aligned}\Delta fbcfpriv_{it} = \beta_{0i} + \varphi_i(fbcfpriv_{it-1} - \theta_{1i}fbcfpub_{it} - \theta_{2i}X_{it}) \\ + \sum_{j=1}^{m} m_{1ij}\,\Delta fbcfpriv_{it-j} + \sum_{j=0}^{n} m_{2ij}\,\Delta fbcfpub_{it-j} \\ + \textstyle\sum_{j=0}^{p} m_{3ij}\,\Delta X_{it-j} + \mu_{it} \qquad (10.2)\end{aligned}$$

où θ_1 et θ_2 sont les coefficients de long terme, m_{1ij}, m_{2ij} et m_{3ij} sont les coefficients de court terme, et ϕ_i mesure la vitesse d'ajustement du taux d'investissement privé aux variables explicatives $fbcfpub_{it}$ et $X_{it} = (dlpibn_{it}, cred_{it}, inf_{it})$.

Nous estimons l'équation ci-dessus en utilisant les estimateurs *Mean Group* (MG) et *Pooled Mean Group* (PMG) proposés respectivement par Pesaran & Smith (1995) et Pesaran *et al.* (1999). L'estimateur MG suppose l'hétérogénéité des coefficients de court et de long terme. Il estime le modèle pour chaque pays par la méthode des MCO et calcule les moyennes simples des coefficients individuels. L'estimateur PMG impose l'homogénéité des coefficients de long terme ($\theta_{1i} = \theta_1$, $\theta_{2i} = \theta_2$), mais autorise les coefficients de court terme ainsi que la force de rappel à changer selon les individus. Sous l'hypothèse d'homogénéité des coefficients de long terme, l'estimateur PMG est convergent et meilleur que l'estimateur MG. L'hypothèse d'homogénéité de la relation de long terme est testée à l'aide du test de Hausman. L'avantage d'une approche ARDL est que les coefficients de court et de long terme sont estimés simultanément contrairement aux approches séquentielles qui ignorent la dynamique de court terme dans l'estimation de la relation de long terme. En outre, l'approche ARDL permet d'utiliser des variables qui n'ont pas nécessairement le même ordre d'intégration. La possibilité d'utiliser des retards pour les variables en différence permet de contrôler l'autocorrélation du terme d'erreur.

10.3.4 Résultats empiriques

Le tableau ci-dessous présente les statistiques descriptives des variables. Le taux d'investissement privé moyen ressort à 13,30% avec une valeur minimum de 4,97% observée au Niger en 1993 et une valeur maximum de 29,49% enregistrée au Bénin en 2022.

Le taux d'investissement public s'établit, en moyenne, à 5,85% et fluctue entre 0,61% (Togo : 2003) et 11,93% (Burkina Faso : 1994). Le taux de croissance moyen du revenu est de 8,62%. Le crédit à l'économie représente en moyenne 15,3% du PIB et atteint un maximum de 32,27% (Sénégal : 2022). Le taux d'inflation moyen est de 3,43% avec un maximum de 33,04% observé au Togo en 1994. Les écarts-types des variables révèlent une forte variabilité entre les pays.

Tableau 10.8 : Statistiques descriptives des variables

Variable	Obs	Mean	Std. Dev.	Min	Max
fbcfpriv_pib	210	13.307	4.292	4.972	29.496
fbcfpub_pib	210	5.857	2.580	0.614	11.931
Dlpibn	203	8.624	7.486	-2.909	52.095
Cred	210	15.305	7.272	2.659	32.273
Inf	203	3.427	5.540	-3.286	33.047

Notes : fbcfpriv_pib = investissement privé en % PIB; fbcfpub_pib = investissement public en % PIB ; dlpibn=variation du log du pibn en %; cred=crédit au secteur privé en % PIB ; inf=variation du log de l'indice des prix à la consommation (cpi) en %.

L'analyse de la matrice des corrélations montre une relation positive entre le taux d'investissement privé et le taux d'investissement public. Sur la base des coefficients de corrélation, on observe que les variables explicatives ne sont pas fortement corrélées (corrélation inférieure à 0,85). Afin de tester l'existence d'une multicolinéarité forte entre ces variables, nous calculons la statistique VIF qui affiche des valeurs toutes inférieures à 10. Par conséquent, il n'existe pas de risque de multicolinéarité sévère entre les variables explicatives du modèle.

Tableau 10.9 : Matrice des corrélations et test de colinéarité

Variable	fbcfpriv_pib	fbcfpub_pib	dlpibn	cred	inf	VIF	Tol.
fbcfpriv_pib	1.00					-	-
fbcfpub_pib	0.15	1.00				1.23	0.81
dlpibn	-0.04	-0.03	1.00			1.62	0.61
cred	0.18	0.42	-0.15	1.00		1.26	0.79
inf	-0.17	-0.09	0.61	-0.18	1.00	1.64	0.61

Notes : fbcfpriv_pib = investissement privé en % PIB; fbcfpub_pib = investissement public en % PIB ; dlpibn=variation du log du pibn en %; cred=crédit au secteur privé en % PIB ; inf=variation du log de l'indice des prix à la consommation (cpi) en %.

Le tableau 10.10 présente les résultats des tests de dépendance transversale de Pesaran (2004). Les résultats indiquent que l'hypothèse nulle de « non dépendance transversale » est rejetée pour toutes les séries au seuil de 1%. La corrélation est particulièrement forte pour le crédit au secteur privé (*cred*) et l'inflation (*inf*).

Tableau 10.10 : Test de dépendance transversale des variables

Variable	CD-test	*p*-value	corr	abs(corr)
fbcfpriv_pib	7.09*	0.000	0.283	0.361
fbcfpub_pib	7.07*	0.000	0.282	0.331
Dlpibn	11.92*	0.000	0.483	0.483
Cred	20.39*	0.000	0.812	0.812
Inf	22.03*	0.000	0.893	0.893

Note: * indique le rejet de l'hypothèse nulle d'indépendance transversale au seuil de 5%.

Il est possible d'approfondir l'analyse de la dépendance transversale en examinant les corrélations entre les sept séries de chaque variable. Par exemple, la matrice des corrélations pour les séries-pays du crédit au secteur privé est présentée dans le tableau 10.11. Dans l'ensemble, on observe une corrélation positive entre les pays. Cependant, on note une très forte corrélation entre le Bénin, le Burkina Faso, le Mali, le Niger, le Sénégal et le Togo. La Côte d'Ivoire est fortement corrélée avec le Sénégal et le Togo. L'analyse des corrélations ne permet pas d'établir le sens des causalités entre les pays.

Tableau 10.11 : Matrice des corrélations inter-pays du crédit au secteur privé

Pays	Benin	Burkina Faso	Côte d'Ivoire	Mali	Niger	Sénégal	Togo
Benin	1.000	0.845	0.549	0.800	0.918	0.936	0.876
Burkina Faso	0.845	1.000	0.547	0.964	0.880	0.947	0.874
Côte d'Ivoire	0.549	0.547	1.000	0.469	0.670	0.661	0.742
Mali	0.800	0.964	0.469	1.000	0.842	0.910	0.843
Niger	0.918	0.880	0.670	0.842	1.000	0.949	0.895
Sénégal	0.936	0.947	0.661	0.910	0.949	1.000	0.938
Togo	0.876	0.874	0.742	0.843	0.895	0.938	1.000

Les résultats des tests d'homogénéité sont repris dans le tableau 10.12. Il ressort que l'hypothèse nulle d'homogénéité des coefficients est rejetée au seuil de 5%. Par conséquent, nous acceptons l'hypothèse alternative d'hétérogénéité des coefficients.

Tableau 10.12 : Test d'hétérogénéité des coefficients

Statistique	Valeur	*p*-value
Delta	7.09*	0.000
Delta adj.	7.07*	0.000

Note: * indique le rejet de l'hypothèse nulle d'homogénéité des coefficients de long terme au seuil de 5%.

Les résultats des tests de dépendance transversale et d'hétérogénéité indiquent que les pays sont dépendants et que les coefficients de la relation sont hétérogènes. De ce fait, les tests de racine unitaire de deuxième génération sont les plus appropriés. Nous utilisons les tests IPS de Im *et al.* (2003), ADF-Fisher de Maddala & Wu (1999) et CIPS de Pesaran (2007). Les résultats de ces tests sont présentés dans le tableau ci-dessous.

Tableau 10.13 : Tests de racine unitaire

	Niveau			Différence			Décision
Variable	IPS	ADF-Fisher	CIPS	IPS	ADF-Fisher	CIPS	
fbcfpriv_pib	-0.579	0.808	-2.317	-10.800*	-3.209*	-4.319*	I(1)
fbcfpub_pib	-1.103	-0.423	-2.194	-12.334*	-5.014*	-5.525*	I(1)
dlpibn	-8.242*	-4.357*	-5.006*	-13.377*	-7.405*	-5.761*	I(0)
cred	-1.762*	1.113	-2.723*	-15.212*	-4.198*	-5.862*	I(0)
inf	-9.440*	-3.841*	-5.034*	-14.347*	-8.128*	-5.959*	I(0)

Note : *fbcfpriv_pib* = investissement privé en % PIB; *fbcfpub_pib* = investissement public en % PIB ; *dlpibn*=variation du log du pibn en %; *cred*=crédit au secteur privé en % PIB ; *inf*=variation du log de l'indice des prix à la consommation (cpi) en %.

Il ressort que les variables *fbcfpriv_pib* et *fbcfpub_pib* sont non-stationnaires en niveau, mais stationnaires en différence première. Par conséquent, les variables *fbcfpriv_pib* et *fbcfpub_pib* sont intégrées d'ordre un. En revanche, les variables *cred*, *dlpibn* et *inf* sont stationnaires.

Sur la base de ces résultats, nous testons l'existence d'une relation de cointégration entre les variables. Les résultats des tests de Pedroni (2004) et de Westerlund (2007) sont reportés dans le tableau 10.14.

Tableau 10.14 : Résultats des tests de cointégration

Tests de Pedroni	**Stat.**	***p-value***	**Test de Westerlund**			
AR hétérogène				Value	Z	Robuste *p-value*
Modified Phillips-Perron *t*	1.669*	0.047	G_t	-2.418*	0.076	0.000
Phillips-Perron *t*	0.226	0.410	G_a	-3.194*	3.371	0.000
Augmented Dickey-Fuller *t*	0.172	0.431	P_t	-3.766*	1.771	0.000
AR homogène			P_a	-2.864*	2.248	0.000
Modified variance ratio	-2.002*	0.022				
Modified Phillips-Perron *t*	1.292**	0.098				
Phillips-Perron *t*	0.623	0.266				
Augmented Dickey-Fuller *t*	0.710	0.238				

Note: * (**) indique le rejet de l'hypothèse nulle d'absence de cointégration au seuil de 5% (10%).

Trois statistiques de test de Pedroni suggèrent l'existence d'une relation de cointégration. En contrôlant la dépendance transversale, le test de Westerlund indique la présence d'une relation de cointégration entre les variables.

Tableau 10.15 : Estimations PMG et MG

	PMG			MG		
Variables	Coef.	*t*-stat.	Prob.	Coef.	*t*-stat.	Prob.
Panel A: Coefficients de long terme						
fbcfpub_pib	0.432*	2.45	0.014	-2.612	-0.81	0.420
Dlpibn	-0.346*	-3.19	0.001	0.032	0.17	0.864
Cred	0.001	0.03	0.980	-0.071	-0.21	0.836
Inf	0.391*	3.19	0.001	0.887**	1.91	0.056
Panel B: Coefficients de court terme						
ECT_{t-1}	-0.190*	-2.19	0.029	-0.338*	-2.54	0.011
Δfbcfpub_pib	0.004	0.01	0.991	-0.151	-0.48	0.632
Δdlpibn	0.038	1.62	0.106	0.030	0.78	0.433
Δcred	-0.018	-0.23	0.819	0.055	0.44	0.658
Δinf	-0.045	-0.90	0.368	-0.008	-0.18	0.859
C	2.266*	2.62	0.009	1.576	0.79	0.429
Panel C: Tests diagnostiques						
N		196		196		
No. de pays		7		7		
Test Hausman	6.24 [0.182]					

Note: * (**) indique une significativité au seuil de 5% (10%). La variable dépendante est le taux d'investissement privé en % PIB. *fbcfpub_pib* = investissement public en % PIB ; *dlpibn*=variation du log du pibn en %; *cred*=crédit au secteur privé en % PIB ; *inf*=variation du log de l'indice des prix à la consommation (cpi) en %. Le modèle est estimé à partir d'un ARDL (1, 1, 1, 1, 1). Le test de Hausman teste l'homogénéité des coefficients de long terme (PMG vs. MG); la *p-value* est indiquée entre crochets.

Sur la base des résultats des tests de cointégration, nous estimons le modèle à correction d'erreur à l'aide des estimateurs PMG et MG. Les résultats sont présentés dans le tableau 10.15. Le test de Hausman ne rejette pas l'hypothèse nulle selon laquelle il n'y a pas de différence significative entre les coefficients de long terme ($\chi2(4) = 6{,}24$, *p-value* = 0,182). L'estimateur PMG est donc préférable à l'estimateur MG. Les résultats de l'estimateur PMG indiquent un effet positif et significatif de l'investissement public sur l'investissement privé. Toutes choses égales par ailleurs, une hausse de 1 point de pourcentage du taux d'investissement public induit, à long terme, une augmentation du taux d'investissement privé de 0,43 point de pourcentage. Ce résultat suggère un effet d'entraînement de l'investissement privé par l'investissement public à long terme.

10.4 Étude de cas 3 : Effets des IDE et des exportations sur l'efficacité des investissements

10.4.1 Introduction

L'investissement constitue le facteur clé de la croissance économique et de la création d'emplois. Les études théoriques et empiriques ont montré que le stock de capital dans une économie détermine son taux de croissance. Ces résultats suggèrent que les pays en développement doivent accroitre leurs niveaux d'investissement en vue de booster la croissance économique et l'emploi. Dans cette perspective, les États membres de l'UEMOA ont enregistré au cours de ces vingt dernières années une hausse notable de leurs investissements. Le taux d'investissement de l'Union est passé de 16,7% en 2000 à 24,4% en 2020. Sur la même période, le taux d'investissement est passé de 13% à 28% au Niger, de 19% à 30% au Sénégal, de 18% à 25% au Bénin et de 16% à 24% en Côte d'Ivoire.

Toutefois, cette augmentation du stock de capital ne se traduit pas par une croissance économique forte. Les pays qui ont les taux d'investissement les plus élevés n'ont pas enregistré les meilleures performances économiques. Plusieurs facteurs économiques et institutionnels expliqueraient la faible productivité des investissements dans les pays en développement (Wai, 1985 ; Swaleheen, 2007 ; Calderon & Serven, 2008). Les pays de l'UEMOA devraient améliorer l'efficacité de leurs investissements afin de créer plus de croissance et d'emplois pour leurs populations. Ce défi est important dans un environnement international caractérisé par l'instabilité et le renchérissement des ressources extérieures.

L'objectif de cette étude est d'analyser l'efficacité des investissements dans les pays de l'UEMOA. À cet égard, l'étude utilise le concept de l'ICOR pour mesurer la productivité des investissements. Cet indicateur est utilisé pour évaluer les effets des investissements directs étrangers et des exportations sur l'efficacité des investissements. Dans les pays en développement, le secteur des exportations est un secteur qui requiert plus de capital que les autres secteurs de l'économie. Ce secteur est dominé par l'exploitation des ressources agricoles et minières.

Afin d'être compétitif sur le marché international, les investissements dans ce secteur seraient guidés essentiellement par les coûts des facteurs de production (Soumaila, 2014). Aussi, l'investissement dans ce secteur devrait-il être plus efficace, améliorant l'efficacité globale des investissements. En outre, les investissements directs étrangers sont porteurs de nouvelles technologies de production et devraient induire une amélioration de la productivité des investissements.

10.4.2 Faits stylisés

Le tableau 10.16 présente le taux de croissance du PIB et le taux d'investissement dans les pays de l'UEMOA. On observe une augmentation du taux d'investissement dans l'Union. Le taux d'investissement est passé de 16,7% en 2000 à 24% sur la période 2015-2022. On note une évolution remarquable au Niger où le taux d'investissement est passé de 12,8% à 29%. Sur la même période, le taux de croissance du PIB est passé de 3% à 7%. Sur la période 2015-2022, la Côte d'Ivoire et le Sénégal affichent les taux de croissance moyens les plus élevés de l'Union.

Tableau 10.16 : Taux de croissance du PIB et taux d'investissement

	Taux de croissance du pibn (%)		Taux d'investissement (%)		corr
Pays	2000	2015-2022	2000	2015-2022	
Benin	10.45	6.52	18.72	26.28	0.945
Burkina Faso	1.05	6.97	16.49	20.61	0.319
Cote d'Ivoire	1.33	7.74	16.36	23.27	0.221
Mali	-0.68	6.55	17.66	19.10	-0.560
Niger	1.93	6.26	12.89	29.06	0.009
Senegal	5.24	7.40	19.23	29.30	0.313
Togo	9.18	6.49	10.94	20.43	0.689
Panel	**3.05**	**7.14**	**16.67**	**24.10**	**0.441**

Note : Le taux de croissance moyen est calculé comme moyenne simple des taux annuels. Le taux d'investissement moyen est obtenu par le ratio sum(x)/sum(y) où x= fbcf_pib*pibn/100 et y=pibn. Ces variables sont générées à l'aide de la commande « by id : egen ». « corr » désigne le coefficient de corrélation entre le taux de croissance et le taux d'investissement sur la période 2015-2022.

Le graphique ci-dessous présente l'évolution du taux de croissance du PIB en fonction du taux d'investissement sur la période 2015-2022. Ce graphique laisse apparaître une faible corrélation entre le taux de croissance du PIB et le taux d'investissement sur la période 2015-2022. Avec un taux d'investissement de 29,3%, le Sénégal enregistre un taux de croissance moyen de 7,4%. Pour un taux d'investissement proche de celui du Sénégal, le PIB du Niger a progressé de 6,3%. La Côte d'Ivoire avec un taux d'investissement plus bas (23,4%) enregistre un taux de croissance nettement plus élevé (7,74%) que ceux du Sénégal et du Niger. Sur la période considérée, la Côte d'Ivoire a été le pays le plus dynamique de l'UEMOA.

Graphique 10.2: Relation entre taux de croissance et taux d'investissement (2015-2022)

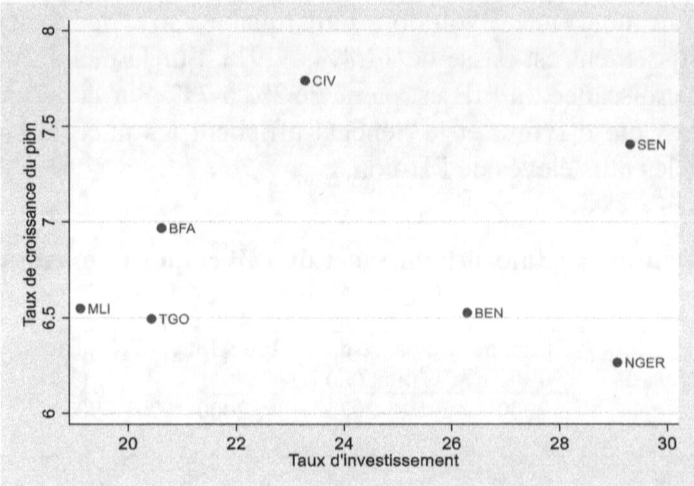

Toutefois, la situation des pays fait ressortir une relation mitigée entre le taux d'investissement et le taux de croissance du PIB sur la période 2015-2022.

Alors que la corrélation entre les deux variables est positive et forte pour le Bénin et le Togo, elle est faible pour le Burkina Faso, la Côte d'Ivoire et le Sénégal. La relation est inexistante pour le Niger et négative pour le Mali.

10.4.3 Modèle empirique

La présente étude cherche à analyser l'efficacité des investissements en mettant en relation les investissements réalisés avec les résultats économiques en termes de production. Suivant certaines études (Leibanstein, 1966 ; Vanek & Studenmund, 1968 ; Gianaris, 1970 ; Sato, 1971 ; Wai, 1985 ; Jun, 2003 ; Jayaraman & Ward, 2004 ; Swaleheen, 2007 ; Soumaila, 2014, Taguchi & Lowhachai, 2014 ; Nell & Thirlwall, 2018), nous utilisons la méthode de l'ICOR (*Incremental Capital-Output Ratio*) pour mesurer l'efficacité globale des investissements. L'ICOR se calcule de la façon suivante :

$$ICOR_t = \frac{\Delta K_t}{\Delta Y_t} = \frac{I_t}{\Delta Y_t} = \frac{(I_t/Y_t)}{(\Delta Y_t/Y_t)} \quad (10.3)$$

où $\Delta K_t = I_t$ désigne l'investissement, ΔY_t = la variation du produit.

L'ICOR est donc le rapport de l'investissement brut à l'accroissement du produit. Il mesure le niveau d'investissement à réaliser pour accroitre celui du produit d'une unité. De façon équivalente, l'ICOR mesure le taux d'investissement à réaliser pour accroitre le produit de 1%. L'inverse de l'ICOR mesure donc la productivité marginale du capital. Par conséquent, plus l'ICOR est élevé, plus faible est la productivité marginale du capital et plus les investissements sont inefficaces. Pour des investissements représentant 25% du PIB et avec un taux de croissance du PIB de 7%, l'ICOR ressort à 3,57. Pour un ICOR de 3,57, le taux d'investissement nécessaire pour générer une croissance du PIB de 10% est de 35,7% du PIB.

Nous mesurons l'efficacité des investissements par l'inverse de l'ICOR. Afin d'analyser les déterminants de l'efficacité des investissements, nous spécifions le modèle suivant :

$$Eff_{it} = \alpha_{0i} + \alpha_1 lpibnh_{it} + \alpha_2 Rip_{it} + \alpha_3 X_{it} + \alpha_4 ide_{it} + \alpha_5 t + \mu_{it} \quad (10.4)$$

où :

- *Eff* = efficacité des investissements mesurée par l'inverse de l'ICOR ;
- *Lpibnh* = log du pib nominal par habitant ;

- *Rip* = part de l'investissement privé dans l'investissement total (en %). Cette variable est obtenue en divisant le taux d'investissement privé (*fbcfpriv_pib*) par le taux d'investissement global (*fbcf_pib).* Cette variable est aussi notée *fbcfpriv_fbcf* ;

- *X* = exportations en % PIB (*export_pib*) ;

- *Ide* = part des investissements directs étrangers dans l'investissement total (*ide_fbcf*) ;

- *t* est la tendance linéaire.

Le secteur privé investit dans la perspective de maximiser ses profits et accroître la production. Il est donc considéré comme plus productif que le secteur public qui ne poursuit pas un objectif de rentabilité économique. Par conséquent, une proportion plus élevée de l'investissement privé dans l'investissement total aura un effet positif sur l'efficacité globale des investissements. Selon Borensztein *et al.* (1998), l'investissement direct étranger permet le transfert de technologies nouvelles et contribue davantage à la croissance économique que l'investissement domestique. Par conséquent, une large proportion de l'investissement direct étranger dans l'investissement total induit une amélioration de la productivité de l'investissement. L'ouverture commerciale a des effets positifs sur l'économie en raison des opportunités d'investissement et des relations qu'elle établit entre le marché domestique et les marchés internationaux. La réduction des barrières commerciales accroît les parts de marché et fait baisser les coûts de production, ce qui améliore la productivité de l'investissement.

10.4.4 Méthodologie d'estimation

Pour estimer les déterminants de l'efficacité des investissements, nous procédons de la façon suivante. Premièrement, nous testons l'existence de dépendance transversale dans les variables. À cet égard, nous utilisons le test CD de Pesaran (2004). Deuxièmement, nous examinons la stationnarité des variables en utilisant les tests de racine unitaire IPS de Im *et al.* (2003), ADF-Fisher de Maddala & Wu (1999) et CIPS de Pesaran (2007). Troisièmement, nous testons l'homogénéité de la relation estimée à l'aide des tests de Hsiao (1986) et de Pesaran & Yamagata (2008).

Quatrièmement, si la variable dépendante est intégrée d'ordre un, nous testons la présence d'une relation de cointégration au moyen des tests de Pedroni (2004) et de Westerlund (2007). Enfin, nous estimons la relation entre les variables par les méthodes CCEMG et AMG.

En effet, ces méthodes contrôlent à la fois l'hétérogénéité et la dépendance transversale dans le modèle. La méthode CCEMG suggérée par Pesaran (2006) consiste à estimer un modèle augmenté des moyennes transversales de toutes les variables du modèle :

$$Eff_{it} = \alpha_i + \beta_i x_{it} + \gamma \bar{z}_t + \mu_{it} \qquad (10.5)$$

où X_{it} désigne les variables explicatives ci-dessus énumérées et $\bar{z}_t$la moyenne empirique des variables du modèle (variable dépendante et régresseurs).

10.4.5 Résultats empiriques

Le tableau ci-dessous présente l'évolution de l'ICOR dans les pays de l'échantillon. L'ICOR est caractérisé par de fortes variations à court terme, en lien notamment avec l'instabilité de la croissance économique dans les pays de l'Union[50]. En retenant une valeur cible de 3 à l'instar de Vanek & Studenmund (1968) et Soumaila (2014), nous pouvons dire que les investissements ont été inefficaces dans tous les pays de l'Union sur la période 2015-2022. Néanmoins, le rendement de l'investissement est plus élevé au Burkina Faso, en Côte d'Ivoire et au Mali que dans les autres pays de l'Union.

[50] Pour une littérature sur les problèmes de mesure de l'ICOR et les facteurs qui l'affectent, voir Gianaris (1970).

Tableau 10.17 : Évolution de l'ICOR dans les pays de l'UEMOA

Pays	2000	2005	2010	2015	2020	2022	2015-2022
Benin	1.97	2.62	6.03	7.95	3.93	3.75	4.10
Burkina Faso	15.82	1.36	1.80	12.08	2.39	3.21	3.12
Cote d'Ivoire	12.45	6.31	2.65	2.14	7.51	2.84	3.25
Mali	-25.79	1.59	2.30	2.17	-27.79	2.09	3.16
Niger	6.80	1.28	2.89	5.16	6.53	6.13	5.02
Sénégal	3.85	2.16	3.85	3.29	10.55	2.99	4.19
Togo	1.30	12.90	2.48	2.70	5.81	2.66	3.33
Panel	**5.63**	**2.44**	**2.75**	**2.94**	**6.57**	**3.07**	**3.59**

Le tableau 10.18 présente les statistiques descriptives des variables. L'indicateur d'efficacité des investissements a une moyenne de 0,45 avec une valeur minimum de -0,23 observée au Togo en 2004 et une valeur maximum de 4,02 enregistrée au Togo en 1994. Le coefficient de variation ou l'écart-type relatif révèle une forte dispersion du rendement des investissements. Le revenu par tête (en log) varie entre 11,3 et 14,2 avec un coefficient de dispersion d'environ 5%. L'investissement privé représente en moyenne 69,7% de l'investissement total. Les exportations représentent 22% du PIB sur la période avec une valeur minimum de 8,3% (Burkina Faso : 1999) et une valeur maximum de 41,7% (Côte d'Ivoire : 1995). Les IDE s'établissent, en moyenne, à 3,4% de l'investissement total et fluctuent entre –14,4% (Togo : 2018) et 66,8% (Togo : 2011). Les IDE présentent une très forte dispersion entre les pays (CV = 105,5%).

Tableau 10.18 : Statistiques descriptives des variables

Variable	Obs	Mean	Std. Dev.	Min	Max	CV(%)
eff	203	0.455	0.465	-0.263	4.024	102.2
lpibnh	210	12.805	0.622	11.337	14.254	4.9
fbcfpriv_fbcf	210	69.751	10.689	42.476	94.852	15.3
export_pib	210	21.936	6.583	8.354	41.759	30.0
ide_fbcf	210	8.982	9.476	-14.451	66.813	105.5

Notes : Eff=inverse de l'ICOR ; lpibnh=log du pib nominal par habitant ; fbcfpriv_fbcf = part de l'investissement privé dans l'investissement total (en %); export_gdp= exportations en % PIB ; ide_fbcf= IDE en % de l'investissement total ; CV désigne le coefficient de variation obtenu comme le rapport de l'écart-type à la moyenne.

La matrice des corrélations révèle une relation négative entre l'efficacité des investissements et le revenu par tête (tableau 10.19). Ce résultat suggère que la productivité des investissements baisse avec le niveau de développement. Les IDE ont une relation négative avec le rendement des investissements. Les exportations présentent une corrélation positive, mais non significative avec l'efficacité des investissements. En ce qui concerne les variables explicatives, elles ne sont pas fortement corrélées entre elles.

Tableau 10.19 : Matrice des corrélations et test de multicolinéarité

Variable	Eff	lpibnh	fbcfpriv_fbcf	export_pib	ide_fbcf	*t*	VIF	1/VIF	Moy. VIF
eff	1.00						-	-	
lpibnh	-0.30	1.00					2.70	0.37	1.79
fbcfpriv_fbcf	0.04	0.26	1.00				1.40	0.71	
export_pib	0.02	0.52	0.26	1.00			1.46	0.68	
ide_fbcf	-0.18	0.07	0.22	0.11	1.00		1.19	0.84	
t	-0.45	0.61	-0.12	0.18	0.21	1.00	2.19	0.45	

Note : Eff=inverse de l'ICOR ; lpibnh=log du pib nominal par habitant ; fbcfpriv_fbcf = part de l'investissement privé dans l'investissement total (en %); export_pib= exportations en % PIB ; ide_fbcf= IDE en % de l'investissement total ; *t* est la tendance linéaire.

Le tableau 10.20 présente les résultats des tests de dépendance transversale de Pesaran (2004). Il ressort que l'hypothèse nulle d'absence de dépendance transversale est rejetée pour toutes les séries au seuil de 1%, à l'exception de l'investissement privé (*fbcfpriv_fbcf*). Nous concluons qu'il existe une dépendance transversale entre les pays de l'échantillon. La corrélation apparaît particulièrement forte pour le revenu par habitant (*lpibnh*).

Tableau 10.20 : Tests de dépendance transversale

Variable	CD-test	*p*-value	Corr
Eff	13.65*	0.000	0.553
Lpibnh	24.03*	0.000	0.957
fbcfpriv_fbcf	-1.32	0.187	-0.053
export_pib	4.05*	0.000	0.161
ide_fbcf	1.73**	0.084	0.069

Note : * (**) indique le rejet de l'hypothèse nulle d'indépendance transversale au seuil de 5% (10%). Eff=inverse de l'ICOR ; lpibnh=log du pib par tête ; fbcfpriv_fbcf = part de l'investissement privé dans l'investissement total (en %); export_pib= exportations en % PIB ; ide_fbcf= IDE en % de l'investissement total.

Afin d'approfondir l'analyse de la dépendance entre les pays, nous examinons la matrice des corrélations entre les séries du revenu par habitant (*lpibnh*). Les résultats reportés dans le tableau 10.21 mettent en évidence une corrélation positive et forte entre les revenus par habitant des sept pays de l'échantillon. Ces résultats suggèrent qu'un choc affectant le revenu dans un pays affectera ceux des autres pays. Toutefois, il importe de faire remarquer que la corrélation n'est pas synonyme de causalité. Une analyse de causalité en séries temporelles peut être effectuée pour identifier plus précisément la structure des liens de causalité entre les pays (quels pays causent quels pays ?).

Tableau 10.21 : Matrice des corrélations inter-pays du revenu

Pays	Benin	Burkina Faso	Côte d'Ivoire	Mali	Niger	Sénégal	Togo
Benin	1.00	0.97	0.91	0.98	0.93	0.97	0.95
Burkina Faso		1.00	0.91	0.99	0.98	0.99	0.95
Côte d'Ivoire			1.00	0.92	0.90	0.93	0.98
Mali				1.00	0.98	0.99	0.96
Niger					1.00	0.98	0.95
Sénégal						1.00	0.97
Togo							1.00

Nous déterminons l'ordre d'intégration des variables en utilisant les tests de racine unitaire. À cet égard, nous utilisons les tests IPS de Im *et al.* (2003), ADF-Fisher de Maddala & Wu (1999) et CIPS de Pesaran (2007). Les résultats de ces tests sont synthétisés dans le tableau 10.22. Il ressort que la variable dépendante de l'étude est stationnaire en niveau. Concernant les variables explicatives, les tests IPS et ADF-Fisher suggèrent que le revenu par habitant est stationnaire en niveau. Cependant, en contrôlant la dépendance transversale, le test CIPS de Pesaran (2007) montre que cette série est non-stationnaire en niveau, mais stationnaire en différence première. Par conséquent, la variable *lpibnh* est intégrée d'ordre un. Ce résultat justifie tout l'intérêt d'utiliser les tests de deuxième génération qui prennent en compte la dépendance transversale dans les séries. Les variables *fbcfpriv_fbcf* et *ide_fbcf* sont stationnaires tandis que la variable *export_gdp* est intégrée d'ordre un.

Tableau 10.22 : Tests de racine unitaire

	En niveau			En différence			Décision
Variable	IPS	ADF-Fisher	CIPS	IPS	ADF-Fisher	CIPS	
eff	-9.82*	-5.39*	-4.35*	-16.29*	-7.89*	-6.09*	I(0)
lpibnh	-1.79*	-1.84*	-2.17	-8.64*	-4.01*	-5.07*	I(1)
fbcfpriv_fbcf	-1.96*	-0.69	-2.71*	-11.90*	-4.58*	-5.57*	I(0)
export_pib	0.69	1.92	-0.99	-13.87*	-3.58*	-5.74*	I(1)
ide_fbcf	-5.18*	-1.26	-3.19*	-16.69*	-5.05*	-5.49*	I(0)

Note : * indique le rejet de l'hypothèse nulle de racine unitaire au seuil de 5%. *Eff*=inverse de l'ICOR ; *lpibnh*=log du PIB par tête ; *fbcfpriv_fbcf* = part de l'investissement privé dans l'investissement total (en %); *export_gdp*= exportations en % PIB ; *ide_fbcf*= IDE en % de l'investissement total.

La variable dépendante étant stationnaire, nous estimons le modèle empirique en prenant la différence première du revenu par tête et des exportations. Nous recalculons la matrice des corrélations afin d'examiner l'existence d'une multicolinéarité entre les nouvelles variables. Les résultats reportés dans le tableau 10.23 ne révèlent aucun problème de multicolinéarité entre les variables explicatives du modèle.

Tableau 10.23 : Matrice des corrélations et test de multicolinéarité entre les variables transformées

Variable	eff	dlpibnh	fbcfpriv_fbcf	dexport_pib	ide_fbcf	*t*	VIF	Mean VIF
eff	1.000						-	
dlpibnh	0.901	1.000					1.15	1.13
fbcfpriv_fbcf	0.048	0.002	1.000				1.09	
dexport_pib	0.125	0.038	-0.009	1.000			1.03	
ide_fbcf	-0.186	-0.131	0.220	0.109	1.000		1.15	
t	-0.453	-0.351	-0.125	-0.076	0.217	1.000	1.23	

Notes : Eff=inverse de l'ICOR ; dlpibnh=différence première du log du pib par tête ; fbcfpriv_fbcf = part de l'investissement privé dans l'investissement total (en %); dexport_gdp= différence première des exportations en % PIB ; ide_fbcf= IDE en % de l'investissement total ; *t* est la tendance linéaire.

Nous estimons le modèle sous les formes à effets fixes et à effets aléatoires. Les résultats sont reportés dans le tableau 10.24. Le test de Fisher indique que l'hypothèse nulle d'absence d'effets individuels est rejetée au seuil de 1%. Par conséquent, il existe une hétérogénéité individuelle dans l'efficacité des investissements. Le test de Hausman (H = 1,27, *p-value* = 0,866) suggère que cette hétérogénéité peut être captée par un modèle à effets aléatoires. Cependant, les résidus des modèles à effets fixes et à effets aléatoires présentent une dépendance transversale. En outre, les résultats du test d'homogénéité de Pesaran & Yamagata (2008), reportés dans le tableau 10.25, indiquent une hétérogénéité dans la relation estimée. Ce résultat est confirmé par le test de Hsiao (1986). Par conséquent, nous devons utiliser une méthode d'estimation qui prenne en compte à la fois l'hétérogénéité et la dépendance transversale.

Tableau 10.24 : Modèles à effets fixes et à effets aléatoires

	Modèle à effets fixes			Modèle à effets aléatoires		
Variables	Coef.	S.E.	Prob.	Coef.	S.E.	Prob.
dlpibnh	5.275*	0.175	0.000	5.272*	0.174	0.000
fbcfpriv_fbcf	0.001	0.001	0.571	0.001*	0.001	0.470
dexport_pib	0.017*	0.005	0.000	0.017*	0.005	0.000
ide_fbcf	-0.005*	0.002	0.000	-0.005*	0.002	0.001
t	-0.007*	0.002	0.000	-0.007*	0.002	0.000
R^2	0.843			0.844		
Fisher	5.65* [0.000]					
CD	-1.98* [0.047]			-1.99* [0.046]		
Hausman (RE vs. FE)	1.27 [0.866]					

Note : * indique une significativité au seuil de 5%. Eff=inverse de l'ICOR ; dlpibnh=différence première du log du pib par tête ; fbcfpriv_fbcf = part de l'investissement privé dans l'investissement total (en %); dexport_pib = différence première des exportations en % PIB ; ide_fbcf= IDE en % de l'investissement total ; *t* est la tendance linéaire.

Tableau 10.25 : Tests d'homogénéité de Pesaran-Yamagata et Hsiao

	Pesaran-Yamagata		Hsiao		
	Delta	Delta-adj.	F_1	F_2	F_3
Stat.	9.74*	11.18*	18.16*	17.70*	5.64*
p-value	0.00	0.00	0.00	0.00	0.00

Note: * indique le rejet de l'hypothèse nulle d'homogénéité des coefficients au seuil de 5%.

Nous utilisons les estimateurs *Common Correlated Effects Mean Group* (CCEMG) et *Augmented Mean Group* (AMG) proposés respectivement par Pesaran (2006) et Eberhardt & Teal (2010). Les résultats sont reportés dans le tableau 10.26. Les résultats détaillés par pays sont présentés dans le tableau 10.27. Le taux de croissance du revenu par habitant joue un rôle déterminant dans l'efficacité des investissements. Dans tous les pays de l'échantillon, cette variable influence positivement et significativement l'efficacité des investissements. En ce qui concerne la part des exportations dans le PIB, elle n'influence pas l'efficacité des investissements. Globalement, les IDE ont un effet négatif sur la productivité des investissements. Cet effet négatif est significatif au Sénégal et au Togo.

La forte concentration des IDE dans l'industrie extractive, secteur faiblement intégré au reste de l'économie national, limite leur impact sur l'économie.

Tableau 10.26 : Estimations CCEMG et AMG

	CCEMG			AMG		
Variable	Coef.	S.E.	Prob.	Coef.	S.E.	Prob.
dlpibnh	5.147*	0.493	0.000	4.999*	0.438	0.000
fbcfpriv_fbcf	-0.001	0.002	0.538	-0.003**	0.002	0.097
dexport_pib	-0.002	0.003	0.497	-0.001	0.003	0.842
ide_fbcf	-0.002	0.001	0.196	-0.001**	0.001	0.076

Note : * (**) indique une significativité au seuil de 5% (10%). Eff=inverse de l'ICOR ; dlpibnh=différence première du log du pib par tête; fbcfpriv_fbcf = part de l'investissement privé dans l'investissement total (en %); dexport_pib= différence première des exportations en % PIB ; ide_fbcf= IDE en % de l'investissement total.

Tableau 10.27 : Résultats par pays de l'estimation CCEMG et AMG

	CCEMG				AMG			
Pays	dlpibnh	fbcfpriv_fbcf	dexport_pib	ide_fbcf	dlpibnh	fbcfpriv_fbcf	dexport_pib	ide_fbcf
BEN	3.801*	-0.005	-0.002	0.003	3.906*	-0.005*	0.002	0.002
BFA	5.248*	-0.007	-0.015	0.001	4.546*	-0.007	-0.007	-0.001
CIV	4.252*	0.001	0.003	-0.001	4.769*	0.002	0.014*	-0.002
MLI	5.678*	0.001	0.002	-0.000	4.887*	-0.001	0.003	0.001
NGR	5.180*	-0.007	0.007	-0.005	5.010*	-0.007	-0.000	-0.003
SEN	4.187*	-0.003	-0.004	-0.003*	4.378*	-0.003**	-0.006	-0.003*
TGO	7.681*	0.009*	-0.005	-0.004*	7.495*	0.003	-0.010	-0.002**

Note : * (**) indique une significativité au seuil de 5% (10%). eff=inverse de l'ICOR ; dlpibnh=différence première du log du pib par tête ; fbcfpriv_fbcf = part de l'investissement privé dans l'investissement total (en %); export_pib= différence première des exportations en % PIB ; ide_fbcf= IDE en % de l'investissement total.

10.5 Étude de cas 4 : Test de la Courbe Environnementale de Kuznets

10.5.1 Introduction

Les questions environnementales occupent une place de plus en plus importante dans l'Agenda des politiques nationales ainsi que des organisations internationales. Cet intérêt grandissant est nourri par les menaces que fait peser la dégradation de l'environnement planétaire sur le bien-être de la société.

Le danger est causé essentiellement par les rejets des polluants atmosphériques ainsi que par l'exploitation excessive des ressources naturelles liées à notre modèle de développement. Les émissions de gaz à effet de serre induisent une augmentation de la température, provoquant une multiplication des catastrophes naturelles et une disparition alarmante des ressources écologiques.

Bien que la contribution des pays Africains à la dégradation de l'environnement soit faible comparativement aux pays développés, la région serait la plus vulnérable au changement climatique en raison notamment de sa forte dépendance aux ressources naturelles (Kifle, 2008 ; Nathaniel & Iheonu, 2019). Selon les simulations des organisations internationales, les pays Africains perdraient entre 5% et 15% du produit intérieur brut par tête du fait du changement climatique (AfDB *et al.*, 2019).

Si les pays Africains ne prennent pas des mesures environnementales draconiennes, ils pourraient perdre entre 289,2 et 440,5 milliards de dollars sur la période 2022-2030 et jusqu'à 64% de leur produit intérieur brut à l'horizon 2100 (AfDB, 2022). Plusieurs études ont documenté les impacts négatifs du changement climatique sur les économies Africaines (Araújo & Rahbek, 2006; Schlenker & Lobell, 2010; Calzadilla *et al.*, 2013; Lalthapersad-Pillay & Udjo, 2014). La recherche du bien-être des populations exige de toutes les économies qu'elles concilient l'accroissement du revenu par tête et la qualité de l'environnement. Comment produire davantage tout en préservant l'environnement ? Répondre à cette question nécessite la détermination précise des facteurs à la base de la dégradation de l'environnement.

Plusieurs recherches ont identifié les facteurs de la dégradation de l'environnement. La plupart de ces études se sont intéressées à la relation entre la croissance économique et les dommages à l'environnement dans la perspective de tester la Courbe Environnementale de Kuznets (CEK). Cette courbe décrit la relation en forme de U-inversé entre le niveau de développement et la dégradation de l'environnement. Elle postule que dans les premiers stades du développement, la qualité de l'environnement se détériore avec la hausse du revenu par tête. À partir d'un certain niveau de revenu, l'état de l'environnement s'améliore.

La CEK met en évidence deux phases du processus de développement. La première est attribuée aux pays en développement où le revenu par habitant est encore faible. La croissance économique se fait alors au prix d'une détérioration de la qualité de l'environnement. La deuxième phase, la partie descendante, caractérise les pays développés où la pollution est décroissante avec le revenu par tête. Dans ces pays, les populations commencent à se préoccuper de l'état de l'environnement au point où elles seraient même prêtes à payer pour avoir un cadre de vie et un environnement meilleur. L'existence de la CEK serait le bilan de la conjonction de divers facteurs notamment la composition de la consommation et de la production, le niveau d'éducation, la consciente environnementale et la réglementation environnementale (O'Connor, 1994 ; Selden & Song, 1994).

La littérature économique consacrée à la vérification empirique de la courbe environnementale de Kuznets est abondante depuis les travaux pionniers de Grossman & Krueger (1995). Cependant, cette littérature produit des résultats controversés en fonction des pays et de l'indicateur environnemental utilisé. Une revue de littérature est faite par Dinda (2004), Bo (2011), Pasten & Figueroa (2012), Sarkodie & Strezov (2019) et Jian *et al.* (2022).

Certaines évidences empiriques confirment la validité de la CEK (Keho, 2015; Leonard & David, 2016; Omotor, 2017; Hanif, 2018; Sarkodie, 2018 ; Acheampong *et al*., 2019; Ssali *et al*., 2019 ; Konan & Aklobessi, 2021 ; Tenaw & Beyene, 2021; Baajike *et al*., 2022 ; Hussain, Li & Sattar, 2022).

En revanche, d'autres travaux établissent une relation monotone croissante ou décroissante entre le revenu et la dégradation de l'environnement (Ben Jebli *et al*., 2015 ; Ogundipe *et al.,* 2015 ; Lin *et al*., 2016 ; Shahbaz *et al*., 2016 ; Zerbo, 2017 ; Sirag *et al.,* 2018 ; Beyene & Kotosz, 2020 ; Halliru *et al*., 2020; Olubusoye & Musa, 2020 ; Boukhelkhal, 2022 ; Jian *et al*., 2022 ; Keho, 2023c). Ces controverses montrent qu'aucune conclusion définitive ne peut être tirée quant à la validité de la CEK.

La présente étude teste la validité de la courbe CEK dans les pays de l'UEMOA en considérant les émissions de dioxyde de carbone (CO2) comme indicateur de la dégradation de l'environnement.

Les émissions de CO_2 contribuent à près de 60% des émissions de gaz à effet de serre dans l'atmosphère (Kasman *et al.,* 2015 ; Njoh, 2021) ; ce qui justifie son choix dans la plupart des études empiriques. Nous testons également l'effet des exportations et des investissements directs étrangers sur l'environnement. D'une part, les investissements directs étrangers et le commerce sont perçus comme des moyens par lesquels les pays développés délocalisent les industries polluantes vers les pays en développement où les réglementations environnementales ne sont pas strictes (Copeland & Taylor, 2004). D'autre part, ils sont porteurs de nouvelles technologies de production beaucoup plus vertueuses de l'environnement (Birdsall & Wheeler, 1993 ; Antweiler *et al*., 2001). Les sections suivantes décrivent le modèle empirique, la méthodologie de l'étude et discutent les résultats obtenus.

10.5.2 Modèle et description des données

Le test de la Courbe Environnementale de Kuznets nécessite l'estimation d'une relation quadratique entre le revenu par habitant et le niveau de pollution. À partir de la littérature existante, nous spécifions le modèle suivant :

$$lco2_{it} = \alpha_i + \beta_1 lpibnh_{it} + \beta_2 lpibnh2_{it} + \beta_3\, export\_pib_{it} + \beta_4 ide\_pib_{it} + \mu_{it} \qquad (10.6)$$

Les variables sont décrites dans le tableau ci-après :

Tableau 10.28 : Description et source des variables

Variables	Libellés	Source
lco2	Logarithme des émissions de dioxyde de carbone en tonne métrique par tête	WDI*
Lpibn	Logarithme du PIB par tête	WDI
lpibn2	Le carré du logarithme du PIB par tête	WDI
export_pib	Exportations (en % du PIB)	WDI
ide_pib	Investissements directs étrangers (en % du PIB)	WDI

Note: *WDI—*World Development Indicators* de la Banque mondiale, 2023.

Les données par tête permettent d'éliminer l'effet de la différence démographique dans les pays considérés. Les exportations et les investissements directs étrangers sont utilisés en tant que variables de contrôle afin de limiter le biais lié à l'omission de variables explicatives.

La validation de la courbe CEK requiert que les coefficients de *lpibn* et *lpibn2* soient respectivement positif et négatif. On peut alors déterminer le point de retournement, c'est-à-dire le niveau de revenu pour lequel les émissions CO2 atteignent leur maximum.

Le tableau 10.29 présente les statistiques descriptives des variables de l'étude. Le revenu per tête (en log) varie entre 11,3 et 14,2 avec un coefficient de dispersion d'environ 5%. Les exportations représentent 22% du PIB sur la période avec une valeur minimum de 8,3% (Burkina Faso : 1999) et une valeur maximum de 41,7% (Côte d'Ivoire : 1995). Les IDE s'établissent, en moyenne, à 1,9% du PIB et fluctuent entre –2,6% et 13,8%. Les IDE présentent une très forte dispersion entre les pays (CV=118%).

Tableau 10.29 : Statistiques descriptives des variables

Variable	Obs	Mean	Std. Dev.	Min	Max
lco2	210	-1.579	0.772	-3.050	-0.263
lpibnh	210	12.805	0.622	11.337	14.254
lpibnh2	210	164.366	15.904	128.548	203.186
export_pib	210	21.936	6.583	8.354	41.759
ide_pib	210	1.880	2.221	-2.574	13.847

Note : lco2=log des émissions de dioxyde de carbone par tête ; lpibn=log du PIB par tête ; lpibnh2=le carré du log du PIB par tête ; export_pib=exportations en % PIB ; ide_pib=investissements directs étrangers en % PIB.

Le tableau 10.30 présente les résultats du test de normalité de Shapiro–Wilk. Nous rejetons l'hypothèse de normalité pour toutes les séries à l'exception du revenu par tête et de son carré. La régression quantile est robuste lorsque la distribution des données n'est pas Gaussienne.

Tableau 10.30 : Test de normalité de Shapiro–Wilk

Variable	Obs	W	V	Z	Prob>z
lco2	210	0.943	8.753	5.004*	0.000
lpibnh	210	0.989	1.598	1.081	0.139
lpibnh2	210	0.990	1.431	0.826	0.204
export_pib	210	0.980	3.093	2.605*	0.004
ide_pib	210	0.814	28.929	7.761*	0.000

Note : * indique le rejet de l'hypothèse nulle de normalité au seuil de 5%. lco2 = log des émissions de dioxyde de carbone par tête ; lpibn = log du PIB par tête ; lpibnh2 = le carré du log du PIB par tête ; export_pib = exportations en % PIB ; ide_pib = investissements directs étrangers en % PIB.

10.5.3 Méthodologie d'estimation

Pour estimer la relation entre le niveau de carbone et le revenu par tête, nous procédons en plusieurs étapes. En premier lieu, nous testons la dépendance transversale dans les séries en utilisant le test de Pesaran (2004). L'hypothèse nulle de ce test est l'absence de corrélation entre les individus. Si cette hypothèse n'est pas vérifiée, l'estimateur classique à effets fixes n'est pas efficace et les écarts-types sont biaisés. La seconde étape examine la stationnarité des variables en utilisant le test de racine unitaire CIPS de Pesaran (2007). L'hypothèse nulle de ce test postule que les séries sont non-stationnaires. Si cette hypothèse n'est pas rejetée, nous testons, dans une troisième étape, l'existence d'une relation de cointégration entre les variables. À cet égard, nous recourrons aux tests de Pedroni (2004) et de Kao (1999). La cointégration permet d'estimer la relation entre des variables qui ne sont pas stationnaires et d'éviter ainsi le piège des régressions fallacieuses.

Dans une quatrième étape, nous comparons les modèles à effets fixes et à effets aléatoires à l'aide du test de Hausman (1978). Sous l'hypothèse nulle de ce test, le modèle à effets aléatoires est préférable, car il fournit des estimations convergentes et efficaces des coefficients. Cependant, si les effets individuels sont corrélés avec les variables explicatives, le modèle à effets fixes est approprié.

Le modèle à effets fixes suppose que les coefficients des variables explicatives sont constants le long de la distribution de la variable dépendante. Si la relation estimée présente une hétérogénéité en fonction du niveau de pollution, ce modèle sera inapproprié.

Nous utilisons la régression quantile pour capter l'hétérogénéité dans la courbe de Kuznets. La régression quantile conduirait à des estimations biaisées si les effets fixes sont corrélés avec les variables explicatives. Canay (2011) suggère une procédure d'estimation en deux étapes pour résoudre ce problème : (1) On estime le modèle à effets fixes pour obtenir une estimation des effets fixes. (2) On ajuste la variable dépendante des effets fixes et on applique la régression quantile au modèle suivant :

$$Q_\tau(lco2^*_{it}) = \gamma + X_{it}\beta(\tau) + e_{it} \qquad (10.7)$$

où $Q_\tau(lco2^*_{it})$ représente le quantile conditionnel d'ordre τ de la variable dépendante ajustée $lco2\text{-}\alpha_i$.

Pour chaque quantile d'ordre τ, on obtient les coefficients $\beta(\tau)$ associés aux variables explicatives. Canay (2011) montre que les estimateurs des coefficients $\beta(\tau)$ sont convergents et asymptotiquement normaux. Par conséquent, nous utilisons le modèle à effets fixes dans la première étape de notre analyse. Ensuite, nous appliquons la régression quantile au modèle ajusté. Nous comparons les résultats de la régression quantile avec ceux du modèle à effets fixes.

10.5.4 Résultats et discussion

Le tableau 10.31 présente les résultats du test de dépendance transversale de Pesaran (2004). Les résultats indiquent que l'hypothèse nulle d'absence de dépendance transversale est rejetée pour toutes les séries au seuil de 1%. En d'autres termes, les séries présentent une dépendance transversale. Les corrélations des séries-pays sont très élevées pour le revenu par tête.

Tableau 10.31 : Test de dépendance transversale des variables

Variable	CD test	*p-value*	Corr	abs(corr)
lco2	16.55*	0.000	0.659	0.659
lpibnh	24.03*	0.000	0.957	0.957
lpibnh2	24.05*	0.000	0.958	0.958
export_pib	4.05*	0.000	0.161	0.351
ide_pib	3.05*	0.002	0.121	0.290

Note : * indique le rejet de l'hypothèse nulle d'indépendance transversale au seuil de 5%. lco2=log des émissions de dioxyde de carbone par tête ; lpibn=log du PIB par tête ; lpibnh2=le carré du log du PIB par tête ; export_pib=exportations en % PIB ; ide_pib=investissements directs étrangers en % PIB.

Nous déterminons l'ordre d'intégration des variables en utilisant le test de racine unitaire CADF de Pesaran (2007). Les résultats sont synthétisés dans le tableau 10.32. Il ressort de ce tableau que toutes les variables peuvent être considérées comme des réalisations de processus intégrés d'ordre un. Sur la base de ces résultats, nous testons l'existence d'une relation de cointégration entre les variables.

Tableau 10.32 : Tests de racine unitaire CADF de Pesaran

	Niveau		Différence première		Décision
Variable	*C*	*C+T*	*C*	*C+T*	
lco2	-2.053*	-0.281	-3.399*	-2.711*	I(1)
lpibnh	-0.282	1.225	-3.664*	-4.114*	I(1)
lpibnh2	-0.249	1.589	-3.582*	-3.986*	I(1)
export_pib	1.005	0.847	-4.890*	-4.756*	I(1)
ide_pib	-1.249	-0.559	-4.279*	-2.835*	I(1)

Note : * indique le rejet de l'hypothèse nulle de racine unitaire au seuil de 5%. Le test CADF reporte la statistique Z-*t* bar avec 2 retards. lco2=log des émissions de dioxyde de carbone par tête ; lpibn=log du PIB par tête ; lpibnh2=le carré du log du PIB par tête ; export_pib=exportations en % PIB ; ide_pib=investissements directs étrangers en % PIB.

Les résultats des tests de Pedroni (2004) et de Kao (1999) sont reportés dans le tableau 10.33. La majorité des statistiques de test rejette l'hypothèse nulle d'absence de cointégration. Nous pouvons conclure qu'il existe une relation de cointégration entre les variables avec les émissions de CO2 comme variable dépendante.

Tableau 10.33 : Résultats des tests de cointégration

Tests	Statistique	*p-value*
Test de Pedroni		
AR hétérogène		
Modified Phillips-Perron *t*	1.034	0.150
Phillips-Perron *t*	-2.823*	0.002
Augmented Dickey-Fuller *t*	-4.019*	0.000
AR homogène		
Modified variance ratio	0.278	0.390
Modified Phillips-Perron *t*	0.220	0.412
Phillips-Perron *t*	-2.396*	0.008
Augmented Dickey-Fuller *t*	-3.300*	0.000
Test de Kao		
Modified Dickey-Fuller *t*	-3.271*	0.000
Dickey-Fuller *t*	-4.143*	0.000
Augmented Dickey-Fuller *t*	0.109	0.456
Unadjusted modified Dickey Fuller *t*	-5.602*	0.000
Unadjusted Dickey-Fuller *t*	-4.870*	0.000

Note: * indique le rejet de l'hypothèse nulle de non-cointégration au seuil de 5%.

Sur la base des résultats du test de Hausman reportés dans le tableau 10.34, le modèle à effets fixes est meilleur que le modèle à effets aléatoires. Le test de Hausman indique également que l'estimateur PMG est meilleur que l'estimateur MG. Ces résultats impliquent que l'hypothèse nulle d'homogénéité des coefficients de long terme peut être retenue dans le cadre de cette analyse. Par conséquent, nous estimons un modèle quantile à effets fixes à l'aide de la méthode en deux étapes de Canay (2011). Les résultats sont reportés dans le tableau 10.35. Le graphique 10.3 représente l'évolution des coefficients en fonction des quantiles.

Tableau 10.34: Tests de spécification de Hausman

Test	Chi2(4)	*p*-value
RE vs FE	57.33*	0.000
PMG vs MG	7.52	0.110

Note : * indique le rejet de l'hypothèse nulle au seuil de 5%. Le test du modèle à effets aléatoires (RE) contre le modèle à effets fixes (FE) utilise les commandes « xtreg » et « hausman ». Le test du modèle PMG contre le modèle MG utilise les commandes « xtpmg » et « hausman ».

Les coefficients du revenu (*lpibhn*) et de son carré (*lpibhn2*) ont les signes attendus, mais ne sont significatifs que pour la médiane.

Les exportations sont associées à une réduction de la pollution dans les situations de faible pollution. Elles deviennent de plus en plus polluantes au fur et à mesure que la qualité de l'environnement se dégrade. En revanche, l'effet des investissements directs étrangers décroît avec le quantile. L'effet positif des IDE devient négatif à partir du quantile d'ordre 40%. Toutefois, l'effet favorable des IDE sur l'environnement n'est significatif que lorsque le niveau de pollution est très élevé.

Tableau 10.35 : Régression quantile de la Courbe de Kuznets

	Quantile							Test d'égalité *p-value*
Variable	0.10	0.20	0.30	0.50	0.70	0.80	0.90	
lpibnh	1.71	1.72	1.41	2.49*	1.68	1.70	2.15	0.95
lpibnh2	-0.03	-0.03	-0.02	-0.06**	-0.03	-0.03	-0.05	0.95
export_pib	-0.002*	0.01*	0.01*	0.009*	0.01*	0.01*	0.01*	0.31
ide_pib	0.01	0.01	0.003	-0.006	-0.01	-0.008	-0.01*	0.11
constant	-18.10	-17.84**	-15.65*	-22.52*	-17.14*	-17.07**	-19.87**	0.95

Note : * (**) indique une significativité au seuil de 5% (10%). La régression quantile en deux étapes utilise les commandes « xtreg » et « sqreg » respectivement dans la première et la deuxième étape. Les écarts-types des coefficients sont calculés à partir d'une procédure bootstrap à 1000 réplications. lco2=log des émissions de dioxyde de carbone par tête ; lpibn=log du PIB par tête ; lpibnh2=le carré du log du PIB par tête ; export_pib=exportations en % PIB ; ide_pib=investissements directs étrangers en % PIB.

Graphique 10.3 : Coefficients de la régression quantile de la courbe de Kuznets

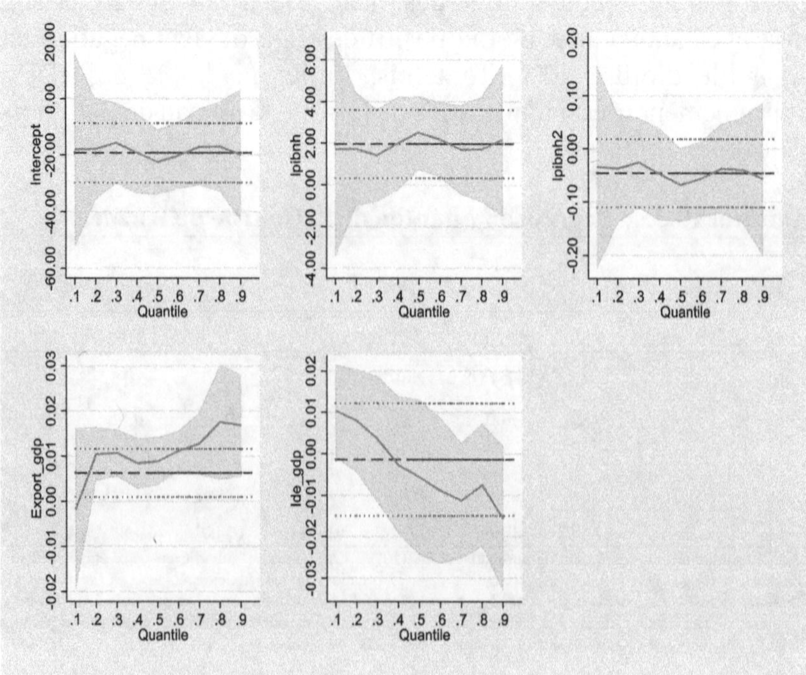

La validité de la régression quantile repose sur l'hétérogénéité des coefficients. En effet, la régression quantile n'est pertinente que si les coefficients changent significativement le long de la distribution de la variable dépendante. Les tests d'égalité des coefficients quantiles ne rejettent pas l'hypothèse nulle. En conséquence, nous privilégions le modèle à effets fixes dont les résultats sont reportés dans le tableau 10.36. La méthode de Driscoll & Kraay (1998) est utilisée pour obtenir les écarts-types robustes à l'hétéroscédasticité ainsi qu'à l'autocorrélation temporelle et transversale. À titre de test de robustesse, nous reportons également les résultats des estimateurs PMG et DOLS.

Tableau 10.36 : Estimateurs FE, PMG et DOLS de la courbe de Kuznets

	FE		PMG		DOLS	
Variable	Coef.	Prob.	Coef.	Prob.	Coef.	Prob.
lpibnh	1.960*	0.004	5.006*	0.001	11.608*	0.000
lpibnh2	-0.045*	0.036	-0.168*	0.005	-0.404*	0.000
export_pib	0.006	0.362	0.002	0.748	0.003	0.560
ide_pib	-0.001	0.825	-0.022*	0.046	-0.039*	0.000

Note : * indique une significativité au seuil de 5%. FE=modèle à effets fixes, PMG=Pooled Mean Group, DOLS=Dynamic OLS. La commande « xtscc » est utilisée pour l'estimation des écarts-types du modèle à effets fixes suivant la méthode non-paramétrique de Driscoll & Kray (1998).L'estimateur PMG est basé sur un modèle ARDL(1, 1, 1, 1, 1). L'estimateur DOLS utilise un retard ainsi qu'une avance des variables explicatives. lco2=log des émissions de dioxyde de carbone par tête ; lpibn=log du PIB par tête ; lpibnh2=le carré du log du PIB par tête ; export_pib=exportations en % PIB; ide_pib=investissements directs étrangers en % PIB.

Les coefficients du revenu et de son carré sont significatifs et respectivement positif et négatif. Aussi, les trois estimateurs confirment-ils la validité de la courbe environnementale de Kuznets pour les pays de l'UEMOA. Ce résultat confirme ceux de Leonard & David (2016), Omotor (2017), Konan & Aklobessi (2021), Baajike *et al*. (2022) et Jian *et al*. (2022). Les exportations sont positivement associées à la dégradation de l'environnement, mais leur effet n'est pas significatif. En revanche, les investissements directs étrangers ont un effet favorable sur l'environnement notamment en réduisant le niveau des émissions de dioxyde de carbone dans l'atmosphère.

10.6 Étude de cas 5 : Le paradoxe de Feldstein-Horioka

10.6.1 Introduction

La croissance économique est au cœur de l'analyse macroéconomique. L'épargne et l'investissement jouent un rôle important dans cette analyse. L'investissement est un facteur de production dont l'importance a été confirmée tant dans les modèles théoriques de croissance que dans les études empiriques. L'épargne permet d'augmenter la disponibilité financière au sein de l'économie pour financer l'investissement. Dans une économie fermée, ou une économie avec parfaite immobilité des capitaux, le niveau d'accumulation du capital est limité par l'épargne domestique.

Toutefois, dans le cas d'une économie ouverte, l'épargne et l'investissement ne sont pas nécessairement égaux puisque le surplus d'épargne peut financer les besoins d'investissement à l'étranger et réciproquement, l'investissement domestique peut être financé par l'épargne étrangère. Ainsi, en situation de parfaite mobilité des capitaux, l'épargne et l'investissement domestiques ne devraient pas être corrélés.

À partir des données de 16 pays de l'OCDE entre 1960 et 1974, Feldstein & Horioka (1980) trouvent une forte relation entre le taux d'épargne et le taux d'investissement. Ils obtiennent que 85% à 95% de l'épargne nationale est investie localement. De ce résultat, les auteurs concluent à un faible niveau d'intégration financière internationale des pays développés. Pourtant, l'hypothèse de parfaite mobilité des capitaux est adoptée dans de nombreux travaux de recherche en économie internationale. L'absence de mobilité internationale du capital pour des économies avancées a été considérée par Obstfeld & Rogoff (2000) comme une énigme (*puzzle*) et comme l'un des six plus grands *puzzles* en économie internationale.

Si le capital est parfaitement mobile, pourquoi l'épargne et l'investissement sont-ils toujours fortement corrélés ? Cette question a suscité une abondante controverse sur le degré d'intégration financière des pays développés. Parallèlement, de nombreuses études ont questionné la robuste des résultats ainsi que la pertinence économique de la problématique de Feldstein & Horioka (1980). Une discussion de ces travaux est faite par Bayoumi (1990), Baxter & Cruccini (1993), Lapp (1996), Shibata & Shintani (1998), Coakley, Kulasi & Smith (1998), Berdot *et al.* (2003), Béreau (2007), Apergis & Tsoumas (2009), Bineau (2010) et Singh (2016).

Yasutomi & Horioka (2011) soutiennent que le paradoxe de Feldstein-Horioka n'en est pas un. Ils proposent une explication du paradoxe à partir de la théorie de la main invisible d'Adam Smith. Les gens préfèrent investir dans leur pays pour des motifs de sécurité en lien notamment avec le risque de change, l'incertitude quant au rapatriement des capitaux, les différences de régimes fiscaux et la double taxation. L'asymétrie de l'information peut également expliquer qu'une partie de l'épargne domestique soit investie localement pour éviter des coûts de transaction élevés (Gordon & Bovenberg, 1996 ; Younas &

Chakraborty, 2011). Feldstein (1994) qualifie ce comportement préférentiel de biais domestique.

La littérature empirique foisonne de résultats controversés quant au degré de mobilité du capital dans différents pays. Plusieurs auteurs confirment le paradoxe de Feldstein–Horioka (Bayoumi, 1990 ; Jansen, 1996 ; Coakley & Kulasi, 1997 ; Sarno & Taylor, 1998 ; Coiteux & Olivier, 2000 ; Caporale *et al.*, 2005 ; Horioka *et al.*, 2016). Par exemple, Sachs (1981, 1982) utilisant diverses méthodes aboutit à une conclusion différente de Feldstein-Horioka en montrant notamment que le capital est très mobile à l'échelle internationale.

Feldstein & Bachetta (1991) examinent un échantillon de 33 pays de l'OCDE sur la période 1974-1986 et parviennent à des résultats assez proches de ceux de Feldstein & Horioka (1980). Dans un article de synthèse, Tesar (1991) montre que la forte corrélation positive entre le taux d'épargne et le taux d'investissement est un résultat robuste sur des échantillons plus ou moins larges de pays de l'OCDE. Cependant, de nombreuses autres études sont parvenues à des conclusions différentes. Dans une étude sur 21 pays de l'OCDE, Krol (1996) trouve un coefficient de rétention de l'épargne dans l'ordre de 0,2, impliquant une forte mobilité du capital. Singh (2013) conclut à une mobilité modérée du capital dans 24 pays de l'OCDE. Konya (2015) rejette l'hypothèse d'une mobilité parfaite du capital dans les pays du BRICS, mais le capital est plus mobile en Afrique du Sud et en Russie qu'en Inde, au Brésil et en Chine.

Concernant les pays Africains, Agbetsiafa (2002) analyse la mobilité du capital dans six pays Africains (Afrique du Sud, Côte d'Ivoire, Ghana, Kenya, Nigeria, et Zambie) et trouve que le capital n'est pas mobile dans ces pays. N'Guessan (2019) examine le paradoxe de Feldstein-Horioka pour 13 pays de la CEDEAO sur la période 1975-2014. En contrôlant l'influence d'autres facteurs tels que la balance commerciale, l'inflation, le crédit à l'économie et le taux de croissance démographique, il obtient un coefficient de rétention de l'épargne de 0,76, suggérant une faible mobilité du capital et donc un faible degré d'intégration financière internationale de ces pays.

Cependant, des études concluent que le capital est relativement mobile dans les pays Africains (De Wet & Van Eyden, 2005 ; Adedeji & Thornton, 2006 ; Payne & Kumazawa, 2005 ; Bangake & Eggoh, 2012). Bahmani & Chakrabarti (2005) appliquent le cadre d'analyse de Feldstein & Horoika (1980) pour estimer la relation entre l'épargne et l'investissement dans un panel de 126 pays sur la période 1960 – 2000. Ils obtiennent un coefficient de rétention de l'épargne de 0,54 à 0,69, impliquant une faible mobilité du capital. Leurs résultats démontrent que les pays à revenus élevés ont un coefficient de rétention de l'épargne plus élevé relativement aux pays à revenus faibles et intermédiaires. L'ouverture commerciale augmente le degré de mobilité du capital en réduisant la corrélation entre l'investissement et l'épargne. Chakrabarti (2006) trouve une mobilité du capital relativement plus élevée dans les pays non-OCDE que dans les pays de l'OCDE. De Wet & Van Eyden (2005) trouvent un coefficient entre 0,286 et 0,349 pour 36 pays africains sur la période 1980-2000.

Dans l'ensemble, les résultats suggèrent une forte mobilité du capital dans la région. Bangake & Eggoh (2011) trouvent un coefficient de rétention de l'épargne de 0,36 pour 37 pays africains sur la période 1970-2006. Ils concluent que le capital est relativement plus mobile dans les pays Africains que dans les pays de l'OCDE. Cette conclusion est confirmée par Bangake & Eggoh (2012). Padawassou (2012) examine le cas de 22 pays Africains et trouvent un coefficient de -0,542, indiquant une mobilité modérée du capital. Toutefois, les résultats révèlent une forte hétérogénéité entre les pays. Islam, Mustafa & Rahman (2015) analysent 40 pays en développement sur la période 1960-2013. Ils concluent à l'existence de la mobilité du capital dans ces pays avec un coefficient de rétention de l'épargne d'environ 0,27. Ouédraogo, Koté & Sorgho (2015) montrent que les capitaux sont relativement plus mobiles dans l'espace CEDEAO, avec un coefficient de rétention de 0,377, que dans les pays développés d'Europe. Plus spécifiquement, les capitaux sont plus mobiles au sein des pays non-UEMOA (0,008) que dans ceux de l'UEMOA (0,116). Selon leurs résultats, la monnaie commune ne serait pas un élément déterminant de la libre circulation des capitaux au sein de la CEDEAO.

Hassan (2016) mène une étude sur la mobilité du capital dans 13 pays de la CEDEAO sur la période 1980-2011. En utilisant plusieurs estimateurs en données de panel, l'auteur trouve que le coefficient de rétention de l'épargne se situe entre 0,3031 et 0,4818. Ces coefficients montrent qu'il y a une faible corrélation entre l'investissement domestique et l'épargne domestique, ce qui atteste d'une forte mobilité du capital dans la CEDEAO. Dzhumashev & Cooray (2017) analysent un panel de 116 pays et trouvent un coefficient de rétention de l'épargne de 0,32 pour l'OCDE, 0,11 pour l'Asie de l'Est et Pacifique et 0,01 pour l'Afrique sub-Saharienne.

Certains travaux montrent que la corrélation entre épargne et investissement n'est pas un indicateur pertinent de la mobilité du capital. En effet, des facteurs communs comme la croissance économique et la croissance démographique, qui affectent les deux agrégats simultanément peuvent créer une forte corrélation qui n'a rien à voir avec la mobilité du capital. De même, la réaction de la politique macroéconomique de façon systématique aux déséquilibres de la balance des opérations courantes peut créer une corrélation entre l'épargne et l'investissement qu'on ne peut pas attribuer à une faible mobilité du capital (Westphal, 1983 ; Artis & Bayoumi, 1989). En cherchant à réduire le déséquilibre extérieur, le pays se focalisera sur son offre nationale, ce qui réduira l'intégration financière des marchés.

Les études en données de panel n'ont pas toujours pris en compte les problèmes d'endogénéité, d'hétérogénéité et de dépendance transversale, qui peuvent biaiser les estimations. Les développements économétriques récents proposent des méthodes d'estimation qui tiennent compte de ces problèmes. La présente étude examine la relation entre le taux d'épargne et le taux d'investissement dans les pays de l'UEMOA sur la période 1993-2022.

10.6.2 Faits stylisés

Le tableau 10.37 présente les taux d'investissement et d'épargne dans les pays de l'UEMOA. Globalement, les taux d'investissement et d'épargne ont fortement progressé dans l'Union, passant respectivement de 13,14% et 3,54% en 1993 à 27,37% et 17,83% en 2022. Sur la période 1993-2022, on note une forte corrélation entre ces deux taux (*corr=0,91*).

Ainsi, les taux d'investissement et d'épargne évoluent dans le même sens. On observe cette progression des taux dans tous les pays sauf au Mali où le taux d'investissement est passé de 18,12% à 18,51%. À l'exception du Mali, la corrélation entre les taux d'investissement et d'épargne est positive et significative dans tous les autres pays. On note une disparité dans la corrélation entre le taux d'épargne et le taux d'investissement.

Tableau 10.37 : Taux d'investissement et taux d'épargne (% PIB)

	Taux d'investissement			Taux d'épargne			corr
Pays	1993	2000	2022	1993	2000	2022	
Benin	13.88	18.72	36.13	5.60	9.87	28.89	0.927
Burkina Faso	18.75	16.49	22.79	7.74	-2.86	20.45	0.741
Cote d'Ivoire	9.34	16.36	25.10	13.32	16.50	22.62	0.580
Mali	18.12	17.67	18.51	-0.04	6.71	9.58	0.012
Niger	9.14	12.89	31.17	2.25	7.11	12.51	0.871
Senegal	14.65	19.22	34.37	1.86	9.22	17.09	0.834
Togo	8.13	10.94	23.55	-5.94	5.28	13.64	0.584
Panel	**13.14**	**16.04**	**27.37**	**3.54**	**7.40**	**17.83**	**0.914**

Note : Les taux moyens sont calculés comme moyenne simple des taux annuels. Les taux au niveau du panel sont les moyennes simples des taux par pays. « corr » désigne le coefficient de corrélation entre le taux d'épargne et le taux d'investissement.

Le graphique 10.4 représente l'évolution des taux d'investissement et d'épargne sur la période 1993-2022. On constate une corrélation positive entre les deux variables.

Graphique 10.4: Évolution du taux d'investissement et du taux d'épargne (1993-2022)

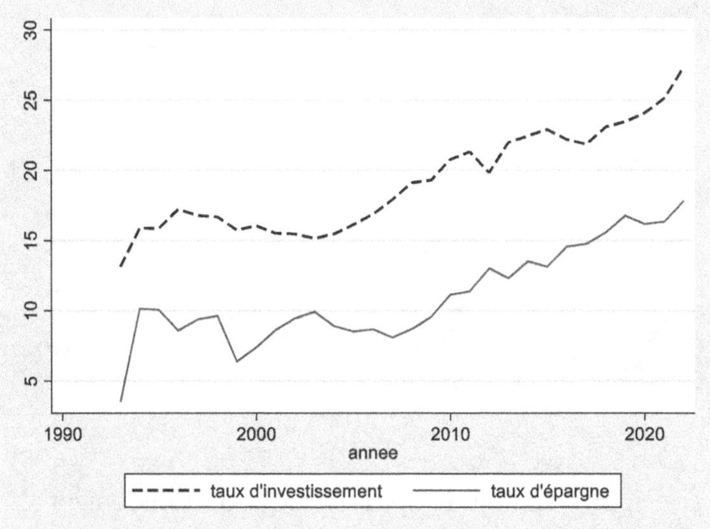

Si le graphique précédent autorise une comparaison dans le temps entre les deux variables, il ne permet pas une comparaison entre les pays de l'échantillon. Les pays ayant les taux d'épargne les plus élevés ont-ils les taux d'investissement les plus élevés ? Afin d'examiner cette question, nous représentons dans le graphique 10.5 la relation entre le taux d'investissement et le taux d'épargne moyens sur la période 1993-2022 pour chaque pays de l'échantillon. Ce graphique laisse apparaître une faible corrélation entre les deux variables. Avec un taux d'épargne moyen d'environ 10%, le Burkina Faso et le Mali enregistrent un taux d'investissement moyen de 19%. Pour un taux d'épargne presqu'identique, le Niger et le Sénégal ont un taux d'investissement plus élevé (21%) que ceux du Burkina Faso et du Mali. Le Bénin et la Côte d'Ivoire ont les taux d'épargne moyens les plus élevés (13,5% et 20%, respectivement), mais enregistrent des taux d'investissement moyens plus bas (19,5% et 18,1%, respectivement) que ceux du Sénégal et du Niger.

Graphique 10.5: Relation entre taux d'investissement et taux d'épargne moyens (1993-2022)

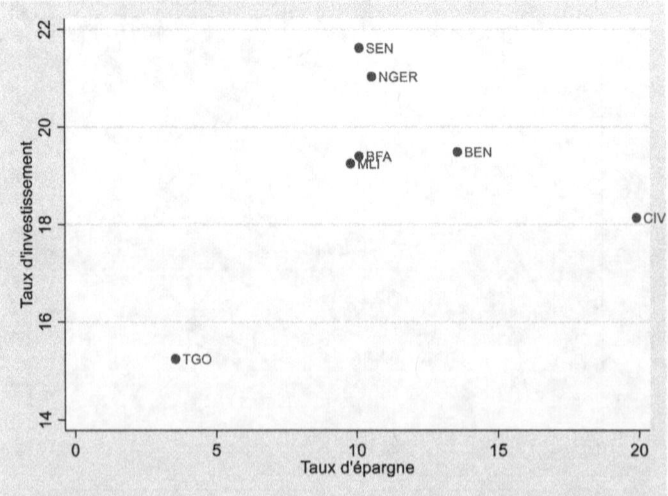

A priori, la relation entre le taux d'investissement et le taux d'épargne ne permet pas de se prononcer sur la validité du paradoxe de Feldstein-Horioka dans les pays de l'UEMOA. La prochaine section présente la méthodologie utilisée pour vérifier la réalité de ce paradoxe dans ces pays.

10.6.3 Méthodologie

La présente étude estime la relation entre le taux d'investissement et le taux d'épargne dans les pays de l'UEMOA. Suivant la littérature existante, nous spécifions le modèle sous la forme suivante :

$$fbcf\_pib_{it} = \alpha_i + \beta sav\_pib_{it} + \mu_{it} \quad (10.8)$$

où *fbcf_pib* et *sav_pib* désignent respectivement le taux d'investissement et le taux d'épargne.

Le coefficient β est appelé « *coefficient de rétention de l'épargne* » (Feldstein & Bachetta, 1991). Avec une mobilité du capital parfaite, les investisseurs sont en mesure d'investir partout dans le monde. Dans ces conditions, il ne devrait pas avoir de corrélation entre les taux domestiques d'épargne et d'investissement.

Plusieurs cas peuvent se présentés :

- Si $\beta = 1$ alors l'investissement est parfaitement corrélé avec l'épargne. L'épargne est totalement investie localement et les investisseurs ne s'intéressent pas aux investissements à l'étranger.

- Si $\beta = 0$ alors il y a une parfaite mobilité du capital. Toutefois, une parfaite mobilité du capital est compatible avec une forte corrélation entre l'épargne et l'investissement (Wong, 1990 ; Baxter & Crucini, 1993 ; Grinols, 1996 ; Shibata & Shintani, 1998 ; Ho, 2003).

- Si le coefficient β est significativement différent de un, alors les marchés des capitaux sont partiellement intégrés.

Pour estimer la relation ci-dessus, nous procédons en plusieurs étapes. (1) Nous testons la dépendance transversale dans les séries en utilisant le test de Pesaran (2004). L'hypothèse nulle de ce test est l'absence de corrélation entre les individus. Si cette hypothèse n'est pas vérifiée, les estimateurs classiques ne sont pas efficaces et les écarts-types sont biaisés. (2) Nous examinons la stationnarité des variables en utilisant le test de racine unitaire CIPS de Pesaran (2007). L'hypothèse nulle de ce test est que les séries sont non-stationnaires. (3) Nous testons, dans une troisième étape, l'existence d'une relation de cointégration entre les variables. À cet égard, nous appliquons les tests de Pedroni (2004), de Kao (1999) et de Westerlund (2007).

La théorie de la cointégration précise les conditions dans lesquelles il est approprié d'estimer une relation entre des variables qui ne sont pas stationnaires. (4) Nous testons l'homogénéité de la relation en utilisant les tests de Hausman (1978), le test de Hsiao (1986) et le test de Blomquist & Westerlund (2013). (5) Nous estimons la relation de long terme en utilisant plusieurs estimateurs notamment OLS, *within*, GLS, MG, PMG, DOLS, FMOLS et CCR. Afin de prendre en compte l'hétérogénéité et la dépendance transversale, nous appliquons les estimateurs CCEMG et AMG. (6) Nous testons le sens de la causalité entre le taux d'investissement et le taux d'épargne en utilisant la méthode de Toda & Yamamoto (1995).

10.6.4 Résultats empiriques

Avant d'analyser les résultats des estimations, nous présentons les statistiques descriptives des variables et nous effectuons les tests de dépendance transversale, de racine unitaire et de cointégration.

- **Statistiques descriptives**

Le tableau ci-dessous présente les statistiques descriptives des variables. Le taux d'investissement moyen est de 19,16% avec un minimum de 8,13% et un maximum de 36,13%. Le taux d'épargne domestique a une valeur moyenne de 11,07% et fluctue entre -6,99% et 28,89%. Le coefficient de corrélation (*corr*=0,509) indique que les deux variables sont positivement corrélées. Cela signifie que le taux d'investissement et le taux d'épargne évoluent dans le même sens. Toutefois, la corrélation ne renseigne pas sur le sens de la causalité.

Tableau 10.38 : Statistiques descriptives des variables

Variable	Obs	Mean	Std. Dev.	Min	Max	Corr
fbcf_pib	210	19.16	5.39	8.13	36.13	0.51^*
sav_pib	210	11.07	6.69	-6.99	28.89	

Note : fbcf_pib = formation brute de capital fixe en % PIB, sav_pib=taux d'épargne domestique en % PIB. *corr* désigne le coefficient de corrélation entre les deux variables. * indique une significativité au seuil de 5%. les deux variables. * indique une significativité au seuil de 5%.

- **Tests préliminaires**

Les résultats des tests de dépendance transversale sont reportés dans le tableau 10.39. Ces résultats indiquent la présence de dépendance transversale dans les séries. Les corrélations moyennes entre les séries-pays sont positives. Sur la base de ces résultats, nous effectuons les tests de racine unitaire pour analyser la stationnarité des séries. Nous appliquons les tests IPS de Im, Pesaran & Shin (2003), ADF-Fisher de Maddala & Wu (1999) et CIPS de Pesaran (2007). L'hypothèse nulle du test de Maddala & Wu (1999) est que chaque série dans le panel possède une racine unitaire et l'hypothèse alternative suppose que soit une partie soit toutes les séries sont stationnaires. Le test de Im, Pesaran & Shin (2003) permet également, sous l'hypothèse alternative, la prise en compte de l'hétérogénéité des coefficients autorégressifs entre les différents individus.

Toutefois, ces deux tests ne prennent pas en compte la dépendance transversale. Le test CIPS tient compte de ce problème. En plus de ces trois tests, nous réalisons le test de Karavias & Tzavalis (2014) qui permet de contrôler les changements structurels dans les séries. Ce test s'inspire de ceux de Zivot & Andrews (1992) et de Lumsdaine & Papell (1997) en séries temporelles. Il autorise la présence d'une ou deux ruptures structurelles dans les composantes déterministes de la série (constante et tendance). L'hypothèse nulle du test est que la série a une racine unitaire pour tous les individus du panel. L'hypothèse alternative est que pour certains individus du panel, la série est stationnaire avec rupture dans les composantes déterministes. Toutefois, les dates de rupture sont supposées communes à tous les individus même si l'ampleur de la rupture diffère suivant les individus. Le test est robuste à la non-normalité, à l'hétéroscédasticité, à la dépendance transversale ainsi qu'à l'hétérogénéité.

Tableau 10.39 : Test de dépendance transversale

Variable	CD-test	*p*-value	corr
fbcf_pib	9.55*	0.000	0.380
sav_pib	9.71*	0.000	0.387

Note : * indique le rejet de l'hypothèse nulle d'indépendance transversale au seuil de 5%. *fbcf_pib* = formation brute de capital fixe en % PIB, *sav_pib* = taux d'épargne domestique en % PIB.

La mise en œuvre des tests de racine unitaire pour chaque série aboutit aux résultats du tableau 10.40. Il ressort de ce tableau que le taux d'investissement est non-stationnaire en niveau, mais stationnaire en différence première. Les résultats sont mitigés pour le taux d'épargne selon l'inclusion ou non de la tendance. En effet, les tests IPS et ADF-Fisher concluent que le taux d'épargne est non-stationnaire lorsque la tendance n'est pas prise en compte dans le modèle tandis que le test CIPS suggère qu'elle est stationnaire. Néanmoins, en prenant en compte la tendance, tous les tests concluent à la non-stationnarité du taux d'épargne.

Lorsqu'on contrôle la présence de changement structurel dans les séries, le test de Karavias & Tzavalis (2014) indique que la série du taux d'investissement n'est pas stationnaire, mais la série du taux d'épargne est stationnaire dans le modèle avec constante et non-stationnaire dans le modèle avec constante et tendance.

Les tests effectués sur les différences premières des séries montrent qu'elles sont stationnaires. Par conséquent, les variables *fbcf_pib* et *sav_pib* sont intégrées d'ordre un. De ce fait, il est possible de mener une analyse de la cointégration.

Tableau 10.40 : Tests de racine unitaire

	Constante				Constante et trend				Décision
Variable	IPS	ADF Fisher	KT	CIPS	IPS	ADF-Fisher	CIPS	KT	
fbcf_pib	1.97	1.04	-0.27	-1.85	1.10	-0.22	-1.93	-1.27	I(1)
sav_pib	0.65	2.02	-3.52*	-2.41*	-0.15	1.37	-2.27	-2.57	I(1)
Δfbcf_pib	-10.60*	-2.40*	-23.42*	-4.63*	-10.12*	-1.52**	-4.89*	-13.11*	I(0)
Δsav_pib	-11.57*	-3.32*	-23.08*	-5.27*	-10.26*	-2.54*	-5.41*	-13.48*	I(0)

Notes : * (**) indique le rejet de l'hypothèse nulle de racine unitaire au seuil de 5% (10%). *fbcf_p*ib = formation brute de capital fixe en % du PIB, *sav_pib*=taux d'épargne domestique en % du PIB, « Δ » désigne la différence première. Le retard maximum est fixé à 3. KT reporte la statistique *minZ* du test de Karavias & Tzavalis (2014).

Le caractère non-stationnaire des séries nous conduit à tester la présence d'une relation de cointégration entre les variables. Pour cela, nous appliquons les tests de Kao (1999), de Pedroni (2004) et de Westerlund (2005, 2007). Le test de Kao est une extension du test de Engle-Granger en séries temporelles. Ce test applique le test ADF au résidu de la relation entre les variables. Notons que ce test suppose l'homogénéité de la relation de cointégration. Autrement dit, il ne tient pas compte de l'hétérogénéité des coefficients de la relation de cointégration sous l'hypothèse alternative.

Les tests de Pedroni (2004) et de Westerlund (2005) autorisent l'hétérogénéité des individus. Le test de Pedroni (2004) est basé sur le calcul de sept statistiques dont quatre reposent sur la dimension intra-individuelle et trois sur la dimension interindividuelle. Ces deux catégories de tests diffèrent quant à la spécification de l'hypothèse alternative. En effet, les tests basés sur la dimension interindividuelle prennent en compte l'hétérogénéité dans la mesure où sous l'hypothèse alternative, il y a une relation de cointégration pour chaque individu du panel et les paramètres de cette relation de cointégration peuvent différer d'un individu à l'autre. Toutefois, ces tests ne contrôlent pas la dépendance transversale dans les résidus. Le test de Westerlund (2007) corrige la dépendance transversale à l'aide de la technique du *bootstrap*. Ce test s'effectue à partir de l'estimation d'un modèle à correction d'erreur en présence d'hétérogénéité.

Les résultats des tests de cointégration sont reportés dans le tableau 10.41. Les résultats des tests de Pedroni (2004), et plus précisément les statistiques *group*-ADF et *panel*-ADF, rejettent l'hypothèse nulle d'absence de cointégration entre les variables. Par ailleurs, deux statistiques de test acceptent l'hypothèse nulle d'absence de cointégration. Le test de Westerlund (2005) ne permet pas de rejeter l'hypothèse nulle. Wagner (2008) et Wagner & Hlouskova (2009) comparent les performances des tests de cointégration de Pedroni (1999, 2004), Westerlund (2005), Larsson *et al.* (2001) et Breitung (2005). Ils concluent que le test de Pedroni est plus performant que les autres tests. En outre, parmi les sept statistiques de tests, les statistiques *group*-ADF et *panel*-ADF ont les meilleures propriétés pour les petits échantillons, conformément aux simulations de Pedroni. Les tests de Kao confirment l'existence de cointégration entre les variables. En prenant en compte la dépendance transversale, le test de Westerlund (2007) met en évidence l'existence de cointégration entre les variables. Sur la base des résultats des tests effectués, nous affirmons qu'il existe une relation de cointégration entre le taux d'investissement et le taux d'épargne.

Tableau 10.41 : Résultats des tests de cointégration

Test de Pedroni (2004)	**Stat.**	***p-value***
AR hétérogène		
Modified Phillips-Perron *t*	-1.070	0.142
Phillips-Perron *t*	-2.009*	0.022
Augmented Dickey-Fuller *t*	-3.289*	0.000
AR homogène		
Modified variance ratio	0.701	0.241
Modified Phillips-Perron *t*	-2.186*	0.014
Phillips-Perron *t*	-2.087*	0.018
Augmented Dickey-Fuller *t*	-3.053*	0.001

Test de Westerlund (2007)	Value	Z-value	*p*-value	Robuste *p-value*
t	-2.318*	1.590	0.056	0.050
G_a	-8.726*	0.770	0.221	0.020
P_t	-5.643*	1.823	0.034	0.030
P_a	-6.889*	1.585	0.057	0.010

Test de Kao (1999)		
Modified Dickey-Fuller *t*	-1.768*	0.038
Dickey-Fuller *t*	-1.690*	0.045
Augmented Dickey-Fuller *t*	-1.266	0.102
Unadjusted modified Dickey Fuller *t*	-2.777*	0.002
Unadjusted Dickey-Fuller *t*	-2.119*	0.017

Test de Westerlund (2005)	Stat.	*p*-value
AR hétérogène		
Variance ratio	-0.630	0.264
AR homogène		
Variance ratio	-0.931	0.175

Note: * indique le rejet de l'hypothèse nulle d'absence de cointégration au seuil de 5%. Les tests de Pedroni et de Kao utilisent le critère AIC avec un retard maximum fixé à 3. Le test de Westerlund utilise un retard et deux avances pour chaque série. La largeur de la fenêtre du noyau de Bartlett, utilisée pour l'estimation de la variance de long terme, est égale à 4(T/100)^2/9=3. Les *p-values* robustes sont calculées à partir de la méthode *bootstrap* avec 100 réplications. La méthode *bootstrap* est robuste à la présence de dépendance transversale.

- **Relation de long terme**

Sur la base des résultats des tests de cointégration, nous estimons la relation de long terme entre le taux d'investissement et le taux d'épargne. Nous estimons à titre de *benchmark* le modèle sans effets (*pool*), le modèle à effets fixes et le modèle à effets aléatoires. Le modèle sans effets suppose l'homogénéité des individus et la constance de tous les coefficients de la relation. Il est estimé à l'aide de l'estimateur MCO sur les données empilées. Les résultats des trois modèles sont reportés dans le tableau 10.42. Le coefficient de rétention de l'épargne varie entre 0,41 et 0,65. Ces coefficients significatifs au seuil de 1% suggèrent une faible mobilité du capital dans l'UEMOA et donc une faible intégration financière internationale de cette zone. Le test de Fisher indique que l'hypothèse nulle d'absence d'effets individuels est rejetée au seuil de 1%. Par conséquent, il existe une hétérogénéité individuelle dans la relation entre le taux d'investissement et le taux d'épargne. Le test de Hausman (*H*=7.75, *p-value*=0.005) suggère que l'hétérogénéité individuelle peut être captée par un modèle à effets fixes. Les résidus du modèle à effets fixes ne présentent pas de dépendance transversale.

Tableau 10.42 : Résultats des modèles classiques

	Pool			*Effets fixes*			*Effets aléatoires*		
Variables	Coef.	S.E.	Prob.	Coef.	S.E.	Prob.	Coef.	S.E.	Prob.
sav_pib	0.410*	0.048	0.000	0.659*	0.055	0.000	0.613*	0.053	0.000
Constante	14.623*	0.621	0.000	11.865*	0.668	0.000	12.367*	1.030	0.000
R^2	0.259			0.259			0.259		
R^2 *within*				0.413			0.413		
R^2 *between*				0.080			0.080		
Fisher (*pool* vs FE)				15.13* [0.000]					
CD test		4.17* [0.000]		1.52 [0.128]			1.88** [0.060]		
Hausman (RE vs. FE)				7.75* [0.005]					

Note: * indique une significativité au seuil de 5%. La variable dépendante est le taux d'investissement (*fbcf_pib*), *sav_pib*=taux d'épargne.

Nous examinons la question de l'hétérogénéité de la relation estimée. À cet égard, nous appliquons les estimateurs *Pooled Mean Group* (PMG) et *Mean Group* (MG) proposés respectivement par Pesaran *et al.* (1999) et Pesaran & Smith (1995). L'estimateur PMG combine à la fois le *pooling* et la moyenne en imposant une contrainte d'égalité des coefficients de long terme, mais en permettant aux coefficients de court terme d'être différents d'un pays à l'autre.

L'estimateur MG impose l'hétérogénéité à tous les coefficients de court et de long terme. L'estimateur PMG est un bon estimateur dans le cas où la restriction imposée est vérifiée, mais en cas d'hétérogénéité cet estimateur est biaisé. Le choix entre les estimateurs PMG et MG se fait grâce au test de Hausman.

Les résultats sont reportés dans le tableau 10.43. Les coefficients d'ajustement sont négatifs et significatifs au seuil de 5%, confirmant l'existence d'un mécanisme à correction d'erreur caractérisant la dynamique du taux d'investissement. Le test de Hausman ($\chi 2(1)$=5,25, *p-value*=0,022) indique que la relation de long terme n'est pas homogène. Ce résultat est confirmé par les tests d'homogénéité de Hsiao (1986) et de Blomquist & Westerlund (2013), dont les résultats sont reportés dans le tableau 10.44.

En conséquence, nous devons utiliser une méthode d'estimation qui prenne en compte l'hétérogénéité à la fois dans la constante et dans le coefficient de rétention de l'épargne. Le coefficient de rétention de l'épargne issu de l'estimateur MG est de 0,55, ce qui implique qu'une augmentation du taux d'épargne d'un point de pourcentage s'accompagne d'une hausse du taux d'investissement de 0,55 point de pourcentage, toutes choses égales par ailleurs.

Tableau 10.43 : Coefficients de rétention de l'épargne par PMG et MG

	PMG			MG		
Variable	Coef.	*t*-stat.	Prob.	Coef.	*t*-stat.	Prob.
Panel A: Long terme						
sav_pib	1.151*	6.97	0.000	0.553**	1.87	0.061
Panel B: Court terme						
ECT_{t-1}	-0.156*	-2.24	0.025	-0.247*	-4.19	0.000
Δsav_pib	0.003	0.04	0.971	0.008	0.09	0.932
Constante	0.887**	1.84	0.066	2.721*	3.09	0.002
Hausman test	5.25* [0.022]					

Note : * indique une significativité au seuil de 5%. Les estimations sont faites à partir d'un modèle ARDL(1,1).

Tableau 10.44 : Tests d'homogénéité de Blomquist-Westerlund et de Hsiao

	Blomquist-Westerlund		Hsiao		
	Delta	Delta-adj.	F_1	F_2	F_3
Stat.	6.120*	6.524*	22.388*	20.769*	15.125*
p-value	0.000	0.000	0.000	0.000	0.000

Note: * indique le rejet de l'hypothèse nulle d'homogénéité des coefficients au seuil de 5%. Le test de Blomquist-Westerlund utilise un retard des variables et corrige l'autocorrélation ainsi que l'hétéroscédasticité.

En complément de l'estimation MG-ARDL, nous appliquons les estimateurs MG statiques, DOLS, FMOLS et CCR. Les trois derniers estimateurs permettent de corriger les problèmes d'endogénéité et d'autocorrélation. Les résultats sont reportés dans le tableau 10.45. Le coefficient de rétention de l'épargne au niveau du panel est significatif et varie entre 0,75 et 0,89 selon les estimateurs. Ces coefficients sont révélateurs d'une absence de mobilité du capital et donc d'un faible degré d'intégration financière internationale. Toutefois, la situation des pays fait apparaître des disparités. L'absence de mobilité du capital est observée au Bénin, en Côte d'Ivoire, au Niger, au Sénégal et au Togo. En revanche, le capital est plus mobile au Burkina Faso et au Mali. Cependant, ces résultats pourraient être biaisés en présence de dépendance transversale.

Tableau 10.45: Coefficients de rétention de l'épargne par MG, DOLS, FMOLS et CCR

	MG		DOLS		FMOLS		CCR	
Pays	Coef.	*t*-stat.	Coef.	*t*-stat.	Coef.	*t*-stat.	Coef.	*t*-stat.
Benin	0.89*	12.76	0.86*	22.82	0.98*	21.82	1.00*	19.24
Burkina Faso	0.34*	5.85	0.36*	4.85	0.29*	9.64	0.29*	9.38
Côte d'Ivoire	0.67*	3.77	1.05*	9.88	0.81*	4.84	0.79*	4.97
Mali	0.00	0.07	0.14	1.44	-0.06	-0.96	-0.05	-0.94
Niger	1.84*	9.39	2.16*	16.76	2.06*	18.10	2.05*	19.00
Sénégal	1.00*	8.02	1.10*	4.61	1.27*	5.87	1.23*	6.20
Togo	0.48*	3.81	0.59*	5.06	0.84*	3.09	0.81*	3.10
Panel	**0.75***	**3.36**	**0.89***	**24.72**	**0.89***	**23.59**	**0.87***	**23.03**

Note : * indique une significativité au seuil de 5%. La variable dépendante est le taux d'investissement (*fbcf_pib*) et les coefficients reportés sont ceux du taux d'épargne (*sav_pib*). MG=estimateur mean group statique de Pesaran & Smith (1995). DOLS=Dynamics OLS avec un retard et une avance, FMOLS=Fully Modified OLS, CCR=Canonical Cointegration Regression.

Afin d'examiner la robustesse des résultats précédents à la dépendance transversale, nous utilisons les estimateurs *Common Correlated Effects Mean Group* (CCEMG) et *Augmented Mean Group* (AMG) proposés respectivement par Pesaran (2006) et Eberhardt & Teal (2010). Les résultats sont donnés dans le tableau 10.46. Les deux estimateurs donnent des résultats assez proches. La prise en compte de la dépendance transversale entraîne une baisse significative des coefficients. Ainsi, le coefficient de rétention de l'épargne dans la zone UEMOA passe de 0,8 à 0,4. Un tel résultat indique que les pays de l'Union sont faiblement intégrés au système financier international. On observe des disparités notables entre les pays. Le coefficient de rétention de l'épargne est élevé pour le Bénin (0,8) et le Niger (0,9), indiquant une immobilité du capital dans ces deux pays. Le capital serait modérément mobile au Burkina Faso et au Sénégal. En revanche, la Côte d'Ivoire, le Mali et le Togo sont les pays de l'Union où le capital serait parfaitement mobile et donc qui auraient un degré d'intégration financière relativement élevé.

Tableau 10.46 : Coefficients de rétention de l'épargne par CCEMG et AMG

	CCEMG			AMG		
Pays	Coef.	*t*-stat.	Prob.	Coef.	*t*-stat.	Prob.
Benin	0.893*	5.73	0.000	0.791*	6.27	0.000
Burkina Faso	0.591*	6.91	0.000	0.518*	6.25	0.000
Côte d'Ivoire	0.017	0.11	0.912	0.031	0.24	0.814
Mali	0.007	0.07	0.942	0.004	0.04	0.965
Niger	0.979*	4.15	0.000	0.951*	3.87	0.000
Sénégal	0.549*	3.55	0.000	0.508*	4.28	0.000
Togo	0.049	0.41	0.683	0.031	0.40	0.691
Panel	**0.441***	**2.79**	**0.005**	**0.405***	**2.75**	**0.006**

Note : * (**) indique une significativité au seuil de 5% (10%). La variable dépendante est le taux d'investissement (*fbcf_pib*) et les coefficients reportés sont ceux du taux d'épargne (*sav_gdp*).

- **Analyse de robustesse**

Une critique majeure de l'équation standard de Feldstein & Horioka (1980) vient de l'omission des variables explicatives pertinentes de l'investissement autres que l'épargne.

En effet, plusieurs facteurs affectant à la fois le taux d'investissement et le taux d'épargne peuvent causer une forte corrélation entre ces variables sans nécessairement signaler une faible mobilité du capital et un faible niveau degré d'intégration financière (Obstfeld, 1986). Au nombre de ces facteurs, nous avons la croissance économique, la croissance démographique les changements technologiques, l'environnement institutionnel, la réglementation financière et le niveau de développement du système financier. Montiel (1994), Vamvakidis & Wacziarg (1998), De Wet & Eyden (2005), Balavac (2011) et Younas & Chakraborty (2011) montrent que l'omission de l'aide extérieure ainsi que des transferts personnels pourrait exagérer le degré de mobilité du capital notamment pour les pays en développement.

Le rôle du niveau de développement financier (Ndikumana, 2000 ; Kasuga, 2004 ; Payne & Kumazawa, 2005 ; Dzhumashev & Cooray, 2017 ; Raheem, 2017), de l'ouverture commerciale (Wong, 1990 ; Isaksson, 2001 ; Bahmani-Oskooee & Chakrabarti, 2005 ; Fouquau *et al.,* 2008 ; Samba, 2010 ; N'Guessan, 2019), de la gouvernance (Kisangani, 2006 ; Raheem, Ajide & Adeniyi, 2015) et de l'investissement direct étranger (Akadiri, Apinran & Usman, 2020) a également été mis en évidence pour expliquer le taux d'investissement domestique. L'omission de ces facteurs et donc leur inclusion dans le terme d'erreur, créé un problème d'endogénéité du taux d'épargne, qui risquerait d'affecter les estimations. En incluant ces variables, certains auteurs parviennent à confirmer la forte mobilité du capital dans différentes régions y compris les pays Africains.

Afin d'examiner le biais d'omission de variables, nous ajoutons au modèle standard le taux d'inflation, le taux de croissance démographique, les transferts des migrants et le crédit à l'économie. Le taux d'inflation et le taux de croissance démographique sont exprimés en pourcentage. Les transferts et le crédit sont exprimés en pourcentage du PIB. Les résultats sont reportés dans le tableau ci-dessous.

Tableau 10.47 : Coefficients de rétention de l'épargne du modèle augmenté

	CCEMG			AMG		
Pays	Coef.	*t*-stat.	Prob.	Coef.	*t*-stat.	Prob.
Benin	0.477**	1.89	0.059	0.596*	3.53	0.000
Burkina Faso	0.619*	5.75	0.000	0.360*	3.79	0.000
Côte d'Ivoire	0.139	0.87	0.387	0.064	0.62	0.536
Mali	-0.006	-0.05	0.961	0.047	0.40	0.691
Niger	0.020	0.07	0.941	0.078	0.25	0.802
Sénégal	0.458*	1.96	0.050	0.356*	2.82	0.005
Togo	0.243	1.98	0.048	-0.018	-0.21	0.831
Panel	**0.278***	**3.03**	**0.002**	**0.212***	**2.47**	**0.013**

Note : * (**) indique une significativité au seuil de 5% (10%). La variable dépendante est le taux d'investissement (*fbcf_pib*) et les coefficients reportés sont ceux du taux d'épargne (*sav_pib*).

En contrôlant l'influence des variables de contrôle, nous constatons une baisse significative du coefficient de rétention de l'épargne. En effet, le coefficient de rétention de l'épargne ressort à 0,2 contre 0,4 précédemment. Ce coefficient suggère l'existence de la mobilité internationale du capital dans l'UEMOA. La situation de chaque pays révèle un fort degré d'intégration financière des pays de la zone.

En définitive, les résultats de cette étude confirment qu'il y a, en premier lieu, un manque de mobilité des capitaux en considérant l'équation standard de Feldstein & Horioka (1980). Ensuite, en prenant en compte l'influence de la démographie, de l'inflation, des transferts et du crédit au secteur privé, les résultats montrent qu'il y a une faible corrélation entre le taux d'investissement et le taux d'épargne domestique dans les pays de l'UEMOA. Ces coefficients sont favorables à la mobilité internationale du capital dans les pays de l'UEMOA. Ce résultat est conforme à ceux de De Wet & Van Eyden (2005), Payne & Kumazawa (2005), Adedeji & Thornton (2006), Bangake *et al.* (2011), Raheem, Ajide & Adeniyi (2015) et Hassane (2016).

- **Tests de causalité**

L'existence d'une relation de cointégration implique la causalité dans au moins une direction.

Nous testons la causalité entre le taux d'investissement et le taux d'épargne. À cet égard, nous adoptons l'approche de Toda & Yamamoto (1995). Cette méthode consiste à estimer un modèle VAR en niveau augmenté d'un retard supplémentaire représentant ici l'ordre d'intégration maximum des variables. En raison de la présence d'hétérogénéité et de dépendance transversale, nous estimons les équations du VAR augmenté à l'aide des estimateurs CCEMG et AMG. Nous appliquons également l'estimateur *Mean Group* à des fins de comparaison. Les résultats des tests de causalité sont synthétisés dans le tableau 10.48 ci-dessous. Les résultats mettent en évidence une causalité bidirectionnelle entre le taux d'investissement et le taux d'épargne. Ce résultat confirme l'endogénéité du taux d'épargne dans les pays de l'UEMOA. L'endogénéité de l'épargne est l'une des critiques faites aux résultats de Feldstein & Horioka (1980). Ce problème rend les estimateurs non convergents et biaise les tests de la mobilité du capital. Les méthodes d'estimation utilisées dans cette étude ont l'avantage de prendre en compte l'endogénéité du taux d'épargne ainsi que l'hétérogénéité et la dépendance transversale.

Tableau 10.48 : Résultats du test de causalité de Toda-Yamamoto

	p=1			*p=2*		
H_0	MG	AMG	CCEMG	MG	AMG	CCEMG
sav_pib ↛ fbcf_pib	1.26 [0.261]	0.57 [0.450]	3.40^{**} [0.065]	2.18 [0.336]	2.94 [0.229]	14.02^{*} [0.000]
fbcf_pib ↛ sav_pib	4.13^{*} [0.042]	4.06^{*} [0.044]	3.20^{**} [0.073]	5.23^{**} [0.073]	4.46 [0.107]	7.07^{*} [0.029]

Note : * (**) indique une significativité au seuil de 5% (10%). Les valeurs sont les statistiques du Khi-deux avec les *p-values* entre crochets.

10.7 Étude de cas 6 : Effets asymétriques des dépenses publiques sur la croissance économique

10.7.1 Introduction

L'effet de la politique budgétaire sur la croissance économique est un sujet de controverse tant au niveau théorique qu'au plan empirique. Au plan théorique, quatre paradigmes peuvent être distingués. Bernheim (1989), Hemming *et al*. (2002), Bergh & Henrekson (2011) et Colombier (2015) en présentent une revue.

Le courant Keynésien défend l'idée que les dépenses publiques peuvent être utilisées pour stimuler une croissance économique jugée molle. En effet, la dépense publique stimule la demande globale des biens et services adressée au secteur privé. Cette demande pour être satisfaite nécessite une hausse de l'investissement ainsi que de l'emploi et subséquemment une augmentation de la production.

Les tenants de la théorie néoclassique réfutent ce point de vue et font valoir que les dépenses publiques peuvent affecter le niveau de la production, mais pas le taux de croissance qui est déterminé par les facteurs exogènes tels que la croissance démographique et le progrès technique (Solow, 1956 ; Swan, 1956). Cette théorie prédit la convergence à long-terme des économies. Plus récemment, les théoriciens de la croissance endogène démontrent que les dépenses publiques exercent une influence directe sur la croissance à long terme en améliorant la productivité du capital privé (Lucas, 1988 ; Barro, 1990 ; Romer, 1990). Toutefois, l'effet favorable des dépenses publiques pourrait être compensé par l'impact négatif des impôts et taxes nécessaires pour leur financement. Le financement des dépenses publiques par la dette pourrait créer un effet d'éviction sur l'investissement privé en raison de la pression exercée sur les ressources financières disponibles dans l'économie. Les intermédiaires financiers préfèreront prêter à l'État plutôt qu'au secteur privé, ce qui réduira les investissements privés.

La théorie de l'équivalence Ricardienne démontre que, quel que soit le mode de financement, les dépenses publiques n'ont aucun impact sur la croissance économique parce que les agents économiques prennent en compte la contrainte budgétaire de l'État dans leur contrainte budgétaire intertemporelle. Par exemple, en cas d'augmentation des dépenses publiques financées par la dette, les agents s'attendent à supporter eux-mêmes le poids des remboursements et réduisent leur consommation au profit de l'épargne, de sorte que la demande globale reste inchangée (Kormendi, 1983 ; Modigliani & Sterling, 1986 ; Giavazzi & Pagano, 1990 ; Sutherland, 1997). Tout se passe comme si la demande publique se substituait à la demande privée. On retrouve le principe de l'équivalence ricardiennne formalisé par Barro (1974, 1989).

Sur le plan empirique, les évidences sur le lien entre les dépenses publiques et la croissance économique sont mitigées. Certains travaux trouvent un effet positif des dépenses publiques sur la croissance (Ghura & Hadjimichael, 1996 ; Ghali, 1999 ; Yasin, 2003 ; Blanchard & Perotti, 2002 ; Bose *et al.*, 2007 ; Ouattara, 2008 ; Gregoriou & Ghosh, 2009 ; Batamba *et al.*, 2024), tandis que d'autres obtiennent un effet négatif (Barro, 1991 ; Ghura, 1995 ; Fölster & Henrekson, 2001 ; Oto-Peralias & Diego, 2013 ; Bergh & Henrekson, 2016 ; Ndiaye, 2018). Des études sont parvenues à montrer que les dépenses publiques n'ont pas d'effet significatif sur la croissance économique (Hsieh & Lai, 1994 ; Ansari *et al.*, 1997 ; Nubukpo, 2007 ; Anyanwu, 2014 ; Connolly & Li, 2016 ; Keho, 2018).

L'essoufflement de la croissance des pays industrialisés et l'absence de convergence des économies sous-développées ont suscité un réexamen du rôle de l'État dans l'économie. De plus en plus, les économistes reconnaissent à l'intervention de l'État un rôle central pour pallier aux défaillances du marché. Ce rôle a été conforté lors de la crise financière internationale de 2008 et de la crise sanitaire mondiale de la covid-19 en 2019, au cours desquelles les Gouvernements des pays capitalistes sont intervenus sur le marché pour redresser l'activité économique.

Actuellement, le débat ne se focalise plus sur l'intervention ou non de l'État dans l'économie, mais plutôt sur l'efficacité de la politique budgétaire d'une part et sur le niveau optimal des dépenses publiques compatible avec la croissance économique, d'autre part. Des arguments économiques particulièrement intéressants mettent en avant l'existence d'un effet de seuil dans la relation entre les dépenses publiques et la croissance économique. En effet, Barro (1990) montre que le taux de croissance augmente avec les dépenses publiques jusqu'à un certain seuil à partir duquel il décroit. Au fur et à mesure que les dépenses publiques augmentent, elles deviennent de moins en moins productives entrainant une baisse de la croissance. Selon Bajo-Rubio (2000), cette baisse du taux de croissance s'expliquerait par les inefficiences bureaucratiques ainsi que par les effets adverses induits par la forte pression fiscale nécessaire pour financer les dépenses de l'État.

Sur la base de ces arguments, une littérature récente s'est intéressée à la détermination de la taille optimale des dépenses publiques (Chen &

Lee, 2005 ; Chiou-Wei, Zhu & Kuo, 2010 ; Altunc & Aydın, 2013 ; Christie, 2014 ; Hajamani & Falahi, 2014). Lazarus, Khobai & Le Roux (2017) estiment la taille optimale des dépenses publiques pour un échantillon de 50 pays Africains à 15,61% du PIB. Pour les pays de l'OCDE, la taille optimale ressort à 36,61%. Asimakopoulos & Karavias (2016) estiment cette taille optimale à 18,04% pour un échantillon de 129 pays, 19,12% pour les pays en développement et 17,96% pour les pays développés. Keho (2019) trouve que la taille optimale des dépenses publiques est de 27,4% du PIB pour la Côte d'Ivoire.

D'autres études ont mis en évidence l'effet asymétrique des dépenses publiques sur l'économie. Par exemple, Keho (2006) utilise le modèle à changements de régimes Markoviens pour analyser l'effet de la politique budgétaire sur l'activité économique en Côte d'Ivoire. Les résultats indiquent que les déficits sont favorables à la croissance économique dans les périodes de récession et à très court terme. En dehors de ce régime conjoncturel, la politique budgétaire n'exerce aucun effet significatif sur l'activité économique. Suivant les travaux de Giavazzi & Pagano (1990) et Perotti (1999), Minéa & Villieu (2008) examinent l'impact du déficit sur la croissance économique en fonction du poids de la dette publique dans 19 pays de l'OCDE. En estimant un modèle de panel à transition lisse, les auteurs montrent que lorsque la dette publique est faible, l'impact du déficit budgétaire est positif, car la hausse de la charge de la dette peut être absorbée par une réduction des dépenses publiques de consommation. En revanche, lorsque la dette est très élevée (environ 90% du PIB), il n'est plus possible de réduire les dépenses de consommation et l'ajustement s'opère au détriment des dépenses d'investissement, ce qui impacte négativement la croissance économique.

En utilisant la méthodologie des modèles à transition brutale, Tanimoune, Combes & Plane (2008) montrent que l'effet de la politique budgétaire sur la croissance des économies des pays de l'UEMOA est conditionné par le niveau d'endettement. Jusqu'à un taux d'endettement de 83%, l'action discrétionnaire de la politique budgétaire exerce un effet de type keynésien sur l'activité économique et au-delà, un effet non keynésien, voire anti-keynésien. Olaoye *et al.* (2020) s'intéressent aux effets asymétriques des dépenses publiques sur la croissance économique des pays de la CEDEAO.

Ils trouvent que l'effet des chocs positifs de dépenses publiques est favorable tandis que celui des chocs négatifs est défavorable.

La présente étude examine l'effet des dépenses publiques sur la croissance économique des pays de l'UEMOA. Elle utilise le modèle non-linéaire NARDL développé par Shin *et al*. (2014) où les dépenses publiques sont décomposées en variations positives et négatives. Le modèle NARDL est estimé par la méthode PMG suggérée par Pesaran *et al.* (1999) à partir des données couvrant la période 1993-2022. La suite de l'étude est structurée comme suit. La section 2 décrit le modèle empirique utilisé pour tester l'effet des dépenses publiques sur la croissance économique. La section 3 détaille la méthodologie d'estimation du modèle empirique. La section 4 discute les résultats.

10.7.2 Modèle empirique

Suivant la littérature existante, nous spécifions le modèle empirique sous la forme suivante :

$$lpibnh_{it} = \alpha_i + \beta G_{it} + \gamma X_{it} + \mu_{it} \quad (10.9)$$

où *lpibnh, G* et *X* désignent respectivement le *log* du PIB par tête, le *log* des dépenses publiques par tête et les variables de contrôle.

La relation ci-dessus suppose que l'effet des dépenses publiques sur la croissance économique est linéaire. Elle n'est pas appropriée lorsque l'effet des dépenses publiques sur la croissance économique est asymétrique, c'est-à-dire que la hausse et la baisse des dépenses publiques ne se répercutent pas avec la même ampleur sur la croissance économique.

Dans la perspective de modéliser les effets asymétriques des dépenses publiques sur la croissance économique, la présente étude adopte l'approche de Shin *et al*. (2014) où les dépenses publiques sont décomposées comme suit :

$$G_{it}^{+} = \sum_{j=1}^{t} \Delta G_{ij}^{+} = \sum_{j=1}^{t} max(\Delta G_{ij}, 0) \quad (10.10)$$

$$G_{it}^{-} = \sum_{j=1}^{t} \Delta G_{ij}^{-} = \sum_{j=1}^{t} min(\Delta G_{ij}, 0) \quad (10.11)$$

où G^+ et G^- désignent respectivement les sommes partielles des variations positives et négatives des dépenses publiques. Le modèle empirique utilise les variables G^+et G^- à la place de la variable G.

Les variables utilisées dans cette étude sont décrites dans le tableau suivant :

Tableau 10.49 : Description et source des variables

Variables	Libellés	Source
lpibnh	Logarithme du PIB par tête	WDI*
ldep_pubh	Logarithme des dépenses publiques par tête	WDI
fbcf_pib	Formation brute du capital fixe en % PIB	WDI
export_pib	Exportations (en % du pib)	WDI

Note: *WDI—*World Development Indicators* de la Banque mondiale, 2023.

10.7.3 Méthodologie d'estimation

Pour estimer la relation ci-dessus, nous procédons en plusieurs étapes. (1) Nous testons la dépendance transversale dans les séries en utilisant le test CD de Pesaran (2004). L'hypothèse nulle de ce test est l'absence de corrélation entre les individus. (2) Nous examinons la stationnarité des variables en appliquons les tests IPS de Im, Pesaran & Shin (2003), PP-Fisher de Choi (2001) et CIPS de Pesaran (2007). L'hypothèse nulle de ces tests est que chaque série dans le panel possède une racine unitaire. Les tests permettent, sous l'hypothèse alternative, la prise en compte de l'hétérogénéité des coefficients autorégressifs entre les différents individus.

Toutefois, les tests IPS et PP-Fisher ne sont pas appropriés en présence de dépendance transversale. Le test CIPS tient compte de la dépendance transversale dans les séries temporelles. (3) Nous testons l'existence d'une relation de cointégration entre les variables grâce aux tests de Kao (1999), de Pedroni (2004), de Westerlund (2005) et de Westerlund (2007). La théorie de la cointégration précise les conditions dans lesquelles il est approprié d'estimer une relation entre des variables qui ne sont pas stationnaires.

Le test de Kao est une extension du test de Engle-Granger en séries temporelles. Ce test applique le test ADF aux résidus de la relation estimée entre les variables. Notons que ce test suppose l'homogénéité de la relation de cointégration.

Autrement dit, il ne tient pas compte de l'hétérogénéité des coefficients de la relation de cointégration sous l'hypothèse alternative. Les tests de Pedroni (2004) et de Westerlund (2005) permettent l'hétérogénéité des individus, mais ne contrôlent pas la dépendance transversale dans les résidus. Le test de Westerlund (2007) corrige la dépendance transversale à l'aide de la technique de réplication *bootstrap*. Ce test est basé sur l'estimation d'un modèle à correction d'erreur. (4) Nous estimons un modèle NARDL pour obtenir les effets asymétriques à court et à long terme des dépenses publiques sur la croissance économique. Ce modèle est estimé avec les estimateurs MG (*Mean Group*) et PMG (*Pooled Mean Group*) suggérés respectivement par Pesaran & Smith (1995) et Pesaran, Shin & Smith (1999).

L'estimateur MG suppose l'hétérogénéité de tous les coefficients de court et de long terme. En revanche, l'estimateur PMG combine à la fois le *pooling* et la moyenne en imposant la contrainte d'homogénéité des coefficients de long terme mais en permettant aux coefficients de court terme d'être différents d'un pays à l'autre.

Le modèle NARDL(m, p, q) se présente comme suit :

$$lpibnh_{it} = \alpha_i + \sum_{j=1}^{m} \gamma_{ij} lpibnh_{it-j} + \sum_{j=0}^{p} \left(\theta_{ij}^{+} G_{it}^{+} + \theta_{ij}^{-} G_{it}^{-}\right) + \sum_{j=0}^{q} \pi_{ij} X_{it-j} + e_{it} \quad (10.12)$$

où m, p et q désignent le nombre de retards respectivement de la variable dépendante $lpibnh_{it}$, des dépenses publiques et des variables explicatives X_{it}.

Ce modèle peut être écrit sous la forme d'un modèle à correction d'erreur :

$$\Delta lpibnh_{it} = \phi_i \left(lpibnh_{it-1} - \beta_{1i} G_{it}^{+} - \beta_{2i} G_{it}^{-} - \beta_{3i} X_{it}\right) + \sum_{j=1}^{m-1} \gamma_{ij} \Delta lpibnh_{it-j} + \sum_{j=0}^{p-1} \left(m_{1ij} \Delta G_{it}^{+} + m_{2ij} \Delta G_{it}^{-}\right) + \sum_{j=0}^{q-1} m_{3ij} \Delta X_{it-j} + \alpha_i + e_{it} \quad (10.13)$$

Le vecteur $\beta_i = (\beta_{1i}, \beta_{2i}, \beta_{3i})$ représente les coefficients de long terme, le vecteur $m_{ij} = (m_{1ij}, m_{2ij}, m_{3ij})$ regroupe les coefficients de court terme et α_i désigne les effets fixes.

Le paramètre ϕ_i est le terme à correction d'erreur : il mesure la vitesse d'ajustement des variables vers la relation de long terme. Ce paramètre doit être négatif et significatif si les variables sont effectivement cointégrées.

L'estimateur PMG impose la contrainte d'homogénéité des coefficients de long terme ($\beta_i = \beta$). L'estimateur PMG est un bon estimateur dans le cas où cette restriction est vérifiée, mais en cas d'hétérogénéité, il est préférable d'utiliser l'estimateur MG. Le choix entre les estimateurs PMG et MG se fait à l'aide du test de Hausman.

Pour valider le modèle NARDL, il convient de tester les hypothèses de linéarité (ou de symétrie) à long terme et à court terme qui sont respectivement H_0(LR): $\beta_1 = \beta_2$ et H_0(SR): $m_{1ij} = m_{2ij}$. Sous les hypothèses nulles, l'effet des dépenses publiques est symétrique et le modèle linéaire ARDL est approprié. En revanche, si l'une au moins des hypothèses nulles est rejetée, alors l'effet des dépenses publiques est asymétrique et le modèle non-linéaire est adéquat.

10.7.4 Résultats et discussion

Avant d'analyser les résultats des estimations, nous présentons les statistiques descriptives des variables et nous effectuons les tests de dépendance transversale, de racine unitaire et de cointégration.

- **Statistiques descriptives**

Le tableau ci-dessous présente les statistiques descriptives des variables. Le revenu per tête (en log) a une valeur moyenne de 12,8 sur la période et varie entre 11,3 (Mali : 1993) et 14,2 (Côte d'Ivoire : 2022). Les dépenses publiques par tête (en log) s'élèvent en moyenne à 11,12 avec un minimum de 9,7 (Togo : 1993) et un maximum de 12,5 (Côte d'Ivoire : 2022). Le taux d'investissement s'établit, en moyenne, à 19,1% du PIB et fluctue entre 8,13% (Togo : 1993) et 36,13% (Benin : 2022).

Tableau 10.50 : Statistiques descriptives des variables

Variable	Obs	Mean	Std. Dev.	Min	Max
lpibnh	210	12.805	0.622	11.337	14.254
ldep_pubh	210	11.128	0.591	9.702	12.580
fbcf_pib	210	19.164	5.392	8.132	36.132
lexporth	210	11.236	0.857	9.016	12.861

Note : lpibn=log du pib par tête ; ldep_pubh= log des dépenses publiques par tête ; fbcf_pib = formation brute de capital fixe en % du PIB ; lexporth=log des exportations par tête.

La matrice des corrélations donnée dans le tableau ci-dessous, révèle une relation positive entre le produit par tête (*lpibnh*) et les dépenses publiques (*ldep_pubh*). Cette corrélation suggère que la croissance économique et les dépenses publiques évoluent dans la même direction. On observe également que le produit par tête (*lpibnh*) est corrélé de façon positive avec le taux d'investissement (*fbcf_pib*) et aux exportations (*export_gdp*). En ce qui concerne les variables explicatives, il n'existe pas de multicolinéarité susceptible d'influencer les estimations des coefficients. En effet, la statistique VIF a une valeur moyenne inférieure à 10.

Tableau 10.51 : Matrice des corrélations et test de colinéarité

	lpibnh	ldep_pubh	fbcf_pib	lexporth	VIF	Mean VIF
lpibnh	1.000				-	
ldep_pubh	0.886	1.000			4.54	3.20
fbcf_pib	0.351	0.570	1.000		3.25	
lexporth	0.944	0.790	0.237	1.000	1.20	

Note : *lpibn*=log du pib par tête ; *ldep_pubh*= log des dépenses publiques par tête ; *fbcf_pib* = formation brute de capital fixe en % PIB ; *lexporth*=log des exportations par tête.

Le tableau 10.52 présente les résultats des tests de dépendance transversale de Pesaran. Il ressort que l'hypothèse nulle d'absence de dépendance transversale est rejetée pour toutes les séries au seuil de 1%. Nous concluons qu'il existe une dépendance transversale entre les pays de l'échantillon. La corrélation est particulièrement forte pour le produit par tête (*lpibnh*) ainsi que pour les dépenses publiques (*ldep_pubh*) et les exportations.

Tableau 10.52 : Test de dépendance transversale

Variable	CD-test	*p*-value	corr	abs(corr)
lpibnh	24.03*	0.000	0.957	0.957
ldep_pubh	23.52*	0.000	0.937	0.937
fbcf_pib	9.55*	0.000	0.380	0.462
lexporth	23.39*	0.000	0.932	0.932

Note : * indique le rejet de l'hypothèse nulle d'indépendance transversale au seuil de 5%. *lpibn*=log du pib par tête ; *ldep_pubh*= log des dépenses publiques par tête ; *fbcf_pib* = formation brute de capital fixe en % PIB ; *lexporth*=log des exportations par tête.

Sur la base des résultats précédents, nous effectuons les tests de racine unitaire pour analyser la stationnarité des variables. Les résultats des tests de racine unitaire sont donnés dans le tableau 10.53. Les tests IPS et PP-Fisher suggèrent que le revenu par tête (*lpibnh*) est stationnaire lorsque l'équation de test comporte une tendance. Néanmoins, en prenant en compte la dépendance transversale dans les données, le test CIPS suggère que le revenu par tête (*lpibnh*) n'est pas stationnaire en niveau, mais est stationnaire en différence première. Par conséquent, la série *lpibnh* est intégrée d'ordre un.

La série des dépenses publiques (*ldep_pubh*) est stationnaire en niveau selon le test CIPS. Ce résultat est confirmé par les tests IPS et PP-Fuller seulement lorsque l'équation de test comporte une tendance. Les trois tests indiquent que la série des exportations (*lexporth*) est stationnaire en niveau. Par conséquent, nous considérons que les variables *ldep_pubh* et *lexporth* sont stationnaires en niveau. D'après le test CIPS, le taux d'investissement (*fbcf_pib*) peut être considéré comme un processus intégré d'ordre un. La présence de variables stationnaires et intégrées d'ordre un justifie l'utilisation du modèle ARDL.

Tableau 10.53 : Tests de racine unitaire

	Constante			Constante et trend		
Variable	IPS	PP-Fisher	CIPS	IPS	PP-Fisher	CIPS
lpibnh	-0.551	-5.392*	-2.179	-7.015*	-7.961*	-2.258
ldep_pubh	1.732	0.866	-2.464*	-2.038*	-2.818*	-2.967*
fbcf_pib	1.970	0.765	-1.858	1.100	0.008	-1.931
lexporth	-2.463*	-4.609*	-3.004*	-7.692*	-9.799*	-3.673*
Δfbcf_pib	-10.601*	-12.286*	-4.633*	-10.127*	-11.365*	-4.896*
Δlpibnh	-16.279*	-15.092*	-5.079*	-13.019*	-13.896*	-5.080*
Δldep_pubh	-13.743*	-14.180*	-5.555*	-12.624*	-13.076*	-5.536*
Δlexporth	-14.906*	-17.428*	-5.601*	-12.548*	-15.977*	-5.671*

Note : * indique le rejet de l'hypothèse nulle de racine unitaire au seuil de 5%. *lpibn*=log du PIB par tête ; *ldep_pubh*= log des dépenses publiques par tête ; *fbcf_pib* = formation brute de capital fixe en % PIB ; *lexporth*=log des exportations par tête. « Δ » désigne la différence première. Le test IPS utilise le critère AIC avec un retard maximum fixé à 3. Le test PP-Fisher reporte la statistique *Z* avec 3 retards. Pour le test CIPS, le retard maximum est fixé à 3 avec bglags(1).

Les résultats des tests de cointégration sont reportés dans le tableau 10.54. Les résultats des tests de Pedroni (2004), et plus précisément les statistiques *group*-ADF et *panel*-ADF, amène à rejeter l'hypothèse nulle d'absence de cointégration entre les variables. Par ailleurs, trois statistiques du test de Pedroni ainsi que celles du test de Westerlund (2005) acceptent l'hypothèse nulle d'absence de cointégration.

Pedroni (2004), Wagner (2008) et Wagner & Hlouskova (2009) montrent que les statistiques *group*-ADF et *panel*-ADF ont les meilleures propriétés pour les petits échantillons. Sur la base de ces deux statistiques, nous pouvons affirmer qu'il existe une relation de cointégration entre les variables. Ce résultat est confirmé par les tests de Kao. En prenant en compte la dépendance transversale, le test de Westerlund (2007) confirme l'existence d'une relation de cointégration entre les variables. En définitive, nous concluons qu'il existe une relation de long terme entre les variables lorsque le produit par tête (*lpibnh*) est considéré comme la variable dépendante.

Tableau 10.54 : Résultats des tests de cointégration

Test de Pedroni (2004)	Stat.	*p-value*
AR hétérogène		
Modified Phillips-Perron *t*	1.237	0.108
Phillips-Perron *t*	-0.437	0.330
Augmented Dickey-Fuller *t*	-1.511**	0.065
AR homogène		
Modified variance ratio	-1.171	0.120
Modified Phillips-Perron *t*	-0.052	0.479
Phillips-Perron *t*	-1.448**	0.073
Augmented Dickey-Fuller *t*	-2.268*	0.011
Test de Kao (1999)		
Modified Dickey-Fuller *t*	-3.144*	0.000
Dickey-Fuller *t*	-3.264*	0.000
Augmented Dickey-Fuller *t*	-2.684*	0.003
Unadjusted modified Dickey Fuller *t*	-2.508*	0.006
Unadjusted Dickey-Fuller *t*	-3.084*	0.001

Test de Westerlund (2007)	Value	Z-value	*p*-value	Robuste *p-value*
G_t	-2.630	-1.112	0.133	0.380
G_a	-14.589*	-1.362	0.087	0.010
P_t	-5.242	-0.152	0.440	0.540
P_a	-10.353*	-1.167	0.122	0.040

Test de Westerlund (2005)	Stat.	*p*-value
AR hétérogène		
Variance ratio	-0.824	0.205
AR homogène		
Variance ratio	-0.722	0.235

Note: * (**) indique le rejet de l'hypothèse nulle d'absence de cointégration au seuil de 5% (10%). Les tests de Kao (1999) et de Pedroni (2004) utilisent le critère AIC avec un retard maximum fixé à 3. Le test de Westerlund (2007) utilise un retard et une avance pour chaque variable. La largeur de la fenêtre du noyau de Bartlett, utilisée pour l'estimation de la variance de long terme, est égale à 4(T/100)^2/9=3. Les *p-values* robustes sont calculées à partir de la méthode *bootstrap* avec 100 réplications.

- **Relation de long terme**

Sur la base des résultats des tests de cointégration, nous estimons la relation de long terme entre la croissance économique et les dépenses publiques. Comme discuté dans la méthodologie, nous appliquons les estimateurs *Pooled Mean Group* (PMG) et *Mean Group* (MG). Les résultats de l'estimation du modèle NARDL sont reportés dans le tableau 10.55. Les coefficients d'ajustement sont négatifs et significatifs au seuil de 5%, confirmant l'existence d'un mécanisme à correction d'erreur caractérisant la dynamique du PIB par tête. Le test de Hausman ($\chi 2(4)=2.63$, *p-value*=0.621) indique que l'hypothèse d'homogénéité des coefficients de long terme ne peut être rejetée. Par conséquent, l'estimateur PMG est préférable à l'estimateur MG. Dans la suite, nous ne nous intéresserons qu'aux résultats de la méthode PMG.

Tableau 10.55 : Résultats du modèle NARDL avec asymétrie à court et à long terme

	PMG			MG		
Variable	Coef.	*t*-stat.	Prob.	Coef.	*t*-stat.	Prob.
Panel A: Long terme						
ldep_pubh_pos	0.481*	12.90	0.000	0.199	0.61	0.541
ldep_pubh_neg	-0.024	-0.25	0.803	0.006	0.02	0.985
fbcf_pib	0.007*	5.13	0.000	0.015	1.23	0.219
lexporth	0.112*	2.63	0.009	0.264	1.01	0.313
Panel B: Court terme						
ECT_{t-1}	-0.327*	-3.42	0.001	-0.458*	-3.92	0.000
Δldep_pubh_pos	0.078	1.09	0.277	0.056	0.68	0.497
Δldep_pubh_neg	0.005	0.04	0.970	0.094	0.37	0.714
Δfbcf_pib	-0.003*	-2.19	0.028	-0.003*	-2.22	0.026
Δlexporth	0.174*	2.66	0.008	0.118*	2.92	0.004
constante	3.608*	3.38	0.001	4.869*	3.64	0.000
Panel C: Tests diagnostiques						
Hausman	2.63 [0.621]					
Tests de symétrie						
Long terme W_{LR}	40.27* [0.000]			0.93 [0.336]		
Court terme W_{SR}	0.27 [0.600]			0.02 [0.879]		

Note : * indique une significativité au seuil de 5%. *lpibn*=log du PIB par tête ; *ldep_pubh_pos*= variations positives du log des dépenses publiques par tête ; *ldep_pubh_neg*= variations négatives du log des dépenses publiques par tête ; *fbcf_pib* = formation brute de capital fixe en % PIB ; *lexporth*=log des exportations par tête. « Δ » désigne la différence première. Les estimations sont faites à partir d'un modèle ARDL(1, 1, 1, 1, 1).

Les tests de symétrie de l'effet des dépenses publiques sur la croissance économique rejettent l'hypothèse nulle de symétrie à long terme, mais pas l'hypothèse nulle de symétrie à court terme. Ce résultat valide la modélisation de l'effet de la politique budgétaire sur la croissance économique sous la forme d'un modèle NARDL seulement à long terme. Nous estimons alors le modèle NARDL en imposant l'asymétrie à long terme et la symétrie à court terme. Les résultats sont présentés dans le Tableau 10.56.

Tableau 10.56 : Modèle NARDL avec asymétrie à long terme

	PMG			MG		
Variable	Coef.	*t*-stat.	Prob.	Coef.	*t*-stat.	Prob.
Panel A: Long terme						
ldep_pubh_pos	0.469*	13.52	0.000	0.279**	1.71	0.087
ldep_pubh_neg	-0.037	-0.41	0.681	-0.129	-0.40	0.687
fbcf_pib	0.007*	5.16	0.000	0.020*	3.21	0.001
lexporth	0.128*	3.21	0.001	0.167	0.98	0.328
Panel B: Court terme						
ECT_{t-1}	-0.337*	-3.72	0.000	-0.465*	-4.88	0.000
Δldep_pubh	0.050	0.72	0.473	0.040	0.51	0.611
Δfbcf_pib	-0.003*	-2.21	0.027	-0.003*	-3.68	0.000
Δlexporth	0.168*	2.56	0.010	0.115*	2.98	0.003
constante	3.655*	3.70	0.000	4.975*	4.76	0.000
Panel C: Tests diagnostiques						
Hausman	6.66 [0.155]					
Tests de symétrie						
Long terme W_{LR}	44.88* [0.000]			1.02 [0.311]		

Note : * indique une significativité au seuil de 5%. *lpibn*=log du PIB par tête ; *ldep_pubh_pos*= variations positives du log des dépenses publiques par tête ; *ldep_pubh_neg*= variations négatives du log des dépenses publiques par tête ; *fbcf_pib* = formation brute de capital fixe en % PIB ; *lexporth*=log des exportations par tête. « Δ » désigne la différence première. Les estimations sont faites à partir d'un modèle ARDL(1, 1, 1, 1, 1).

Le test de Hausman ($\chi2(4)$=6.66, *p-value*=0.155) sélectionne l'estimateur PMG. En outre, les résultats confirment l'asymétrie dans la relation de long terme. L'élasticité de la croissance par rapport aux dépenses publiques est de 0,469 pour les variations positives et de -0,037 pour les variations négatives des dépenses publiques. Ainsi, une hausse des dépenses publiques de 10% entraine une hausse du PIB par tête de 4,7% à long terme. En revanche, une baisse des dépenses publiques n'a pas d'effet significatif sur la croissance économique. Par ailleurs, l'effet positif et significatif de l'investissement confirme les modèles de croissance selon lesquels l'accumulation du capital est un facteur clé de la croissance économique. De même, l'effet positif des exportations est conforme au paradigme « *export-led growth* » selon lequel les exportations tirent la croissance économique. À court terme, une politique budgétaire expansionniste n'a pas d'effet favorable sur la croissance économique.

10.8 Étude de cas 7 : Estimation d'une fonction d'investissement

Nous estimons une fonction d'investissement pour un panel constitué de trois firmes d'un pays africain. Soit inv_{it} l'investissement de la firme i observé à la date t. Nous relions cette variable à la variable profit, notée $prof_{it}$. Le modèle de panel est :

$$\text{inv}_{\text{it}} = a_i + \beta \text{prof}_{\text{it}} + \varepsilon_{\text{it}} 1 \leq i \leq n; 1 \leq t \leq T \ ; n = 3; T = 10 \quad (10.14)$$

Les données (en milliards de FCFA) couvrent la période de 2011 à 2020 et sont reportées dans le tableau ci-dessous :

Tableau 10.57 : Données sur l'investissement et le profit de trois firmes

Année	firme	inv	Prof	firme	inv	prof	firme	inv	Prof
2011	1	13,32	12,85	2	20,3	22,93	3	8,85	8,65
2012	1	26,3	25,69	2	17,47	17,96	3	17,96	16,55
2013	1	2,62	5,48	2	9,31	9,16	3	3,87	1,47
2014	1	14,94	13,79	2	18,01	18,73	3	24,19	24,91
2015	1	15,8	15,41	2	7,63	11,31	3	3,99	5,01
2016	1	12,2	12,59	2	19,84	21,15	3	5,73	8,3
2017	1	14,93	16,64	2	13,76	16,13	3	26,68	22,7
2018	1	29,82	26,45	2	10	11,61	3	11,49	8,36
2019	1	20,32	19,64	2	19,51	19,55	3	18,49	15,44
2020	1	4,77	5,43	2	18,32	17,06	3	20,84	17,87
2021	1		7	2		15	3		17
2022	1		10	2		19	3		20
2023	1		12	2		16	3		15
2024	1		10	2		13	3		14

La période 2021-2024 est utilisée à des fins de prévision. Les données sont disponibles sur les sites www.kehoyaya.com et www.fbdoucoure.com dans la rubrique Base de données, sous le nom « Donnees_3_firmes ».

Analysez ces données en répondant aux questions suivantes :

1) Importer les données dans Stata.

2) Calculer les moyennes et les écarts-types des variables *inv* et *prof*.

3) Tester la normalité des variables *inv* et *prof* en utilisant le test de Shapiro-Wilk.

4) Tester l'hypothèse de corrélation linéaire entre les variables *inv* et *prof.*

5) Appliquer la stratégie des tests d'homogénéité de Hsiao pour déterminer la structure du panel.

6) Estimer le modèle à effets fixes individuels.

7) Estimer le modèle à effets aléatoires individuels.

8) Calculer l'estimateur Between.

9) Effectuer les différents tests de spécification.

Dans tout ce qui suit, on considère le meilleur modèle indiqué par le test de Hausman.

10) Interpréter économiquement les paramètres estimés.

11) Interpréter la valeur du coefficient de détermination R^2.

12) Effectuer le test de significativité individuelle.

13) Le terme d'erreur est-il de moyenne nulle ?

14) Tester la normalité des résidus du modèle en utilisant les tests suivants :

14.1) Jarque-Bera ;

14.2) Shapiro-Wilk ;

14.3) Shapiro-Francia;

15) Effectuer les tests de corrélation des résidus suivants :

15.1) Test de Born-Breitung de corrélation d'ordres un et deux ;

15.2) Test de Wooldridge de corrélation d'ordre un ;

15.3) Test de Breusch-Godfrey ;

15.4) Test de Pesaran.

16) Tester l'hétéroscédasticité des résidus du modèle en utilisant :

16.1) Test de Breusch-Pagan;

16.2) Test de White;

16.3) Test ARCH d'ordres un et deux.

17) Prévoir les investissements pour les années de 2021 à 2024.

18) Estimer le modèle à deux effets fixes (Estimateur double *within*). Tester la significativité des effets temporels.

Solution commentée

1) Importation des données

Avant d'estimer les modèles de panel, on doit indiquer à Stata, la nature des données. Pour cela, on utilise la commande suivante:

```
xtset firme annee
```

```
panel variable:  firme (strongly balanced)
        time variable:  annee, 2011 to 2024
                delta:  1 unit
```

L'individu est la firme et l'année est la période.

2) Moyennes et écarts-types des variables *inv* et *prof*

Pour obtenir ces statistiques, on tape la commande suivante :

```
xtsum inv prof if annee <= 2020
```

On obtient les résultats suivants :

Variable		Mean	Std. Dev.	Min	Max	Observations
inv	overall	15.042	7.223449	2.62	29.82	N = 30
	between		.7227094	14.209	15.502	n = 3
	within		7.198472	2.16	29.36	T = 10
prof	overall	14.96067	6.573569	1.47	26.45	N = 30
	between		1.855387	12.926	16.559	n = 3
	within		6.390438	3.504667	26.94467	T = 10

inv : $m = 15{,}04$; $\sigma = 7{,}22$

prof : $m = 14{,}96$; $\sigma = 6{,}57$

3) Test de normalité de Shapiro-Wilk des variables *inv* et *prof*

Les hypothèses nulle et alternative de ce test sont :

H_0 : X suit une distribution normale de moyenne m et d'écart type σ
H_1 : X ne suit pas une distribution normale de moyenne m et d'écart type σ

Pour faire ce test, on tape la commande :

```
swilk inv prof if annee <= 2020
```

On obtient les résultats suivants :

```
Shapiro-Wilk W test for normal data
    Variable |        Obs       W           V         z       Prob>z
-------------+------------------------------------------------------
         inv |         30    0.97233      0.879    -0.266    0.60476
        prof |         30    0.97819      0.693    -0.757    0.77560
```

Les probabilités critiques sont toutes supérieures à 5%, on ne rejette pas l'hypothèse nulle de normalité. La variable *inv* suit une distribution normale de moyenne 15,04 et d'écart-type 7,22. De même, la variable *prof* suit une distribution normale de moyenne 14,96 et d'écart-type 6,57.

4) Test du coefficient de corrélation linéaire

Les hypothèses nulle et alternative sont :

H_0 : les variables inv et prof ne sont pas corrélées

H_1 : les variables inv et prof sont corrélées

Pour faire ce test, on tape la commande suivante :

```
pwcorr inv prof, obs sig star(.05) bonferroni
```

On obtient les résultats suivants :

```
             | inv     prof
-------------+------------------
         inv | 1.0000
             |
             | 30
             |
        prof | 0.9617*  1.0000
             | 0.0000
             |    30     42
```

Le coefficient de corrélation linéaire est égal à 0,9617 avec une probabilité critique nulle. Comme la probabilité est inférieure à 1%, on rejette l'hypothèse nulle H_0 de non-corrélation linéaire. Les variables *inv* et *prof* sont corrélées positivement.

5) Détermination de la structure du panel

Afin de déterminer la structure du panel, nous utilisons la procédure séquentielle du test d'homogénéité de Hsiao. Nous saisissons le programme suivant :

```
xtset firme annee
* Calcul de SCR1 non contraint: Estimation équation par équation
set more off
local SCR1=0
scalar N=3
scalar T=10
scalar K=1
forvalues i=1/3 {
qui reg inv  prof if firme==`i'
local SCR1=`SCR1'+e(rss)
    }
di `SCR1'
 * Calcul de SCR1C contraint: Estimation sur le modèle empilé
qui reg inv prof
local SCR1C=e(rss)
di `SCR1C'
*Calcul de la statistique de Fisher F1 N=3 T=10 K=1
```

```
local F1=((`SCR1C'-`SCR1')*(N*T-N*(K+1)))/(`SCR1'*(N-1)*(K+1))
*La P_value de F1
di "dofl = " (N-1)*(K+1) "  dof2 = " (N*T-N*(K+1))
local PVF1=Ftail((K+1)*(N-1),(N*T-N*(K+1)),`F1')
* Calcul de SCR1CP: estimation du modèle à effets individuels
qui xtreg inv prof, fe
local SCR1CP=e(rss)
di `SCR1CP'
*Calcul de la statistique de Fisher F2
local F2=((`SCR1CP'-`SCR1')*(N*T-N*(K+1)))/(`SCR1'*(N-1)*K)
*La P_value de F2
di "dofl = " K*(N-1) "  dof2 = " (N*T-N*(K+1))
local PVF2=Ftail(K*(N-1),(N*T-N*(K+1)),`F2')
*Calcul de la statistique de Fisher F3
local F3=(`SCR1C'-`SCR1CP')*(N*(T-1)-K)/(`SCR1CP'*(N-1))
*La P_value de F3
di "dofl = " (N-1) "  dof2 = " (N*(T-1)-K)
local PVF3=Ftail((N-1),(N*(T-1)-K),`F3')
*Affichage des résultats
di in y " SCR1 = " in gr `SCR1'
di in y " SCR1C = " in gr `SCR1C'
di in y " SCR1CP = " in gr `SCR1CP'
 di in y "F1 = " in gr `F1'
di in y "F2 = " in gr `F2'
di in y "F3 = " in gr `F3'
 di in y "PvalF1 = " in gr `PVF1'
di in y "PvalF2 = " in gr `PVF2'
di in y "PvalF3 = " in gr `PVF3'
```

Les résultats du test de Hsiao sont indiqués dans le tableau ci-après :

Tableau 10.58 : Test d'homogénéité de Hsiao

Tests	Valeur	Prob.	Conclusion
F_1	3,336	0,026	H_0^1 refusée
F_2	0,668	0,522	H_0^2 acceptée
F_3	6,162	0,006	H_0^3 refusée

F_1 = 3,336 et pvalF1 = 0,026 → On rejette H_0^1 au seuil de 5%.

F_2 = 0,668 et pvalF2 = 0,522 → On ne rejette pas H_0^2 au seuil de 5%.

F_3 = 6,162 et pvalF3 = 0,006 → On rejette H_0^3 au seuil de 5%.

On est dans le cas 4 du schéma de Hsiao. Les constantes sont différentes pour les individus, mais les coefficients de pente sont constants pour les individus. Le panel a donc une structure à effets individuels.

6) Estimation du modèle à effets fixes

Pour estimer le modèle à effets fixes, on tape la commande :

```
xtreg inv  prof , fe
```

Les résultats sont les suivants :

```
Fixed-effects (within) regression               Number of obs      =        30
Group variable: firme                           Number of groups   =         3

R-sq:                                           Obs per group:
     within  = 0.9486                                         min =        10
     between = 0.8633                                         avg =      10.0
     overall = 0.9248                                         max =        10


                                                F(1,26)            =    479.99
corr(u_i, Xb)  = -0.2300                        Prob > F           =    0.0000

------------------------------------------------------------------------------
         inv |      Coef.   Std. Err.      t    P>|t|     [95% Conf. Interval]
-------------+----------------------------------------------------------------
        prof |   1.097122   .0500768    21.91   0.000     .9941876    1.200056
       _cons |  -1.371676   .8125698    -1.69   0.103    -3.041937    .2985847
-------------+----------------------------------------------------------------
     sigma_u |  1.3900164
     sigma_e |  1.7233223
         rho |  .39415572   (fraction of variance due to u_i)
------------------------------------------------------------------------------
F test that all u_i=0: F(2, 26) = 6.16                       Prob > F = 0.0065
```

L'estimation des paramètres donne :

$$\hat{\beta} = 1{,}097$$

Le tableau des résultats n'affiche pas les effets fixes $\hat{a}_1$, $\hat{a}_2$ et $\hat{a}_3$. Pour obtenir les valeurs des effets fixes, on entre la commande :

```
predict  fixes, u
```

Nous obtenons le message suivant :

```
scalar   _1_c = fixes    in 1
scalar   _2_c = fixes    in 15
scalar   _3_c = fixes    in 29
```

Pour afficher à l'écran les valeurs des effets fixes, on entre les commandes suivantes :

```
display _1_c
```

-.01871116

```
display _2_c
```

-1.3805664

```
display  _3_c
```

1.3992774

Les paramètres estimés du modèle à effets fixes sont:

$$\hat{\beta} = 1{,}097; \hat{\alpha}_1 = -0{,}019; \hat{\alpha}_2 = -1{,}381; \hat{\alpha}_3 = 1{,}399$$

7) **Estimation du modèle à effets aléatoires**

Le modèle à effets aléatoires s'écrit :

$$\text{inv}_{\text{it}} = \beta\text{prof}_{\text{it}} + a_i + \varepsilon_{\text{it}} \qquad 1 \leq i \leq n; 1 \leq t \leq T$$
$$n = 3; T = 10$$

Pour estimer ce modèle, on entre la commande :

```
xtreg inv  prof , re
```

On obtient les résultats suivants :

```
Random-effects GLS regression                   Number of obs      =        30
Group variable: firme                           Number of groups   =         3

R-sq:                                           Obs per group:
     within  = 0.9486                                          min =        10
     between = 0.8633                                          avg =      10.0
     overall = 0.9248                                          max =        10

                                                Wald chi2(1)       =    344.26
corr(u_i, X)   = 0 (assumed)                    Prob > chi2        =    0.0000
------------------------------------------------------------------------------
         inv |      Coef.   Std. Err.      z    P>|z|     [95% Conf. Interval]
-------------+----------------------------------------------------------------
        prof |   1.056729   .0569533    18.55   0.000     .9451025    1.168355
       _cons |  -.7673684   .9281691    -0.83   0.408    -2.586546     1.05181
-------------+----------------------------------------------------------------
     sigma_u |          0
     sigma_e |  1.7233223
         rho |          0   (fraction of variance due to u_i)
------------------------------------------------------------------------------
```

L'estimation des paramètres donne :

$$\hat{\beta} = 1{,}057$$

Pour obtenir les valeurs des effets aléatoires, on entre la commande suivante :

```
predict aleat, u
```

On lit le message suivant :

scalar _1_c = aleat in 1

scalar _2_c = aleat in 15

scalar _3_c = aleat in 29

Pour afficher à l'écran les valeurs des effets aléatoires, on entre les commandes suivantes :

```
display _1_c
```

0

```
display _2_c
```

0

```
display _3_c
```

0

Les effets aléatoires sont nuls.

8) Calcul de l'estimateur *between*

L'estimation par la méthode *between* s'obtient en saisissant la commande :

```
xtreg inv prof , be
```

Nous obtenons les résultats suivants :

```
Between regression (regression on group means)  Number of obs      =        30
Group variable: firme                           Number of groups   =         3

R-sq:                                           Obs per group:
     within  = 0.9486                                         min =        10
     between = 0.8633                                         avg =      10.0
     overall = 0.9248                                         max =        10

                                                F(1,1)             =      6.31
sd(u_i + avg(e_i.))=  .3778956                  Prob > F           =    0.2411

------------------------------------------------------------------------------
         inv |      Coef.   Std. Err.      t    P>|t|     [95% Conf. Interval]
-------------+----------------------------------------------------------------
        prof |   .3619167   .1440198     2.51   0.241    -1.468029    2.191862
       _cons |   9.627485   2.165651     4.45   0.141    -17.88972    37.14469
------------------------------------------------------------------------------
```

L'estimation du paramètre de pente donne:

$$\hat{\beta} = 0{,}362$$

9) Tests de spécification

9.1) Test de Fisher

Ce test compare le modèle sans effets au modèle à effets fixes. Les hypothèses nulle et alternative sont :

H_0 : Le modèle sans effets est approprié (Estimateur MCO)

H_1 : Le modèle à effets fixes est approprié (Estimateur *Within*)

Ce test est effectué après l'estimation du modèle à effets fixes. Les résultats sont les suivants :

```
F test that all u_i=0: F(2, 26) = 6.16   Prob > F = 0.0065
```

La statistique de Fisher est de 6,16 avec une probabilité de 0,65%.

La probabilité est inférieure à 1%, l'hypothèse nulle est rejetée. Le modèle à effets fixes est meilleur que celui sans effets. L'estimateur *Within* est plus performant que celui des moindres carrés ordinaires.

9.2) Test de spécification de Breusch-Pagan

Les hypothèses nulle et alternative sont :

H_0 : Le modèle sans effets est approprié (Estimateur MCO)

H_1 : Le modèle à effets aléatoires est approprié (Estimateur MCG)

Le test de Breusch-Pagan s'effectue après l'estimation du modèle à effets aléatoires :

```
xttest0
```

Nous obtenons les résultats suivants :

```
Breusch and Pagan Lagrangian multiplier test for random effects

        inv[firme,t] = Xb + u[firme] + e[firme,t]

        Estimated results:
                        |       Var     sd = sqrt(Var)
                ---------+-----------------------------
                     inv |   52.17821       7.223449
                       e |    2.96984       1.723322
                       u |          0              0

        Test:   Var(u) = 0
                             chibar2(01) =     0.00
                          Prob > chibar2 =   1.0000
```

La statistique de Breusch-Pagan est nulle avec une probabilité critique de 100%. L'hypothèse nulle ne peut être rejetée. Le modèle sans effets est meilleur que celui à effets aléatoires.

L'estimateur des moindres carrés ordinaires est plus performant que celui des moindres carrés généralisés.

9.3) Test de spécification de Hausman

Les hypothèses nulle et alternative sont :

H_0 : Le modèle à effets aléatoires est approprié (Estimateur MCG)

H_1 : Le modèle à effets fixes est approprié (Estimateur *Within*)

Nous effectuons le test de Hausman qui sert à discriminer les effets fixes et aléatoires. Le test de Hausman s'exécute après l'estimation du modèle à effets aléatoires.

```
xtreg inv prof , re
```

Après l'estimation du modèle à effets aléatoires, on exécute les 4 commandes suivantes :

```
xtreg inv prof, fe
```

```
est store fixed
```

```
xtreg inv prof, re
```

```
hausman fixed . , sigmamore
```

Les résultats du test sont les suivants :

```
                 ---- Coefficients ----
             |      (b)          (B)            (b-B)     sqrt(diag(V_b-V_B))
             |     fixed          .          Difference          S.E.
-------------+----------------------------------------------------------------
        prof |    1.097122     1.056729        .0403931        .0137322
------------------------------------------------------------------------------
                           b = consistent under Ho and Ha; obtained from xtreg
            B = inconsistent under Ha, efficient under Ho; obtained from xtreg

    Test:  Ho:  difference in coefficients not systematic

                  chi2(1) = (b-B)'[(V_b-V_B)^(-1)](b-B)
                          =        8.65
                Prob>chi2 =      0.0033
```

Pour l'échantillon considéré, la réalisation de la statistique de Hausman est égale à 8,65 avec une probabilité critique de 0,33%. Puisque la probabilité critique (0,33%) est inférieure à 1%, l'hypothèse nulle de présence d'effets aléatoires est rejetée. Le modèle à effets fixes est meilleur que celui à effets aléatoires. L'estimateur *Within* est plus performant que celui des moindres carrés généralisés.

Le modèle à effets fixes est le meilleur modèle pour estimer la relation entre l'investissement et le profit des 3 firmes.

10) Interprétation économique des paramètres estimés.

L'estimation de la propension marginale à investir est :

$$\hat{\beta} = 1{,}097$$

Si le profit augmente de 10 milliards de CFA, alors les investissements croissent de 10,97 milliards de FCFA, toutes choses égales par ailleurs.

11) Interprétation de la valeur du coefficient de détermination

Pour le modèle à effets fixes, le R^2 le plus pertinent est le R^2 *within*, car il donne une idée de la part de la variabilité intra-individuelle de la variable dépendante, expliquée par celles des variables explicatives.

Le R^2 *between* quant à lui donne une idée de la contribution des effets fixes.

R-sq: within = 0.9486 = 94,86%

La valeur du R^2 *within* indique que 94,86% des fluctuations des investissements des trois firmes sont expliquées par leurs profits.

12) Test de significativité individuelle

Les hypothèses nulle et alternative sont :

$$H_0 : \beta = 0 \text{ contre } H_1 : \beta \neq 0$$

Le ratio de Student est égal à 21,91 avec une probabilité critique nulle.

Puisque la probabilité critique est inférieure à 5%, nous rejetons l'hypothèse nulle. Le profit a un impact positif significatif sur l'investissement.

13) Test de nullité de la moyenne de l'erreur

Les hypothèses nulle et alternative sont :

H_0 : Le terme d'erreur est centré

H_1 : Le terme d'erreur n'est pas centré.

Estimons à nouveau les paramètres du modèle à effets fixes individuels :

```
quietly xtreg inv prof , fe
```

L'option « *quietly* » estime le modèle, mais n'affiche pas les résultats. On récupère d'abord la série des résidus :

```
predict residu, e
```

Le résidu généré est e[firme,t].

```
sum residu
```

Nous avons les résultats suivants :

```
Variable     |       Obs        Mean    Std. Dev.       Min        Max
-------------+--------------------------------------------------------
      residu |        30    3.73e-09    1.718716  -3.079251    3.83816
```

Nous testons l'hypothèse nulle en entrant la commande :

```
ttest residu = 0
```

Nous obtenons les résultats suivants :

```
One-sample t test
------------------------------------------------------------------------------
Variable |     Obs        Mean    Std. Err.   Std. Dev.   [95% Conf. Interval]
---------+--------------------------------------------------------------------
  residu |      30    3.73e-09     .3137932    1.718716   -.6417791    .6417791
------------------------------------------------------------------------------
    mean = mean(residu)                                           t =   0.0000
Ho: mean = 0                                     degrees of freedom =       29

    Ha: mean < 0                 Ha: mean != 0                 Ha: mean > 0
 Pr(T < t) = 0.5000         Pr(|T| > |t|) = 1.0000          Pr(T > t) = 0.5000
```

La statistique de Student affiche une probabilité égale à 1, supérieure à 5%. Nous ne pouvons pas rejeter l'hypothèse nulle selon laquelle le terme d'erreur est centré.

14) Tests de normalité des résidus

Les hypothèses nulle et alternative du test de normalité sont :

H_0 : Les résidus du modèle à effets fixes suivent une distribution normale

H_1 : Les résidus du modèle à effets fixes ne suivent pas une distribution normale.

14.1) Test de Jarque-Bera

Nous entrons la commande suivante :

```
jb residu
```

Nous obtenons les résultats suivants :

```
Jarque-Bera normality test:  .6195 Chi(2)  .7336
Jarque-Bera test for Ho: normality:
```

La probabilité est égale à 0,7336. Nous ne pouvons pas rejeter l'hypothèse nulle selon laquelle le terme résiduel a une distribution normale.

14.2) Test de Shapiro-Wilk

Nous entrons la commande :

```
swilk residu
```

Nous obtenons les résultats suivants:

```
Shapiro-Wilk W test for normal data

    Variable |        Obs       W           V         z       Prob>z
-------------+--------------------------------------------------------
      residu |         30    0.97486      0.799    -0.464    0.67864
```

La probabilité est égale à 0,6786. Nous concluons que le terme résiduel a une distribution normale.

14.3) Test de Shapiro-Francia

Nous entrons la commande :

```
sfrancia residu
```

Nous obtenons les résultats suivants :

```
Shapiro-Francia W' test for normal data

    Variable |       Obs       W'          V'        z       Prob>z
-------------+--------------------------------------------------------
      residu |        30    0.97909      0.737    -0.558    0.71160
```

La probabilité est égale à 0,7116. Nous concluons que le terme résiduel a une distribution normale.

En définitive, le terme résiduel du modèle à effets fixes a une distribution normale.

15) Tests de corrélation des résidus

15.1) Test de Born-Breitung

Vous devez télécharger le package « **xtqptest** » qui est disponible sur les versions récentes du logiciel Stata.

Vous tapez dans la barre de commande :

```
ssc install xtqptest, all
```

- **Test de corrélation d'ordre un**

Les hypothèses nulle et alternative sont :

H_0 : Les erreurs du modèle à effets fixes ne sont pas corrélées à l'ordre un

H_1 : Les erreurs du modèle à effets fixes sont corrélées à l'ordre un.

Nous entrons la commande suivante :

```
xtqptest residu, lags(1)
```

On obtient les résultats ci-dessous :

```
Bias-corrected Born and Breitung (2016) Q(p)-test on variables residu
Panelvar: firme
Timevar: annee
p (lags): 1
-------------------------------------------------------------------------------
          Variable          | Q(p)-stat   p-value   |      N    maxT |  balance?
|
----------------------------+---------------------+----------------+--------
           residu           +   1.68      0.195   +      3      10 +  balanced
|
-------------------------------------------------------------------------------
 Notes: Under H0, Q(p) ~ chi2(p)
    H0: No serial correlation up to order p.
    Ha: Some serial correlation up to order p.
```

- **Test de corrélation d'ordre deux**

Les hypothèses nulle et alternative sont :

H_0 : Les erreurs du modèle à effets fixes ne sont pas corrélées à l'ordre deux

H_1 : Les erreurs du modèle à effets fixes sont corrélées à l'ordre deux.

Nous entrons la commande suivante :

```
xtqptest residu, lags(2)
```

Nous avons les résultats suivants :

```
Bias-corrected Born and Breitung (2016) Q(p)-test on variables residu
Panelvar: firme
Timevar: annee
p (lags): 2
--------------------------------------------------------------------------------+
    Variable           | Q(p)-stat   p-value   |       N    maxT |   balance?   |
-----------------------+-----------------------+-----------------+--------------|
     residu            +   3.03       0.220    +       3      10 +   balanced   |
--------------------------------------------------------------------------------+
 Notes: Under H0, Q(p) ~ chi2(p)
    H0: No serial correlation up to order p.
    Ha: Some serial correlation up to order p.
```

Les hypothèses de corrélation des erreurs d'ordres un et deux sont rejetées.

15.2) Test de Wooldridge de corrélation d'ordre un

Les hypothèses nulle et alternative sont :

H_0 : Les erreurs du modèle à effets fixes ne sont pas corrélées à l'ordre un

H_1 : Les erreurs du modèle à effets fixes sont corrélées à l'ordre un.

Nous entrons la commande suivante :

```
lmawxt inv prof , id(firme) it(annee)
```

On obtient les résultats suivants :

```
* Ordinary Least Squares (OLS) Regression
==============================================================================
  inv = prof
------------------------------------------------------------------------------
 Sample Size         =          30  |  Cross Sections Number     =          3
 Wald Test           =    356.5574  |  P-Value > Chi2(1)         =     0.0000
 F-Test              =    356.5574  |  P-Value > F(1 , 29)       =     0.0000
 R2  (R-Squared)     =      0.9248  |  Raw Moments R2            =     0.9863
 R2a (Adjusted R2)   =      0.9248  |  Raw Moments R2 Adj        =     0.9863
 Root MSE (Sigma)    =      1.9811  |  Log Likelihood Function =     -62.5687
------------------------------------------------------------------------------
- R2h= 0.9248   R2h Adj= 0.9248  F-Test =  344.26 P-Value > F(1 , 29)  0.0000
- R2v= 0.9248   R2v Adj= 0.9248  F-Test =  344.26 P-Value > F(1 , 29)  0.0000
------------------------------------------------------------------------------
         inv |      Coef.   Std. Err.      t    P>|t|     [95% Conf. Interval]
-------------+----------------------------------------------------------------
        prof |   1.056729   .0559627    18.88   0.000     .9422723    1.171185
       _cons |  -.7673684   .9120258    -0.84   0.407    -2.632671    1.097934
------------------------------------------------------------------------------

==============================================================================
*** Panel Data Autocorrelation Wooldridge Test
==============================================================================
  Ho: No AR(1) Panel AutoCorrelation - Ha: AR(1) Panel AutoCorrelation

- Panel Rho Value                           =   0.3622
------------------------------------------------------------------------------
- Wooldridge  F Test                        =   9.7151  P-Value > F(1, 2) 0.0894
- Wooldridge LM Test                        =   3.2688  P-Value > Chi2(1) 0.0706
------------------------------------------------------------------------------
```

Les erreurs du modèle ne sont pas corrélées.

15.3) Test de Breusch-Godfrey

Nous entrons la commande suivante :

```
lmabgxt inv inv prof , id(firme) it(annee)
```

Nous obtenons les résultats suivants:

```
==============================================================================
* Ordinary Least Squares (OLS) Regression
==============================================================================
  inv = prof
------------------------------------------------------------------------------
 Sample Size         =          30  |  Cross Sections Number     =          3
 Wald Test           =    356.5574  |  P-Value > Chi2(1)         =     0.0000
 F-Test              =    356.5574  |  P-Value > F(1 , 29)       =     0.0000
 (Buse 1973) R2      =      0.9248  |  Raw Moments R2            =     0.9863
 (Buse 1973) R2 Adj  =      0.9248  |  Raw Moments R2 Adj        =     0.9863
 Root MSE (Sigma)    =      1.9811  |  Log Likelihood Function =     -62.5687
------------------------------------------------------------------------------
- R2h= 0.9248   R2h Adj= 0.9248  F-Test =  344.26 P-Value > F(1 , 29)  0.0000
- R2v= 0.9248   R2v Adj= 0.9248  F-Test =  344.26 P-Value > F(1 , 29)  0.0000
------------------------------------------------------------------------------
         inv |      Coef.   Std. Err.      t    P>|t|     [95% Conf. Interval]
-------------+----------------------------------------------------------------
        prof |   1.056729   .0559627    18.88   0.000     .9422723    1.171185
       _cons |  -.7673684   .9120258    -0.84   0.407    -2.632671    1.097934
------------------------------------------------------------------------------
```

15.4) Test de Pesaran

Les hypothèses nulle et alternative sont :

H_0 : Les erreurs du modèle à effets fixes ne sont pas corrélées de façon transversale

H_1 : Les erreurs du modèle à effets fixes sont corrélées de façon transversale.

Vous devez télécharger le package « **xtcsd** » qui est disponible sur les versions récentes du logiciel Stata. À cet effet, entrez la commande suivante :

```
ssc install  xtcsd, all
```

Après l'estimation du modèle, nous entrons la commande :

```
xtcsd, pesaran
```

Nous obtenons les résultats suivants:

Pesaran's test of cross sectional independence =   0.022, Pr = 0.9824

La probabilité du test (Pr = 98,24%) étant supérieure à 5%, nous ne rejetons pas l'hypothèse nulle. Les erreurs du modèle à effets fixes ne sont pas corrélées de façon transversale.

16) Tests d'hétéroscédasticité des erreurs

Les hypothèses nulle et alternative sont :

H_0 : Les erreurs du modèle sont homoscédastiques

H_1 : Les erreurs du modèle sont hétéroscédastiques.

16.1) Test de Breusch-Pagan

Tapez la commande suivante :

```
lmhlmxt  inv prof, id(3)
```

On obtient les résultats suivants :

```
==============================================================================
* Breusch-Pagan Lagrange Multiplier Panel Heteroscedasticity Test
==============================================================================
  Ho: Panel Homoscedasticity - Ha: Panel Heteroscedasticity

    Lagrange Multiplier LM Test     =   11.05482
    Degrees of Freedom              =        2.0
    P-Value > Chi2(2)               =    0.00398
==============================================================================
```

La statistique du multiplicateur de Lagrange est égale à 11,055 avec une probabilité de 0,4%. Nous concluons que les erreurs du modèle sont hétéroscédastiques.

16.2) Test de White

Pour effectuer le test de White, tapez la commande :

```
lmnwhitext inv prof , id(firme) it(annee)
```

Vous obtenez les résultats ci-après:

```
==============================================================================
* Ordinary Least Squares (OLS) Regression
==============================================================================
  inv = prof
------------------------------------------------------------------------------
  Sample Size         =          30   |   Cross Sections Number    =         3
  Wald Test           =    344.2623   |   P-Value > Chi2(1)        =    0.0000
  F-Test              =    344.2623   |   P-Value > F(1 , 28)      =    0.0000
 (Buse 1973) R2       =      0.9248   |   Raw Moments R2           =    0.9863
 (Buse 1973) R2 Adj   =      0.9221   |   Raw Moments R2 Adj       =    0.9858
  Root MSE (Sigma)    =      2.0161   |   Log Likelihood Function  =  -62.5687
------------------------------------------------------------------------------
- R2h= 0.9248   R2h Adj= 0.9221  F-Test =  344.26 P-Value > F(1 , 28)  0.0000
- R2v= 0.9248   R2v Adj= 0.9221  F-Test =  344.26 P-Value > F(1 , 28)  0.0000
------------------------------------------------------------------------------
         inv |      Coef.   Std. Err.      t    P>|t|     [95% Conf. Interval]
-------------+----------------------------------------------------------------
        prof |   1.056729   .0569533    18.55   0.000     .9400653    1.173392
       _cons |  -.7673684   .9281691    -0.83   0.415    -2.668637      1.1339
------------------------------------------------------------------------------

==============================================================================
*** Panel Data Non Normality White Test
==============================================================================
 Ho: Normality - Ha: Non Normality
------------------------------------------------------------------------------
- White IM Test                       =    2.2249     P-Value > Chi2(2) 0.3288
------------------------------------------------------------------------------
```

La statistique de White est égale à 2,2249 avec une probabilité de 32,88%. Nous pouvons conclure que les erreurs du modèle sont homoscédastiques.

16.3) Tests ARCH d'hétéroscédasticité conditionnelle

Nous entrons la commande suivante :

```
lmharchxt inv prof , id(firme) it(annee)
```

On obtient les résultats suivants :

```
==============================================================================
* Ordinary Least Squares (OLS) Regression
==============================================================================
  inv = prof
------------------------------------------------------------------------------
 Sample Size         =          30   |   Cross Sections Number   =           3
 Wald Test           =    344.2623   |   P-Value > Chi2(1)       =      0.0000
 F-Test              =    344.2623   |   P-Value > F(1 , 28)     =      0.0000
 R2  (R-Squared)     =      0.9248   |   Raw Moments R2          =      0.9863
 R2a (Adjusted R2)   =      0.9221   |   Raw Moments R2 Adj      =      0.9858
 Root MSE (Sigma)    =      2.0161   |   Log Likelihood Function =    -62.5687
------------------------------------------------------------------------------
- R2h= 0.9248   R2h Adj= 0.9221  F-Test =  344.26 P-Value > F(1 , 28)  0.0000
- R2v= 0.9248   R2v Adj= 0.9221  F-Test =  344.26 P-Value > F(1 , 28)  0.0000
------------------------------------------------------------------------------
         inv |      Coef.   Std. Err.      t    P>|t|     [95% Conf. Interval]
-------------+----------------------------------------------------------------
        prof |   1.056729   .0569533    18.55   0.000     .9400653    1.173392
       _cons |  -.7673684   .9281691    -0.83   0.415    -2.668637      1.1339
------------------------------------------------------------------------------

==============================================================================
*** Panel Data Heteroscedasticity Engle (ARCH) Test
==============================================================================
  Ho: Panel Homoscedasticity - Ha: Panel Heteroscedasticity

- Engle LM ARCH Test AR(1): E2 = E2_1   =   1.4229   P-Value > Chi2(1)  0.2329
------------------------------------------------------------------------------
```

La statistique du multiplicateur de Lagrange est égale à 1,4229 avec une probabilité de 23,29%. Les erreurs du modèle sont homoscédastiques.

17) Prévisions des investissements pour les années 2021 à 2024

17.1) Valeurs des prévisions

La commande de la prévision est :

```
predict prev
```

prev est le nom de la variable prévue.

Pour visualiser à l'écran les valeurs prévues, entrez la commande :

```
list firme annee prev if inv ==.
```

On obtient les résultats ci-dessous :

```
     +---------------------------+
     | firme   annee     prev    |
     |---------------------------|
 11. |     1    2021   6.308177 |
 12. |     1    2022   9.599544 |
 13. |     1    2023   11.79379 |
 14. |     1    2024   9.599544 |
 25. |     2    2021   15.08515 |
     |---------------------------|
 26. |     2    2022   19.47364 |
 27. |     2    2023   16.18228 |
 28. |     2    2024   12.89091 |
 39. |     3    2021    17.2794 |
 40. |     3    2022   20.57076 |
     |---------------------------|
 41. |     3    2023   15.08515 |
 42. |     3    2024   13.98803 |
     +---------------------------+
```

Les prévisions obtenues pour un horizon de 4 années sont données dans le tableau ci-dessous :

Tableau 10.59 : Prévisions de l'investissement de 2021 à 2024

Année	Firme 1	Firme 2	Firme 3
2021	6,308	15,085	17,279
2022	9,599	19,474	20,571
2023	11,794	16,182	15,085
2024	9,599	12,891	13,988

17.2) Représentation graphique des prévisions

Pour la firme 1, entrez la commande suivante :

```
tsline inv prev if firme ==1 , subtitle("Firme 1")
```

On obtient le graphique ci-après :

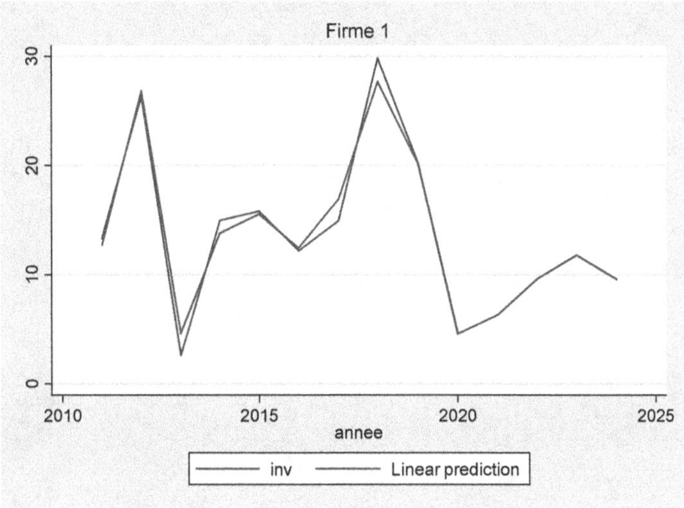

On utilise la même commande pour générer les graphiques des firmes 2 et 3.

18) Modèle à deux effets fixes individuels

18.1) Estimation du modèle à deux effets fixes

Le modèle à deux effets fixes s'écrit :

$$\text{inv}_{\text{it}} = a_i + \lambda_t + \beta \text{prof}_{\text{it}} + \varepsilon_{\text{it}} 1 \leq i \leq n; 1 \leq t \leq T$$
$$n = 3; T = 10$$

L'estimation se fait à l'aide de la commande :

```
xtreg inv prof i.annee, fe
```

On obtient les résultats ci-dessous :

```
Fixed-effects (within) regression               Number of obs      =        30
Group variable: firme                           Number of groups   =         3
R-sq:                                           Obs per group:
     within  = 0.9674                                          min =        10
     between = 0.8633                                          avg =      10.0
     overall = 0.9423                                          max =        10
                                                F(10,17)           =     50.42
corr(u_i, Xb)  = -0.2315                        Prob > F           =    0.0000

------------------------------------------------------------------------------
         inv |      Coef.   Std. Err.      t    P>|t|     [95% Conf. Interval]
-------------+----------------------------------------------------------------
        prof |   1.114661   .0670868    16.62   0.000     .9731202    1.256202
             |
       annee |
       2012  |   .5605986   1.430524     0.39   0.700    -2.457543     3.57874
       2013  |     1.6324   1.524173     1.07   0.299    -1.583323    4.848124
       2014  |    .059803   1.416526     0.04   0.967    -2.928806    3.048412
       2015  |  -.2979348   1.415164    -0.21   0.836    -3.283671    2.687801
       2016  |   -.678653   1.387404    -0.49   0.631     -3.60582    2.248514
       2017  |   .1980483   1.408184     0.14   0.890    -2.772961    3.169058
       2018  |   2.207275   1.387088     1.59   0.130    -.7192256    5.133776
       2019  |   1.493487   1.405013     1.06   0.303    -1.470831    4.457805
       2020  |    1.99889   1.389359     1.44   0.168    -.9324001    4.930181
             |
       _cons |  -2.351463   1.395769    -1.68   0.110    -5.296278    .5933515
-------------+----------------------------------------------------------------
     sigma_u |  1.4219649
     sigma_e |  1.6979548
         rho |  .41222625   (fraction of variance due to u_i)
------------------------------------------------------------------------------
F test that all u_i=0: F(2, 17) = 6.36                       Prob > F = 0.0087
```

18.2) Test de significativité des effets temporels

Les hypothèses nulle et alternative s'écrivent :

$H_0 : \lambda_1 = \lambda_2 = \lambda_3 = \ldots = \lambda_T = 0$

H_1 : Il existe au moins un des coefficients λ_t non nul.

Nous effectuons un test de Fisher en utilisant la commande :

```
testparm i.annee
```

Nous obtenons les résultats ci-après :

```
(1)  2012.annee = 0
(2)  2013.annee = 0
(3)  2014.annee = 0
(4)  2015.annee = 0
(5)  2016.annee = 0
(6)  2017.annee = 0
(7)  2018.annee = 0
(8)  2019.annee = 0
(9)  2020.annee = 0

       F( 9, 17)     =    1.09
           Prob > F =    0.4203
```

La statistique de Fisher est égale à 1,09 avec une probabilité de 0,4203. Cette probabilité étant supérieure à 5%, nous ne rejetons pas l'hypothèse de non-significativité des effets temporels. Par conséquent, nous rejetons le modèle à deux effets fixes individuels.

Annexes

Annexe 1 : Homogénéité versus hétérogénéité : Test de Hsiao[51]

Pour identifier la source de l'hétérogénéité, on retient un modèle assez général où l'hétérogénéité peut se situer à la fois au niveau des constantes et des coefficients des variables explicatives. Considérons le modèle suivant :

$$Y_{it} = \alpha_i + X_{it} b_i + \varepsilon_{it}, \quad i = 1, \ldots, n \text{ et } t = 1, \ldots, T \qquad \text{(A1.1)}$$

où les perturbations ε_{it} sont supposées indépendamment et identiquement distribuées, de loi normale d'espérance nulle et de variance σ^2.

À partir de l'équation (A1.1), plusieurs configurations sont possibles :

Cas 1 : Si toutes les constantes ainsi que les coefficients de pente sont identiques, alors le panel est dit homogène ;

Cas 2 : Si toutes les constantes ainsi que les coefficients de pente diffèrent avec les individus, alors il existe *n* modèles distincts. On rejette la structure panel ;

Cas 3 : Si les *n* constantes sont identiques et les coefficients de pente diffèrent avec les individus, alors il existe *n* modèles distincts. On rejette la structure panel ;

Cas 4 : Si les *n* les constants varient avec les individus et les coefficients de pente sont identiques, alors le modèle est un modèle à effets fixes individuels.

Chacune des configurations ci-dessus renvoie à des hypothèses particulières sur l'hétérogénéité *versus* l'homogénéité des constantes ou des coefficients de pente. Afin de discriminer entre ces quatre situations, il est nécessaire d'adopter une procédure de tests d'homogénéité emboîtés (Hsiao, 2003).

---

[51] Cette section s'inspire de Pirotte (2011).

Cette procédure se décompose en trois (3) étapes :

1. On teste l'hypothèse d'homogénéité de l'ensemble des paramètres. Ce test s'écrit :

$$H_0^1 : \alpha_i = \alpha, b_i = b \text{ contre } H_1^1 : \exists(\mathrm{i,j})\ \alpha_i \neq \alpha_j \text{ ou } b_i \neq b_j \qquad \text{(A1.2)}$$

On calcule la statistique de Fisher :

$$F_1 = \frac{\mathrm{SCR_{1c}} - \mathrm{SCR_1}}{\mathrm{SCR_1}} \times \frac{\mathrm{nT} - n(k+1)}{(n-1)(k+1)} \rightarrow F[(n-1)(k+1), \mathrm{nT} - n(k+1)] \qquad \text{(A1.3)}$$

où SCR_{1c} est la somme des carrés des résidus du modèle contraint (hypothèse H_0^1) et SCR_1 la somme des carrés des résidus du modèle non contraint (H_1^1). Si la valeur de F_1 est supérieure à la statistique de Fisher théorique à [(n – 1)(k + 1), nT – n(k + 1)] degrés de liberté au seuil de α % , alors on rejette H_0^1 contre H_1^1.

2. Si l'hypothèse H_0^1 est rejetée, on passe à la seconde étape. On met en œuvre un test d'homogénéité qui porte uniquement sur les coefficients de pente, soit :

$$H_0^2 : b_i = b \text{ contre } H_1^2 : \exists(\mathrm{i,j})\ b_i \neq b_j \qquad \text{(A1.4)}$$

et on calcule la statistique de Fisher :

$$F_2 = \frac{\mathrm{SCR_{2c}} - \mathrm{SCR_1}}{\mathrm{SCR_1}} \times \frac{\mathrm{nT} - n(k+1)}{(n-1)k} \rightarrow F[(n-1)\mathrm{k}, \mathrm{nT} - n(k+1)] \qquad \text{(A1.5)}$$

où SCR_{2c} est la somme des carrés de résidus du modèle contraint (modèle à effets fixes individuels, hypothèse H_0^2) et SCR_1, la somme des carrés des résidus du modèle non contraint (H_1^2). Si F_2 est supérieure à la statistique de Fisher théorique à [(n – 1)k, nT – n(k + 1)] degrés de liberté au seuil de α %, on rejette H_0^2 contre H_1^2.

3. Si l'hypothèse H_0^2 est acceptée, on passe à la troisième étape. On applique un test d'homogénéité uniquement sur les constantes :

$$H_0^3 : \alpha_i = \alpha \text{ contre } H_1^3 : \alpha_i \neq \alpha_j \qquad \text{(A1.6)}$$

et on calcule la statistique de Fisher :

$$F_3 = \frac{\mathrm{SCR}_{1c} - \mathrm{SCR}_{2c}}{\mathrm{SCR}_{2c}} \times \frac{n(T-1)-k}{n-1} \rightarrow F[n-1, n(T-1)-k] \qquad \text{(A1.7)}$$

où les sommes des carrés SCR_{1c} et SCR_{2c} ont été définies lors des deux étapes précédentes. Si la valeur de F_3 est supérieure à la statistique de Fisher théorique à [n – 1, n(T – 1) – k] degrés de liberté au seuil de α %, on rejette H_0^3 contre H_1^3.

En pratique, le rejet de l'hypothèse d'homogénéité au profit d'un type particulier d'hétérogénéité individuelle doit plus amener à s'interroger sur la complétude de cette forme spécifique. Autrement dit, la forme de l'hétérogénéité à retenir n'est-elle pas plus complexe ?

Récapitulatif de la procédure des tests d'homogénéité emboîtés

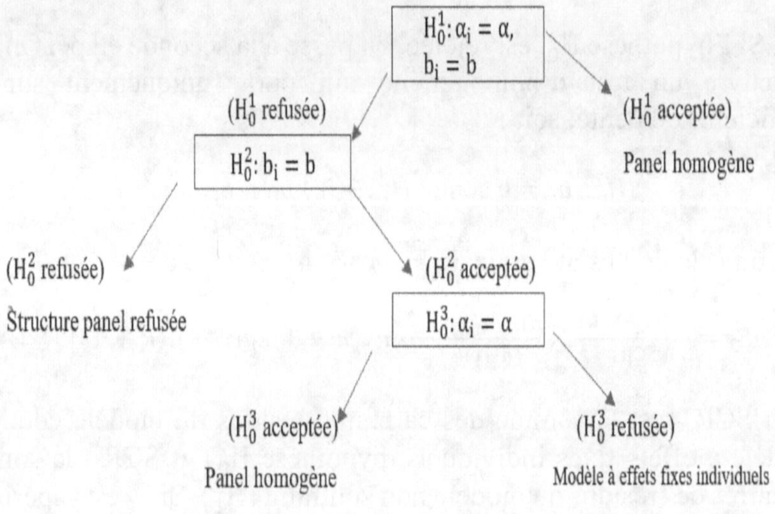

Annexe 2 : Interprétation économique des paramètres des modèles de régression

« Sa andi a anda a andate, Sa anda a anda a andata »
« Si tu sais que tu ne sais pas tu sauras, si tu ne sais pas que tu ne sais pas tu ne sauras pas »

AMADOU HAMPATE BA

Nous considérons onze (11) modèles de régression couramment utilisés en économétrie. Pour chaque modèle, nous donnons les interprétations économiques des paramètres.

Tableau A2.1 : Modèles considérés

Modèle	**Ecriture du modèle**
1. Modèle niveau-niveau	$Y_t = aX_t + b + \varepsilon_t$
2. Modèle log-log	$\log(Y_t) = a\log(X_t) + b + \varepsilon_t$
3. Modèle log-niveau	$\log(Y_t) = aX_t + b + \varepsilon_t$
4. Modèle log-niveau où *t* est la variable temporelle	$\log(Y_t) = at + b + \varepsilon t$ où $t = 1,2,\ldots,n$
5. Modèle niveau-log	$Y_t = a\log(X_t) + b + \varepsilon_t$
6. Modèle réciproque	$Y_t = a(1/X_t) + b + \varepsilon_t$
7. Modèle quadratique	$Y_t = c + aX_t + bX_t^2 + \varepsilon_t$ → tester des effets de seuil
8. Modèle avec effet d'interaction	$Y_t = c + aX_t + bZ_tX_t + \varepsilon_t$ → tester des synergies
9. Modèle linéaire autorégressif	$Y_t = bY_{t-1} + a_0 + a_1X_t + a_2Z_t + \varepsilon_t$
10. Modèle à retards échelonnés	$Y_t = b_0 + a_0 X_t + a_1X_{t-1} + a_2X_{t-2} + \varepsilon_t$
11. Modèle à correction d'erreur	$d(Y_t) = a_0 + a_1d(X_t) + a_2Y_{t-1} + a_3X_{t-1} + \varepsilon_t$ a_2 est le coefficient de correction d'erreur.

1. Modèle sans logarithme (ou modèle niveau-niveau)

Nous considérons le modèle niveau-niveau suivant :

$$Y = aX + b + \varepsilon \qquad \text{(A2.1)}$$

Le paramètre *a* mesure **l'effet marginal de Y par rapport à X**.

$$a = \frac{\partial Y}{\partial X} \Rightarrow \partial Y = a \times \partial X$$

Le paramètre *b* représente la valeur de Y quand X = 0.

À titre d'illustration, considérons la fonction de consommation de 150 ménages :

$$\text{cons} = \text{a rev} + \text{b} + \varepsilon$$

où *cons* est la consommation et *rev* le revenu.

L'estimation des paramètres par la méthode des MCO donne :

$$\hat{a} = 0{,}85 \quad ; \quad \hat{b} = 12\ 000$$

L'estimation $\hat{b}$ est la consommation incompressible (consommation autonome ou minimum de subsistance). L'estimation $\hat{a}$ est la propension marginale à consommer :

$$\partial \text{Cons} = 0{,}85 \times \partial \text{Rev}$$

$\hat{a} = 0{,}85$ signifie qu'une augmentation du revenu du ménage moyen de 100 000 Francs induit une hausse de la consommation de 85 000 Francs, toutes choses égales par ailleurs.

2. Modèle log-linéaire (ou modèle log-log)

Le modèle log-linéaire, encore appelé modèle log-log, s'écrit :

$$log(Y) = alog(X) + b + \varepsilon \qquad \text{(A2.2)}$$

où log est le logarithme népérien.

Le paramètre *a* est **l'élasticité de Y par rapport à X :**

$$a = \frac{\partial \log(Y)}{\partial \log(X)} \Rightarrow \frac{\partial Y}{Y} = a \times \frac{\partial X}{X}$$

À titre d'illustration, considérons une fonction d'importation d'un pays expliquée par le produit intérieur brut sur la période 1990-2022.

$$\log(\text{imp}) = a^{*}\log(\text{pib}) + b + \varepsilon$$

L'estimation des paramètres par la méthode des moindres carrés ordinaires donne :

$$\hat{a} = 0{,}75 \quad ; \quad \hat{b} = 0{,}65$$

$\hat{a}$ est l'estimation de l'élasticité des importations par rapport au produit intérieur brut.

$$\frac{\partial \text{IMP}}{\text{IMP}} = 0{,}75 \times \frac{\partial \text{PIB}}{\text{PIB}}$$

$\hat{a} = 0{,}75$ signifie qu'une augmentation du PIB de 10% s'accompagne d'une hausse des importations de 7,5%, toutes choses égales par ailleurs.

Remarque A2.1: La transformation logarithmique donnant lieu à un modèle log-linéaire, peut être utilisée pour réduire l'hétéroscédasticité des erreurs. La réduction de l'hétéroscédasticité provient du fait que la transformation logarithmique « comprime » les échelles dans lesquelles les variables sont mesurées.

3. Modèle semi-logarithmique (ou modèle log-niveau)

Le modèle semi-logarithmique s'écrit :

$$\log(Y) = aX + b + \varepsilon \qquad \text{(A2.3)}$$

Le paramètre *a* est **la semi-élasticité de Y par rapport à X** :

$$a = \frac{\partial \log(Y)}{\partial X} \Rightarrow \frac{\partial Y}{Y} = a \times \partial X$$

Considérons l'investissement (INV) d'un pays, mis en relation avec le taux d'intérêt réel (TIR) sur la période 1990-2022 :

$$log(INV) = aTIR + b + \varepsilon$$

L'estimation des paramètres par la méthode des moindres carrés ordinaires donne :

$$\hat{a} = - 0{,}06 \quad ; \quad \hat{b} = - 2{,}59$$

$\hat{a}$ est l'estimation de la semi-élasticité de l'investissement par rapport au taux d'intérêt réel.

$$\frac{\partial \text{INV}}{\text{INV}} = -0{,}06 \times \partial \text{TIR}$$

$\hat{a}$ = - 0,06 signifie qu'une hausse du taux d'intérêt de 1 point de pourcentage entraîne une baisse de l'investissement de 0,06%, toutes choses égales par ailleurs.

4. Modèle semi-logarithmique où la variable explicative est le temps

Si la variable explicative est le temps, le modèle semi-logarithmique s'écrit :

$$log(Y) = at + b + \varepsilon \qquad \text{(A2.4)}$$

Si *t* désigne par exemple des mois, des trimestres, des années, on démontre que log(1 + g) = a, où *g* est le taux de croissance de Y.

Le coefficient *a* s'interprète comme le taux de croissance continue qui donnerait, au bout d'une période, le même résultat qu'une augmentation unique au taux *g*.

Par exemple, considérons la série macroéconomique du produit intérieur brut (PIB) d'un pays sur la période 1990-2022 à la fréquence annuelle.

Soit le modèle :

$$log(PIB) = at + b + \varepsilon$$

où t désigne le temps, t = 0,1,2,…,32.

L'estimation de ce modèle par la méthode des moindres carrés ordinaires (MCO) conduit aux résultats suivants :

$$log(PIB) = 0{,}0377t + 7{,}5978$$

On en déduit que log(1 + $\hat{g}$) = 0,0377 où $\hat{g}$ est le taux de croissance estimé. Ce qui donne $\hat{g}$ = 0,0384. Ainsi, sur la période 1990-2022, le produit intérieur brut a augmenté annuellement à un taux de 3,84%.

5. Modèle niveau-log

Le modèle niveau-log s'écrit :

$$Y = alog(X) + b + \varepsilon \qquad \text{(A2.5)}$$

Supposons que Y soit le nombre d'heures travaillées par jour et X le salaire horaire. L'estimation des paramètres donne :

$$\hat{a} = 45{,}1 \ ; \hat{b} = 2{,}54$$

Une valeur de â = 45,1 signifie qu'une augmentation du salaire horaire de 10% s'accompagne d'une hausse du nombre d'heures travaillées d'environ 4 h 30 mn.

6. Modèle réciproque

Le modèle réciproque s'écrit :

$$Y = a(1/X) + b + \varepsilon \qquad \text{(A2.6)}$$

Lorsque la variable X tend vers l'infini, le terme a(1/X) tend vers zéro et b est la limite asymptotique de Y lorsque X tend vers l'infini.

La pente du modèle est donnée par :

$$\frac{\partial Y}{\partial X} = -a \times \left(\frac{1}{X^2}\right)$$

Par conséquent, si a > 0, la pente est toujours négative et si a < 0, la pente est toujours positive.

Ce type de modèle, pour a > 0, peut être illustré par la courbe de Phillips. Rappelons que cette dernière relie à l'origine le taux de croissance des salaires nominaux au taux de chômage. Elle a par la suite été transformée en une relation entre taux d'inflation et taux de chômage.

Supposons que pour un pays donné, la régression du taux d'inflation ($\hat{\pi}_t$) sur l'inverse du taux de chômage (u_t) conduise aux résultats suivants :

$$\hat{\pi}_t = 20{,}01\left(\frac{1}{u_t}\right) - 2{,}30$$

Ces résultats montrent que même si le taux de chômage augmente indéfiniment, la plus forte variation des prix sera une baisse du taux d'inflation de l'ordre de 2,3 points.

7. Modèle quadratique

Le modèle quadratique est donné par :

$$Y = c + aX + bX^2 + \varepsilon \qquad \text{(A2.7)}$$

Le modèle quadratique permet de tester des effets de seuil :

- Si b > 0 alors la fonction est décroissante puis croissante. La relation est en forme de « U ».

- Si b < 0 alors la fonction est croissante puis décroissante. La relation est en forme de « U inversé».

À titre d'illustration, supposons qu'on cherche à estimer l'effet de l'expérience sur le salaire.

À l'aide de 120 observations, on estime les paramètres du modèle de Mincer :

$$w = c + aexp + bexp^2 + \varepsilon$$

où *w* est le salaire et *exp* l'expérience.

L'estimation des paramètres par la méthode des moindres carrés ordinaires donne:

$$\hat{b} = -0{,}002$$

Comme $\hat{b} < 0$, l'effet marginal de l'expérience sur le salaire décroît à mesure que l'expérience devient importante. Ce qui reflète une moindre progression du capital humain en fin de carrière.

Nous illustrons le modèle pour analyser le lien entre la rentabilité commerciale et la part de marché pour un groupe d'entreprises. La rentabilité est appréhendée par le bénéfice net rapporté au chiffre d'affaires. On souhaite estimer les paramètres du modèle quadratique spécifié comme suit :

$$Y = c + aX + bX^2 + \varepsilon$$

L'estimation des paramètres par la méthode des moindres carrés ordinaires donne :

$$\hat{c} = 29{,}43 \ ; \quad \hat{a} = 1{,}61; \quad \hat{b} = 0{,}03$$

Comme $\hat{b} > 0$, l'effet marginal de la part de marché sur la rentabilité commerciale croît à mesure que la part de marché devient importante. On a une relation en forme de « U ».

8. Modèle avec effet d'interaction

Le modèle avec effet d'interaction entre deux variables explicatives s'écrit :

$$Y = c + aX + bXZ + \varepsilon \qquad \text{(A2.8)}$$

Ce modèle permet de tester des synergies.

On cherche à estimer l'impact de deux actions marketing notamment la réduction de prix (X) et la présence dans un prospectus publicitaire (Z) sur les ventes (Y). Si on pratique simultanément une réduction de prix et une publicité en prospectus, on peut obtenir une synergie : l'impact de l'opération simultanée est supérieur à la somme des impacts individuels. Pour tester les synergies, on crée une nouvelle variable d'interaction en multipliant les deux variables individuelles l'une par l'autre, puis on l'introduit dans le modèle.

9. Modèle linéaire autorégressif

Considérons le modèle linéaire autorégressif d'ordre un dans lequel toutes les variables sont exprimées en logarithme népérien :

$$\log(Y_t) = \text{b}\log(Y_{t-1}) + a_0 + a_1\log(X_t) + \varepsilon_t \qquad \text{(A2.9)}$$

Le coefficient a_0 représente la constante du modèle.

Le coefficient a_1 est l'élasticité de court terme de Y par rapport à la variable X.

Le coefficient $\frac{a_1}{1-b}$ est l'élasticité de long terme de Y par rapport à X.

À titre d'illustration, considérons la fonction de consommation des ménages d'un pays, définie sous la forme autorégressive ci-après :

$$\log(\text{cons}_t) = \text{b}\log(\text{cons}_{t-1}) + a_0 + a_1\log(\text{rev}_t) + \varepsilon_t$$

où *cons* désigne la consommation et *rev* le revenu.

L'estimation du modèle sur la période 1990-2016 donne les résultats suivants :

$$\underset{(7{,}054)}{\hat{b} = 0{,}526};\ \underset{(3{,}866)}{\hat{a}_0 = 0{,}178};\ \underset{(6{,}191)}{\hat{a}_1 = 0{,}434}$$

Les chiffres entre parenthèses sont les *t* de Student.

Le coefficient *b* est significativement différent de 0 au seuil de 1%. Par conséquent, le modèle est bien autorégressif.

L'estimation de l'élasticité de court terme de la consommation par rapport au revenu est égale à 0,434. À court terme, une augmentation du revenu des ménages de 10% induit une hausse de la consommation de 4,34%, toutes choses égales par ailleurs.

L'élasticité de long terme de la consommation par rapport au revenu est :

$$\frac{\hat{a}_1}{1-\hat{b}} = \frac{0{,}434}{1-0{,}526} = 0{,}916$$

À long terme, lorsque tous les ajustements ont eu lieu, une augmentation du revenu des ménages de 10% s'accompagne d'une hausse de la consommation de 9,16%, toutes choses égales par ailleurs.

10. Modèle à retards échelonnés

Le modèle à retards échelonnés se présente sous la forme :

$$Y_t = b_0 + a_0X_t + a_1X_{t-1} + a_2X_{t-2} + \ldots + a_hX_{t-h} + \varepsilon_t \qquad \text{(A2.10)}$$

Les coefficients $a_0, a_1, a_2, \ldots, a_k$ représentent les multiplicateurs instantanés et leur somme $(a_0 + a_1 + a_2 + \cdots + a_k)$ le multiplicateur cumulé ou de long terme.

Le coefficient a_0 est appelé multiplicateur de court terme ou multiplicateur courant ou encore multiplicateur d'impact de X.

Considérons la fonction de consommation écrite sous la forme d'un modèle à retards échelonnés :

$$C_t = b_0 + a_0R_t + a_1R_{t-1} + a_2R_{t-2} + \varepsilon_t$$

où C_t est la consommation (en log) au temps *t* et R_t le revenu (en log) au temps *t*.

L'estimation de ce modèle donne les résultats suivants :

$$C_t = b_0 + 0{,}4R_t + 0{,}2R_{t-1} + 0{,}1\mathrm{R}_{t-2}$$

Le revenu a un effet sur deux périodes avec un impact décroissant dans le temps (0,4 ; 0,2 ; 0,1).

Les multiplicateurs de court terme sont respectivement de 0,4, 0,2 et 0,1. Une hausse du revenu de 1% induit une augmentation de la consommation de 0,4% à la même période, de 0,2% à la période suivante et de 0,1% au bout de deux périodes.

Le multiplicateur de long terme est égal à 0,4 + 0,2 + 0,1 = 0,7. À long terme, une hausse de 1% du revenu induit une hausse de la consommation de 0,7%.

Calculons à présent les coefficients normalisés : on divise chaque coefficient par 0,7. On obtient 0,57 ; 0,29 et 0,14. Ainsi, 57% de l'effet total d'une variation du revenu est ressenti à la même période, 86% après une période et 100% au bout de deux périodes.

11. Modèle à correction d'erreur

Considérons les deux séries annuelles portant sur la consommation (*cons*) et le revenu (*rev*) des ménages d'un pays sur la période 1990-2016. Si les deux variables sont cointégrées alors elles admettent une représentation à correction d'erreur sous la forme :

$$dlcons_t = \beta_0 + \beta_1 dlrev_t + \beta_2 lcons_{t-1} + \beta_3 lrev_{t-1} + u_t \quad \text{(A2.11)}$$

où le symbole « *l* » désigne le logarithme népérien et « *d* » l'opérateur différence première définie par $d(X_t) = X_t - X_{t-1}$.

Il est possible d'inclure des retards additionnels sur les variables en différence première.

L'équation (A2.11) peut être écrite sous la forme suivante :

$$dlcons_t = \beta_0 + \beta_1 dlrev_t + \beta_2 \left(lcons_{t-1} + \beta_3/\beta_2 \, lrev_{t-1}\right) + u_t$$

Cette écriture fournit directement le coefficient de long terme.

Le modèle à correction d'erreur peut être estimé en une seule étape (méthode de Hendry) ou en deux étapes (méthode d'Engle-Granger). Dans le second cas, on estime la relation de long terme entre les variables en niveau et on introduit le résidu retardé d'une période dans le modèle en différence première. Dans tous les cas, l'interprétation des coefficients est la même.

L'estimation de l'équation donne les résultats ci-après :

$$\hat{\beta}_0 = \underset{(3{,}546)}{0{,}172};\ \hat{\beta}_1 = \underset{(4{,}558)}{0{,}469};\ \hat{\beta}_2 = \underset{(-4{,}651)}{-0{,}447};\ \hat{\beta}_3 = \underset{(4{,}518)}{0{,}408}$$

Les chiffres entre parenthèses sont les *t* de Student.

Le coefficient β_2 (force de rappel vers l'équilibre) est le coefficient à correction d'erreur. Ce coefficient est négatif (– 0,447) et significatif, validant ainsi le modèle à correction d'erreur. À long terme, les écarts entre la valeur courante de la consommation et sa valeur de long terme induisent des changements dans les variables de sorte à les amener à converger vers la relation de long terme.

Le coefficient β_2 représente la vitesse à laquelle tout déséquilibre entre les niveaux désiré et effectif de la consommation est résorbé dans l'année qui suit un choc. Un déséquilibre constaté au cours d'une année est résorbé au bout de deux années et 3 mois (1/0,447 = 2,24 années).

L'estimation de l'élasticité de court terme de la consommation par rapport au revenu est $\hat{\beta}_1 = 0{,}469$. A court terme, une augmentation du revenu de 10% s'accompagne d'une hausse de la consommation de 4,69%, toutes choses égales par ailleurs.

L'estimation de l'élasticité de long terme de la consommation par rapport au revenu est :

$$-\frac{\hat{\beta}_3}{\hat{\beta}_2} = \frac{0{,}408}{0{,}447} = 0{,}913$$

À long terme, lorsque tous les ajustements ont eu lieu, une augmentation du revenu de 10% s'accompagne d'une hausse de la consommation de 9,13%, toutes choses égales par ailleurs.

Références bibliographiques

Abadie A., Angrist J. & Imbens G. (2002). Instrumental variables estimates of the effect of subsidized training on the quantiles of trainee earnings. *Econometrica*, 70(1), 91–117.

Abrigo M. R. & Love I. (2016). Estimation of panel vector autoregression in Stata. *Stata Journal*, 16(3), 778–804.

Acheampong A. O., Adams S. & Boateng E. (2019). Do globalization and renewable energy contribute to carbon emissions mitigation in Sub-Saharan Africa? *Science of The Total Environment*, 677, 436–446.

Adedeji O. & Thornton J. (2006). Saving, investment and capital mobility in african countries. *Journal of African Economies*, 16(3), 393–405.

African Development Bank, United Nations Environment Programme (UNEP) & United Nations Economic Commission for Africa (ECA). (2019). *Climate Change Impacts on Africa's Economic Growth*. Abidjan: African Development Bank. p169.

African Development Bank (2022). *African Economic Outlook 22: Supporting Climate Resilience and a Just Energy Transition in Africa.* African Development Bank Group. https://www.afdb.org/en/documents/african-economic-outlook-2022.

Afxentiou P. C. & Serletis A. (1996). Government expenditures in the European Union: do they converge or follow Wagner's law? *International Economic Journal*, 10(3), 33– 47.

Agbetsiafa D. K. (2002). Capital mobility, saving and investment link: evidence from SubSaharan Africa. *Journal of African Development*, 5(2), 1–19.

Akadiri S. S., Apinran M. O. & Usman N. (2020). New insight into Feldstein and Horioka Paradox: analyzing the mediating roles of globalization, urbanization, and foreign direct investment. *Journal of Public Affairs*, 22(2), e2472, https://doi.org/10.1002/pa.2472.

Akinlo T. & Dada J. T. (2021). The moderating effect of foreign direct investment on environmental degradation-poverty reduction nexus: evidence from sub-Saharan African countries. *Environment, Development and Sustainability,* 23(11), 15764–15784.

Akinsola M. O. & Odhiambo N. M. (2020). Asymmetric effect of oil price on economic growth: Panel analysis of low-income oil-importing countries. *Energy Reports*, 6, 1057–1066.

Akonji D. R., Olateju A. O. & Abba M. W. (2013). Nexus between public expenditure and economic growth by testing Wagner's law time series: evidence from Nigeria. *International Journal of Development and Sustainability*, 2(4), 2383–2395.

Allegret J.-P., Couharde C., Coulibaly D. & Mignon V. (2014). Current accounts and oil price fluctuations in oil-exporting countries: the role of financial development. *Journal of International Money and Finance*, 47, 185–201.

Altunbaş Y. & Thornton J. (2019). The impact of financial development on income inequality: a quantile regression approach. *Economics Letters*, 175, 51–56.

Altunc O. F. & Aydin C. (2013). The relationship between optimal size of government and economic growth: empirical evidence from Turkey, Romania and Bulgaria, *Procedia - Social and Behavioral Sciences*, 92, 66–75.

Ameganvi K. (2021). Soutenabilite de la dette publique des pays de l'uemoa : la norme communautaire actuelle est-elle pertinente ? Document d'Étude et de Recherche N° COFEB/DER/2021/01. BCEAO/COFEB. Dakar: Sénégal.

Amemiya T. (1978). A note on a random coefficients model. *International Economic Review*, 19, 793–796.

Amemiya T. & MaCurdy T.E. (1986). Instrumental variable estimation of an error components model. *Econometrica*, 54, 869–880.

An T.-H.T. & Yeh K.-C. (2021). Growth effect of foreign direct investment and financial development: new insights from a threshold approach. *Journal of Economics and Development*, 23(2), 144–162.

An T.-H.T., Chen S.-H. & Yeh K.-C. (2023). Does financial development enhance the growth effect of FDI? A multidimensional analysis in emerging and developing Asia. *International Journal of Emerging Markets*, Vol. ahead-of-print No. ahead-of-print. https://doi.org/10.1108/IJOEM-03-2022-0495

Anderson T. W. & Hsiao C. (1982). Formulation and estimation of dynamic models using panel data. *Journal of Econometrics*, 18, 570–606.

Ando T. & Bai J. (2015). A simple new test for slope homogeneity in panel data models with interactive effects. *Economics Letters*, 136, 112–117.

Ando T. & Bai J. (2020). Quantile co-movement in financial markets: a panel quantile model with unobserved heterogeneity. *Journal of the American Statistical Association*, 115(529), 266–279.

Andrewsa D. & Lu B. (2001). Consistent model and moment selection procedures for GMM estimation with application to dynamic panel data models. *Journal of Econometrics*, 101(1), 123–164.

Andriansyah A. & Messinis G. (2019). Stock prices, exchange rates and portfolio equity flows: A Toda-Yamamoto panel causality test. *Journal of Economic Studies*, 46(2), 399–421.

Ansari M. I., Gordon D.V. & Akuamoach C. (1997). Keynes versus Wagner: public expenditure and national income for three African countries. *Applied Economics*, 29(4), 543–550.

Antweiler W., Copeland B. R. & Taylor M. S. (2001). Is free trade good for the environment? *American Economic Review*, 91(4), 877–908.

Anyanwu J. C. (2014). Factors affecting economic growth in Africa: are there any lessons from China? *African Development Review*, 26(3), 468–493.

Apergis N. & Tsoumas C. (2009). A survey of the Feldstein-Horioka puzzle: what has been done and where we stand. *Research in Economics*, 63(2), 64–76.

Appiah-Otoo I., Chen X. & Ampah J. D. (2023). Exploring the moderating role of foreign direct investment in the renewable energy and economic growth nexus: Evidence from West Africa. *Energy*, 281, 128346. https://doi.org/10.1016/j.energy.2023.128346.

Araújo M. B. & Rahbek C. (2006). How does climate change affect biodiversity? *Science,* 313, 1396–1397.

Arellano M. (1987). Computing robust standard errors for within-groups estimators. *Oxford Bulletin of Economics and Statistics*, 49, 431–434.

Arellano M. (1993). On the testing of correlated effects with panel data. *Journal of Econometrics*, 59 (1-2), 87–97.

Arellano M. (2003). *Panel Data Econometrics*. Oxford: Oxford University Press.

Arellano M. & Bond S. (1991). Some tests of specification for panel data: Monte-Carlo evidence and an application to employment equations. *Review of Economic Studies*, 58(2), 277–297.

Arellano J. & Bover O. (1995). Another look at the instrumental variable estimation of error-components model. *Journal of Econometrics*, 68(1), 29–51.

Arellano M. & Bonhomme S. (2016). Nonlinear panel data estimation via quantile regressions. *Econometrics Journal*, 19(3), C61–C94.

Arnold M. C. & Hanck C. (2019). On combining evidence from heteroskedasticity robust panel unit root tests in pooled regressions. *Journal of Risk and Financial Management,* 12(3), 117. https://doi.org/10.3390/jrfm12030117

Arsova A. & Örsal D. D. K. (2018). Likelihood-based panel cointegration test in the presence of a linear time trend and cross-sectional dependence. *Econometric Reviews*, 37(10), 1033–1050.

Arsova A. & Örsal D. D. K. (2021). A panel cointegrating rank test with structural breaks and cross-sectional dependence. *Econometrics and Statistics*, 17, 107–129.

Artis M. J. & Bayoumi T. A. (1989). *Saving, Investment, Financial Integration, and the Balance of Payments*. International Monetary Fund Working Paper, n° 89/102, International Monetary Fund.

Asante Y. (2000). *Determinants of private investment behaviour*. AERC Research Papers 100, Nairobi, Kenya.

Asante G. N., Takyi P. O. & Mensah G. (2023). The impact of financial development on economic growth in sub-Saharan Africa. Does institutional quality matter? *Development Studies Research*, 10(1), 2156904.

Aschauer D.A.(1989). Does public capital crowd out private capital ? *Journal of Monetary Economics*, 24(2), 171–188.

Asimakopoulosa S. & Karavias Y. (2016). The impact of government size on economic growth: a threshold analysis. *Economics Letters*, 139, 65–68.

Aslanidis N. & Iranzo S. (2009). Environment and development: Is there a Kuznets curve for CO2 emissions? *Applied Economics*, 41(6), 803–810.

Aslanidis N. & Xepapadeas A. (2006). Smooth transition pollution-income paths. *Ecological Economics*, 57, 182–189.

Ayad H., Sari-Hassoun S. E., Usman M. & Ahmad P. (2023). The impact of economic uncertainty, economic growth and energy consumption on environmental degradation in MENA countries: Fresh insights from multiple thresholds NARDL approach. *Environmental Science and Pollution Research*, 30, 1806–1824.

Ayeni R. K. (2020). Determinants of private sector investment in a less developed country: A case of the Gambia. *Cogent Economics & Finance*, 8(1), 1–11. https://doi.org/10.1080/23322039.2020.1794279

Baajike F. B., Ntsiful E., Afriyie A. B. & Oteng-Abayie E. F. (2022). The effects of economic growth, trade liberalization, and financial development on environmental sustainability in West Africa. The role of institutions. *Research in Globalization*, 5, 100104. https://doi.org/10.1016/j.resglo.2022.100104

Babatunde M. (2011). A bound testing analysis of Wagner's law in Nigeria 1970-2006. *Applied Economics*, 43(21), 2843–2850.

Bahal G., Raissi M., & Tulin V. (2018). Crowding-out or crowding-in? Public and private investment in India. *World Development*, 109, 323–333.

Bahmani-Oskooee M. & Chakrabarti A. (2005). Openness, size, and the saving–investment relationship. *Economic Systems*, 29(3), 283–293.

Bai J. (2009). Panel data models with interactive fixed effects. *Econometrica*, 77(4), 1229–1279.

Bai J. & Carrion-i-Silvestre J. L. (2013). Testing panel cointegration with unobservable dynamic common factors that are correlated with the regressors. *Econometrics Journal*, 16(2), 222–249.

Bai J. & Ng S. (2002). Determining the number of factors in approximate factor models. *Econometrica*, 70, 191–221.

Bai J. & Ng S. (2004). A PANIC attack on unit roots and cointegration. *Econometrica*, 72(4), 1127–117.

Bai J. & Ng S. (2010). Panel unit root tests with cross-section dependence: a further investigation. *Econometric Theory*, 26(4), 1088–1114.

Bajo-Rubio O. (2000). A further generalization of the Solow growth model: the role of the public sector. *Economic Letters*, 68, 79–84.

Balavac M. (2011). The role of remittences in the explanation of Feldstein-Horioka paradox: evidence from transition economies. *Economic Research-Ekonomska Istraživanja*, 24(4), 91–106.

Balestra P. & Nerlove M. (1966). Pooling cross-section and time-series data in the estimation of a dynamic model: the demand for natural gas. *Econometrica*, 34, 585–612.

Baltagi B. H. (2005). *Econometrics Analysis of Panel Data*. (Wiley, Chichester).

Baltagi B. H. (2008). *Econometric analysis of panel data*. 4th ed. John Wiley & Sons, Chichester.

Baltagi B. H., Jung B. C. & Song S. H. (2008). *Testing for heteroskedasticity and serial correlation in a random effects panel data model*. Center for Policy Research 111. Maxwell School of Citizenship and Public Affairs.

Baltagi B. H. & Li Q. (1991). A joint test for serial correlation and random individual effects. *Statistics and Probability Letters*, 11, 277–280.

Baltagi B. H. & Li Q. (1995). Testing AR(1) against MA(1) disturbances in an error component model. *Journal of Econometrics*, 68, 133–151.

Baltagi B. H. & Wu P. X. (1999). Unequally spaced panel data regressions with AR(1) disturbances. *Econometric Theory*, 15, 814–823.

Baltagi B. H., Bresson G. & Pirotte A. (2006). Joint LM test for heteroskedasticity in a one-way error component model. *Journal of Econometrics*, 134, 401–417.

Baltagi B. H., Jung B. C., & Song S. H. (2010). Testing for heteroskedasticity and serial correlation in a random effects panel data model. *Journal of Econometrics* 154, 122–124.

Banerjee A. (1999). Panel data unit roots and cointegration: an overview. *Oxford Bulletin of Economics and Statistics*, 61(S1), 607–629.

Banerjee A., Dolado J. & Mestre R. (1998). Error-correction mechanism tests for cointegration in a single-equation framework. *Journal of Time Series Analysis*, 19, 267–283.

Banerjee A., Marcellino M. & Osbat C. (2004). Some cautions on the use of panel methods for integrated series of macroeconomic data. *Econometrics Journal*, 7(2), 322–340.

Banerjee A., M. Marcellino & Osbat C. (2005). Testing for PPP: should we use panel methods? *Empirical Economics*, 30, 77–91.

Banerjee A. & Carrion-i-Silvestre J. L. (2006). *Cointegration in Panel Data with Breaks and Cross-Section Dependence*. ECB Working Paper No. 591.

Banerjee A. & Wagner M. (2009). Panel methods to test for unit roots and cointegration. In: Mills, T.C., Patterson, K. (eds) *Palgrave Handbook of Econometrics*. Palgrave Macmillan, London, Chap. 13, 633–717.

Banerjee A., & Carrion-i Silvestre J. L. (2015). Cointegration in panel data with structural breaks and cross-section dependence. *Journal of Applied Econometrics*, 30(1), 1–23.

Bangake C & Eggoh J. C. (2011). The Feldstein-Horioka puzzle in African countries: a panel cointégration analysis. *Economic Modelling*, 28(3), 939–947.

Bangake C & Eggoh J. C. (2012). Pooled mean group estimation on international capital mobility in African countries. *Research in Economics*, 66(1), 7–17.

Barbieri L. (2008). Panel cointegration tests: a survey. *Rivista Internazionale Di Scienze Sociali*, 116(1), 3–36.

Barbieri L. (2009). Panel unit root tests under cross-sectional dependence: an overview. *Journal of Statistics Advances in Theory and Applications*, 1(2), 117–158.

Barro R. J. (1974). Are governments bonds net wealth? *Journal of Political Economy,* 82, 1095–1117.

Barro R. J. (1989). The Ricardian approach to budget deficits. *Journal of Economic Perspectives*, 3(2), 37–54.

Barro R. J. (1990). Government spending in a simple model of endogenous growth. *Journal of Political Economy*, 98(5), S103–S125.

Barro R. J. (1991). Economic growth in a cross section of countries. *Quarterly Journal of Economics*, 106(2), 407–443.

Basher S. A. & Westerlund J. (2009). Panel cointegration and the monetary exchange rate model. *Economic modelling*, 26, 506–513.

Batamba B. A., Liwono M. D., Muamba K. T. & Nguindani L. (2024). Impact de la politique budgétaire sur la croissance économique en République Démocratique du Congo. *Repères et Perspectives Economiques*, 8(1), 22–50.

Baum C.F., Schaffer M. E. & Stillman S. (2003). Instrumental variables and GMM: Estimation and testing. *Stata Journal*, 3, 1–31.

Baum C. F. (2001). Residual diagnostics for cross-section time series regression models. *Stata Journal,* 1, 101–104.

Baxter M. & Crucini M. J. (1993). Explaining saving–investment correlations. *American Economic Review*, 83(3), 416–436.

Bayoumi T. A. (1990). Saving-investment correlations: immobile capital, government policy, or endogeneous behavor? *International Monetary Fund Staff Papers*, 37(2), 360–387.

Bayoumi T. A. (1991). Savings–investment correlations. *IMF Staff Papers*, 37, 362–387.

Beck N. & Katz J. N. (1995). What to do (and not to do) with time-series cross-section data. *American Political Science Review*, 89(3), 634–647.

Belloumi M. & Aljazea A. (2024). Relationship between energy and economic growth: evidence from a panel nonlinear ARDL model. *International Journal of Energy Economics and Policy*, 14(2), 468–476.

Ben Jebli M., Ben Youssef S. & Ozturk I. (2015). The role of renewable energy consumption and trade: environmental kuznets curve analysis for Sub-Saharan Africa countries. *African Development Review*, 27(3), 288–300.

Bera A.K., Sosa-Escudero W. & Yoon M. (2001). Tests for the error component model in the presence of local misspecification. *Journal of Econometrics*, 101, 1–23.

Berdot J.-P., Kébabdjian G. & Léonard J. (2003). Corrélations investissement-épargne et mobilité internationale des capitaux. *Recherches économiques de Louvain*, 69(1), 5–39.

Béreau S. (2007). Une mesure macroéconométrique “à la Feldstein-Horioka” du degré d'intégration financière en Europe. *Économie Internationale*, 2(110), 63–106.

Bergh A. & Henrekson M. (2011). Government size and growth: a survey and interpretation of the evidence. *Journal of Economic Surveys*, 25(5), 872–897.

Bergh A. & Henrekson M. (2016). Government size and growth: a rejoinder. *Journal of Economic Surveys*, 30(2), 393–396.

Bernhein B. D. (1989). A neoclassical perspective on budget deficits. *Journal of Economic Perspectives*, 3, 55–72.

Bersvendsen T. & Ditzen J. (2021). Testing for slope heterogeneity in Stata. *Stata Journal*, 21(1), 51–80.

Besseca M. & Fouquau J. (2008). The non-linear link between electricity consumption and temperature in Europe: a threshold panel approach. *Energy Economics*, 30(5), 2705–2721.

Beyene S. D. & Kotosz B. (2020). Testing the environmental Kuznets curve hypothesis: an empirical study for East African countries. *International Journal of Environmental Studies*, 77(4), 636–654.

Bhargava A. & Sargan J.D. (1983). Estimating dynamic random effects models from panel data covering short time periods. *Econometrica*, 51, 1635–1659.

Binder M., Hsiao C. & Pesaran M. H. (2005). Estimation and inference in short panel vector autoregressions with unit roots and cointegration. *Econometric Theory*, 21(4), 795–837.

Bineau Y. (2010). Une méta-analyse des études sur la mesure de la mobilité internationale du capital selon la méthode de Feldstein et Horioka. *L'Actualité économique*, 86(2), 227–272.

Birdsall N. & Wheeler D. (1993). Trade policy and industrial pollution in Latin America: Where are the 842 pollution havens? *Journal of Environment and Development*, 2(1), 137–149.

Blackwell J. L. III. (2005). Estimation and testing of fixed-effect panel-data systems. *Stata Journal,* 5, 202–207.

Blackburne E. F. & Frank M. W. (2007). Estimation of nonstationary heterogeneous panels. *Stata Journal*, 7(2), 197–208.

Blanchard O. J. & Quah D. (1989). The dynamic effects of aggregate demand and supply disturbances. *American Economic Review*, 79(4), 655–673.

Blanchard O. & Perotti R. (2002). An empirical characterization of the dynamic effects of changes in government spending and taxes on output. *Quarterly Journal of Economics*, 117, 1329–1368.

Blejer M. I. & Khan M. S. (1984). Government policy and private investment in developing countries. *IMF Staff papers*, 31(2), 379–403.

Blomquist J. & Westerlund J. (2013). Testing slope homogeneity in large panels with serial correlation. *Economics Letters*, 121(3), 374–378.

Blomquist J. & Westerlund J. (2016). Panel bootstrap tests of slope homogeneity. *Empirical Economics*, 50(4), 1359–1381.

Blundell R. & Bond S. (1998). Initial conditions and moment restrictions in dynamic panel data models. *Journal of Econometrics*, 87(1), 115–143.

Blundell R. & Smith R. (1991). Conditions initiales et estimation efficace dans les modeles dynamiques sur donnees de panel. *Annales d'Economie et de Statistique*, 20–21, 109–123.

Bo S. (2011). A literature survey on environmental Kuznets curve. *Energy Procedia*, 5, 1322–1325.

Bolarinwa S. T. & Akinlo A. E. (2021). Is there a nonlinear relationship between financial development and income inequality in Africa? Evidence from dynamic panel threshold. *The Journal of Economic Asymmetries*, 24, e00226. https://doi.org/10.1016/j.jeca.2021.e00226.

Bond S. & Windmeijer F. (2005). Finite sample inference for GMM estimators in linear panel data models. *Econometric Reviews*, 24, 1–37.

Boneva L., Linton O. & Vogt M. (2015). A semiparametric model for heterogeneous panel data with fixed effects. *Journal of Econometrics,* 188(2), 327–345.

Bonhomme S. & Manresa E. (2015). Grouped Patterns of Heterogeneity in Panel Data. *Econometrica*, 83(3), 1147–1184.

Borensztein E., Gregorio J. De & Lee J. (1998). How does foreign direct investment affect economic. *Journal of International Economics*, 45(1), 115–135.

Born B. & Breitung J. A. (2016). Testing for serial correlation in fixed-effects panel data models. *Econometric Reviews*, 35, 1290–1316.

Bose N., Haque M. E. & Osborn D. R. (2007). Public expenditure and economic growth: a disaggregated analysis for developing countries. *The Manchester School*, 75(5), 533–556.

Bottai M. & Orsini N. (2019). Qmodel: a command for fitting parametric quantile models. *The Stata Journal,* 19 (2), 261–293.

Bouhari M. (2023). Technologie de l'information et de communication et croissance économique dans des pays de MENA et Africains: A l'épreuve des modèles non linéaires à seuil. *International Journal of Economic Studies and Management (IJESM),* 3(5), 1333–1360.

Boukhelkhal A. (2022). Energy use, economic growth and CO2 emissions in Africa: does the environmental Kuznets curve hypothesis exist? New evidence from heterogeneous panel under cross-sectional dependence. *Environment, Development and Sustainability*, 24, 13083–13110.

Boumahdi R. & Thomas A. (1997). Estimation des modèles de données de panel avec régresseurs temporels. *Annales d Économie et de Statistique,* 46, 23–48.

Bound J., Jaeger D. A. & Baker R. M. (1995). Problems with instrumental variables estimation when the correlation between the instruments and the endogenous explanatory variable is weak. *Journal of the American Statistical Association*, 90, 443–450.

Brambor T., Clark W. R. & Golder M. (2006). Understanding interaction models: improving empirical analyses. *Political Analysis*, 14 (1), 63–82.

Breitung J. (2000). The local power of some unit root tests for panel data. In *Advances in Econometrics, 15: Nonstationary Panels, Panel Cointegration, and Dynamic Panels*, ed. B. H. Baltagi, 161–178. Amsterdam: JAI Press.

Breitung J. (2002). Nonparametric tests for unit root and cointegration. *Journal of Econometrics*, 108(2), 343–363.

Breitung J. (2005). A parametric approach to the estimation of cointegration vectors in panel data. *Econometric Reviews*, 24(2), 151–173.

Breitung J. & Das S. (2005). Panel unit root tests under cross sectional dependence. *Statistica Neerlandica*, 59, 414–433.

Breitung J. & Pesaran M. H. (2008). Unit roots and cointegration in panels. In *Advanced Studies in Theoretical and Applied Econometrics 46: The Econometrics of Panel Data: Fundamentals and Recent Developments in Theory and Practice*, L Mátyás, P Sevestre (eds), Springer-Verlag Berlin Heidelberg, Chap. 9, pp. 279–322.

Breitung J., Roling C. & Salish N. (2016). Lagrange multiplier type tests for slope homogeneity in panel data models, *The Econometrics Journal*, 19(2), 166–202.

Breusch T. S. & Pagan A. R. (1979). A simple test for heteroscedasticity and random coefficient variation. *Econometrica*, 47, 1287–1294.

Breusch T. S. & Pagan A. R. (1980). The Lagrange Multiplier test and its application to model specification in econometrics. *Review of Economic Studies* 47, 239–254.

Breusch T. S., Mizon, G. E. & Schmidt P. (1989). Efficient estimation using panel data. *Econometrica*, 57, 695–700.

Browning M. & Carro J. (2007). Heterogeneity and microeconometrics Modeling. In *Advances in Economics and Econometrics, Theory and Applications*, Ninth World Congress, Volume III, ed. by R. Blundell, W. Newey, and T. Persson, chap. 3, pp. 47–74. Cambridge Press.

Bruno G. S. F. (2005a). Approximating the bias of the LSDV estimator for dynamic unbalanced panel data models. *Economics Letters*, 87, 361–366.

Bruno G. S. F. (2005b). Estimation and inference in dynamic unbalanced panel data models with a small number of individuals. *Stata Journal*, 5(4), 473–500.

Bun, M. J. G. & J. F. Kiviet (2003). On the diminishing returns of higher order terms in asymptotic expansions of bias. *Economics Letters*, 79, 145–152.

Burdisso T. & Sangiacomo M. (2016). Panel time series: Review of the methodological evolution. *Stata Journal*, 16(2), 424–442.

Calderon C. & Serven L. (2008). Infrastructure and economic development in Sub-Saharan Africa . The World Bank Policy Research Working Paper No. 5317.

Calzadilla A., Zhu T., Rehdanz K., Tol R. S. J. & Ringler C. (2013). Economywide impacts of climate change on agriculture in Sub-Saharan Africa. *Ecological Economics,* 93, 150–165.

Cameron A. C. & Trivedi P. K. (2009). *Microeconometrics: Methods and Applications*. Cambridge University Press, Cambridge, UK.

Canay I. A. (2011). A simple approach to quantile regression for panel data. *Econometrics Journal*, 14(3), 368–386.

Caner M. & Hansen B. E. (2001). Threshold autoregression with a unit root. *Econometrica*, 69(6), 1555–1596.

Caner M. & Hansen B. E. (2004). Instrumental variable estimation of a threshold model. *Econometric Theory*, 20(5), 813–843.

Canova F. & Ciccarelli M. (2013). *Panel Vector Autoregressive models: a survey*. European Central Bank, Working Paper Series n° 1507.

Cao S. & Q. Zhou (2022). Common correlated effects estimation for dynamic heterogeneous panels with non-stationary multi-factor error structures. *Econometrics*, 10: 29. https://doi.org/10.3390/econometrics100300

Caporale G. M., Panopoulou E. & Pittis N. (2005). The Feldstein-Horioka puzzle revisited: a Monte Carlo study. *Journal of International Money and Finance*, 24(7), 1143–1149.

Carrion-i-Silvestre J. L., Barrio-Castro T. D. & Lopez-Bazo E. (2005). Breaking the panels: an application of the GDP per capita. *Econometrics Journal*, 8, 159–175.

Cerasa A. (2008). CIPS test for unit root in panel data: further Monte Carlo results. *Economics Bulletin*, 3(16), 1–13.

Chakrabarti A. (2006). The saving-investment relationship revisited: new evidence from multivariate heterogeneous panel cointegration analyses. *Journal of Comparative Economics*, 34(2), 402–419.

Chamberlain G. (1982). Multivariate regression models for panel data. *Journal of Econometrics*, 18(1), 5–46.

Chang B. H. (2020). Oil prices and E7 stock prices: an asymmetric evidence using multiple threshold nonlinear ARDL model. *Environmental Science and Pollution Research*, 27(35), 44183–44194.

Chang T. (2002). An econometric test of Wagner's law for six countries based on cointegration and error-correction modelling techniques. *Applied Economics*, 34(9), 1157–1169.

Chang Y. (2002). Nonlinear IV unit root tests in panels with cross-sectional dependency. *Journal of Econometrics*, 110, 261–292.

Chang Y. (2004). Bootstrap unit root tests in panels with cross-sectional dependency. *Journal of Econometrics*, 120, 263–293.

Chang Y. & Nguyen C. M. (2012). Residual based tests for cointegration in dependent panels. *Journal of Econometrics*, 167(2), 504–520.

Chen S.-T., Chen C.-C. & Kim Y. (2011). Economic growth and government size in OECD countries: new evidence from the quantile regression approach. *Economics Bulletin*, 31(1), 416–425.

Chen J., Gao J. & Li D. (2012). Semiparametric trending panel data models with cross-sectional dependence. *Journal of Econometrics*, 171(1), 71–85.

Chen J.-H. & Huang Y.-F. (2014). Nonlinear environment and economic growth nexus: A panel smooth transition regression approach. *Journal of International and Global Economic Studies,* 7(2), 1–16.

Chen P., Karavias Y. & Tzavalis E. (2022). Panel unit-root tests with structural breaks. *Stata Journal*, 22(3), 664–678.

Chen S. & Lee C. (2005). Government size and economic growth in Taiwan: a threshold regression approach. *Journal of Policy Modeling*, 27(9), 1051–1066.

Chernozhukov V. & Hansen C. (2005). An IV model of quantile treatment effects. *Econometrica*, 73(1), 245–261.

Chernozhukov V. & Hansen C. (2006). Instrumental quantile regression inference for structural and treatment effect models. *Journal of Econometrics*, 132(2), 491–525.

Chernozhukov V., Fernández-Val I., & Kowalski A. E. (2015). Quantile regression with censoring and endogeneity. *Journal of Econometrics*, 186(1), 201–221.

Chernozhukov V., Fernández-Val I., Han S. & Kowalski A. E. (2019). Censored quantile instrumental-variable estimation with Stata. *Stata Journal*, 19(4), 768–781.

Chimobi O. P. (2009). Government expenditure and national income: a causality test for Nigeria. *European Journal of Economics and Political Studies*, 2(2), 1–11.

Chiou-Wei S-Z., Zhu Z. & Kuo Y-H. (2010). Government size and economic growth: an application of the smooth regression regression model. *Applied Economics Letters*, 17(14), 1405–1415.

Chiu Y. B. (2012). Deforestation and the environmental kuznets curve in developing countries: a panel smooth transition regression approach. *Canadian Journal of Agricultural Economics/Revue canadienne d'agroeconomie*, 60, 177–194.

Choi I. (2001). Unit root tests for panel data. *Journal of International Money and Finance*, 20, 249–272.

Choi I. (2002). *Combination Unit Root Tests for Cross-Sectionally Correlated Panels*. Mimeo, Hong Kong University of Science and Technology.

Christie T. (2014). The effect of government spending on economic growth: testing the nonlinear hypothesis. *Bulletin of Economic Research*, 66(2), 183–204.

Chudik A., Pesaran M. H. & Tosetti E. (2011). Weak and strong cross-section dependence and estimation of large panels. *Econometrics Journal*, 14(1), C45–C90.

Chudik A., Mohaddes K., Pesaran M. H. & Raissi M. (2013). Debt, inflation and growth: robust estimation of long-run effects in dynamic panel data models. CESifo Working Paper No. 4508.

Chudik A. & M. H. Pesaran (2015a). Large panel data models with cross-sectional dependence: a survey. In *the Oxford Handbook of panel data*, ed. B. H. Baltagi, chap. 1, 3–45. Oxford: Oxford University Press.

Chudik A. & M. H. Pesaran (2015b). Common correlated effects estimation of heterogeneous dynamic panel data models with weakly exogenous regressors. *Journal of Econometrics*, 188(2), 393–420.

Chudik A., V. Grossman, & M. H. Pesaran (2016). A multi-country approach to forecasting output growth using PMIs. *Journal of Econometrics*, 192(2), 349–365.

Chudik A., Mohaddes K., Pesaran M. H. & Raissi M. (2017). Is there a debt-threshold effect on output growth? *The Review of Economics and Statistics*, 99(1), 135–150.

Coakley J., Fuertes A.-M. & Smith R. (2006). Unobserved heterogeneity in panel time series models. *Computational Statistics and Data Analysis*, 50(9), 2361–2380.

Coakley J. & Kulasi F. (1997). Cointegration of long run saving and investment. *Economics Letters*, 54(1), 1–6.

Coakley J., Kulasi F. & Smith R. (1998). The Feldstein-Horioka puzzle and capital mobility: a review. *International Journal of Finance and Economics*, 3, 169–188.

Coiteux M. & Olivier S. (2000). The saving retention coefficient in the long run and in the short run: evidence from panel data. *Journal of International Money and Finance*, 19(4), 535–548.

Colletaz G. & Hurlin C. (2008). *Threshold effects in the public capital productivity: an international panel smooth transition approach*. Orleans Economics Laboratory Working Paper No. 1669, University of Orleans, Orleans.

Colombier C. (2015). Government size and growth: a survey and interpretation of the evidence – a comment. *Journal of Economic Surveys*, 29(5), 887–895.

Connolly M. & Li C. (2016). Government spending and economic growth in the OECD countries. *Journal of Economic Policy Reform*, 19(4), 386–395.

Cooley T. F. & Prescott E. C. (1976). Estimation in the presence of stochastic parameter variation. *Econometrica*, 44, 167–18.

Copeland B. R. & Taylor M. S. (2004). Trade, growth and the environment. *Journal of Economic Literature*, 42(1), 7–71.

Cornwell C. & Rupert P. (1988). Efficient estimation with panel data: an empirical comparison of instrumental variables estimators. *Journal of Applied Econometrics*, 3, 149–155.

Costantini M. & Lupi C. (2013). A Simple panel-CADF test for unit roots. *Oxford Bulletin of Economics and Statistics*, 75(2), 276–296.

Cui G., Norkute M., Sarafidis V. & Yamagata T. (2022). Two-stage instrumental variable estimation of linear panel data models with interactive effects. *Econometrics Journal,* 25(2), 340–361.

Cushman D. O. & Michael N. (2011). Nonlinear trends in real exchange rates: A panel unit root test approach. *Journal of International Money and Finance*, 30(8), 1619–1637.

Dai X. W., Yan Z., Mao Z. T. (2020). Quantile regression for general spatial panel data models with fixed effects. *Journal of Applied Statistics*, 47(1), 45–60.

Damette O. & Delacote P. (2012). On the economic factors of deforestation: what can we learn from quantile analysis? *Economic Modelling*, 29(6), 2427–2434.

Daoud J. I. (2017). Multicollinearity and regression analysis. *Journal of Physics: Conf. Series*, 949(1), 012009. https://doi.org/10.1088/1742-6596/949/1/012009

Davidson R. & MacKinnon J. G. (1993). *Estimation and Inference in Econometrics*. New York: Oxford University Press.

Davies R. B. (1987). Hypothesis testing when a nuisance parameter is present only under the alternative. *Biometrika*, 74, 33–43.

DeHoyos R. E. & Sarafidis V. (2006). Testing for cross-sectional dependence in panel data models. *Stata Journal*, 6, 482–496.

Delatte A.-L., Fouquau J. & Portes R. (2017). Regime-dependent sovereign risk pricing during the Euro crisis. *Review of Finance*, 21(1), 363–385.

Demetrescu M., & Hanck C. (2012a). A simple nonstationary-volatility robust panel unit root test. *Economics Letters*, 117(2), 10–13.

Demetrescu M. & Hanck C. (2012b). Unit root testing in heteroscedastic panels using the Cauchy estimator. *Journal of Business and Economic Statistics*, 30 (2), 256–264.

Demissew Beyene S. & Kotosz B. (2020). Testing the environmental Kuznets curve hypothesis: an empirical study for East African countries. *International Journal of Environmental Studies*, 77(4), 636–654.

de Silva S., Hadri K. & Tremayne A. R. (2009). Panel unit root tests in the presence of cross-sectional dependence: finite sample performance and an application. *The Econometrics Journal*, 12(2), 340–366.

De Wet A. & Van Eyden R. (2005). Capital mobility in Sub-Saharan Africa: a panel data approach. *South African Journal of Economics*, 73(1), 22–35.

Diallo I. A. (2010). *XTDOLSHM: Stata module to perform panel data cointegration*. Statistical Software Components S457173. Boston College Department of Economics, revised 25 may 2015.

Diallo I. A. (2020). *xtendothresdpd: Stata module to estimate a dynamic panel data threshold effects model with endogenous regressors*. Statistical Software Components, Boston College Department of Economics.

Di Iorio F. & Fachin S. (2007). *Cointegration testing in dependent panels with breaks*. MPRA Paper 3139, University Library of Munich, Germany.

Dijk D. V., Teräsvirta T. & Franses P. H. (2002). Smooth transition autoregressive models —a survey of recent developments. *Econometric Reviews*, 21, 1–47.

Dinda S. (2004). Environmental Kuznets curve hypothesis: a survey. *Ecological. Economics*, 49(4), 431–455.

Ditzen J. (2018). Estimating dynamic common-correlated effects in Stata. *Stata Journal*, 18(3), 585–617.

Ditzen J. (2021). Estimating long-run effects and the exponent of cross-sectional dependence: an update to xtdcce2. *Stata Journal*, 21(3), 687–707.

Ditzen J., Karavias Y. & Westerlund J. (2021). Testing and estimating structural breaks in time series and panel data in Stata. ArXiv Working Paper No. arXiv:2110.14550. https: // arxiv.org / abs / 2110.14550.

Doucouré F. B. (2014). *Introduction à l'économétrie: cours et travaux pratiques*. Editions ARIMA, Dakar, Sénégal.

Doucouré F. B. (2016a). *Méthodes économétriques: cours et exercices résolus avec les logiciels Eviews et Stata. Tome 1.* Editions ARIMA, Dakar, Sénégal.

Doucouré F. B. (2016b). *Méthodes économétriques: cours et exercices résolus avec les logiciels Eviews et Stata. Tome 2.* Editions ARIMA, Dakar, Sénégal.

Driscoll J. & A. C. Kraay (1998). Consistent covariance matrix estimation with spatially dependent data. *Review of Economics and Statistics*, 80(4), 549–560.

Drukker D. M. (2003). Testing for serial correlation in linear panel-data models. *Stata Journal,* 3(2), 168–177.

Duarte R., Pinilla V. & Serrano A. (2013). Is there an environmental Kuznets curve for water use? A panel smooth transition regression approach. *Economic Modelling*, 31, 518–527.

Dueker M. J., Psaradakis Z. & Sola M. (2013). State-dependent threshold smooth transition autoregressive models. *Oxford Bulletin of Economics and Statistics*, 75, 835–854.

Duesenberry, J. (1958). *Business cycles and economic growth*. New York : McGraw-Hill.

Dumitrescu E.-I. & Hurlin C. (2012). Testing for Granger non-causality in heterogeneous panels. *Economic Modeling*, 29(4), 1450–1460.

Dzhumashev R. & Cooray A. (2017). The Feldstein-Horioka hypothesis revisited. *The B.E. Journal of Macroeconomics*, 17(1), 20160009. https://doi.org/10.1515/bejm-2016-0009

Easterly W. & Rebelo S. (1993). Fiscal policy and economic growth: an empirical investigation. *Journal of Monetary Economics*, 37, 318–344.

Ebaidalla E. M. (2013). Causality between government expenditure and national income: evidence from Sudan. *Journal of Economic Cooperation and Development*, 34(4), 61–76.

Eberhardt M. & Bond S. (2009). *Cross-section dependence in nonstationary panel models: a novel estimator*. MPRA Paper 17692, University Library of Munich. http://mpra.ub.uni-muenchen.de/17692/1/MPRA paper 17692.pdf.

Eberhardt M. (2011). *MULTIPURT: Stata module to run 1st and 2nd generation panel unit root tests for multiple variables and lags*. Statistical Software Components S457239. Boston College Department of Economics, revised 08 Feb 2011.

Eberhardt M. (2012). Estimating panel time-series models with heterogeneous slopes. *Stata Journal*, 12(1), 61–71.

Eberhardt M. & Teal F. (2010). Productivity analysis in global manufacturing production. Discussion Paper 515, Department of Economics, University of Oxford. http://www.economics.ox.ac.uk/research/WP/pdf/paper515.pdf.

Eberhardt M. & Teal F. (2011). Econometrics for grumblers: a new look at the literature on cross-country growth empirics. *Journal of Economic Surveys*, 25(1), 109–155.

Eberhardt, M. & Presbitero, A. (2015). Public debt and growth: heterogeneity and non-linearity. *Journal of International Economics*, 97 (1), 45–58.

Eggoh J. (2010). Financial development and growth: a panel smooth regression approach. *Journal of Economic Development*, 35 (1), 15–33.

Eggoh J. (2012). Inflation effects on finance–growth link: a panel smooth threshold approach. *International Economic Journal*, 26(4), 711–725.

Eggoh J. & Khan M. (2014). On the non-linear relationship between inflation and economic growth. *Research in Economics*, 68(2), 133–143.

Eitrheim Ø. & Teräsvirta T. (1996). Testing the adequacy of smooth transition autoregressive models. *Journal of Econometrics*, 74(1), 59–75.

Emirmahmutoglu F. & Kose N. (2011). Testing for Granger causality in heterogeneous mixed panels. *Economic Modelling*, 28(3), 870–876.

Engle R. & Granger C. (1987). Cointegration and error correction: representation, estimation, and testing. *Econometrica*, 55, 257–276.

Erden L. & Holcombe R. G. (2005). The effects of public investment on private investment in developing economies. *Public Finance Review*, 33(5), 575–602.

Everaert G. & Pozzi L. (2007). Bootstrap-based bias correction for dynamic panels. *Journal of Economic Dynamics and Control*, 31(4), 1160–1184.

Everaert G. & Groote T. D. (2016). Common correlated effects estimation of dynamic panels with cross-sectional dependence. *Econometric Reviews*, 35, 428–463.

Faini R. (1994). Investissement public et investissement privé en Afrique: éviction ou entraînement ? Dans Guillaumont P. & Guillaumont S. (dir.). *Ajustement et Développement : l'expérience des pays ACP*. Paris, Editions : Economica. Chapitre 11, pp.291–304.

Feldstein M. (1994). Tax policy and international capital movements. *Weltwirtschaftliches Archiv*, 130, 675–697.

Feldstein M. & Bacchetta P. (1991). National saving and international investment. In B. D. Bernheim & J. B Shoven (eds), *National Saving and Economic performance*. University of Chicago Press, p. 201–220.

Feldstein M. & Horioka C. (1980). Domestic saving and international capital flows. *Economic Journal*, 90(358), 314–329.

Feng S., Li G., Tong T. & Luo S. (2020). Testing for heteroskedasticity in two-way fixed effects panel data models. *Journal of Applied Statistics*, 47(1), 91–116.

Fernandes M., Guerre E. & Horta E. (2021). Smoothing quantile regressions. *Journal of Business & Economic Statistics,* 39(1), 338–357.

Firpo S., Galvao A. F., Pinto C., Poirier A., Sanroman G. (2022). GMM quantile regression. *Journal of Econometrics*, 230(2), 432–452.

Flores C. A., Flores-Lagunes A. & Kapetanakis D. (2014). Lessons from quantile panel estimation of the environmental Kuznets curve. *Econometric Reviews*, 33(8), 815–853.

Fölster S. & Henrekson M. (2001). Growth effects of government expenditure and taxation in rich countries. *European Economic Review*, 45(8), 1501–1520.

Fouquau J., Hurlin C. & Rabaud I. (2008). The Feldstein–Horioka puzzle: a panel smooth transition regression approach. *Economic Modelling*, 25(2), 284–299.

Frees E.W. (1995). Assessing cross-sectional correlations in panel data. *Journal of Econometrics*, 64, 393–414.

Friedman M. (1937). The use of ranks to avoid the assumption of normality implicit in the analysis of variance. *Journal of the American Statistical Association*, 32, 675–701.

Frimpong J. M. & Oteng-Abayie E. F. (2009). Does the Wagner's hypothesis matter in developing economies? Evidence from three West African monetary zone WAMZ countries. *American Journal of Economics and Business Administration*, 1(2), 141–147.

Frölich M. & Melly B. (2010). Estimation of quantile treatment effects with Stata. *Stata Journal*, 10(3), 423–457.

Galvao A. F. (2011). Quantile regression for dynamic panel data with fixed effects. *Journal of Econometrics*, 164(1), 142–157.

Galvao A. F. & Montes-Rojas G. V. (2010). Penalized quantile regression for dynamic panel data. *Journal of Statistical Planning and Inference*, 140, 3476–3497.

Galvao A. F., Lamarche C. & Lima L. R. (2013). Estimation of censored quantile regression for panel data with fixed effects. *Journal of the American Statistical Association*, 108(503), 1075–1089.

Galvao A. F., Juhl T., Montes-Rojas G., Olmo J. (2018). Testing slope homogeneity in quantile regression panel data with an application to the cross-section of stock returns. *Journal of Financial Econometrics*, 16(2), 211–243.

Gao J., Xia K., & Zhu H. (2020). Heterogeneous panel data models with cross-sectional dependence. *Journal of Econometrics*, 219(2), 329–353.

Gengenbach C., Palm F. C. & Urbain J. P. (2006). Cointegration testing in panels with common factors. *Oxford Bulletin of Economics and Statistics*, 68(s1), 683–719.

Gengenbach C., F. C. Palm & J-P. Urbain (2009). Panel unit root tests in the presence of cross-sectional dependencies: comparison and implications for modelling. *Econometric Reviews*, 29(2), 111–145.

Ghali K. H. (1999). Government size and economic growth: evidence from a multivariate cointegration analysis. *Applied Economics*, 31(8), 975–987.

Ghura D. (1995). Macro policies, external forces, and economic growth in sub-Saharan Africa. *Economic Development and Cultural Change*, 43(4), 759–78.

Ghura D. & Hadjimichael M. (1996). Growth in sub–saharan Africa. *IMF Staff Papers*, 43(3), 605–634.

Gianaris N. V. (1970). International differences in Capital-Output Ratios. *American Economic Review*, 60(3), 465–477.

Giavazzi F. & Pagano M. (1990). Can severe fiscal contractions be expansionary? Tales of Two small European Countries. *NBER Macroeconomic Annual*, 5, 75–111.

Gonçalves S. & Kaffo M. (2015). Bootstrap inference for linear dynamic panel data models with individual fixed effects. *Journal of Econometrics*, 186(2), 407–426.

Gonzalez A., Terasvirta T. & van Dijk D. (2005). *Panel smooth transition regression models*. Research Paper No. 165. Quantitative Finance Research Centre. University of Technology, Sydney.

Gonzalo J. & Pitarakis J. Y. (2006). Threshold effects in cointegrating relationships. *Oxford Bulletin of Economics and Statistics*, 68, 813–833.

Gordon R. H. & Bovenberg A. L. (1996). Why is capital so immobile internationally? Possible explanations and implications for capital income taxation. *American Economic Review*, 86, 1057–1075.

Granger C. W. J. (1969). Investigating causal relation by econometric and cross-sectional method. *Econometrica*, 37(3), 424–438.

Granger C. & Newbold P. (1974). Spurious Regressions in Econometrics. *Journal of Econometrics*, 2, 111–120.

Granger C. W. J. (1988). Some recent developments in a concept of causality. *Journal of Econometrics*, 39(1-2), 199–211.

Granger C. W. J. & Terasvirta T. (1993). *Modeling nonlinear economic relationships*. Oxford University Press, New York.

Greenaway-McGrevy R., Han C. & Sul D. (2012). Asymptotic distribution of factor augmented estimators for panel regression. *Journal of Econometrics*, 169(1), 48–53.

Greene W. H. (2012). *Econometric Analysis*. 7th ed. Upper Saddle River, NJ: Prentice Hall.

Gregoriou A. & Ghosh S. (2009). The impact of government expenditure on growth: Empirical evidence from a heterogeneous panel. *Bulletin of Economic Research*, 61(1), 95–102.

Grinols E. L. (1996). The link between domestic investment and domestic savings in open economies: evidence from balanced stochastic growth. *Review of International Economics*, 4(2), 119–140.

Groen J. J. J. & Kleibergen F. (2003). Likelihood-based cointegration analysis in panels of vector error correction models. *Journal of Busines and Economic Statistics*, 21(2), 295–318.

Grossman G. M. & Krueger A. B. (1995). Economic growth and the environment. *Quarterly Journal of Economics*, 110(2), 353–377.

Gu J. & Volgushev S. (2019). Panel data quantile regression with grouped fixed effects. *Journal of Econometrics*, 213(1), 68–91.

Gutierrez L. (2010). Simple tests for cointegration in panels with structural breaks. *Applied Economics Letters*, 17(2), 197–200.

Hadri K. (2000). Testing for stationarity in heterogeneous panel data. *Econometrics Journal*, 3, 148–161.

Hahn J. & Hausman J. (2002). A new specification test for the validity of instrumental variables. *Econometrica*, 70, 163–189.

Hajamani M. & Falahi M. A. (2014). The nonlinear impact of government consumption expenditure on growth: evidence from low and low-middle income countries. *Cogent Economics & Finance*, 2(1), 1–15.

Hajilee M. & Niroomand F. (2021). Is there an asymmetric link between the shadow economy and the financial depth of emerging market economies? *The Journal of Economic Asymmetries*, 23, e00193.

Halliru A. M., Loganathan N., Hassan A. A. G., Mardani A. & Kamyab H. (2020). Re-examining the environmental Kuznets curve hypothesis in the economic community of West African states: a panel quantile regression approach. *Journal of Cleaner Production*, 276,124247. https://doi.org/10.1016/j.jclepro.2020.124247

Hamilton J. D. (1994). *Time series analysis*. Princeton: Princeton University press.

Hamori S. & Hashiguchi Y. (2012). Small sample properties of CIPS panel unit root test under conditional and unconditional heteroskedasticity. *Economics Bulletin*, 32(3), 2353–2365.

Hanck C. (2009). Cross-sectional correlation robust tests for panel cointegration. *Journal of Applied Statistics*, 36(7), 817–833.

Hanif I. (2018). Impact of economic growth, nonrenewable and renewable energy consumption, and urbanization on carbon emissions in Sub-Saharan Africa. *Environmental Science and Pollution Research*, 25(15), 15057–15067.

Hansen L. (1982). Large sample properties of generalized method of moments estimators. *Econometrica*, 50(3), 1029–1054.

Hansen J. W. (2002). Realizing the potential benefits of climate prediction to agriculture: issues, approaches, challenges. *Agricultural Systems*, 74, 309–330.

Hansen B. E. (1996). Inference when a nuisance parameter is not identified under the Null Hypothesis. *Econometrica*, 64(2), 413–430.

Hansen B. E. (1997). Inference in TAR Models. *Studies in Nonlinear Dynamics and Econometrics*, 2(1), 1–14.

Hansen B. E. (1999). Threshold effects in non-dynamic panels: estimation, testing, and inference. *Journal of econometrics*, 93(2), 345–368.

Hansen B. E. (2000). Sample splitting and threshold estimation. *Econometrica*, 68, 575–603.

Hansen B. E. (2017). Regression Kink with an unknown threshold. *Journal of Business & Economic Statistics*, 35(2), 228–240.

Harding M. & Lamarche C. (2009). A quantile regression approach for estimating panel data models using instrumental variables. *Econometrics Letters*, 104(3), 133–135.

Harding M. & Lamarche C. (2014). Estimating and testing a quantile regression model with interactive effects. *Journal of Econometrics*, 178(Part 1), 101 – 113.

Harding M., Lamarche C. & Pesaran M. H. (2020). Common correlated effects estimation of heterogeneous dynamic panel quantile regression models. *Journal of Applied Econometrics*, 35(3), 294–314.

Harris R. D. F. & Tzavalis E. (1999). Inference for unit roots in dynamic panels where the time dimension is fixed. *Journal of Econometrics*, 91(2), 201–226.

Hassane I. B. (2016). International capital mobility in West Africa: a panel cointegration approach. *Cogent Economics & Finance*, 4(1), 1256023. https://doi.org/10.1080/23322039.2016.1256023

Hausman J. A. (1978). Specification test in econometrics. *Econometrica*, 46(6), 1251–1272.

Hausman J. A. & Taylor W. E. (1981a). Panel data and unobservable individual effects. *Econometrica*, 49(6), 1377–1398.

Hausman J. A. & Taylor W. E. (1981b). A generalized specification test. *Economics Letters*, 8(3), 239–245.

Hayashi F. (2000). *Econometrics*. Princeton, NJ: Princeton University Press.

He X. (1997). Quantile curves without crossing. *The American Statistician*, 51(2), 186–192.

Hemming R., Kell M. & Mahfouz S. (2002). The effectiveness of fiscal policy in stimulating economic activity - a review of the literature. IMF Working Paper WP/02/208.

Hendricks W., Koenker R.& Poirier D. J. (1979). Residential Demand for Electricity: An Econometric Approach. *Journal of Econometrics*, 9(1-2), 33–57.

Herwartz H. & Siedenburg F. (2008). Homogenous panel unit root tests under cross sectional dependence: finite sample modifications and the wild bootstrap. *Computational Statistics and Data Analysis*, 53, 137–150.

Herwartz H., Siedenburg F. & Walle Y. M. (2016). Heteroskedasticity robust panel unit root testing under variance breaks in pooled regressions. *Econometric Reviews*, 35(5), 727–750.

Herwartz H., Maxand S. & Walle Y. (2017). *Heteroskedasticity-robust unit root testing for trending panels*. Center for European, Governance and Economic Development Research Discussion Papers 314. University of Goettingen. Department of Economics.

Herwartz H., Maxand S. & Walle Y. (2019). *Heteroskedasticity-robust unit root testing for trending panels*. *Journal of Time Series Analysis*, 40(5), 649–664.

Herwartz H., Maxand S., Raters F. H. C. & Walle Y. M. (2018). Panel unit-root tests for heteroskedastic panels. *Stata Journal,* 18(1), 184–196.

Herwartz H., Maxand S. & Walle Y. M. (2023). Forward detrending for heteroskedasticity-robust panel unit root testing. *Econometric Reviews*, 42(1), 28–53.

Hidalgo J., Lee J. & Seo M. H. (2019). Robust inference for threshold regression models. *Journal of Econometrics*, 210(2), 291–309.

Hildreth C. & Houck J. P. (1968). Some estimators for a linear model with random coefficients. *Journal of the American Statistical Association*, 63(322), 584–595.

Hlouskova J. & Wagner W. (2006). The performance of panel unit and stationary tests: results from a large scale simulation study. *Econometric Reviews*, 25(1), 85–116.

Ho T. W. (2003). The savings-retention coefficient and country-size: Feldstein-Horioka puzzle reconsidered. *Journal of Macroeconomics,* 6, 409–423.

Ho S.-H. & Saadaoui J. (2022). Bank credit and economic growth: a dynamic threshold panel model for ASEAN countries. *International Economics*, 170(2), 115–128.

Hoechle D. (2007). Robust standard errors for panel regressions with cross-sectional dependence. *Stata Journal*, 7(3), 281–312.

Holly A. & Gardiol L. (2000). A score test for individual heteroscedasticity in a one-way error components model, Chapter 10 in J. Krishnakumar and E. Ronchetti, eds., Panel Data Econometrics: Future Directions (North-Holland, Amsterdam), 199–211.

Holtz-Eakin D., Newey W. K. & Rosen H. S. (1988). Estimating vector autoregressions with panel data. *Econometrica,* 56(6), 1371–1395.

Honda Y. (1985). Testing the error components model with non-normal disturbances. *Review of Economic Studies*, 52(4), 681–690.

Honda Y. (1991). A standardized test for the error components model with the two-way layout. *Economics Letters*, 37(2), 125–128.

Honda T. (2004). Quantile regression in varying coefficient models. *Journal of statistical planning and inference*, 121(1), 113–125.

Hong Y. & Kao C. D. (2004). Wavelet-based testing for serial correlation of unknown form in panel models. *Econometrica*, 72(5), 1519–1563.

Horioka C., Terada-Hagiwara A. & Nomoto T. (2016). Explaining foreign holdings of Asia's debt securities: the Feldstein-Horioka paradox revisited. *Asian Economic Journal*, 30(1), 3–24.

Houngbedji H. S. & Bassongui N. (2021). Investissement public et investissement privé en Afrique Subsaharienne: rôle de la qualité institutionnelle. *African Development Review*, 33(3), 466–478.

Hsiao C. (1975). Some estimation methods for a random coefficients model. *Econometrica*, 43(2), 305–325.

Hsiao C. (2003). *Analysis of Panel Data*. Cambridge University Press: Cambridge.

Hsiao C. & Pesaran M. H. (2008). Random coefficient models. In *Advanced Studies in Theoretical and Applied Econometrics. The Econometrics of Panel Data: Fundamentals and Recent Developments in Theory and Practice*, Matyas L. & Sevestre P. Vol. 46(185–213), Springer-Verlag, Berlin.

Hsieh E. & Lai K. S. (1994). Government spending and economic growth: the G-7 experience. *Applied Economics*, 26 (5), 535–542.

Huang C-J. (2006). Government expenditures in China and Taiwan: do they follow Wagner's law? *Journal of Economic Development*, 31(2), 139–148.

Hubrich K., Lütkepohl H. & Saikkonen P. (2001). A review of systems cointegration tests. *Econometric Reviews*, 20(1), 247–318.

Hurlin C. & Mignon V. (2005). Une synthèse des tests de racine unitaire sur données de panel. *Economie et Prévision*, 169, 253–294.

Hurlin C. & Mignon V. (2007). Une synthèse des tests de cointégration sur données de Panel. *Économie et Prévision,* 180-181, 241–265.

Hussain M. N., Li Z. & Sattar A. (2022). Effects of urbanization and nonrenewable energy on carbon emission in Africa. *Environmental Science and Pollution Research*, 29, 25078–25092.

Im K. S., Pesaran M. H. & Shin Y. (2003). Testing for unit roots in heterogeneous panels. *Journal of Econometrics,* 115(1), 53–74.

Inoue A. & Solon G. (2006). A portmanteau test for serially correlated errors in fixed effects models. *Econometric Theory*, 22(5), 835–851.

Iorember P. T. & Yusoff N. Y. M.(2023). Income–environmental nexus in Africa: the integrating role of renewable energy transition and governance quality. *African Development Review,* 35(4), 376–389.

Isaksson A. (2001). Financial liberalization, foreign aid, and capital mobility: evidence from 90 developing countries. *Journal of International Financial Markets, Institutions, and Money,* 11, 309–338.

Islam A. M. (2001). Wagner's law revisited: cointegration and exogeneity tests for the USA. *Applied Economics Letters*, 8, 509–515.

Islam M. A., Khan M. A., Popp J., Sroka W. & Oláh J. (2020). Financial development and foreign direct investment—the moderating role of quality institutions. *Sustainability*, 12(9), 3556. https://doi.org/10.3390/su12093556

Islam A., Mustafa M. & Rahman M. (2015). Global capital mobility: some new empirical evidence. *Journal of World Economic Research. Special Issue: The Globalization and Economic Structure Changes,* 4(5-1), 1–7.

Jansen W. J. (1996). Estimating saving-investment correlations: evidence for OECD countries based on an error correction model. *Journal of International Money and Finance*, 15(5), 749–781.

Jansen W. J. (2000). International capital mobility: evidence from paneldata. *Journal of International Money and Finance*, 19(4), 507–511.

Jansen E. S. & Terasvirta T. (1996). Testing parameter constancy and super exogeneity in econometric equations. *Oxford Bulletin of Economics and Statistics*, 58(4), 735–763.

Jayaraman T. K. & Ward B. (2004). Efficience of investment in Fiji. *The Empirical Economics Letters*, 3(6), 321–332.

Jian L., Chuimin K., Jijian Z., Yusheng K. & Ntarmah A. H. (2022). The relationship between economic growth and environmental degradation: could West African countries benefit from EKC hypothesis? *Environmental Science and Pollution Research*, 29, 73052–73070.

Jochmans K. (2019). *Testing for correlation in error-component models*. Cambridge Working Paper in Economics 19/10.

Johansen S. (1988). Statistical analysis of cointegrating vectors. *Journal of Economic Dynamics and Control*, 12(2-3), 231–254.

Johansen S. (1992). Determination of cointegration rank in the presence of a linear trend. *Oxford Bulletin of Economics and Statistics*, 54(3), 383–397.

Johansen S. (1995). A statistical analysis of cointegration for I(2) variables. *Econometric Theory*, 11(1), 25–59.

Johansen S., Mosconi R. & Nielsen B. (2000). Cointegration analysis in the presence of structural breaks in the deterministic trend. *Econometrics Journal*, 3, 216–249.

Jorgenson, D. W. (1971). Econometric studies of investment behavior: A survey. *Journal of Economic Literature*, 9(4), 1111–1147.

Jude C. & Levieuge G. (2017). Growth effect of foreign direct investment in developing economies: the role of institutional quality. *The World Economy*, 40(4), 715–742.

Judson R. A. & Owen A. L. (1999). Estimating dynamic panel data models: a guide for macroeconomists. *Economics Letters*, 65, 9–15.

Juhl T. & Sosa-Escudero W. (2014). Testing for heteroskedasticity in fixed effects models. *Journal of Econometrics*, 178 (Part 3), 484–494.

Jun Z. (2003). Investment, investment efficiency, and economic growth in China. *Journal of Asian Economics* 14, 713–734.

Juodis A., Karavias Y. & Sarafidis V. (2021). A homogeneous approach to testing for Granger non-causality in heterogeneous panels. *Empirical Economics*, 60, 93–112.

Kamgnia D. B. & Touna M. (2002). *Le comportement d'investissement au Cameroun : un resserrement de la contrainte financière*. Les Cahiers du SISERA, Dakar (Sénégal).

Kao C. (1999). Spurious regression and residual-based tests for cointegration in panel data. *Journal of Econometrics,* 90(1), 1–44.

Kao C. & Chiang M.-H. (2001). On the estimation and inference of a cointegrated regression in panel data. Baltagi, B. H., Fomby, T. B. & Hill, R. C. (Ed.). *Nonstationary Panels, Panel Cointegration, and Dynamic Panels (Advances in Econometrics),* 15, 179-222. Emerald Group Publishing Limited.

Kapetanios G., Pesaran M. H. & Yamagata T. (2011). Panels with non-stationary multifactor error structures. *Journal of Econometrics*, 160(2), 326–348.

Kaplan D. M. & Sun Y. (2017). Smoothed estimating equations for instrumental variables quantile regression. *Econometric Theory*, 33(1), 105–157.

Kaplan D. M. (2022). Smoothed instrumental variables quantile regression. *The Stata Journal,* 22 (2), 379–403.

Karabiyik H., Reese S. & Westerlund J. (2017). On the role of the rank condition in CCE estimation of factor-augmented panel regressions. *Journal of Econometrics*, 197(1), 60–64.

Karabiyik H., Urbain J. P., & Westerlund J. (2019). CCE estimation of factor-augmented regression models with more factors than observables. *Journal of Applied Econometrics*, 34(2), 268–284.

Karabiyik H., Palm F. C. & Urbain J. P. (2019). Econometric analysis of panel data models with multifactor error structures. *Annual Review of Economics*, 11, 495–522.

Karavias Y. & Tzavalis E. (2014). Testing for unit roots in short panels allowing for a structural break. *Computational Statistics and Data Analysis*, 76, 391–407.

Karavias Y. & Tzavalis E. (2016). Local power of fixed-T panel unit root tests with serially correlated errors and incidental trends. *Journal of Time Series Analysis*, 37, 222–239.

Karavias Y. & Tzavalis E. (2017). Local power of panel unit root tests allowing for structural breaks. *Econometric Reviews*, 36, 1123–1156.

Karavias Y, Narayan P. & Westerlund J. (2023). Structural breaks in interactive effects panels and the stock market reaction to COVID-19. *Journal of Business and Economic Statistics*, 41(3), 653–666.

Kasman A. & Duman Y. S. (2015). CO2 emissions, economic growth, energy consumption, trade and urbanization in new EU member and candidate countries: a panel data analysis. *Economic Modelling,* 44, 97–103.

Kasuga H. (2004). Savings-investment correlations in developing countries. *Economics Letters*, 83, 371–376.

Kato K., Galvao A. F., Montes-Rojas G. V. (2012). Asymptotics for panel quantile regression models with individual effects. *Journal of Econometrics*, 170(1), 76–91.

Keho Y. (2004). Impact de l'investissement public sur la croissance en Côte d'Ivoire. *Politique Economique et Développement (PED),* N° 103. Cellule d'Analyse des Politiques Economiques du CIRES (CAPEC), Abidjan, Côte d'Ivoire.

Keho Y. (2005). Relation entre investissement public et investissement privé en Côte d'Ivoire: contribution à l'analyse empirique d'un lien ambigu. *Politique Economique et Développement (PED)*, N° 112. Cellule d'Analyse des Politiques Economiques du CIRES (CAPEC), Abidjan, Côte d'Ivoire.

Keho Y. (2006). Effet de la politique budgétaire sur l'activité économique en Côte d'Ivoire: une approche par les modèles à changements de régimes Markoviens. *Revue Ivoirienne des Sciences Economiques et de Gestion (RISEG)*, 10(2), 56–71.

Keho Y. (2015). An econometric study of the long-run determinants of CO2 emissions in Cote d'Ivoire: 1970-2010. *Journal of Finance and Economics*, 3(2), 11–21.

Keho Y. (2016). Public expenditure and economic growth: an empirical testing of Wagner's law for ten African countries. *The Empirical Economics Letters*, 15(1), 75–82.

Keho Y. (2017). Effect of remittances on household consumption in African and Asian countries: a quantile regression approach. *Economics Bulletin*, 37(3),1753–1767.

Keho Y. (2018). Impact of government spending on economic growth: evidence from ECOWAS countries. *Empirical Economics Letters*,17(12), 1411–1420.

Keho Y. (2019). Optimal size of government expenditure in Cote d'Ivoire. *Empirical Economics Review*, 9(2), 109–116.

Keho Y. (2021). Real exchange rate dynamics and trade balance in WAEMU countries: evidence from panel nonlinear ARDL approach. *Journal of Economics and Financial Analysis*, 5(2), 1–22.

Keho Y. (2023a). *Introduction à l'économetrie appliquée sous Eviews: Rappels de cours et illustrations pratiques*. Editions L'Harmattan.

Keho Y. (2023b). Budget deficit and economic growth in Cote d'Ivoire: a search for threshold. *Journal of Economics and Public Finance*, 9(3), 106–126.

Keho Y. (2023c). Does globalization cause environmental degradation in developing economies? Evidence from Cote d'Ivoire using ecological footprint. *International Journal of Energy Economics and Policy,* 13(4), 455–466.

Keho Y. (2024). Impact of remittances on domestic investment in West African countries: the mediating role of financial development. *SN Business & Economics*, 4 : 20. https://doi.org/10.1007/s43546-023-00621-2

Ketu I., Kelly A. M. & Tchouto J. E. T. (2024). Does economic complexity reduce the size of the shadow economy in African countries? *SN Business & Economics*, 4(12), 1-27.

Khan M. S. & Sanhadji A. S. (2001). Threshold effects in the relationship between inflation and growth. *IMF Staff papers*, 48(1), 1–21.

Kifle T. (2008). Africa hit hardest by global warming despite its low greenhouse gas emissions. Institute for World Economics and International Management Working Paper No, 108.

Kim M.-O. (2007). Quantile regression with varying coefficients. *The Annals of Statistics,* 35(1), 92–108.

King R. G. & Levine R. (1993). Finance and growth: Schumpeter might be right. *The Quarterly Journal of Economics*, 108(3), 717–737.

Kisangani E. (2006). Economic growth and democracy in Africa: revisiting the Feldstein-Horioka puzzle. *Canadian Journal of Political Science*, 39(4), 855–881.

Kiviet J. F. (1995). On bias, inconsistency, and efficiency of various estimators in dynamic panel data models. *Journal of Econometrics*, 68(1), 53–78.

Kmenta J. (1986). *Elements of Econometrics*. MacMillan: New York.

Knight M., N. Loayza & Villanueva D. (1993). Testing the neoclassical theory of economic growth. *IMF Staff Papers*, 40, 512–541.

Koenker R. & Bassett G. (1978). Regression quantiles. *Econometrica*, 46(1), 33–50.

Koenker R. & Park B. J. (1996). An interior point algorithm for nonlinear quantile regression. *Journal of Econometrics*, 71(1-2), 265–283.

Koenker R. (2004). Quantile regression for longitudinal data. *Journal of Multivariate Analysis*, 91(1), 74–89.

Koenker R. (2005). *Quantile Regression*. Cambridge University Press.

Koenker R. & Hallock K. F. (2001). Quantile Regression. *Journal of Economic Perspectives*, 15(4), 143–156.

Koenker R. & Xiao Z. (2004). Unit root quantile autoregression inference. *Journal of the American Statistical Association*, 99(467), 775–787.

Koenker R. & Xiao Z. (2006). Quantile autoregression. *Journal of the American Statistical Association*, 101(475), 980–990.

Koffi S. (2019). *Nonlinear Impact of Public Debt on Economic Growth: Evidence from Sub-Saharan African Countries*. MPRA Paper No. 96067, posted 18 Sep 2019 01:15 UTC, https://mpra.ub.uni-muenchen.de/96067/

Konan Y. S. & Aklobessi K. (2021). Revisiting the environmental Kuznets curve: evidence from West Africa. *Environmental Economics*, 12(1), 64–75.

Konya L. (2006). Exports and growth: Granger causality analysis on OECCD countries with a panel data approach. *Economic modelling*, 23, 978–982.

Konya L. (2015). Saving and investment rates in the BRICS countries. *Journal of International Trade & Economic Development: An International and Comparative Review*, 24(3), 429–449.

Kopcke R. W. & Brauman R. S. (2001). The performance of traditional macroeconomic models of businesses' investment spending. *New England Economic Review*, 2, 3–39.

Kormendi R. C. (1983). Government debt, government spending, and private sector behavior. *American Economic Review*, 73(5), 994–1010.

Kouassi E., Mougoue M., Sango J., Brou J.M., Amba C.M. & Salisu A. A. (2014a). Testing for heteroskedasticity and spatial correlation in a two way random effects model. *Comput. Stat. Data Anal.* 70, 153–171.

Kouassi E., Sango J., Brou J. M. & Mougoue M. (2014b). A joint score test for heteroscedasticity in the two way error components model. *Communications in Statistics-Theory and Methods*, 43(13), 2734–2751.

Kremer S., Bick A. & Nautz D. (2013). Inflation and growth: new evidence from a dynamic panel threshold analysis. *Empirical Economics*, 44(2), 861–878.

Kripfganz S. & Schwarz C. (2019). Estimation of linear dynamic panel data models with time-invariant regressors. *Journal of Applied Econometrics*, 34(4), 526–546.

Kripfganz S. & Sarafidis V. (2021). Instrumental-variable estimation of large-T panel-data models with common factors. *Stata Journal*, 21(3), 659–686.

Krol R. (1996). International capital mobility: evidence from panel data. *Journal of International Money and Finance*, 15(3), 467–474.

Lalthapersad-Pillay P. & Udjo E. (2014). The implications of climate change for Africa's economic development. *Journal of Economic and Financial Sciences,* 7(3), 869–886.

Lamarche C. (2010). Robust penalized quantile regression estimation for panel data. *Journal of Econometrics*, 157(2), 396–408.

Lapp S. (1996). *The Feldstein-Horioka paradox: a selective survey of the literature*. Kiel Working Paper, No. 752, Kiel Institute of World Economics (IfW), Kiel.

Larsson R. & Lyhagen J. (2007). Inference in panel cointegration models with long panels. *Journal of Business & Economic Statistics*, 25(4), 473–483.

Larsson R., Lyhagen J. & Löthgren M. (2001). Likelihood based cointegration tests in heterogenous panels. *Econometrics Journal*, 4, 109–142.

Lay S. H. (2020). Bank credit and economic growth: Short-run evidence from a dynamic threshold panel model. *Economics Letters*, 192(C), 109231.

Lazarus W. Z., Khobai H. & Le Roux P. (2017). Government size and economic growth in Africa and the Organization for Economic Cooperation and Development Countries. *International Journal of Economics and Financial Issues*, 7(4), 628-637.

Lee S., Seo M. H. & Shin Y. (2011). Testing for threshold effects in regression models. *Journal of the American Statistical Association*, 106(493), 220–231.

Lee C, Wu J. L. & Yang L. (2016). A simple panel unit-root test with smooth breaks in the presence of a multifactor error structure. *Oxford Bulletin of Economics and Statistics*, 78(3), 365–393.

Lee E. R., Cho J. & Park S. (2022). Penalized kernel quantile regression for varying coefficient models. *Journal of Statistical Planning and Inference*, 217, 8–23.

Leibanstein H. (1966). Incremental Capital-Output Ratios and growth rates in the short-run. *Review of Economics and Statistics*, 48(1), 20–27.

Leonard A. N. & David U. (2016). Economies of West Africa region and the environmental Kuznets curve: empirical assessment. *Asian Journal of Empirical Research*, 6(1), 1–8.

Levine R. (1997). Financial development and economic growth: views and agenda. *Journal of Economic Literature*, 35(2), 688–726.

Levin A., Lin C.-F. & Chu C.-S. J. (2002). Unit root tests in panel data: asymptotic and finite-sample properties. *Journal of Econometrics*, 108(1), 1–24.

Lewandowski P. (2006). *PESCADF: Stata module to perform Pesaran's CADF panel unit root test in presence of cross section dependence*. Statistical Software Components S456732, Boston College Department of Economics, revised 08 Oct 2007.

Li Q. & Stengos T. (1994). Adaptive estimation in the panel data error component model with heteroskedasticity of unknown form. *International Economic Review,* 35(4), 981–1000.

Li K. & Lin B. (2015). Impacts of urbanization and industrialization on energy consumption/CO2 emissions: does the level of development matter? *Renewable and Sustainable Energy Reviews*, 52, 1107–1122.

Li G. & Wei W. (2021). Financial development, openness, innovation, carbon emissions, and economic growth in China. *Energy Economics*, 97:105194. https://doi.org/10.1016/j.eneco.2021.105194

Li Y. & Guo J. (2022). The asymmetric impacts of oil price and shocks on inflation in BRICS: a multiple threshold nonlinear ARDL model. *Applied Economics*, 54(12), 1377–1395.

Li Y., Hu Z., Liu J. & Deng J. (2022). A note on regression kink model *Communications in Statistics - Theory and Methods*, 51(23), 8246–8263.

Lin B., Omoju O. E., Nwakeze N. M., Okonkwo J. U. & Megbowon E. T. (2016). Is the environmental Kuznets curve hypothesis a sound basis for environmental policy in Africa? *Journal of Cleaner Production*, 133, 712–724.

Lind J. T. & Mehlum H. (2010). With or without U? The appropriate test for a U shaped relationship. *Oxford Bulletin of Economics and Statistics*, 72(1), 109–118.

Lopez C. (2009). A panel unit root test with good power in small samples. *Econometric Reviews*, 28(4), 295–313.

Lopez L. & Weber S. (2017). Testing for Granger causality in panel data. *The Stata Journal*, 17(4), 972–984.

Lucas R. E. (1988). On the mechanics of economic development. *Journal of Monetary Economics*, 22(1), 3–42.

Lumsdaine R. L. & Papell D. H.. (1997). Multiple trend breaks and the unit-root hypothesis. *Review of Economics and Statistics*, 79, 212–218.

Lütkepohl H. (1982). Non-causality due to omitted variables. *Journal of Econometrics,* 19(2-3), 367–378.

Lütkepohl H. (2005). *New introduction to Multiple Time series Analysis*. New York, Springer.

Luukkonen R., Teräsvirta T. & Dijk D. (1988). Testing linearity against smooth transition autoregressive models. *Biometrika*, 75(3), 491–499.

Machado J.A.F., Parente P. M. D. C. & Santos Silva J.M.C. (2011). *QREG2: Stata module to perform quantile regression with robust and clustered standard errors*. Statistical Software Components S457369. Boston College Department of Economics.

Machado J. A. F., Santos Silva J. M. C. & Wei K. (2016). Quantiles, corners, and the extensive margin of trade. *European Economic Review*, 89, 73–84.

Machado J. A. F. & Santos Silva J. M. C. (2019). Quantiles via moments. *Journal of Econometrics*, 213(1), 145–173.

Maddala G. S. & Wu S. (1999). A comparative study of unit root tests with panel data and a new simple test. *Oxford Bulletin of Economics and Statistics*, 61, 631–652.

Maluleke G., Odhiambo N. M. & Nyasha S. (2023). Symmetric and asymmetric impact of public investment on private investment in South Africa: evidence from the ARDL and non-linear ARDL approaches. *Cogent Economics & Finance*, 11(1), 2189560. https://doi.org/10.1080/23322039.2023.2189560

Marcos S. S. & Vale S. (2024). Is there a nonlinear relationship between public investment and private investment? evidence from 21 organization for economic cooperation and development countries. *International Journal of Finance & Economics*, 29(1), 887–902.

Mark N. C. & Sul D. (2003). Cointegration vector estimation by panel DOLS and long-run money demand. *Oxford Bulletin of Economics and Statistics*, 65(5), 655–680.

Martin R. D. & Yohai V. J. (1986). Influence functionals or time series. *The Annals of Statistics*, 14(3), 781–818.

Matvejevs O. & Tkacevs O. (2023). Invest one – get two extra: Public investment crowds in private investment. *European Journal of Political Economy*, 102384. https://doi.org/10.1016/j.ejpoleco.2023.102384

Mavrotas G. & Kelly R. (2001). Old wine in new bottles: testing causality between savings and growth. *The Manchester School*, 69, 97–105.

Mbanda V. & Bonga-Bonga L. (2024). The impact of public infrastructure investment on South Africa's economy: evidence from social accounting matrix and computable general equilibrium-based approaches. *Quality & Quantity*. https://doi.org/10.1007/s11135-023-01804-7

McKinnon R. I. (1973). *Money and capital in economic development*. Washington, D. C: The brooking Institution.

McKoskey S. & Kao C. (1998). A residual-based test for the null of cointegration in panel data. *Econometric Reviews*, 17, 57–84.

Menyah K. & Wolde-Rufael Y. (2012). Wagner's law revisited: a note from South Africa. *South African Journal of Economics*, 80(2), 200–208.

Mills Ph. & Quinet A. (1992). Dépenses publiques et croissance. *Revue Française d'Economie*, VII(3), 29-60.

Minea A. & Villieu P. (2008). Un réexamen de la relation non linéaire entre déficits budgétaires et croissance économique. *Revue économique*, 59(3), 561–570.

Modigliani F. & Sterling A. (1986). Government debt, government spending and private sector behavior: Comment. *American Economic Review*,76(5), 1168–1179.

Montes-Rojas G. & Sosa-Escudero W. (2011). Robust tests for heteroskedasticity in the one-way error components model. *Journal of Econometrics*, 160, 300–310.

Montiel P. J. (1994). Capital mobility in developing countries: some masurement issues and empirical estimates. *The World Bank Economic Review*, 8(3), 311–350.

Moon R. & Perron B. (2004). Testing for unit root in panels with dynamic factors. *Journal of Econometrics*, 122, 81–126.

Moscone F. & Tosetti E. (2009). A review and comparison of tests of cross-section independence in panels. *Journal of Economic Surveys*, 23(3), 528–561.

Mundlak Y. (1978). On the pooling of time series and cross section data. *Econometrica,* 46, 69–85.

Muse B., Olorunleke K. & Alimi R. S. (2013). The effect of federal government size on economic growth in Nigeria, 1961-2011. *Developing Country Studies*, 3(7), 68–76.

Mutuku C. M. & Kimani D. K. (2012). Investigating Wagner's law-cointegration and causality tests for Kenya. *Current Research Journal of Economic Theory*, 4(2), 43–52.

Narayan P. K. (2004). Do public investment crowds out private investment? Fresh evidence from Fiji. *Journal of Policy Modeling*, 26(6), 747–753.

Narayan P. K., & Narayan S. (2010). Carbon dioxide emissions and economic growth: Panel data evidence from developing countries. *Energy Policy*, 38(1), 661– 666.

Narayan P. K., Prasad A. & Singh B. (2008). A test of the Wagner's hypothesis for the Fiji islands. *Journal of Applied Economics*, 40(21), 2793–2801.

Nathaniel S. P. & Iheonu C. O. (2019). Carbon dioxide abatement in Africa: the role of renewable and non-renewable energy consumption. *Science of the Total Environment*, 679, 337–345.

Naveed A., Ahmad N., Aghdam R. F. Z. & Menegaki A. N. (2022). What have we learned from environmental Kuznets curve hypothesis? A citation-based systematic literature review and content analysis. *Energy Strategy Reviews*, 44, 100946. https://doi.org/10.1016/j.esr.2022.100946.

Ndiaye A. (2018). Public spending and growth in the countries of the Economic Community of West African States. *Modern Economy*, 9, 1949–1975.

Ndikumana L. (2000). Financial determinants of domestic investment in Sub-Saharan Africa: evidence from panel data. *World Development*, 28(2), 381–400.

Ndoricimpa A. (2017). Threshold effects of debt on economic growth in Africa. *African Development Review*, 29(3), 471–484.

Ndoricimpa A. (2020). Threshold effects of public debt on economic growth in Africa: a new evidence. *Journal of Economics and Development*, 22(2), 187–207.

Nell K. S. & Thirlwall A. P. (2018). Explaining differences in the productivity of investment across countries in the context of 'new growth theory'. *International Review of Applied Economics*, 32(2), 163–194.

Nelson M. & Singh R. (1994). The deficit-growth connection: some recent evidence from developing countries. *Economic Development and Cultural Change*, 43, 167–191.

Newey W. K. & West K. D. (1987). A simple, positive semi-definite heteroscedasticity and autocorrelation consistent covariance matrix. *Econometrica*, 55, 703–708.

N'Guessan K. R. (2019). Mesure du degré d'intégration financière internationale des pays de la CEDEAO : une analyse du paradoxe de Feldstein et Horioka (1980). *International Journal of Innovation and Applied Studies*, 26(4), 1247–1259.

Nickell S. (1981). Biases in dynamic models with fixed effects. *Econometrica,* 49(6), 1417– 1426.

Nie Y., Li Q., Wang E. & Zhang T.(2019). Study of the nonlinear relations between economic growth and carbon dioxide emissions in the Eastern, Central and Western regions of China. *Journal of Cleaner Production*, 219, 713–722.

Njoh A. J. (2021). Renewable energy as a determinant of inter-country differentials in CO2 emissions in Africa. *Renewable Energy*, 172, 1225–1232.

Norkute M., Sarafidis V., Yamagata T. & Cui G. (2021). Instrumental variable estimation of dynamic linear panel data models with defactored regressors and a multifactor error structure. *Journal of Econometrics*, 220(2), 416–446.

Nubukpo K. (2007). Dépenses publiques et croissance des pays de l'Union économique et monétaire ouest-africaine (UEMOA). *Afrique Contemporaine*, 2 (222), 223–250.

Obstfeldt M. (1986). Capital mobility in the world economy: theory and measurement. *Carnegie-Rochester Conference Series on Public policy*, 24, 54–104.

Obstfeld M. & Rogoff K. (2000). *The six major puzzles in international macroeconomics: is there a common cause?* NBER Working Paper, 7777.

O'Connell P. (1998). The overvaluation of purchasing power parity. *Journal of International Economics*, 44(1), 1–19.

O'Connor D. (1994). *La gestion de l'environnement dans les pays en voie d'industrialisation rapide : leçons tirées de l'Asie de l'Est*. Centre de Développement de l'OCDE, Paris.

Odedokun M. O. (1997). Relative effects of public versus private investment spending on economic efficiency and growth in developing countries. *Applied Economics,* 29(10), 1325–1336.

Ogbonna B. C. (2012). Does the Wagner's law hold for Nigeria? 1950-2008. *Journal of Research in National Development*, 10(2), 290–299.

Ogundipe A. A., Olurinola O. I. & Odebiyi J. T. (2015). Examining the validity of EKC in Western Africa: different pollutants option. *Environmental Management and Sustainable Development,* 4(2), 69–90.

Okwoche P. U. & Makanza C. S. (2023). Public debt and economic growth in sub-Saharan Africa: Nonlinearity and threshold effects. *Cogent Economics & Finance*, 11:2, 2256125. https://doi.org/10.1080/23322039.2023.2256125

Olaoye O. O., Eluwole O. O., Ayesha A. & Afolabi O. O. (2020). Government spending and economic growth in ECOWAS: an asymmetric analysis. *The Journal of Economic Asymmetries*, 22(C). https://doi.org/10.1016/j.jeca.2020.e00180.

Olubusoye, O. E. & Musa, D. (2020). Carbon emissions and economic growth in Africa: are they related? *Cogent Economics & Finance*, 8(1), 1850400. https://doi.org/10.1080/23322039.2020.1850400

Omay T. & Oznur Kan E. (2010). Re-examining the threshold effects in the inflation–growth nexus with cross-sectionally dependent non-linear panel: evidence from six industrialized economies. *Economic Modelling*, 27 (5), 996–1005.

Omay T., van Eyden R. & Gupta R. (2018). Inflation–growth nexus: evidence from a pooled CCE multiple-regime panel smooth transition model. *Empirical Economics*,54, 913–944.

Omoke P. (2009). Government expenditure and national income: a causality test for Nigeria. *European Journal of Economic and Political Studies*, 2(2), 1–11.

Omotor D. G. (2017). Economic growth and emissions: Testing the environmental Kuznets curve hypothesis for ECOWAS countries. *West African Journal of Monetary and Economic Integration*, 17(2), 25–56.

Örsal D. D. K. & Droge B. (2014). Panel cointegration testing in the presence of a time trend. *Computational Statistics & Data Analysis*, 76, 377–390.

Osei M. J. & Kim J. (2020). Foreign direct investment and economic growth: Is more financial development better? *Economic Modelling*, 93(C), 154–161.

Oshikoya T. W. (1994). Macroeconomic determinants of domestic private investment in Africa: an empirical analysis. *Economic Development and Cultural Change*, 42(3), 573–596.

Oto-Peralias D. & Diego R.-A. (2013). Tracing the link between government size and growth: the role of public sector. *Quality*, 66(2), 229–255.

Ouattara B. (2004). Modelling the long run determinants of private investment in Senegal. CREDIT Research Paper 04/05.

Ouattara W. (2008). Analyse de la productivité et des externalités des dépenses publiques en Afrique au sud du Sahara : cas de l'UEMOA. *Economie Appliquée*, LXI(2), 153–169.

Ouédraogo C., Koté A. & Sorgho Z. (2015). *La mobilité des capitaux en Afrique de l'Ouest: investigation avec les pays de la CEDEAO*. Centre Africain pour le Commerce International et le Développement (CACID), Working Paper No. T.2015(06)01.

Ouédraogo R., Sawadogo H. & Sawadogo R. (2019). Impact of public investment on private investment in Sub-Saharan Africa: crowding in or crowding out? *African Development Review*, 31(3), 318–334.

Padawassou S. (2012). Capital mobility in African countries. *International Journal of Business and Management*, 7(11), 29–42.

Pagan A. (1980). Some identification and estimation results for regression models with stochastically varying coefficients. *Journal of Econometrics*, 13, 341–364.

Pal D. & Mitra S. K. (2019). Asymmetric oil price transmission to the purchasing power of the U.S. dollar: A multiple threshold NARDL modelling approach. *Resources Policy*, 64, 101508. https://doi.org/10.1016/j.resourpol.2019.101508.

Pal D. & Mitra S. K. (2016). Asymmetric oil product pricing in India: Evidence from a multiple threshold nonlinear ARDL model. *Economic Modelling*, 59, 314–328.

Palm F. C., Smeekes S. & Urbain J. P. (2011). Cross-sectional dependence robust block bootstrap panel unit root tests. *Journal of Econometrics*, 163(1), 85–104.

Park J. Y. (1992). Canonical cointegrating regressions. *Econometrica*, 60, 119–143.

Pasten R. & Figueroa E. B. (2012). The environmental Kuznets curve: a survey of the theoretical literature. *International Review of Environmental and Resource Economics,* 6(3), 195–224.

Payne J. E. & Kumazawa R. (2005). Capital mobility, foreign aid and openness: further panel data evidence from Sub-Saharan Africa. *Journal of Economics and Finance*, 29(1), 122–126.

Pedroni P. (1995). *Panel Cointegration, asymptotic and finite sample properties of pooled time series tests with an application to the PPP Hypothesis*. Indiana University Working Paper in Economics, 92–013.

Pedroni P. (1996). *Fully Modified OLS for Heterogeneous Cointegrated Panels and the Case of Purchasing Power Parity*. Indiana University Working Papers in Economics, No. 96-020.

Pedroni P. (1997). *Panel cointegration, asymptotic and finite sample properties of pooled time series tests with an application to the PPP hypothesis: new results*. Working Paper in Economics, Indiana University.

Pedroni P. (1999). Critical values for cointegration tests in heterogeneous panels with multiple regressors. *Oxford Bulletin of Economics and Statistics,* 61(S1), 653–670.

Pedroni P. (2001a). Fully modified OLS for heterogeneous cointegrated panels. In Baltagi B. H., Fomby T. B., & Hill R. C. (Eds.). *Nonstationary Panels, Panel Cointegration, and Dynamic Panels (Advances in Econometrics),* 15, 93–130. Emerald Group Publishing Limited.

Pedroni P. (2001b). Purchasing power parity tests in cointegrated panels. *Review of Economics and Statistics*, 83(4), 727–731.

Pedroni P. (2004). Panel cointegration: asymptotic and finite sample properties of pooled time series tests with an applicaton to the PPP hypothesis. *Econometric Theory*, 20(3), 597–625.

Perotti R. (1999). Fiscal policy when things are going badly. *Quarterly Journal of Economics*, 64, 1399–1436.

Persyn D. & J. Westerlund (2008). Error-correction–based cointegration tests for panel data. *The Stata Journal*, 8(2), 232–241.

Pesaran H., Smith R. & Im K. S. (1996). Dynamic linear models for heterogeneous Panels. In *The Econometrics of Panel Data: A Handbook of the Theory with Applications*, ed. by L. Matyas, and P. Sevestre, pp. 145–195. Kluwer Academic Publishers, Dordrecht.

Pesaran M. H. & Shin Y. (1999). An autoregressive distributed lag modelling approach to cointegration analysis. In S. Strom (ed.). *Econometrics and Economic Theory in the 20th Century: The Ragnar Frisch Centennial Symposium.* Cambridge University Press, Cambridge, Ch.11, pp. 371–413.

Pesaran M. H. (2004). *General diagnostic tests for cross section dependence in panels*. Cambridge Working Papers in Economics, 0435, University of Cambridge.

Pesaran M. H. (2006). Estimation and inference in large heterogeneous panels with a multifactor error structure. *Econometrica*, 74(4), 967–1012.

Pesaran M. H. (2007). A simple panel unit root test in the presence of cross-section dependence. *Journal of Applied Econometrics*, 22(2), 265–312.

Pesaran M. H. (2012). On the interpretation of panel unit root tests. *Economics Letters*, 116(3), 545–546.

Pesaran M. H. (2015). Testing weak cross-sectional dependence in large panels. *Econometric Reviews*, 34(6-10), 1089–1117.

Pesaran M. H. & R. P. Smith (1995). Estimating long-run relationships from dynamic heterogeneous panels. *Journal of Econometrics*, 68(1), 79–113.

Pesaran M. H., Shin Y. & Smith R. P. (1999). Pooled mean group estimation of dynamic heterogeneous panels. *Journal of the American Statistical Association*, 94(446), 621–634.

Pesaran M. H. & Tosetti E. (2011). Large panels with common factors and spatial correlations. *Journal of Econometrics*, 161(2), 182–202.

Pesaran M. H. & Yamagata T. (2008). Testing slope homogeneity in large panels. *Journal of Econometrics*, 142, 50–93.

Pesaran M. H., Ullah A. & Yamagata T. (2008). A bias-adjusted LM test of error cross-section independence. *Econometrics Journal*, 11, 105–127.

Pesaran M. H, Smith L. V. & Yamagata T. (2013). Panel unit root tests in the presence of a multifactor error structure. *Journal of Econometrics*, 175(2), 94–115.

Phillips P. C.B. & Moon H. R. (1999). Linear regression limit theory for nonstationary panel data. *Econometrica*, 67(5), 1057–1111.

Phillips P. C. B. & Moon H. R. (2000). Nonstationary panel data analysis: An overview of some recent developments. *Econometric Reviews*, 19, 263–286.

Phillips P. C. B. & Hansen B. E. (1990). Statistical inference in instrumental variables regression with I(1) processes. *Review of Economics Studies*, 57, 99–125.

Phillips P. C. B. & Sul D. (2003). Dynamic panel estimation and homogeneity testing under cross section dependence. *Econometrics Journal*, 6(1), 217–259.

Pirotte A. (2011). *Econométrie des données de panel : théorie et applications*. Economica, 296p.

Poi B. P. (2003). From the help desk: Swamy's random-coefficients model. *Stata Journal*, 3, 302–308.

Powell J. L. (1986). Censored regression quantiles. *Journal of Econometrics,* 32(1), 143–155.

Powell D. (2020). Quantile treatment effects in the presence of covariates. *Review of Economics and Statistics*, 102(5), 994–1005.

Powell D. (2022). Quantile regression with nonadditive fixed effects. *Empirical Economics,* 63(1), 2675–2691.

Pradhan B. K., Ratha D. K. & Sarma A. (1990). Complementarity between Public and Private Investment in India. *Journal of Development Economics*, 33(1), 101–116.

Raheem I. (2017). More finance or better finance in Feldstein-Horioka puzzle: evidence from SSA countries. *Global Business Review*, 18(1), 1–12.

Raheem I. D., Ajide K. & Adeniyi O. (2015). Is there a role for governance in the saving-investment nexus for Sub-Saharan Africa? *Journal of Social and Economic Development*, 17(2), 120–134.

Ramirez M. D. & Nazmi N. (2003). Public investment and economic growth in Latin America: an empirical test. *Review of Development Economics*, 7(1), 115–126.

Rath B. N. & Debi P. B. (2014). Do FDI and public investment crowd in or crowd out private domestic investment in India. *The Journal of Developing Areas*, 48(3), 269–284.

Reese S. & Westerlund J. (2016). Panicca: panic on cross-section averages. *Journal of Applied Econometrics*, 31(6), 961–981.

Rios-Avila F. (2023). *Quantile regressions with multiple fixed effects*. 2023 Stata Conference 01, Stata Users Group.

Romer P. (1990). Endogenous technological change. *Journal of Political Economy*, 98(5), S71–102.

Roodman D. (2009). How to do xtabond2: an introduction to difference and system GMM in Stata. *Stata Journal*, 9(1), 86–136.

Roy N. (2002). Is adaptive estimation useful for panel models with heteroscedasticity in the individual specific error component? Some Monte Carlo evidence. *Econometric Reviews*, 21, 189–203.

Saafi S., Nouira R. & Assidi N. (2022). On the nonlinear relationships between shadow economy and the three pillars of sustainable development: new evidence from panel threshold analysis. *Studies in Nonlinear Dynamics & Econometrics*, 27(3), 355–375.

Sachs J. D. (1981). The current account and macroeconomic activity in the 1970s. *Brookings Papers in Economic Activity*, 12, 1089–1092.

Sachs J. D. (1982). The current account and macroeconomic adjustment process. *Scandinavian Journal of Economics*, 84, 147–159.

Saidjada K. M. & Jahan S. I. (2018). Public and private investment nexus in Bangladesh: crowding-in or out? *Journal of Developing Areas*, 52(4), 115–127.

Saikkonen P. (1991). Asymptotically efficient estimation of cointegrating regressions. *Econometric Theory*, 58(1), 1–21.

Saikkonen P. (1992). Estimation and testing of cointegrated systems by an autoregressive approximation. *Econometric Theory*, 8, 1–27.

Saikkonen P. & Lütkepohl H. (1999). Local power of likelihood ratio tests for the cointegration rank of a VAR process. *Econometric Theory*, 15(1), 50–78.

Salisu A. A. & Isah K. O. (2017). Revisiting the oil price and stock market nexus: a nonliner Panel ARDL approach. *Economic Modelling*, 66, 258–271.

Samba M. C. (2010). Saving-investment correlation and capital mobility in Sub-Saharan African countries: a reappraisal through inward and outward capital flows' correlation. *International Journal of Economics and Finance*, 2(2), 97–106.

Sarafidis V. & Wansbeek T. (2012). Cross-sectional dependence in panel data analysis. *Econometrics Review*, 31(5), 483–531.

Sarkodie S. A. (2018). The invisible hand and EKC hypothesis: what are the drivers of environmental degradation and pollution in Africa? *Environmental Science and Pollution Research*, 25, 21993–22022.

Sarkodie S. A. & Strezov V. (2019). A review on environmental Kuznets curve hypothesis using bibliometric and meta-analysis. *Science of The Total Environment*, 649, 128–145.

Sarkodie S. A. & Owusu P. A. (2020). How to apply dynamic panel bootstrap-corrected fixed-effects (xtbcfe) and heterogeneous dynamics (panelhetero). *MethodX*, 7, 101045. doi: 10.1016/j.mex.2020.101045

Sarno L. & Taylor M. P. (1998). Saving-investment correlations: transitory versus permanent. *Manchester School*, 66(S), 17–38.

Sato K. (1971). International variation in the Incremental Capital-Output Ratio. *Economic Development and Cultural Change*, 19, 429–456.

Schlenker W. & Lobell D. B. (2010). Robust negative impacts of climate change on African agriculture. *Environmental Research Letters*, 5(1), 014010. https://doi.org/10.1088/1748-9326/5/1/014010.

Schmidt A. & Schweikert K. (2022). Multiple structural breaks in cointegrating regressions: a model selection approach. *Studies in Nonlinear Dynamics & Econometrics*, 26(2), 219–254.

Schumpeter J. A. (1911). *The theory of economic development.* Oxford: Oxford University Press.

Selden T. M. & Song D. (1994). Environmental quality and development: Is there a Kuznets Curve for air pollution emissions? *Journal of Environmental Economics and Management,* 27(2), 147–162.

Seleteng M., Bittencourt M. & van Eyden R. (2013). Nonlinearities in inflation-growth nexus in the SADC region: a panel smooth transition regression approach. *Economic Modelling*, 30(1), 149–156.

Seo M. H. & Shin Y. (2016). Dynamic panels with threshold effect and endogeneity. *Journal of Econometrics*, 195(2), 169–186.

Seo M. H., Kim, S., & Kim, Y.-J. (2019). Estimation of dynamic panel threshold model using Stata. *Stata Journal*, 19(3), 685–697.

Sevestre P. (2002). *Économétrie des données de panel*. Dunod, Paris.

Shah F. N., Fatima Z. & Bashir B. (2021). Impact of public infrastructure investment on private infrastructure investment. *Review of Economics and Development Studies*, 7(3), 407–416.

Shahbaz M. & Sinha A. (2019). Environmental Kuznets curve for CO2 emissions: a literature survey. *Journal of Economic Studies,* 46, 106–168.

Shahbaz M., Solarin S. A. & Ozturk I. (2016). Environmental Kuznets curve hypothesis and the role of globalization in selected African countries. *Ecological Indicators*, 67, 623–636.

Shapiro M. D. & Watson M. W. (1988). Sources of business fluctuations. In Fisher, S. (ed.), *NBER Macroeconomics Annual*, Cambridge. MIT Press, p.111-148.

Shariff N. S. M. & Hamzah N. A. (2015). A robust panel unit root test in the presence of cross sectional dependence. *Journal of Modern Applied Statistical Methods*, 14(2), 159–171.

Shaw E. S. (1973). *Financial deepening in economic development*. New York: Oxford University Press.

Shea J. (1997). Instrumental relevance in multivariate linear models: a simple measure. *The Review of Economics and Statistics*, 79, 348–352.

Shibata A. & Shintani M. (1998). Capital mobility in the world economy : an alternative test. *Journal of International Money and Finance*, 17, 741–756.

Shin D. W., S. J. Park & M-S. Oh (2009). A robust sign test for panel unit roots under cross sectional dependence. *Computational Statistics & Data Analysis*, 53(4), 1312–1327.

Shin Y., Yu B. & Greenwood-Nimmo M. (2014). Modelling asymmetric co-integration and dynamic multipliers in a nonlinear ARDL framework. In W. Horrace & R. Sickles (Eds.), *Festchrift in*

Honor of Peter Schmidt: Econometric Methods and Applications (pp. 281–314). New York: Springer Science & Business Media.

Shrestha N. (2020). Detecting multicollinearity in regression analysis. *American Journal of Applied Mathmatics and Statistics*, 8(2), 39–42.

Sims C. A. (1980). Macroeconomics and reality. *Econometrica* 48, 1–48.

Singh T. (2013). Mobility of capital in the OECD countries: a robust evidence from panel data estimators. *Applied Economics Letters*, 20(7), 692–696.

Singh T. (2016). Rhetorics of saving-investment correlations and the international mobility of capital: a survey. *Journal of International Trade and Economic Development,* 25(5), 636–690.

Sirag A., Matemilola B. T., Law S. H. & Bany-Ariffin A. N. (2018). Does environmental Kuznets curve hypothesis exist? Evidence from dynamic panel threshold. *Journal of Environmental Economics and Policy*, 7(2), 145–165.

Solow R. M. (1956). A contribution to the theory of economic growth. *Quarterly Journal of Economics*, 71 (1), 65–94.

Song X. & Taamouti A. (2021). Measuring Granger causality in quantiles. *Journal of Business & Economic Statistics*, 39(4), 937–952.

Soumaila I. (2014). Efficacité des investissements dans l'UEMOA. Document d'Étude et de Recherche N°DER/14/02. BCEAO-Dakar, Senegal.

Soumaila I. (2017). The determinants of investment efficiency in West African Economic and Monetary Union (WAEMU). *The Journal of Developing Areas*, 51(1), 49–61.

Ssali M. W, Du J., Mensah I. A. & Hongo D. O. (2019). Investigating the nexus among environmental pollution, economic growth, energy use, and foreign direct investment in 6 selected sub-Saharan African countries. *Environmental Science and Pollution Research,* 26(11),11245–11260.

Stock J. H. & Watson, M. W. (1993). A simple estimator of cointegrating vectors in higher order integrated systems. *Econometrica*, 61, 783–820.

Stock J. H. & Watson, M. W. (2008). Heteroskedasticity-robust standard errors for fixed effects panel data regression. *Econometrica*, 76, 155–174.

Strauss J. & Yigit, T. (2003). Shortfalls of panel unit root testing. *Economics Letters*, 81(3), 309–313.

Sun Y., Wan C., Zhang W. & Zhong W. (2024). A Multi-Kink quantile regression model with common structure for panel data analysis. *Journal of Econometrics*, 239(2), 105304. https://doi.org/10.1016/j.jeconom.2022.04.012.

Sutherland A. (1997). Fiscal crises and aggregate demand: can high public debt reverse the effects of fiscal Policy? *Journal of Public Economics*, 65, 147–162.

Swaleheen M. (2007). Corruption and investment choices: a panel data study. *Kyklos*, 60(4), 601–616.

Swamy P. A. V. B. (1970). Efficient inference in a random coefficient regression model. *Econometrica*, 38(2), 311–323.

Swamy P. & Tavlas G. S. (2007). Random coefficient models. In *A Companion to Theoretical Econometrics,* ed. B. Baltagi, pp. 410–428. Malden: Blackwell Publishing Ltd.

Swan T. W. (1956). Economic growth and capital accumulation. *Economic Record*, 32 (3), 334–361.

Taguchi H. & Lowhachai S. (2014). A revisit to the incremental capital-output ratio: the case of Asian economies and Thailand. *International Journal of Economic Policy in Emerging Economies*, 7(1), 35–54.

Tanimoune N. A., Combes J-L. & Plane P. (2008). La politique budgétaire et ses effets de seuil sur l'activité en Union Economique et Monétaire Ouest Africaine (UEMOA). *Économie et Prévision*, 5(186), 145–162.

Tao L., Zhang Y. & Tian M. (2019). Quantile regression for dynamic panel data using Hausman–Taylor instrumental variables. *Computational Economics*, 53(3), 1033–1069.

Tchouassi G. & Ngangué N. (2014). Private and public Investment in Africa: a time-series cross-country analysis. *International Journal of Economics and Finance*, 6(5), 264–273.

Tenaw D. & Beyene A. (2021). Environmental sustainability and economic development in sub-Saharan Africa: a modified EKC hypothesis. *Renewable and Sustainable Energy Reviews*, 143: 110897. https://doi.org/10.1016/j.rser.2021.110897

Terasvirta T. (1994). Specification, estimation, and evaluation of smooth transition autoregressive models. *Journal of the American Statistical Association*, 89(425), 208–218.

Tesar L. (1991). Savings, investment, and international capital flows. *Journal of International Economics*, 31, 55–78.

Thanh S. D. (2015). Threshold effects of inflation on growth in the ASEAN-5 countries: a panel smooth transition regression approach. *Journal of Economics, Finance and Administrative Science*, 20, 41–48.

Toda H. Y. (1994). Finite sample properties of likelihood ratio tests for cointegrating ranks when linear trends are present. *Review of Economics and Statistics*, 76(1), 66–79.

Toda H. Y. & Phillips P. C.B. (1994). Vector autoregression and causality: a theoretical overview and simulation study. *Econometric Reviews*, 13(2), 259–285.

Toda H.Y. & Yamamoto T. (1995). Statistical inference in vector autoregressive with possibly integrated processes. *Journal of Econometrics*, 66(1–2), 225–250.

Tong H. (1983). *Threshold Models in Nonlinear Time Series Analysis*. Lecture Notes in Statistics, 21. Berlin: Springer.

Tong H. & Lim K. S. (1980). Threshold autoregression, limit cycles and data. *Journal of the Royal Statistical Society, Serie B(Methodological),* 42, 245–292.

Touna M., Zeufack A., Kamgnia D. B. & Ouédraogo J. (2002). *Ajustement structurel et investissement privé en Afrique: le cas du Burkina Faso, du Cameroun et de la Côte d'Ivoire.* Les cahiers du SISERA, Dakar (Sénégal).

Trenkler C., P. Saikkonen & H. Lütkepohl (2008). Testing for the cointegrating rank of a VAR process with level shift and trend break. *Journal of Time Series Analysis*, 29(2), 331–358.

Troster V. (2018). Testing for Granger-causality in quantiles. *Econometric Reviews*, 37(8), 850–866.

Tsay R. (1989). Testing and modeling threshold autoregressive processes. *Journal of the American Statistical Association*, 84, 231–240.

Uche E & Effiom L. (2021). Financial development and environmental sustainability in Nigeria: fresh insights from multiple threshold nonlinear ARDL model. *Environmental Science and Pollution Research*, 28(29), 39524–39539.

Urbain J. P. (1992). On weak exogeneity in error correction models. *Oxford Bulletin of Economics and Statistics,* 54, 187–207.

Vamvakidis A. & Wacziarg R. (1998). *Developing countries and the Feldstein-Horioka puzzle*. International Monetary Fund (IMF) Paper No 1998/2.

Vanek J. & Studenmund A. H. (1968). Towards a better understanding of the Incremental Capital-Output Ratio. *Quarterly Journal of Economics*, 82(3), 452–464.

Véganzonès M. A. (2001). Infrastructures, investissement et croissance : un bilan de dix années de recherches. *Revue d'Economie du Développement*, 4, 31–46.

Vinayagathasan T. (2013). Inflation and economic growth: a dynamic panel threshold analysis for Asian economies. *Journal of Asian Economics*, 26, 31–41.

Wagner M. (2008). On PPP, unit roots and panels. *Empirical Economics*, 35, 229–249.

Wagner M. & Hlouskova J. (2009). The performance of panel cointegration methods: results from a large scale simulation study. *Econometric Reviews*, 29(2), 182–223.

Wai U. T. (1985). Study of ICOR in developing countries. *Savings and developpment*, 9(3), 225–263.

Wang Q. (2015). Fixed-effect panel threshold model using Stata. *Stata Journal*, 15(1), 121–134.

Wang Q. & Wang L. (2021). The nonlinear effects of population aging, industrial structure, and urbanization on carbon emissions: a panel threshold regression analysis of 137 countries. *Journal of Cleaner Production*, 287: 125381.

Wang J. & Zivot E. (1998). Inference on structural parameters in instrumental variables regression with weak instruments. *Econometrica*, 66, 1389–1404.

Wang Q. & Wu N. (2012). Long-run covariance and its applications in cointegration regression. *Stata Journal*, 12(3), 515–542.

Wang H & Wei W. (2020). Coordinating technological progress and environmental regulation in CO2 mitigation: the optimal levels for OECD countries & emerging economies. *Energy Economics*, 87:104510. https://doi.org/10.1016/j.eneco.2019.104510

Wansbeek T. & P. Bekker (1996). On IV, GMM and ML in a dynamic panel data model. *Economic Letters*, 51(2), 145–152.

Wesphal U. (1983). Comments. 'Domestic saving and international capital movements in the long run and the short run' by M. Feldstein. *European Economic Review*, 21(1-2), 157–159.

Westerlund J. (2005). New simple tests for panel cointegration. *Econometric Reviews,* 24(3), 297–316.

Westerlund J. (2007). Testing for error correction in panel data. *Oxford Bulletin of Economics and Statistics,* 69(6), 709–748.

Westerlund J. (2008a). Panel cointegration tests of the Fisher effect. *Journal of Applied Econometrics*, 23(2), 193–233.

Westerlund J. (2018b). CCE in panels with general unknown factors. *Econometrics Journal*, 21(3), 264–276.

Westerlund, J. (2014). Heteroscedasticity robust panel unit root tests. *Journal of Business & Economic Statistics*, 32(1), 112–135.

Westerlund J. (2015). The power of PANIC. *Journal of Econometrics*, 185(2), 495–509.

Westerlund J. & Edgerton D. L. (2007). A panel bootstrap cointegration test. *Economics Letters,* 97(3), 185–190.

Westerlund J. & Edgerton D. L. (2008). A simple test for cointegration in dependent panels with structural breaks. *Oxford Bulletin of Economics and Statistics*, 70(5), 665–704.

Westerlund J. & Urbain J. P. (2015). Cross-sectional averages versus principal components. *Journal of Econometrics*, 185(2), 372–377.

Westerlund J. & Hosseinkouchack M. (2016). Modified CADF and CIPS panel unit root statistics with standard chi-squared and normal limiting distributions. *Oxford Bulletin of Economics and Statistics,* 78(3), 347–364.

Westerlund J., Hosseinkouchack, M. & Solberger, M. (2016). The local power of the CADF and CIPS panel unit root tests. *Econometric Reviews*, 35(5), 845–870.

Westerlund J., Petrova Y. & Norkute M. (2019). CCE in fixed-T panels. *Journal of Applied Econometrics*, 34, 746–761.

Windmeijer F. (2005). A finite sample correction for the variance of linear efficient two-step GMM estimators. *Journal of Econometrics*, 126(1), 25–51.

Woglom G. (2001). More results on the exact small sample properties of the instrumental variable estimator. *Econometrica*, 69, 1381–1389.

Wong D. Y. (1990). What do savings–investment relationships tell us about capital mobility? *Journal of International Money Finance*, 9, 60–74.

Wooldridge J. M. (2002). *Econometric Analysis of Cross Section and Panel Data*. Cambridge, MA: MIT Press.

Wooldridge J. M. (2009). *Introductory Econometrics: A Modern Approach*. 4th ed. Cincinnati, OH: South-Western.

Wu J. H. & Zhu L.X. (2011). Testing for serial correlation and random effects in a two-way error component regression model. *Econom. Modelling*, 28, 2377–2386.

Wu J. H. & Li G.D. (2014). Moment-based tests for individual and time effects in panel data models. *Journal Econometrics*, 178(Part 3), 569–581.

Wursten J. (2018). Testing for serial correlation in fixed-effects panel models. *Stata Journal*, 18(1), 76–100.

Xiao J., Juodis A., Karavias Y., Sarafidis V. & Ditzen J. (2023). Improved tests for Granger causality in panel data. *Stata Journal*, 23(1), 230-242.

Xu F. & He Z. (2020). Testing slope homogeneity in panel data models with a multifactor error structure. *Statistical Papers* 61, 201–224.

Yang L., Zhang C., Lee C. & Chen I-P. (2021). Panel kink threshold regression model with a covariate-dependent threshold. *The Econometrics Journal*, 24(3), 462–481.

Yasin M. (2003). Public spending and economic growth: empirical investigation of Sub-Saharan Africa. *Southwestern Economic Review*, 30(1), 59–68.

Yasutomi Y. & Horioka C. Y. (2011). Adam Smith's answer to the Feldstein-Horioka Paradox: the invisible hand revisited. *Economics Letters*, 110(1), 36–37.

Yeboua K. (2019). Foreign direct investment, financial development and economic growth in Africa: evidence from threshold modeling. *Transnational Corporations* Review, 11(3), 179–189.

Younas J. & Chakraborty D. (2011). Globalization and the Feldstein-Horioka puzzle. *Applied Economics*, 43(16), 2089–2096.

Zellner A. (1962). An efficient method of estimating Seemingly Unrelated Regression and test for aggregation bias. *Journal of the American Statistical Association*, 57, 348–368.

Zerbo E. (2017). Income-environment relationship in Sub-Saharan African countries: further evidence with trade openness. *Environmental Science and Pollution Research*, 24, 16488–16502.

Zhang Y., Zhou, Q. & & Jiang L. (2017). Panel kink regression with an unknown threshold. *Economics Letters*, 157, 116–121.

Zhou K. Q. & Portnoy S. L. (1998). Statistical inference on heteroscedastic models based on regression quantiles. *Journal of Nonparametric Statistics*, 9(3), 239–260.

Zhou Q. & Yonghui Z. (2016). Common correlated effects estimation of unbalanced panel data models with cross-sectional dependence. *Journal of Economic Theory and Econometrics*, 27(4), 25–45.

Zhu H., Duan L., Guo Y. & Yu K. (2016). The effects of FDI, economic growth and energy consumption on carbon emissions in ASEAN-5: evidence from panel quantile regression. Economic Modelling, 58, 237–248.

Zivot E. & Andrews D. W. K. (1992). Further evidence on the Great Crash, the oil price shock, and the unit-root hypothesis. *Journal of Business and Economic Statistics*, 10, 251–270.

Zungu L. T., Greyling L., & Sekome M. S. (2020). Government expenditure and economic growth: Testing for nonlinear effect among SADC countries, 1994-2017. *African Journal of Business and Economic Research,* 15(3), 37–69.

Zungu L. T., Greyling L. & Kaseeram I. (2022). Financial development and income inequality: a nonlinear econometric analysis of 21 African countries, 1990-2019. *Cogent Economics & Finance*, 10:1, 2137988. https://doi.org/10.1080/23322039.2022.2137988.

Revue « Marché et Organisations »

Promouvoir la recherche originale sur les relations de plus en plus étroites entre le marché et les organisations. Les acteurs économiques de taille, de puissance et de pouvoir différents dont les intérêts peuvent être convergents, complémentaires ou, le plus souvent, antagoniques, ont tendance à organiser les marchés. La raison du marché, pourtant, est la référence stratégique pour l'entreprise ainsi que pour les institutions publiques de décision économique.

N°6 : Entrepreneuriat et accompagnement. Outils, actions et paradigmes nouveaux, 2008
N°7 : Développement durable des territoires. Economie sociale, environnement et innovations, 2008
N°8 : Développement durable et responsabilité sociale des acteurs, 2009
N°9 : Gouvernance : exercices de pouvoir, 2009
N°10 : Le travail collaboratif. Une innovation générique, 2009
N°11 : Economie sociale et solidaire. Nouvelles trajectoires d'innovations, 2010
N°12 : Relations à la marque et marques de la relation. Regards croisés sur le management relationnel de la marque, 2010
N°13 : Les contrats au service de la recherche ?, 2011
N°14 : Le potentiel économique de l'Afrique subsaharienne, 2011
N°15 : Management de la distribution, 2012
N°16 : Territoire Vert. Entreprises, Institutions, Innovations, 2012
N°17 : Eco-conception, conception et innovation. Les nouveaux défis de l'entreprise, 2013
N°18 : Intelligence économique : entreprises et territoires, 2013
N°19 : La finance globale. Un monde fini, 2013
N°20 : La crise du « développement », 2014
N°21 : La Chine innove. Politiques publiques et stratégies d'entreprise, 2014
N°22 : Go East! Nouvelles Economies de Marché, 2015
N°23 : L'économie du changement, 2015
N°24 : Le temps des artisans. Permanences et mutations, 2015
N°25 : Innovations de proximité et esprit d'entreprise, 2016
N°26 : L'avenir des économies du Maghreb : entre inertie structurelle et envie de rupture, 2016/3 (n° 27)
N°27 : Le sport aux frontières du marché du travail, 2016
N°28 : Dynamiques internationales des entreprises, 2017
N°29 : L'univers du risque, 2017
N°30 : Les petites entreprises dans l'histoire industrielle, 2017
N°31 : Economie sociale et *social business* ? Au défi d'entreprendre et se financer, 2018
N°32 : Éducation et fertilisation des économies africaines, 2018
N°33 : L'entrepreneuriat innovant dans les pays du Maghreb, 2018
N°34 : L'entrepreneuriat scientifique : institutions et innovation, 2019
N°35 : Le champ économique de la culture, 2019
N°36 : Economie sociale et solidaire ? Modèles d'innovation et modes de gouvernance, 2019
N°37 : Rethinking Luxury Business, 2020
N°38 : La santé connectée. Nouvelles technologies et réorganisation des soins, 2020
N°39 : Options stratégiques et systèmes complexes d'innovation, 2020
N°40 : Les services : intégration des systèmes productifs et lien social, 2021
N°41 : Crise pandémique, crise globale. Réalité et controverses théoriques, 2021
N°42 : La crise de la covid-19. Le marché et les organisations en perspective, 2021
N°43 : (Re)faire système. *Bug & reset*, 2022
N°44 : Aléas du marché et management du risque, 2022
N°45 : Le renouveau du transport et de la logistique : les systèmes d'information, 2022
N°46 : Entrepreneuriat et innovation dans l'enseignement supérieur, 2023
N°47 : Le tourisme créatif. Culture, créativité, patrimoine, management, 2023
N°48 : L'Afrique : questions de performances, 2023
N°49 : *Fintech* en sciences du management, 2024

https://www.cairn.info/revue-marche-et-organisations.htm

Collection « L'esprit économique »
fondée par Sophie Boutillier et Dimitri Uzunidis en 1996

Dernières parutions

► ***Série Economie et Innovation***
J.-P. SCHMITT, N. RAVIDAT, *Management conjoint de la technologie et de la personne. Pour performer et croitre*, 2020.
Y. EL YAHYAOUI, *Economie des plateformes numériques. Captation de la valeur, pouvoir de marché et communs collaboratifs*, 2021.
G. DUTHIL, *Handicap et insertion professionnelle*, 2022.
T. MICHAUD, *La science-fiction institutionnelle*, 2023.
M. TOMAS, *Gouvernance territoriale et développement économique au Maroc : l'opportunité d'une étude économétrique*, 2025.
► ***Série Le Monde en Question***
G. BAYOH, *Ecosystème des transferts internationaux d'argent et développement durable : Contraintes et solutions*, 2024.
S. BENBACHIR, *Performances bancaires des pays du Moyen-Orient et de l'Afrique du nord. Modélisation de l'efficience et de la productivité des banques*, 2024.
O. MUMBERE MUHONGYA, *Efficacité de l'aide publique au développement. Question de la qualité des données*, 2024.
M. CAMARA, *Être ministre de l'Économie et des Finances de la République de Guinée*, 2024.
R. A. OBAM NLONG, *Du franc CFA à l'Afrix : la nécessaire refonte du Fonds Monétaire Africain*, 2024.
A. N. BASAHAG, *La réforme budgétaire dans les États de la Communauté économique et monétaire d'Afrique centrale (CEMAC)*, 2025.
A. OUCHEN, *Analyse des crises financières de grande ampleur : étude économétrique de contagion*, 2025.
O. S. AWAL, *Dette publique et développement au Cameroun : outils, stratégies et souveraineté économique*, 2025.
► ***Série Krisis***
M. WIELEZYNSKI, *La loi du marché post-esclavagiste. Une approche critique*, 2023.
G. MINART, *Condorcet économiste : un libéralisme économique au service du bien public*, 2023.
A. MANRAY, *Petit traité de gouvernance à l'usage des despotes éclairés*, 2024.
B. LANDAIS, *Théorie générale de la croissance économique et du développement*, 2024.
V. SOYER, *Critique de la théorie contemporaine de la valeur*, 2024.
► ***Série Clichés***
S. BOUTILLIER, D. UZUNIDIS (dir.), *La Russie européenne. Du passé composé au futur antérieur*, 2008.
R. VOLPI, *La négociation. Pain, paix, liberté*, 2009.
B. S. BONBON, *Géométrie parabolique tridimensionnelle ou perspective parabolique*, 2023.
S. BOUTILLIER, B. LAPERCHE, S. T. K. LE, *Ports industriels en transition : De l'économie circulaire à la décarbonation*, 2024.
► ***Série Cours Principaux***
Z. FIRANO, *Fondements de la finance de marché. Théories et applications*, 2022.
Y. KEHO, *Introduction à l'économétrie appliquée sous EVIEWS, Rappels de cours et illustrations pratiques*, 2023.
K. AMZILE, *Intelligence artificielle et modélisation du risque de crédit*, 2023.
B. LANDAIS, *Macroéconomie. Les fondamentaux*, 2024.
A. KATFI, O. EL MNOUER (dir.), *Mathématiques financières. Cours d'initiation et exercices corrigés*, 2024.
J. NGONGO NGOY, *Manuel d'analyse financière*, 2024.
► ***Série L'économie formelle***
J.-P. ROSELLO, *Marchés financiers, capital financier et crises systémiques*, 2024.
J.-L. VILLOUTREIX, *L'eau coule à Aguad : un conte économique*, 2024.
B. MEUNIER, *L'insoutenable dette publique de la France*, 2024.
J. LATREILLE, *Le PIB, ou la mesure de notre démesure*, 2024.
C. MEIDINGER, *Controverses macroéconomiques contemporaines*, 2024.
J.-M. RUFFIE, *La loi de l'offre et du besoin : décrocher de la demande*, 2025.

Structures éditoriales du groupe L'Harmattan

L'Harmattan Italie
Via degli Artisti, 15
10124 Torino
harmattan.italia@gmail.com

L'Harmattan Hongrie
Kossuth l. u. 14-16.
1053 Budapest
harmattan@harmattan.hu

L'Harmattan Sénégal
10 VDN SICAP AMITIE 3
BP 45034 Dakar-Fann
direction@senharmattan.com

L'Harmattan Cameroun
Tsinga/Derrière polyclinique FECAFOOT
BP 11486 Yaoundé
Jacques.koukam@harmattan.fr

L'Harmattan Burkina Faso
Villa 281, secteur 23 623, rue 14.32
Ouagadougou
zagbie@outlook.fr

L'Harmattan Guinée
Almamya, rue KA 028 OKB Agency
BP 3470 Conakry
harmattanguinee@yahoo.fr

L'Harmattan RDC
185, avenue Nyangwe
Commune de Lingwala - Kinshasa
matangilamusadila@yahoo.fr

L'Harmattan Congo
219, avenue Nelson Mandela
BP 2874 Brazzaville
deunovmikhael@gmail.com

L'Harmattan Mali
Immeuble Mgr Jean Marie Cissé
Aci Hamadallaye
BP 145 Bamako
syllaka@yahoo.fr

L'Harmattan Togo
Djidjole - Maison Amela
face EPP BATOME
02 BP 20680 Lomé
didieramela11@gmail.com

L'Harmattan Côte d'Ivoire
Résidence Karl - Cité des Arts
Abidjan-Cocody
03 BP 1588 Abidjan
harmattan.ivoire@gmail.com

L'Harmattan Bénin
Rue 604, (Immeuble à l'entrée
de la rue UCAO- Cite de Saint-Jean)
Cotonou
stepcorpus@gmail.com

Nos librairies en France

Librairie internationale
16, rue des Écoles
75005 Paris
librairie.internationale@harmattan.fr
01 40 46 79 11
www.librairieharmattan.com

Librairie des savoirs
21, rue des Écoles
75005 Paris
librairie.sh@harmattan.fr
01 46 34 13 71
www.librairieharmattansh.com

www.ingramcontent.com/pod-product-compliance
Lightning Source LLC
LaVergne TN
LVHW011224061026
849535LV00001BA/167